비주얼 공부법

청어람ⓘ아이

눈으로 보고 바로 이해하는

비주얼 공부법

캐롤 보더먼 외 지음 허선영 옮김

눈으로 보고 바로 이해하는

비주얼 공부법

1판 1쇄 찍은날 2017년 3월 10일
1판 1쇄 펴낸날 2017년 3월 20일

지은이 캐롤 보더먼 외
옮긴이 허선영
펴낸이 정종호
펴낸곳 (주)청어람미디어

책임편집 윤정원
디자인 이원우
마케팅 김상기
제작관리 정수진

등록 1998년 12월 8일 제22-1469호
주소 03908 서울 마포구 월드컵북로 375, 402호
전화 02-3143-4006~8
팩스 02-3143-4003
이메일 chungaram@naver.com
블로그 www.chungarammedia.com

ISBN 979-11-5871-038-5 04370
       979-11-5871-032-3 (세트)

잘못된 책은 구입하신 서점에서 바꾸어 드립니다.
값은 뒤표지에 있습니다.

이 도서의 국립중앙도서관 출판시도서목록(CIP)은 e-CIP 홈페이지(http://www.nl.go.kr/ecip)
와 국가자료공동목록시스템(http://www.nl.go.kr/kolisnet)에서 이용하실 수 있습니다.
(CIP제어번호 : CIP2016027761)

A WORLD OF IDEAS:
SEE ALL THERE IS TO KNOW

저자 소개

캐롤 보더먼(Carol Vorderman) 케임브리지대학교 문학 석사이며, 대영제국 훈작사 작위를 받았습니다. 영국인에게 가장 사랑받는 방송인 중 한 명으로, 과학 기술 관련 텔레비전 프로그램을 다수 진행했습니다. 수학, 과학, 기술에 관해 재미있고 알기 쉽게 설명하는 능력이 뛰어나기로 유명합니다. 그녀는 모든 활동 중에서도 교육을 가장 중요하게 다룹니다. 영국의 총리 데이비드 캐머런에게 교육의 미래에 대한 자문을 한 것으로도 잘 알려져 있습니다. 영국 국립과학기술예술재단(NESTA)의 창립 이사를 역임했고, 영국 여러 대학에서 명예학위를 받았으며 지금은 케임브리지대학교 과학 축제의 홍보대사이자 왕립과학연구소와 공학교육 고문단의 일원으로 활동하고 있습니다. 영국 여성 논픽션 베스트셀러 작가 2위(2000년~2009년 집계)에 오른 유명한 작가이기도 합니다.

공동저자

제프 바커(Geoff Barker) 작가이자 편집자이며 글쓰기 강사입니다. 스코틀랜드의 던디대학교에서 2012년부터 2015년까지 국립문학기금(Royal Literary Fund Writing) 선임연구원으로 일하면서 박사과정 학생들을 지도했습니다. 지금은 평생 교육을 받으려는 일반인들을 위한 '더 브릿지(The Bridge)' 글쓰기 워크숍을 맡고 있습니다. 2015년 국립문학기금 자문위원으로 임명돼 대학교 학생과 직원을 위한 맞춤형 글쓰기 훈련을 계획하고 있습니다.

앤드루 모란(Dr. Andrew Moran) 런던 메트로폴리탄대학교 부교수이자 대학 교육 선임연구원입니다. 20년 이상 학생들을 가르친 경험으로, 학습법과 학습 기술을 비롯해 다양한 주제의 논문과 출판물을 발표했습니다. 고등 교육 아카데미(Higher Education Academy) 선임연구원으로도 일하고 있습니다.

캐스 센커(Cath Senker) 약 130편의 동화를 쓴 작가입니다. 영국의 서식스, 치체스터, 사우스햄튼 대학교에서 국립문학기금 선임연구원을 지냈습니다. 현재는 학생들에게 글쓰기 개별 지도를 하고 있으며, 서식스대학교에서 글쓰기 워크숍을 운영하고 있습니다. 동화 작가 멘토로 자원봉사를 하며 동화 쓰기 그룹을 이끌고 있기도 합니다.

샌디 소머(Sandy Sommer) 영국 서식스대학교에서 수년간 공부 기술을 가르쳤습니다. 학생들을 위한 공부 기술 팸플릿과 온라인 자료를 만들었고 대학 직원들을 훈련시키기도 했습니다. 그녀의 학습 기술 조언은 학생 소식지와 잡지 《프로스펙트Prospect》의 채용 웹사이트에 관한 기사에 인용되기도 했습니다. 항상 학습을 향한 열정이 가득하고, 지식을 공유하는 것을 좋아합니다. 해결 중심적 심리요법에 대해 배웠으며, 대체의학도 전문적으로 배워 많은 사람이 스트레스와 불안을 극복할 수 있도록 돕고 있습니다.

자문위원

매트 그란트(Matt Grant) 특별교육교사 자격인증 석사 학위를 받았습니다. 매트는 영국 스톡포트 지역의 펜들부리 센터(Pendlebury Centre)에서 교사로 일하며 학습에 여러 가지 문제가 있는 학생들을 돕고 있습니다. 그동안 많은 학교에서 수업을 했고, 인기 있는 교육 웹사이트인 '인간은 로봇이 아니다(HumansNotRobots)'에 기고를 하고 있습니다. 영국 맨체스터대학교에서 교사 훈련 프로그램에 도움을 주고 있습니다.

클래어 랭포드(Claire Langford) 문학 학사이자, 길드홀 음악학교 석사(LGSM)이며, 교사 자격인증 석사 학위를 받았습니다. 케임브리지대학교와 호머튼대학교에서 교육 훈련을 받은 후 중등학교에서 20년간 재직하고 있습니다. 현재 영국 켄트에 있는 포트 피트 중등학교 음악 책임교사이며, 학습 지도사입니다. 학급 수업도 하고, 개별 지도도 하면서 학생들이 시험을 보기 전, 정기적으로 복습 시간을 가질 수 있도록 지도하고 있습니다.

머리말

어릴 때부터 우리는 공부가 중요하다는 것을 배웁니다. 수업을 잘 듣고,
배운 내용을 이해해서 외워야 하며, 과제를 제시간에 제출하고, 시험을
치러야 하죠. 나이가 들수록 배워야 하는 정보의 양도 늘어납니다.
이 책은 효과적으로 학습하기, 정리하기, 계획표 세우기, 집중력 키우기,
암기 기술과 스트레스 다스리기와 같은 공부 기술을 제시합니다. 그리고
성적을 관리하는 방법도 알려줍니다. 내용을 보다 쉽게 이해할 수 있도록
예를 들어 설명하면서 각자 자신에게 적당한 학습량을 어떻게 정해야 할지
단계적으로 보여줍니다.
저마다 학습 능력이 다르므로 공부하는 자기만의 방식이 있겠지만,
모험심을 갖고 새로운 학습 기술에 도전한다면 재미있게 공부할 수 있는,
더 효율적인 방법을 찾을 수 있을 것입니다.
우리가 여러 자료를 모아 이 책을 만들며 느꼈던 즐거움을 여러분도
느끼기를 바랍니다.

캐롤 보더먼

적극적 학습, **조금씩 나누어 학습하기**, 블로그, **즐겨찾기**, 브레인스토밍, **체크리스트**, 창의적 사고, **색깔별 분류법**, 의사소통, **비판적 사고**, 식습관, 효과적인 필기, 편집, **논술 과제 쓰기**, 시험, **운동**, 자료 찾기, **피드백**, 유연성 기르기, **흐름도**, 각주, **집단 학습**, **목표**, 그룹으로 공부하기, **창의적 사고**, 학습 스타일, **강의**, 도서관, **논리**, 온라인 공개 강좌, **마인드맵**, 연상기호, **학습 의욕 다지기**, 정리하는 기술, **자기 발전 계획**, 팟캐스트, **긍정적 사고**, 발표 기술, **연구 과제**, 쪽지시험, **읽기 전략**, 반성하는 사고, **휴식**, **결과**, 복습, **복습 기술**, 온라인 안전, **일정표**, 자기 평가, **수면**, 소셜 네트워크, **빨리 읽기**, 스트레스 관리, **꼬리표 붙이기**, 목표, **팀 과제**, 시간 관리, **머리 식히기**, 시간표, 개별 지도, **학교 홈페이지**, 상상하기, **글쓰기 기술**, 긍정적 사고

차례

머리말   6

1 어떻게 배워야 할까?

공부 기술이 왜 필요할까?   12
공부할 때 도와주기   14
뇌는 어떻게 일할까?   16
효과적으로 공부하기   18
학습 스타일   20

2 공부 준비하기와 목표 세우기

학습 의욕 다지기   24
적극적 학습   26
책임감 느끼기   28
자기주도학습   30
스트레스 다루기   32
건강 유지하기   34
학습 공간   36
정리하기   38
집중하기   40
시간 관리하기   42
완벽주의에서 벗어나기   44
올바른 사고방식   46
계획표 세우기   48
계획표 관리하기   50
자기 발전 계획하기   52

3 정보 찾아 정리하기

정보 찾기   56
읽기 기술 끌어올리기   58
정보 평가하기   60

공부에 몰두하기   62
학습 스타일 찾기   64
함께 공부하기   66
적극적인 듣기 기술   68
팀 과제   70
연구 과제   72
노트 필기   74
암기 기술 끌어올리기   76
사고력 발달시키기   78
비판적 사고란 무엇일까?   80
비판적 사고 끌어올리기   82
반성적 사고   84
창의적 사고   86
글쓰기 기술 끌어올리기   88
질문 쪼개기   90
질문에 대답하기   92
논리 세우기   94
과제 검토하기   96
발표 기술 끌어올리기   98
반복 학습   100
컴퓨터 사용하기   102

4 온라인 학습

학습 기기   106
인터넷 자료   108
자료 찾기   110
즐겨찾기   112
온라인 자료 정리하기   114
표절   116
소셜 미디어   118
학교 홈페이지   120
온라인 안전   122
온라인 강좌의 혁명   124

5　복습 기술

복습 시작하기	128
복습할 때 흔히 생기는 문제	132
복습 시간표	136
복습을 위한 적극적 학습	142
복습 카드	144
읽기	148
필기 스타일	150
마인드맵	152
기억과 뇌	154
흐름도와 암기법	156
기억을 돕는 다양한 방법들	158
기억력을 향상시키는 도구들	160
시험 문제 예상하기	162
그룹으로 모여 복습하기	164
공부한 내용 평가하기	166

6　시험 기술

시험은 무엇일까?	170
필기 시험	172
객관식 시험	176
말하기 시험	178
기타 시험	180
시험 날 유용한 힌트와 조언	184
결과 발표 날	188

7　스트레스 다스리기

시험 스트레스란?	192
시험 스트레스 다스리기	196
건강한 학습	200
머리 식히기	204
긴장 풀기, 상상하기, 긍정적 사고	206
도움 요청하기	210

8　참고사항

장별 요약	213
1장 참고 자료	220
학습 유형 파악하기	
2장 참고 자료	222
시간 관리	
스마트(SMART) 모델	
단기 및 장기 목표 계획표	
3장 참고 자료	226
과제 쓰기 계획	
편집 체크리스트	
적극적 학습 기술	
발표 기술	
4장 참고 자료	232
온라인 학습을 위한 유용한 웹사이트와 앱	
5장 참고 자료	234
우선순위 목록	
주간 복습 시간표	
월간 복습 시간표	
복습과 요약 카드	
6장 참고 자료	242
시험 체크리스트	
7장 참고 자료	244
스트레스 수치 측정하기	
스트레스와 불안을 줄이는 방법	
용어 사전	248
찾아보기	252
감사의 글	256

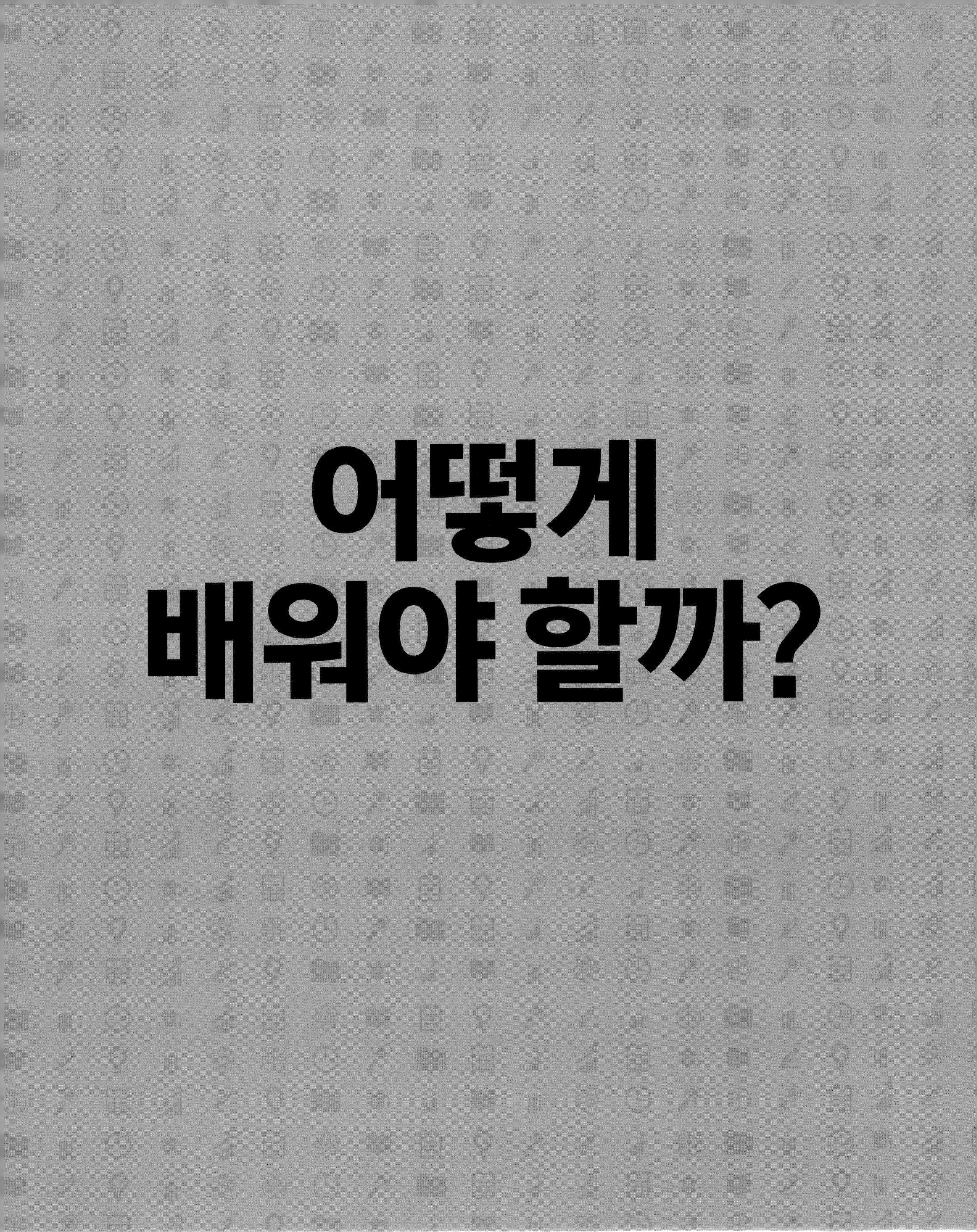

어떻게 배워야 할까?

공부 기술이 왜 필요할까?

공부는 학교에 다닐 때만 필요한 것이 아닙니다. 살아가면서 배우게 되는 여러 가지 것들이 모두 공부와 관련되어 있습니다.

공부 기술을 잘 익혀 두면 외국어를 배울 때나 운동이나 취미 활동을 새로 시작할 때 많은 도움이 됩니다. 나중에 어른이 되어 직업 훈련을 받거나 자기 계발을 위한 강의를 들을 때도 효과적으로 배울 수 있습니다.

여기도 함께 보세요

학습 스타일	20–21 ▶
시간 관리하기	42–43 ▶
계획표 세우기	48–49 ▶
계획표 관리하기	50–51 ▶
복습 시간표	136–141 ▶

공부 기술

이 책은 스스로 공부할 마음의 준비를 하는 방법, 학습 환경을 정리하는 방법을 비롯해 공부 기술을 개선할 수 있는 다양한 방법들을 제시합니다. 3장과 4장은 온라인과 오프라인에서 자료를 효과적으로 정리하는 방법을 알려줍니다. 5장부터 7장까지는 복습 방법과 시험 볼 때 유용한 기술, 불안감을 다스리는 방법 등을 다룹니다. 그리고 이 책 곳곳에 공부에 도움이 되는 도움말을 담았습니다. 유명인의 명언도 소개해 학습 의욕을 높일 수 있도록 했습니다.

> "시작하지 않으면 아무 일도 일어나지 않는다."
> 마야 안젤루(Maya Angelou, 1928~2014), 작가, 시인, 사회 운동가

공부 준비하기와 목표 세우기

△ 2장

학습 공간 만들기, 자료 정리하기, 시간 계획하기, 공부할 때 갖춰야 하는 긍정적 사고방식에 관해 다룬다.

정보 찾아 정리하기

△ 3장

정보를 찾고 그 정보가 좋은 자료인지 아닌지 평가하는 방법, 노트 필기하는 법, 비판적인 사고법, 논리 세우는 법, 과제 검토하는 법, 질문에 확실히 대답하는 법을 설명한다.

온라인 학습

△ 4장

컴퓨터 장비, 소프트웨어 사용법과 자료 저장 방법을 알아본다. 온라인 자료나 온라인 강의에서 배운 내용을 정리하는 방법과 자기만의 표현으로 다시 고쳐 쓰는 방법을 알려준다.

복습 기술

△ 5장

복습 계획, 적극적인 학습 전략, 마인드맵과 기억법 같은 암기 기술을 설명하고, 스스로 평가하는 법을 다룬다.

시험 기술

△ 6장

필기 시험, 말하기 시험, 기타 시험에 관한 도움말을 담았다. 시험 날 답을 어떻게 쓸지 계획하는 방법과 시험에 도움이 되는 힌트도 알려준다.

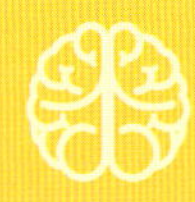

스트레스 다스리기

△ 7장

긴장 푸는 법과 스트레스를 다루는 여러 방법을 정리했다. 공부와 공부 이외의 활동의 균형을 맞출 방법에 관해서도 제안한다.

공부 기술 배우기

효과적으로 공부하는 방법을 잘 모르는 사람들이 많습니다.
자신에게 맞는 공부 기술을 개발하지 못해 성적이 좋지 않은
학생도 있습니다. 각자 자신에게 적합한 공부 기술을 개발해야
합니다. 선생님에게 받은 자료를 자신의 학습 스타일에 맞도록
바꾸면 더 효과적입니다.

▽ 시각 자료

선생님들은 보통 글로 정보를 알려주지만, 학생들은
시각적으로 표현된 자료를 더 잘 이해하고 기억한다.

큰 목표를 작은 목표들로 쪼개라

'이번 시험에서 몇 점 받기'처럼 큰 목표를 세우면 좋습니다.
그런데 큰 목표를 이루어 내려면 먼저 짧고 작은 목표들로 쪼개
이것들을 잘 실천해야 합니다. 작은 목표는 매우 구체적이고
현실적으로 세워야 하며, 실천 가능한 계획표를 짜서 지키려
노력해야 합니다. 또한 자신의 강점과 약점 목록을 만들고,
어떻게 하면 약점을 고쳐 나갈 수 있을지 고민해야 합니다.

▽ 글쓰기 과제

보고서와 같은 글쓰기 과제를 할 때는 '브레인스토밍,
자료 조사하기, 내용 메모하기, 계획 세우기, 쓰기,
검토하기'처럼 단계를 나누면
훨씬 수월하게 할 수 있다.

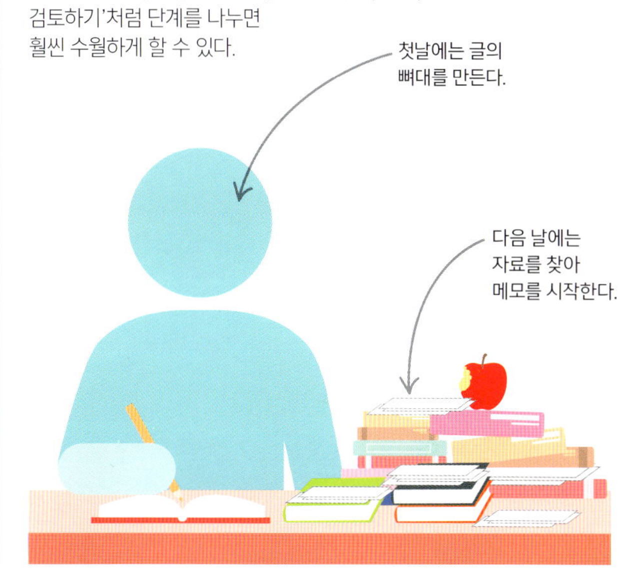

스트레스 다스리기

스트레스를 다스리는 방법을 터득하는 것은 공부뿐
아니라 일상생활에서도 매우 중요합니다. 학생들은
시험일이 다가올수록 압박감을 느껴 공부를 더 열심히
하게 된다고 생각합니다. 그러나 압박감이 너무
강하면 스트레스와 불안감을 줄인다는 핑계로 일정을
조절해 계획한 시간보다 운동을 더 오래 하거나
친구들을 만나느라 계획을 제대로 못 지키는 경우도
있습니다.

▷ 시간 관리

마감 기한에서 거슬러 올라가며 계획표를 세우는
것이 좋다. 이때 반드시 그 밖의 일정들을 염두에
두고 계획표를 세워야 제대로 실천할 수 있다.

공부할 때 도와주기

공부를 도와줄 사람이 있는 학생의 경우, 도와줄 사람이 없는 학생보다
학습 효과가 높아지므로 같은 양의 공부를 해도 성적이 더 많이 오릅니다.

이때 공부 도우미는 긍정적인 태도를 보여야 하며 새로운 학습
방식을 받아들일 줄 알아야 합니다. 또한 팔을 걷어붙이고
기꺼이 함께 공부할 준비가 되어 있어야 합니다.

여기도 함께 보세요	
학습 의욕 다지기	24–25 ▶
올바른 사고방식	46–47 ▶
공부에 몰두하기	62–63 ▶
함께 공부하기	66–67 ▶
학습 기기	106–107 ▶
학교 홈페이지	120–121 ▶
그룹으로 모여 복습하기	164–165 ▶

마음가짐

가족이 공부 도우미를 하면 서로 감정이 상하는 경우가
많습니다. 그러므로 공부 도우미의 마음가짐이 중요합니다.
침착하고 긍정적인 태도를 유지해야 하고, 말할 때 감정을
드러내지 않아야 합니다. 공부 때문에 사이가 틀어지지 않도록
주의하세요. 처음엔 짧게, 최대한 집중하면서 공부하여 학습에
대해 긍정적인 마음이 들게 해야 합니다. 도우미와 학생 모두
배움을 매우 중요하게 여겨야 하며, 도우미는 학생의 학습을
적극적으로 도와주어야 합니다.

▷ **올바른 사고방식**

도우미는 침착하게 공부를 도와주어야 하고,
학생이 공부에 대해 긍정적인 마음을 가질 수
있도록 격려해 주어야 한다.

△ **외국어 앱**

앱을 이용하면 언제 어디서나
외국어를 공부할 수 있다. 예를 들어
스마트폰의 언어 학습 앱으로 단어를
암기하고 문법을 공부할 수 있다.

◁ **인터넷 강의**

인터넷 강의를 이용해
공부할 수 있다. 온라인에서
선생님이나 다른 학생들과
의사소통도 할 수 있다.

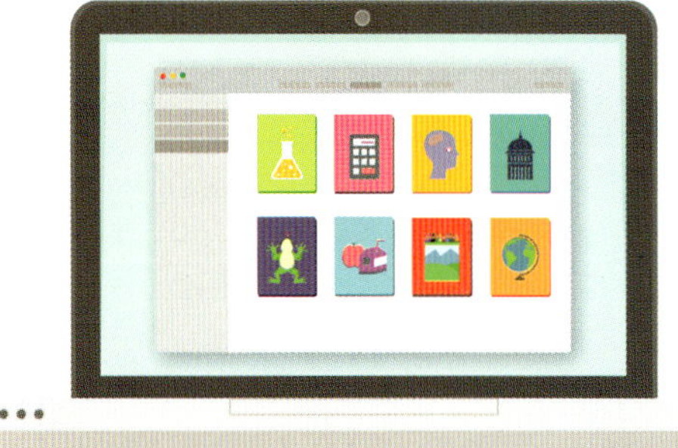

교육 방법

공부에 손을 놓은 지 오래된 도우미들은
교육 방법이 예전과 매우 달라졌다는
사실을 느낄 것입니다. 교과목도 다르고,
평가 방법도 바뀌었지요. 또한 새로운 학습
기술들이 다양하게 사용됩니다. 예를 들어
요즘은 스마트폰으로 학습 앱을
다운로드하고, 수업 시간에 태블릿을
사용합니다. 그리고 온라인 도서관에서
다양한 연구 자료를 검색할 수 있습니다.

◁ **온라인 도서관**

온라인에서 다양한 분야의 자료를 얻을
수 있다. 학생이 다니는 학교나 지역
도서관에 회원으로 가입하면, 해당
웹사이트를 이용하는 방법을 알 수 있다.

함께 배우기

다른 사람과 함께 배우면 서로 도움이 되고, 재미도 있으며, 뇌가 자극되어 사고력이 향상됩니다. 알고 있는 것을 남들에게 알려주면 생각이 분명해지고, 관련된 개념과 방법도 오랫동안 기억할 수 있습니다. 아이디어를 설명하다 보면, 더 나은 아이디어가 떠오를 수도 있습니다. 학생들은 공부 도우미의 경험과 지식, 자신과 다른 관점을 통해 많은 것을 배우고, 어려움에 부딪히거나 비판받을 때 어떻게 대처해야 하는지도 배울 수 있습니다.

▷ **선생님 역할을 해야 하는 학생**

다음 그림의 학생은 글쓰기 구성을 어떻게 해야 할지 배우고 있다. 학생은 도우미에게 '주제문'이 '첫 단락을 시작하는 어구나 문장'이라고 설명할 수 있어야 한다.

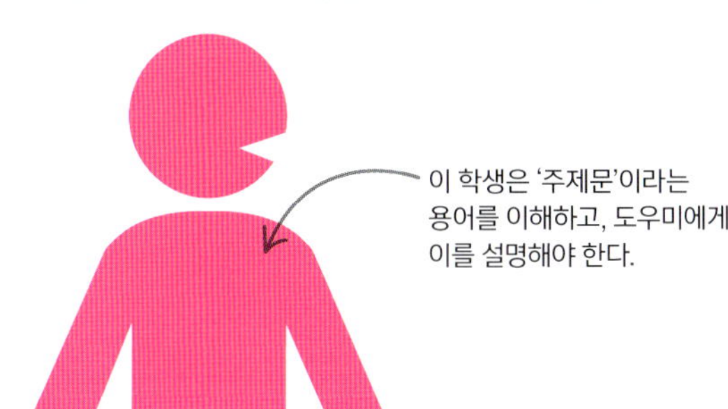

이 학생은 '주제문'이라는 용어를 이해하고, 도우미에게 이를 설명해야 한다.

주제문이 뭐니?

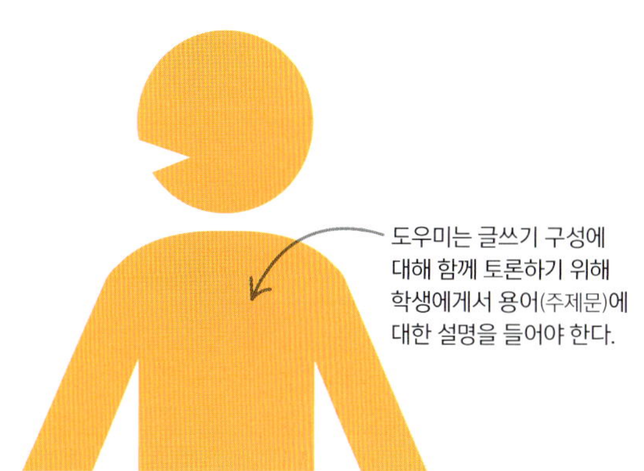

도우미는 글쓰기 구성에 대해 함께 토론하기 위해 학생에게서 용어(주제문)에 대한 설명을 들어야 한다.

피드백하기

도우미는 학생의 학습 태도에 대한 긍정적인 부분과 부정적인 부분을 알려주어 공부할 의욕이 생기게 도와주어야 합니다. 이때 칭찬과 쓴소리의 비중을 동일하게 하는 것이 좋은데, '샌드위치'식 접근법이 가장 효과적이라고 합니다. 긍정적인 칭찬으로 말문을 연 다음, 어떤 점을 고쳐야 하는지 최대한 구체적으로 지적하는 것이지요. 고쳐야 할 점만 계속 지적당하고 싶은 학생은 아무도 없으니까요. 마지막으로, 장점을 많이 말하면서 마무리하세요.

▷ **피드백 샌드위치**

학생의 글쓰기 숙제에 고쳐야 할 부분이 많더라도, 도우미는 학생이 열심히 노력했고 제시간에 끝냈다는 점을 칭찬해야 한다.

더 긍정적인 칭찬: 더 많이 칭찬하며 마무리한다.

고쳐야 할 사항 조언하기: 주제에 초점을 맞춘다.

긍정적인 칭찬: 장점을 몇 개 들어가며 칭찬한다.

왜 공부해야 하는가?

어떤 학생들은, 선생님이 예뻐하거나 좋은 머리를 타고난 학생들은 공부를 열심히 하지 않아도 좋은 점수를 받는다고 생각합니다. 그래서 머리가 나쁜 학생들만 열심히 공부해야 한다고 불평하지요. 학습 도우미는 좋은 점수는 운에 달려 있는 게 아니라 좋은 학습 습관을 실천하는 데 있디는 것을 학생들이 깨닫고 이해하도록 격려해주어야 합니다.

"똑똑한 사람과 보통 사람의 차이가 무엇이든, 인간은 모두 창의적이다. 그러므로 연습하고 공부하면 누구나 능력을 발전시킬 수 있다."

제프 호킨스(Jeff Hawkins, 1957~), 발명가

뇌는 어떻게 일할까?

뇌가 어떻게 일하는지 이해하면, 효과적인 학습 전략을 세우는 데 도움이 됩니다.

자신이 좌뇌형인지, 우뇌형인지 파악해야 자신의 장점을 살려 공부할 수 있습니다. 기억이 어떻게 만들어지는지 이해하면 학습 과정에도 도움이 됩니다.

여기도 함께 보세요	
건강 유지하기	34–35 ▶
집중하기	40–41 ▶
암기 기술 끌어올리기	76–77 ▶
복습할 때 흔히 생기는 문제	132–135 ▶
복습을 위한 적극적 학습	142–143 ▶
기억과 뇌	154–155 ▶
시험 스트레스란?	192–195 ▶

좌뇌형 사고와 우뇌형 사고

뇌는 좌뇌와 우뇌의 두 부분으로 나누어집니다. 사람들은 대부분 좌뇌나 우뇌의 어느 한 부분을 더 많이 사용합니다. 좌뇌형 학생은 논리적입니다. 따라서 정보의 순서를 한눈에 파악할 수 있게 필기하면서, 자료에 번호를 매기거나 제목을 붙이기도 하고, 흐름이 한눈에 보이는 표나 그림을 만들기도 합니다. 반면 우뇌형 학생은 창의적입니다. 여러 가지 도표와 그림을 만들어 정보가 어떻게 관련되어 있는지 파악하는 것을 좋아하고, 주제마다 다른 색깔을 사용해 정리하기도 합니다.

도 움 말

불안감과 뇌 기능

불안해지면 우리 몸은 '싸우기 아니면 도망치기' 자세로 돌입합니다. 그러면 심장 박동 수가 증가하고, 호흡이 빨라지며, 피가 팔다리로 쏠리고, 체온이 올라갑니다. 몸이 이런 반응을 보이면 뇌는 정보를 효과적으로 처리할 수 없습니다.

▷ **좌뇌, 우뇌 모두 사용하기**

공부할 때 뇌의 양쪽을 균형 있게 사용해야 한다. 좌뇌형 학생은 전체 그림을 보면서 하나하나가 어떻게 맞물려 있는지를 이해하려 노력해야 하고, 우뇌형 학생은 정보의 순서를 확실히 알아야 한다.

좌뇌형 학생은 세부 사항부터 보기 시작해서 점점 큰 그림으로 이해하려 한다.

우뇌형 학생은 돌아다니거나 몸을 움직이면 배운 내용을 더 잘 기억해낼 수 있다고 한다.

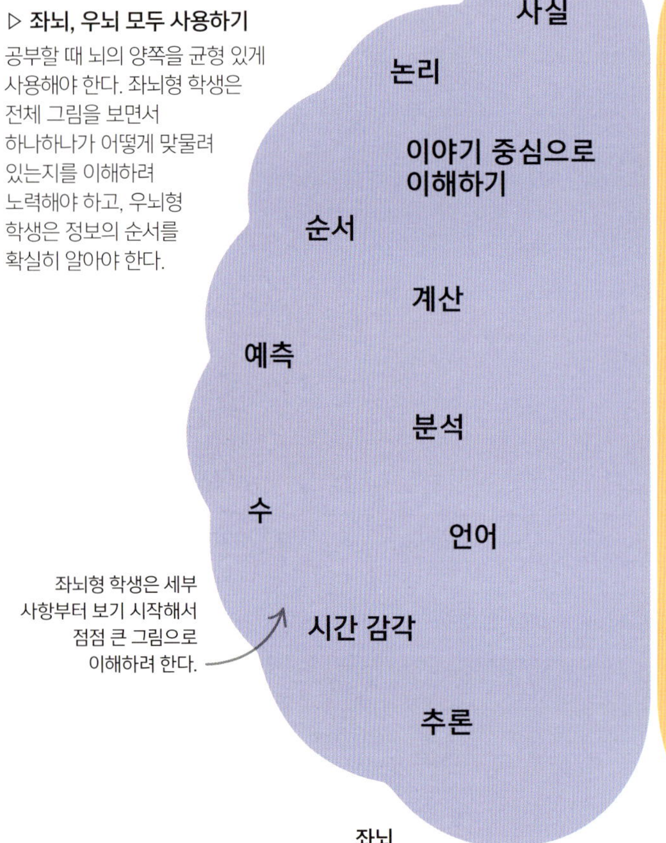

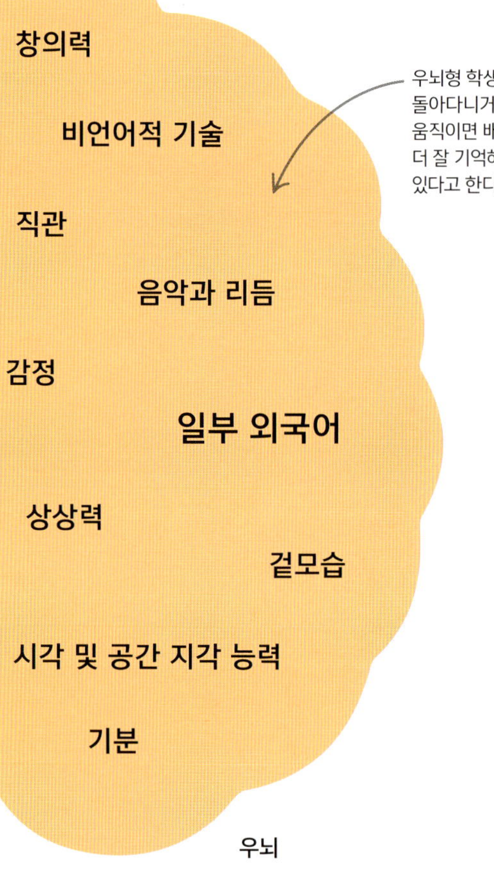

기억

오감(시각, 청각, 후각, 미각, 촉각)을 통해 수집된 감각 기억이 머릿속에 머무는 시간은
0.5초도 되지 않습니다. 어떤 것에 대해 잠깐 동안 흥미롭다고 느껴지면, 그 기억은
단기 기억에 저장됩니다. 예를 들어 뇌는 여러분이 읽고 있는 문장이 끝날 때까지
문장의 첫 부분을 기억합니다. 뇌는 30초까지는 5~9개의 항목을 기억할 수
있습니다. 만약 여러분이 한 가지 항목에 계속 집중하면, 뇌는 그것을 장기 기억에
저장합니다.

▽ **정보 처리하기**

장기 기억은 뇌의 주요한 기억 저장고이다.
학생들은 학습 정보가 장기 기억에서 처리되도록
목표를 세워야 한다. 장기 기억에는 세 가지
종류가 있다.

일화 기억

일화 기억은 일기처럼 개인적으로
자신에게 일어난 사건과 기억을 저장합니다.

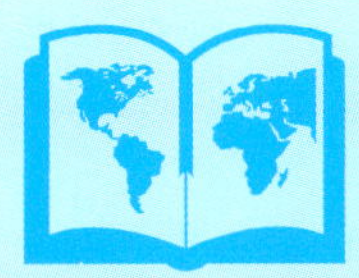

의미 기억

의미 기억은 사실, 규칙과 같은
정보를 저장합니다.

절차 기억

절차 기억은 자전거 타기나 키보드
입력하기 같은 기술을 저장합니다.

인식하기와 떠올리기

처음 어떤 정보를 듣거나 읽을 때는, 정보에 주의를 기울이며 이해하려고 노력해야
합니다. 그래야 나중에 그 정보를 인식하거나 떠올릴 수 있습니다. 여기서 인식은
전에 만났던 사람이나 배운 내용을 알아차리는 것을 말합니다. 떠올리는 행위는
아무 단서 없이 무엇인가를 기억해야 하므로 인식하는 것보다 어렵습니다.

떠올리는 행위에는 장기 기억에서 정보를
직접 불러오는 과정이 포함되어 있습니다.
그런데 곧바로 정보를 끄집어낼 수 있는
단서가 없어서 '인식'하는 것보다 힘들 수
있습니다.

◁ **단서가 있을 때와
없을 때**

이 예에서처럼,
'인식'은 예전에 배운
스페인어 단어를
다시 들었을 때
기억해내는 것이다.
하지만 그 단어를
보거나 듣지 않고서,
장기 기억에서
'떠올리기'는
쉽지 않다.

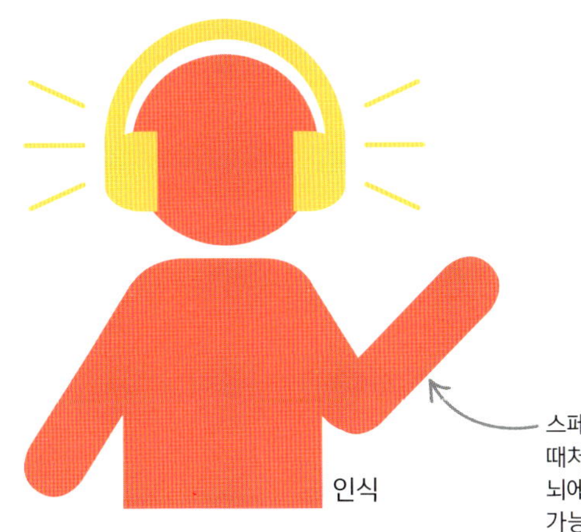

효과적으로 공부하기

효과적 학습은 공부한 시간이 아니라 그 시간을 얼마나 잘 활용하는지에 달려 있습니다.

공부 외의 다른 일정과 하루 중 가장 공부가 잘되는 시간을 고려해서 실현 가능한 공부 계획을 세워야 합니다. 또한 집중이 잘되는 환경을 찾아야 합니다.

여기도 함께 보세요	
학습 공간	36–37 ▶
정리하기	38–39 ▶
집중하기	40–41 ▶
계획표 세우기	48–49 ▶
복습할 때 흔히 생기는 문제	132–133 ▶
건강한 학습	200–203 ▶

집중해서 공부하기

짧게 집중해서 공부하는 것이 집중하지 못한 채 오래 공부하는 것보다 더 효과적입니다. 방해받지 않고 계속 공부하는 것이 좋지만, 한 번에 너무 오래 공부하는 것은 바람직하지 않습니다. 오래 공부할 경우에는 규칙적으로 짧게 쉬면서 하는 게 좋습니다.

> "늦은 밤에 공부하는 학생들이 저녁에 공부하는 학생들보다 점수가 더 낮은 편이다."
>
> 아트 마크먼(Art Markman), 심리학 박사

▷ **학습 환경**

아침이나 저녁처럼, 자신에게 가장 효과적인 학습 시간에 공부하는 것이 좋다. 그리고 방해받거나 산만해지지 않을 학습 공간을 찾아야 한다.

멀티태스킹

공부하면서 온라인 채팅이나 문자 메시지를 보내는 등 동시에 여러 가지 일을 하는 것을 멀티태스킹이라고 합니다. 멀티태스킹이 가능하다고 생각하는 학생들이 많지만 집중하는 데 방해가 되므로 공부를 방해하는 요소는 제거해야 합니다. 멀티태스킹이 도움이 될 때도 있습니다. 공부할 때 음악을 듣거나, 방에서 혼자 공부하는 것보다 북적거리는 도서관에서 공부하는 게 더 잘되는 학생도 있기 때문입니다.

◁ **휴식하기**

30분 동안 공부하고 나서 TV를 보며 쉬는 것이, TV를 요란하게 틀어 놓고 한 시간 동안 공부하려고 애쓰는 것보다 낫다.

실현 가능한 목표 세우기

공부를 하는 것보다 시작할 마음의 준비를 하는 게 더 어렵다고들 합니다. 공부하기 싫거나 공부가 너무 버겁게 느껴진다면 실현 가능한 목표를 세워 보세요. '30분간 공부하기' 처럼 길지 않은 시간을 목표로 한다면, 최대한 집중해서 공부할 수 있을 겁니다. 공부에 몰입하다 보면 30분보다 더 오래 하게 될지도 모릅니다.

▷ **목표 달성하기**
여가 활동에 드는 시간을 염두에 두고 학습 목표를 세워야 실현 가능하며, 목표를 달성하기가 수월하다.

식습관, 운동과 수면

학생들은 영양이 고루 갖춘 식사를 하도록 노력해야 합니다. 생선과 같은 '뇌에 좋은 음식'을 충분히 먹고, 물을 많이 마셔야 하며, 카페인과 단 음료는 줄여야 합니다. TV 보는 시간을 줄이고 운동을 하면 뇌가 활성화됩니다. 또한 규칙적인 수면 습관도 중요합니다.

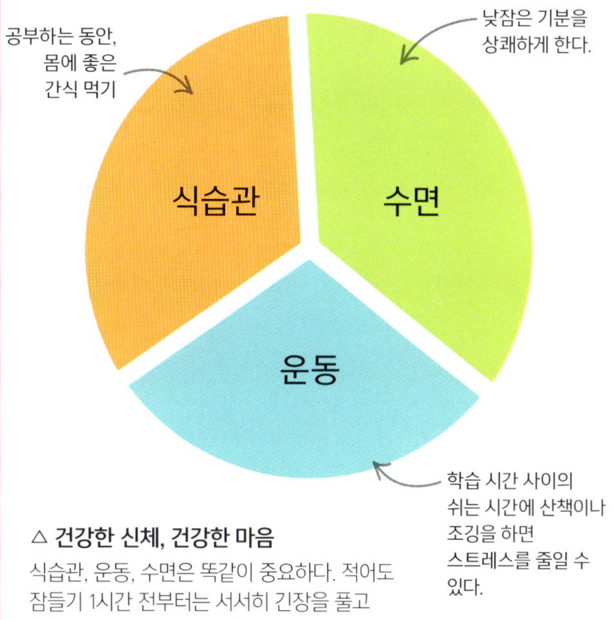

△ **건강한 신체, 건강한 마음**
식습관, 운동, 수면은 똑같이 중요하다. 적어도 잠들기 1시간 전부터는 서서히 긴장을 풀고 잠들 준비를 해야 수면에 도움이 된다.

정리하기

학습 공간을 정돈하는 것은 머릿속을 정돈하는 것과 같으므로, 가능하면 공부에 전념할 수 있는 공간을 만드세요. 학습 공간을 따로 마련하기 힘들면, 방의 구석진 부분에 책상을 두세요. 구석에서 공부하면 다른 일들로부터 방해를 덜 받습니다. 공부하지 않을 때는 학습 자료를 문서 보관함이나 서류함에 넣어 눈에 띄지 않게 깔끔히 정리하세요.

한 연구 논문에 따르면 오래 공부한다고 반드시 높은 점수를 받는 것은 아니라고 합니다. 실험에서 두 명의 학생이 똑같은 분량의 자료를 가지고 공부했을 때, 조용한 장소에서 방해받지 않고 공부한 학생이 이것저것 다른 일을 하면서 공부한 학생보다 더 높은 성적을 얻었습니다.

△ **학습 공간 만들기**
침실을 포함해 어떤 방이든, 구석에 분리된 학습 공간을 만들면 좋다. 자료와 책은 찾기 쉽도록 한 장소에 정리하자.

학습 스타일

자신에게 적합한 학습 스타일을 알면, 학습 기술도 그에 맞게 조절할 수 있습니다.

과거에는 보통 글이나 논리를 사용해서 공부했습니다. 하지만 최근에는 학생들이 다양한 방식으로 공부하고 있습니다.

여기도 함께 보세요	
적극적 학습	26–27 ▶
자기주도학습	30–31 ▶
학습 스타일 찾기	64–65 ▶
복습을 위한 적극적 학습	142–143 ▶
그룹으로 모여 복습하기	164–165 ▶
1장 참고 자료	220–221 ▶

함께 공부하기

다른 사람과 함께 공부하기를 좋아하는 학생은 의사소통을 잘하고, 다른 사람의 말에 귀를 기울입니다. 자신의 아이디어를 남들이 어떻게 생각하는지 반응 살피고, 그룹 안에서 문제를 해결하는 것을 즐기지요. 교실 밖에서도 친구들과 스터디 그룹을 만들어 공부하는 것을 좋아합니다. 그룹으로 공부할 때는 다른 사람의 관점에서 보는 롤플레잉을 하면 좋습니다.

▷ **집단 토론**

여럿이서 함께 공부할 때는 누구든 자기 생각을 말할 수 있어야 하고, 한 사람이 분위기를 주도하지 않도록 서로 간에 합의해야 한다.

혼자 공부하기

혼자 공부하기를 좋아하는 학생은 독립성이 강해 혼자 있을 때 집중을 잘합니다. 여럿이 모여서 공부하는 것은 도움이 되지 않는다고 여깁니다. 이런 학생은 스스로 목표를 잘 세웁니다. 학습 일기를 쓰며 학습 방법의 효과를 평가하는 게 유익하다고 생각합니다. 하지만 막히는 문제가 있을 땐 다른 사람들과 함께 머리를 맞대면 더 잘 풀린다는 점을 명심하기 바랍니다.

◁ **질문하는 태도**

혼자 공부하기를 좋아하는 학생은 스스로에게 질문하는 방식이 유용하다. 자기 자신에게 질문하면 사고 과정이 활발해진다.

조용한 장소에서 혼자 공부하는 것도 좋지만, 내내 혼자 고립되어 공부하는 것은 좋지 않다.

따로, 또 같이

특정한 학습 스타일을 좋아하는 사람도 있지만, 혼합 스타일이 더 적합한 사람도 있습니다. 또한 상황에 따라 자신에게 맞는 학습 스타일이 달라지기도 합니다. 예를 들어 실용적인 과목을 공부할 때 가장 효과적이던 학습 스타일이, 언어를 공부하거나 학문 연구를 할 때는 효과적이지 않을 수도 있습니다.

학생들은 대부분 여러 가지 방식으로 배우므로, 다양한 방식으로 정보를 주는 것이 가장 좋습니다.

▽ **여러 스타일을 다양하게 시도하라**
각각의 학습 스타일에 따라 사용하는 뇌의 부분이 다르다. 가장 효과적인 학습 스타일은 뇌의 여러 부분을 동시에 사용하는 것이다.

논리적 스타일

수학을 잘하고 논리적 방식으로 문제를 해결합니다. 각 부분의 패턴과 연관성을 파악하며, 관련된 정보들을 모을 수 있습니다. 할 일 목록을 만들고, 일의 순서를 정하기도 합니다.

시각적 스타일

공간 인지 능력이 뛰어나고 그림을 좋아합니다. 공부하면서 뭔가를 자주 끄적거립니다. 할 일을 계획하고 정보를 정리하기 위해 그림과 마인드맵, 도표를 잘 활용합니다. 서로 다른 주제가 쉽게 눈에 띄도록 여러 가지 색으로 칠하기도 합니다.

언어적 스타일

말과 글로 표현하는 방식을 편하게 느낍니다. 책을 많이 읽어서 어휘력이 좋습니다. 정보를 받아들일 때 말하기, 쓰기, 리듬과 운율을 사용해 쉽게 학습합니다.

청각적 스타일

악기를 연주하고 노래 부르는 것을 좋아합니다. 적극적으로 듣고 토론에 참여할 때, 강의를 듣거나 오디오 파일을 들을 때 가장 효과적으로 배웁니다. 소리, 음악, 리듬과 운율을 사용해 공부하는 방식을 좋아합니다.

운동감각적 스타일

몸을 움직이는 것을 좋아해서, 직접 부딪히면서 문제를 고민하는 방법이 효과적이라고 생각합니다. 예를 들어 기계가 어떻게 작동하는지를 익힐 때도 설명서를 읽기보다는 분해해보기를 좋아합니다.

공부 준비하기와 목표 세우기

학습 의욕 다지기

공부를 해야 하는 이유는 사람마다 다르므로, 무엇을 생각해야
공부할 의욕이 가장 잘 생기는지를 알아야 합니다.

먼 미래의 목표든 곧 다가올 미래의 목표든, 공부할 때는
큰 목표를 세워야 도움이 됩니다. 공부할 의욕만 있다면,
목표를 이루기 위해 무엇이든 기꺼이 할 것입니다.

여기도 함께 보세요	
완벽주의에서 벗어나기	44–45 ▶
자기 발전 계획하기	52–53 ▶
복습할 때 흔히 생기는 문제	132–135 ▶
복습 시간표	136–141 ▶
건강한 학습	200–203 ▶
긴장 풀기, 상상하기, 긍정적 사고	206–209 ▶

목표

공부를 시작할 때 목표를 세우면 원하는 학습 결과를 보다 쉽게 얻을
수 있습니다. 목표를 하나하나 완수해 나가면서 마침내 최종 목표를
이루면 학생들은 만족감을 느낍니다. 우선 상대적으로 쉽고 작은
목표를 세우세요. 작은 목표가 하나씩 이루어지면
전체적으로 성적이 올라갑니다.

▽ 계속 나아가라

가끔 과제가 너무 어렵거나 힘들게 느껴질 때가
있을 것이다. 그렇더라도 반드시 계속 공부해서
과제를 끝내고, 새로운 도전 목표를 세워야 한다.

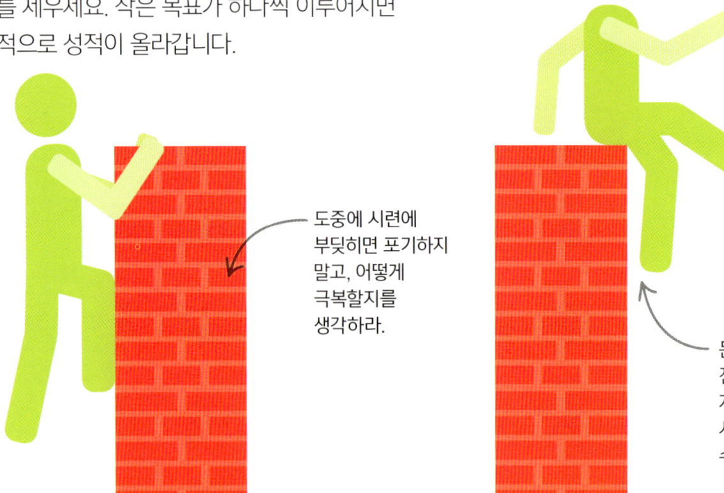

로버트 1세(Robert the Bruce)

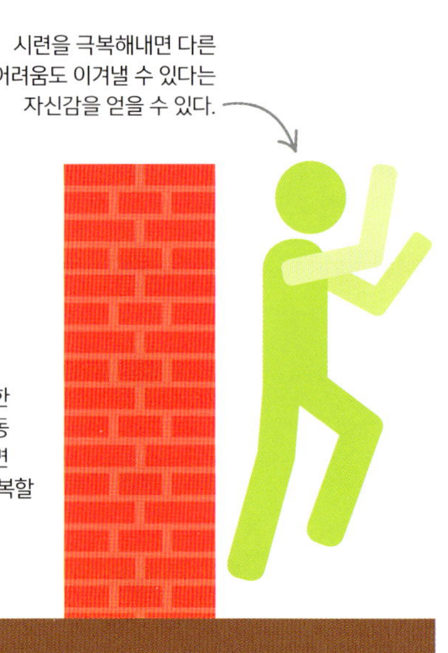

스코틀랜드의 왕이었던 로버트 1세(1274~1329)는 거미와 관
련된 전설적인 일화로 유명합니다. 잉글랜드에 패배한 후
어둡고 습한 동굴에 유배되었던 로버트 1세는 동굴 안에서
거미 한 마리가 거미집을 지으려고 애쓰는 모습을 발견했
습니다. 거미는 계속 떨어졌지만 다시 기어오르고 또 올랐
습니다. 마침내 거미는 용케도 벽에 거미줄을 붙이고 거미
집을 짰습니다. 거미가 보인 끈기에 감동한 로버트 1세는 다
시 한 번 각오를 다졌고, 그 후 1314년 배넉번 전투(Battle of
Bannockburn)에서 잉글랜드를 물리쳤다고 합니다.

> "올바른 길에 들어섰더라도
> 가만히 앉아 있으면 결국
> 차에 치이고 말 것이다."
>
> 윌 로저스(Will Rogers, 1879~1935),
> 미국 배우이자 작가

학습 의욕 자극하기

학생들은 배우고 싶은 과목이나 교과 과정을 선택할 때처럼 공부와 관련된 중요한 결정을 내려야 할 때가 많습니다. 애초에 그 과목을 왜 선택했는지 생각해보세요. 중요한 이유 중 하나는 알고 싶어서였을 겁니다. 그 과목을 고를 때 얼마만큼 배우고 싶었는지에 따라 좋은 점수를 받을 확률이 높아집니다. 어려운 공부를 하느라 진땀을 흘릴 일이 생기면 왜 그 과목을 선택했는지 이유를 떠올려 보세요. 그러면 해결 방법을 찾을 수 있을 뿐만 아니라, 더 열심히 공부하겠다는 의지도 다질 수 있습니다.

도 움 말

친구에게 전화하기

학습 의욕이 꺾였을 땐 친구와 통화하는 것도 도움이 됩니다. 평소 자신의 이야기에 귀를 기울여주고 도움을 주었던, 긍정적인 사고방식을 가진 친구를 찾아보세요. 부정적인 사고를 하는 친구는 친한 사이일지라도 기운을 북돋워 주진 못합니다. 친구와 함께 고민을 나누면 힘이 생기고, 다시 공부할 의욕이 솟아날 것입니다.

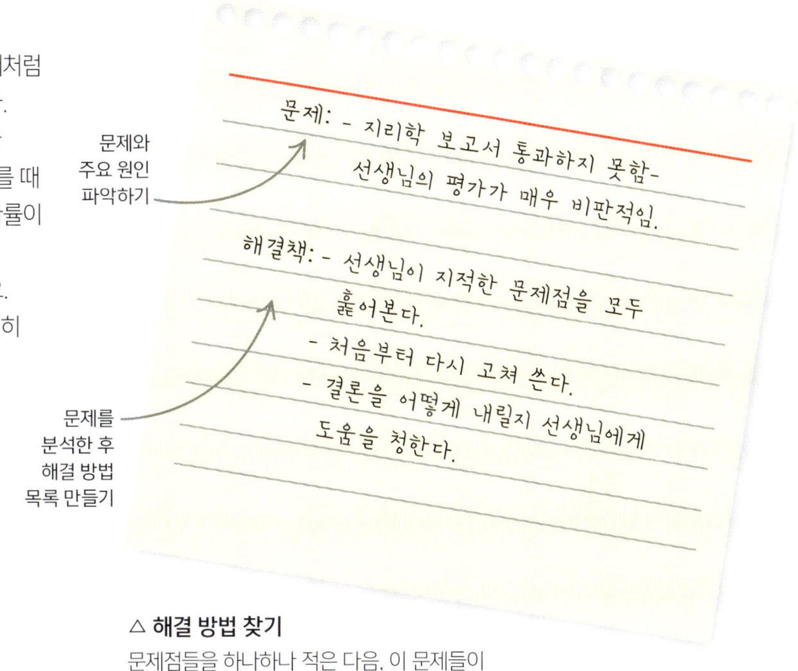

△ 해결 방법 찾기

문제점들을 하나하나 적은 다음, 이 문제들이 어떤 면에서 시련인지, 어떤 면에서 기회인지를 생각해본 후, 해결 방법을 적어보라.

긍정적인 마음가짐

공부할 때 긍정적인 태도를 유지하면 더 좋은 결과나 점수를 받을 수 있습니다. 부정적인 태도를 지닌 학생들은 성과를 얻기 힘듭니다. 시련에 부딪히더라도 극복해낼 수 있는 도전으로 여기고, 이를 극복하는 과정에서 교훈을 얻을 수 있다고 생각해야 합니다.

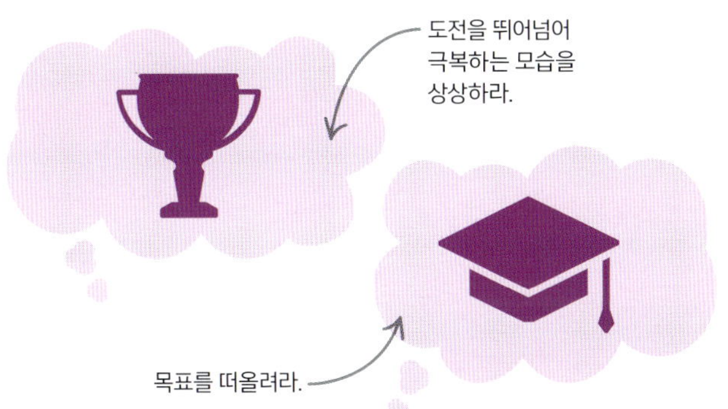

△ 고생 끝에 낙이 온다

가끔 까다로운 낯선 문제에 부딪히면 어떻게 풀어야 할지 걱정스럽겠지만, 새로운 도전에 맞닥뜨릴 때 더 빨리 배울 수 있다는 점을 명심하자. 긍정적인 마음가짐으로 문제를 바라보면 놀랄 만한 성과를 거둘 수 있다.

성공 축하하기

마감에 맞춰서 과제를 끝내고 목표를 이루면 스스로에게 상을 주세요. 예를 들어 한 학생이 어떤 주제에 관해 1시간 반 동안 공부해서 잘 알게 되었다면, 그 학생은 쉴 자격이 충분합니다. 작은 성과일지라도 학습 성과는 빠짐없이 학습 일기에 기록하세요.

▷ 해냈어!

공부해서 올린 성과를 확인하면 자신의 능력에 대한 믿음이 생긴다.

적극적 학습

적극적 학습 습관을 가지면 새로운 지식을 더 효과적으로 받아들이고 잘 기억할 수 있습니다.

적극적으로 학습하는 학생은 공부를 잘할 확률이 높습니다. 수업 시간에 배운 것과 연관된 것들을 스스로 찾아보며 공부하면 배우고 있는 내용을 더 잘 이해할 수 있기 때문입니다.

여기도 함께 보세요	
읽기 기술 끌어올리기	58–59 ▶
적극적인 듣기 기술	68–69 ▶
온라인 자료 정리하기	114–115 ▶
복습을 위한 적극적 학습	142–143 ▶
읽기	148–149 ▶
필기 스타일	150–151 ▶
기억과 뇌	154–155 ▶
그룹으로 모여 복습하기	164–165 ▶

수동적 학습은 무엇인가?

적극적 학습이 무엇인지 알아보기 전에, 우선 수동적 학습이 무엇인지부터 살펴보겠습니다. 수동적이거나 소극적으로 학습하는 학생은 자료를 보고 단락을 베끼거나, 그대로 옮겨 쓰는 경우가 많습니다. 수동적인 학생은 자신의 공부에 책임감을 느끼지 못하고, 스스로 공부 계획을 세우지 않으므로 공부에 끌려다니는 느낌을 갖기도 합니다.

나는 지금 배우고 있는 내용이 지겨워.

나는 배운 내용을 다른 부분에서 잘 활용하지 못하는 편이야.

나는 누군가 정보를 알려 주길 기다려.

나는 자료를 이해하려 하지 않고 그냥 옮겨 써.

나는 배운 내용을 깊게 생각해본 적이 한 번도 없어.

나는 마감 기한이 정해져 있어 압박감을 느끼는 것이 좋아.

◁ **이렇게 말하고 있지는 않은가?**
자신이 수동적 학습자인지 확인해보자. 이런 말을 자주 한다면, 학습 습관을 바꿔야 한다.

이렇게 실천하세요!

교실에서 적극적 태도 유지하기

수업 시간에 새로운 주제에 대해 배우면, 적극적이고 능동적으로 그 주제에 접근해보세요. 혼자서 이리저리 연구하다 궁금한 게 있으면, 반드시 수업 시간에 질문하세요. 이처럼 수업에 적극적인 태도를 유지하면, 궁금한 질문 목록이 자신도 모르게 금세 늘어날 것입니다.

도움말

변화 주기

같은 공부를 너무 오래 하다 보면 지치고 지겨워지게 마련입니다.

이리저리 바꿔라. 과목을 바꾸거나 공부 유형을 바꿔 보세요.

계속 밀어붙여라. 공부를 잘하려면 계속 스스로 다그쳐야 합니다. 또한 공부가 새롭고 흥미롭게 느껴지도록 해야 합니다.

다른 기술을 시도하라. 평소에 썼던 방법과는 다른 공부 기술과 학습 스타일을 시도해보세요. 새로운 스타일이 더 효과가 좋을지도 모릅니다.

적극적 학습은 무엇인가?

적극적 학습은 여러 가지 학습 활동을 하면서 주제를 이해하고, 이론을
무작정 외우는 것이 아니라 내용을 평가하며 확인하는 학습입니다.
아래에 나와 있는 능동적인 학습자의 말과 26쪽에 나온 수동적인
학습자의 말을 비교해 현재 자신의 학습 태도를 평가해보세요.

◁ 공부에 적극적으로
뛰어들기
보다 적극적으로 공부할 방식을
찾아야 한다. 이런 마음가짐은
공부에 많은 도움이 된다.

적극적인 학생이 되자!

적극적 학습 기술은 규칙적으로 꾸준히 사용하면 보다 쉽게 적용할 수 있습니다.
여러 기술 중에서 자신에게 적합한 기술을 찾으려면 다양하게 시도해봐야 합니다.
자신에게 효과가 좋은 방법은 계속 사용하고 싶을 것입니다.

▽ 생각 연결하기

공부할 때 다양한 기술을 시도해보라. 예를 들어 돋보기를 보면, 논술 문제 답을
자세히 보는 장면이 떠오르도록 훈련하라. 그러면 노트에서 돋보기 그림이 보일
때마다 머릿속에선 꼼꼼히 살펴봐야 한다는 생각이 떠오를 것이다.

적극적 학습 기술 세 가지를
이용해 공부해보세요. 그런
다음, 이전보다 얼마나 더
효과적으로 공부하고
있는지 기록을 남기세요.

적극적 학습 기술들	
아이디어와 자료를 연결하면서, 주제에 관한 마인드맵을 만드세요.	공책에 필기한 내용을 읽기 쉽도록 간략하게 줄여보세요.
생각과 아이디어를 남들과 토론해보세요.	어떤 주제에 관해 관련 서적이나 기사에 반대하는 입장을 가져보세요.
개념이나 아이디어를 그림으로 표현해보세요.	주제에 관해 찬성과 반대 주장을 생각한 후 짧게 요약해보세요.
방금 배운 것을 친구나 상상 속의 관중에게 가르쳐보세요.	학교에서 배운 정보와 그 밖의 다른 것들을 연결해보세요. 무엇이든 상관없습니다. 단순히 재미로, 고정관념에서 벗어난 독창적인 생각을 떠올려 보는 것도 좋습니다.
생각과 아이디어를 일지에 기록하세요.	한 단락을 100단어로 요약한 다음 10단어로 요약해보세요.
복습 카드와 별도의 공책에 요점을 정리하세요. 요점 카드를 늘 들고 다니면서 수정할 부분이 있는지 확인하세요.	이전 숙제에 선생님이 어떤 평가를 내렸는지 찾아보세요. 선생님이 쓴 비판적인 평가가 현재 숙제에도 해당하는지 적용해보세요.

책임감 느끼기

교육은 인생의 주요한 일부이므로, 누구나 자기 학습에 대해 스스로 책임져야 합니다.

학생은 공부 관리를 자신이 해야 할 일로 받아들여야 합니다. 힘들더라도 계속 노력하고, 너무 힘들면 도움을 청하세요.

여기도 함께 보세요	
◀ 24–25	학습 의욕 다지기
◀ 26–27	적극적 학습
복습할 때 흔히 생기는 문제	132–135 ▶
시험 문제 예상하기	162–163 ▶
공부한 내용 평가하기	166–167 ▶
긴장 풀기, 상상하기, 긍정적 사고	206–209 ▶

공부 관리하기

사람마다 성격이 다릅니다. 어떤 사람은 가고자 하는 길을 남들보다 쉽게 깨닫고 결단력이 있고 의욕이 넘칩니다. 하지만 공부에 관한 한 모든 학생은 스스로 통제할 수 있어야 합니다. 선생님은 학생에게 올바른 방향을 가르쳐줄 뿐, 스스로 질문하며 지식을 찾아가는 것은 학생의 몫입니다. 탐구하는 정신을 기르고, 적극적으로 캐묻는 공부법을 찾아야 합니다.

▷ **말에 올라 고삐를 쥐어라**
선생님이 주제에 관해 정보를 줄 수는 있지만, 문제 해결 방법을 찾고 배움을 통제하는 사람은 학생이다.

자신감 쌓기

스스로 학습 관리를 할 때 가장 중요한 요소 중 하나는 자신감 쌓기입니다. 학생들은 자신을 믿어야 합니다. 어떤 일에서 실패할 것이라고 계속 생각하면, 정말로 그렇게 될지도 모릅니다. 자기 능력을 불신하는 습관이 있는지 돌아보세요. 그런 습관은 빨리 고쳐야 합니다. 긍정적으로 생각하고, '나는 할 수 있어!'처럼 자신감을 북돋는 말을 하면서 사고방식을 바로잡아야 합니다. 긍정적인 말은 거울에 반사되듯 긍정적인 행동을 불러올 것입니다.

◁ **해결책 찾기**
부정적인 생각을 떠올리지 말고, 마음가짐을 다잡아 어떤 문제와 맞서야 하는지 결정한 다음 해결책을 생각하라.

발전할 방법 찾기

일단 자신의 장단점을 파악하고 나면, 공부를 잘하는 데 필요한 단계를 하나씩 밟아 나갈 수 있습니다. 첫 단계는 장점을 파악하고 목록으로 만드는 것입니다. 친구들의 생각을 물어봐서 덧붙여도 좋습니다. 둘째, 실수하더라도 의기소침해지지 말고, 실수에서 교훈을 얻어야 합니다. 발전하려면 문제 해결 방법을 찾고, 새로운 도전 목표를 세우는 일에 집중해야 합니다.

도움말

밝은 생각

함께 있으면 자신감이 없어지는 친구들은 멀리하고, 자신을 격려해주는 친구들과 어울리세요. 친구들은 서로 존중하고 힘을 북돋아 줘야 합니다.

▽ **발전하기 위한 다섯 가지 방법**

새롭고 신나는 일에 도전하는 방법부터 자기가 정말로 이루고 싶은 소원 목록 만들기까지 다음 다섯 가지 방법 중에 일부, 또는 전부를 시도해보라.

자기주도학습

학생들은 교육을 받으면서 서서히 독립적으로 학습하게 됩니다.

학습량이 많아질수록 스스로 중요한 결정을 내려야 하는 경우도 많아집니다. 할 일을 미루지 않고 제시간에 공부하는 법을 배우고, 홀로서기를 시작해야 합니다.

여기도 함께 보세요

◀ 26–27	적극적 학습
◀ 28–29	책임감 느끼기
시간 관리하기	42–43 ▶
복습 시작하기	128–131 ▶
복습할 때 흔히 생기는 문제	132–135 ▶
평가하기	166–167 ▶

스스로 생각하기

선생님은 수업 시간에 학생들에게 자료를 제공합니다. 그러나 시간이 지나면 학생 스스로 생각하고, 독립적으로 공부할 수 있어야 합니다. 온라인 도서관이나 지역 도서관에서 자료를 찾아 숙제하기, 발표 과제 만들기, 주제 연구하기 등을 스스로 해내도록 하세요.

▽ **참여하기**

스스로 생각하고 학습에 적극적으로 참여하는 학생은 모든 답을 선생님에게 의존하는 학생보다 더 많이 기억한다.

홀로서기

뛰어난 학생은 여러 가지 사실을 배우고 배운 내용을 복습하지만, 훌륭한 학생은 스스로 이해합니다. 이런 학생은 새로운 지식을 적용하고, 학습 스타일을 바꿔 가면서 캐묻고 질문하는 방식으로 더 많이 배우려 노력합니다. 또한 학습량이 늘어나면 시간이 더 많이 필요하므로 할 일을 더 잘 정리하고, 큰 목표를 이루기 위해 작은 목표들을 세웁니다.

▷ **할 일 균형 맞추기**

학생들은 새롭게 할 일이 생길 때 대처하는 방법을 배워야 한다. 처음에는 힘들겠지만 다른 일들과 균형을 맞추면 효과적으로 공부하는 데 도움이 된다.

공부 회피하기

학생들은 더 재미있는 것을 찾으며 종종 할 일을 미룹니다. 예를 들어 숙제를 해야 하는데 오후에 쇼핑하러 가거나, 이틀 후까지 숙제를 끝내야 하는데도 개의치 않고 친구들을 만나러 갑니다. 이처럼 다른 일을 하면서 해야 할 일을 피하는 것을 '회피 행동'이라고 합니다. 이 문제의 해결 방법은 간단합니다. 일단 숙제를 시작하세요!

공부를 미루고 있을 때는 용기를 내서 현실을 똑바로 바라봐야 합니다. 가끔 할 일을 미루면서 놀다 보면 죄책감이 들기도 합니다.

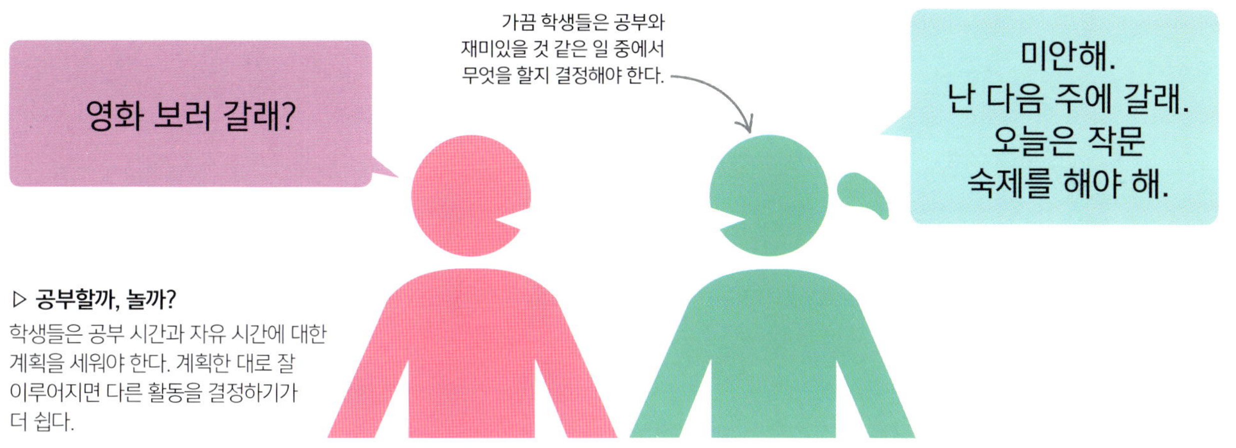

▷ **공부할까, 놀까?**
학생들은 공부 시간과 자유 시간에 대한 계획을 세워야 한다. 계획한 대로 잘 이루어지면 다른 활동을 결정하기가 더 쉽다.

개인별 시간표

스스로 학습 목표를 세워보면, 복습하고 목표를 달성하기 위해 공부 시간을 더 늘리려고 할 수도 있습니다. 학습량을 정하는 것은 학생 본인의 몫입니다. 스스로 공부 체계를 만들고, 최대한 빨리 공부를 시작하는 법을 터득하세요. 마감이나 시험 전날까지 해야 할 일이나 공부를 미루지 않아야 합니다. 공부를 끝낸 후에는 자신에게 상을 주세요.

◁ **상을 받을 만한가?**
특히 어려운 공부를 끝내거나 고민하고 있었던 까다로운 문제를 해결했을 땐, 계속 공부할 마음이 생기도록 스스로 상을 줘야 한다.

스트레스 다루기

학생들은 공부를 해야 한다는 압박감을 느끼는데, 이것은 지극히 정상적인 모습입니다.

여기도 함께 보세요

시험 스트레스란?	192–195 ▶
시험 스트레스 다스리기	196–199 ▶
건강한 학습	200–203 ▶
머리 식히기	204–205 ▶
도움 요청하기	210–211 ▶

학생들은 보고서 마감 기한, 연구 과제, 쪽지 시험과 기말고사 등 공부와 관련해 스트레스를 받습니다. 그러므로 스트레스 다루는 법을 배우는 것은 매우 중요합니다.

스트레스

살아가는 동안 사람들은 스트레스에 시달리는데 스트레스가 항상 나쁜 것만은 아닙니다. 스트레스는 우리 몸이 생물학적으로 '싸우기 아니면 도망치기' 자세를 갖추는 자연스런 반응입니다. 다른 동물과 마찬가지로 인간도 자신을 방어해서 싸울 태세를 갖추거나 도망갈 준비를 합니다. 우리 조상들은 살아남기 위해 이렇듯 스트레스가 필요했습니다. 그러나 시험공부를 할 때는 다들 스트레스가 심해 걱정이 많아지고 심지어 불안감에 휩싸이기도 합니다.

▷ **불안감이 밀려오는가?**

스트레스를 받으면 몸이 아플 수도 있다. 흔히 두통과 복통이 나타난다.

압박감에 대처하기

공부에 대한 압박감은 걱정한다고 사라지는 게 아니므로, 공부와 다른 생활과의 균형을 맞춰서 스트레스를 다스려야 합니다. 먼저 일과에 휴식시간을 넣으세요. 휴식은 사치가 아니라 필수입니다. 매일 30분이라도 좋으니 산책, 수영, 달리기를 하거나 스케이트를 타세요. 운동을 하면서 아침을 시작하면 압박감을 잠시나마 떨쳐 버리고 하루를 보낼 수 있습니다. 그리고 하루를 끝낼 때 긴장을 풀기에도 좋습니다.

도움말

친구들과 어울리기

친구들과 활발히 어울려 지내는 사람도 있고, 혼자 있길 좋아하는 사람도 있습니다. 하지만 공부한다고 친구들과 연락을 끊으면 안 됩니다. 이야기 나눌 사람이 있는 것이 없는 것보다 당연히 좋습니다.

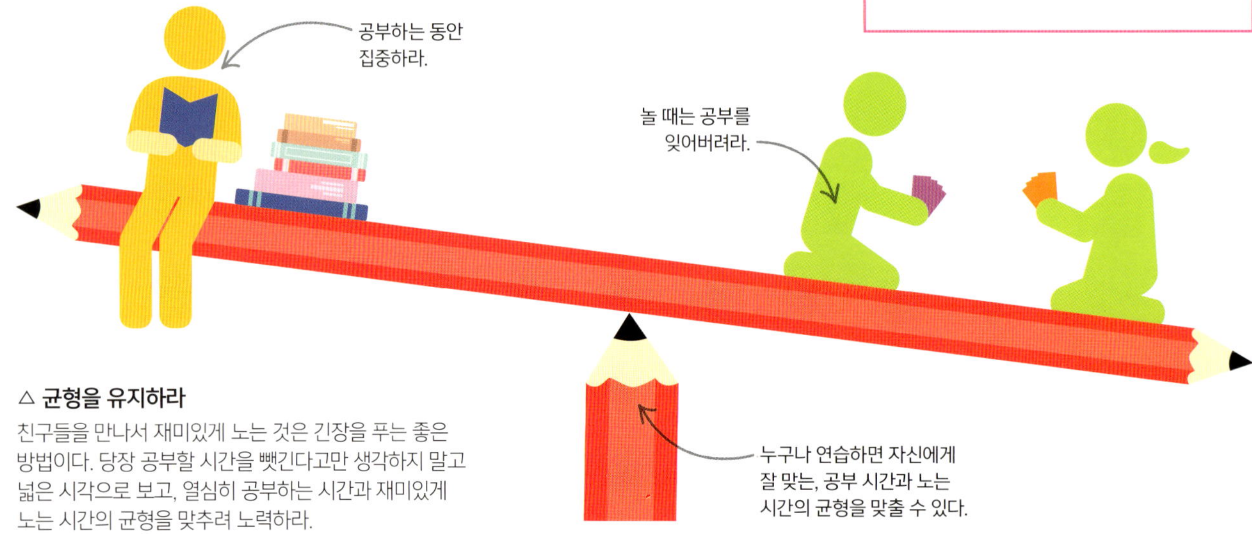

△ **균형을 유지하라**

친구들을 만나서 재미있게 노는 것은 긴장을 푸는 좋은 방법이다. 당장 공부할 시간을 뺏긴다고만 생각하지 말고 넓은 시각으로 보고, 열심히 공부하는 시간과 재미있게 노는 시간의 균형을 맞추려 노력하라.

부정적인 생각 극복하기

사람들은 누구나 이런저런 걱정을 하며 살아갑니다. 학생들은 배우는 게
많아지면 더 열심히 공부해야 하므로 늘 공부 걱정에 시달립니다. 너무 지나치게
걱정하지 말고, 자신을 남들과 비교하지 마세요. 효과적으로 공부하고, 최선을
다하는 데만 집중해야 합니다.

▽ **무엇이 문제인가?**

공부를 하다 보면 불안감이 생기기 마련이다. 그런
때일수록 현실적인 목표를 세우고 긍정적인 자세를
유지해야 한다. 긴장을 푸는 여러 가지 기술을 사용하면
아래와 같은 부정적인 생각과 두려운 마음을 극복할 수
있다.

다들 내가 잘해낼
거라고 기대해.

나는 1등을 꼭
해야 해.

모두 다 할 시간이 없어.
그러다 결국 아무것도
못하게 될 것 같아.

어디서부터
시작해야 하지?

제대로 못 고치겠어.
완벽해야 하는데.

통과하지 못할까 봐
두려워.

공부가 내
맘대로 안 돼.

개는 나보다 이걸
훨씬 더 잘해.

너무 자신이 없어.

나는 공부나 숙제가
막히면 그냥 무시하고
내버려 둬. 그러다 보니
숙제를 제시간에 마칠
수가 없어.

난 괜찮아. 하지만
공부해야 한다는
압박감이 나를 점점
조여 오는 것 같아.

이 렇 게　실 천 하 세 요 !

주변에 고민 털어놓기

가끔 공부 외의 부분에 문제가 생기면, 도움
의 손길이 필요할지도 모릅니다. 친한 친구나
가족을 잃는 경우가 그런 예입니다. 그런 상
황이라면 선생님에게 과제 시간을 연장해 달
라고 부탁하거나 마음이 통하는 선생님에게
고민을 털어놓을 수도 있습니다. 가족과 친구
에게 고민을 이야기하는 것은 많은 도움이 됩
니다. 또한 상담 전문가와 이야기를 나누어도
좋습니다.

나이가 들수록 스트레스가
주는 신호를 빨리 알아차릴
수 있습니다. 그러면 더 빨리,
더 효과적으로 스트레스를
다스릴 수 있습니다.

건강 유지하기

공부하는 동안 건강을 유지하려면 운동, 식습관, 수면, 휴식과 긴장 풀기가 매우 중요합니다.

매주 짬을 내어 운동하려고 노력하세요. 걷기, 수영, 가벼운 조깅은 건강을 유지하고 기분을 상쾌하게 해주는 좋은 방법입니다. 몸에 좋은 음식을 먹고, 휴식하며 잘 자는 것도 중요합니다.

여기도 함께 보세요

◀ 18–19   효과적으로 공부하기
시험 날 유용한 힌트와 조언   184–185 ▶
건강한 학습   200–203 ▶
긴장 풀기, 상상하기, 긍정적 사고   206–209 ▶

운동

운동은 신체를 건강하게 만들 뿐만 아니라 정신 건강에도 좋습니다. 특히 고민이 있는 사람에게 좋습니다. 활발히 운동하는 동안 뇌는 기분을 좋게 만드는 화학물질인 엔도르핀을 생산합니다. 달리기나 수영으로 하루를 시작하면 머리가 맑아지고 기분이 좋아집니다. 운동은 더 많은 산소를 몸 구석구석으로 보내 뇌로 가는 산소량을 증가시키므로 공부를 더 잘하게 도와줍니다.

달리기와 조깅은 심장 박동 수를 증가시키므로 건강에 좋다.

▷ **달리기 친구**

혼자서 조깅하고 싶지 않으면 친구를 찾아라. 함께 달리면 더 재미있고, 중도에 그만두지 않고 꾸준히 할 가능성이 높다.

뇌에 좋은 음식 먹기

뇌는 우리 몸이 사용하는 에너지의 20%를 사용하므로 음식을 충분히 섭취하지 않으면 제 기능을 할 수 없습니다. 몸에 나쁜 음식은 피하고, 뇌에 좋은 음식을 많이 섭취하세요. 신선한 과일과 채소가 풍부한, 균형 잡힌 식단이 바람직합니다. 밥이나 죽 같은 탄수화물은 먹으면 천천히 소화되므로 에너지를 오래 지속할 수 있지만, 초콜릿 바와 같은 당이 많은 음식은 먹으면 빨리 소화되어 금세 지치게 만듭니다.

자기 전에는 커피와 차를 많이 마시지 마세요. 커피와 차에는 잠을 달아나게 하는 카페인이 들어 있습니다.

간식으로는 감자 칩과 사탕 대신에 과일을 먹자.

하루에 적어도 다섯 번은 과일과 채소를 먹으려고 노력하라.

◁ **건강하게 먹기**

건강하게 먹겠다는 생각을 늘 염두에 두고 먹거리를 결정하자. 물을 많이 마시고, 탄산음료는 너무 많이 마시지 마라. 탄산음료보다는 물 한 잔이 훨씬 건강에 이롭다.

휴식

공부할 시간을 정하는 것만큼 쉴 시간을 정하는 것도 중요합니다. 푹 쉬면 두뇌 활동이 활발해지고 기분이 좋아집니다. 너무 오래 공부하면 쉽게 피곤해지고 집중력이 떨어집니다. 몸과 마음을 빨리 회복하려면, 공부를 마치고 하루를 마무리할 때 목욕을 하거나 상쾌하게 샤워를 해보세요.

▷ **시간과 공간**

명상이나 요가 또는 간단한 샤워만으로도 좋은 휴식이 된다. 혼자서 여유 있게 한숨 돌리면 기분이 상쾌해진다.

물을 세게 틀어 놓고 샤워를 하면 어깨 근육의 긴장을 푸는 데 좋다.

이렇게 실천하세요!

아이작 뉴턴(Sir Isaac Newton)

영국의 물리학자 아이작 뉴턴(1643~1727)은 정원에서 쉬고 있다가 나무에서 사과가 떨어지는 모습을 보곤 여기에 대해 곰곰이 생각하다가 중력의 아이디어를 떠올렸습니다. 뇌가 정보를 처리하고 결합하는 데는 시간이 걸립니다. 그래서 잊어버렸던 사실이나 생각이 완전히 다른 일을 할 때 좋은 아이디어가 불현듯 떠오르는 것입니다.

수면

하루에 몇 시간을 자야 하는지는 사람에 따라 다릅니다. 평균적으로 어른은 하루에 여덟 시간을 자야 하지만, 청소년이나 어린이는 적어도 아홉 시간은 자야 합니다. 자신에게 적당한 수면 시간이 얼마나 되는지 알아보려면, 시험 삼아 밤 10시경에 잠자리에 들어 자명종 없이 아무 방해도 받지 않으면 얼마나 오래 자는지 며칠 동안 재어 보세요. 잠이 부족하면 뇌는 제기능을 할 수 없습니다. 집중력과 사고력이 떨어지고 판단력이 흐려집니다.

머릿속 스위치를 내리기

긴장을 풀고 느긋해지기 힘들 때가 가끔 있습니다. 뇌가 긴장을 풀고 머리를 식히려면, 잠들기 한 시간 전에 휴대전화를 비롯해 전자 기기와 TV 등의 화면을 모두 끄세요. 특히 여름밤엔 불을 다 끄고 방을 어둡게 하는 것이 좋습니다.

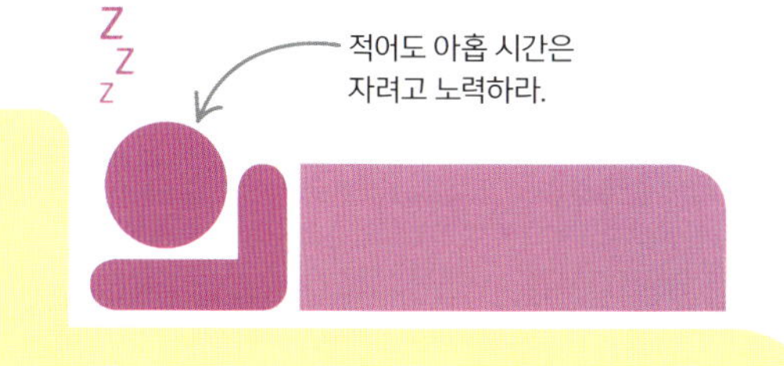

적어도 아홉 시간은 자려고 노력하라.

일어났을 때 너무 피곤하면 더 일찍 잠자리에 들어라.

잘 때는 휴대전화를 끄고 침대에서 멀리 두는 것이 좋다.

◁ **건강하게 자기**

사람들은 삶의 3분의 1을 자는 데 쓴다. 따라서 수면의 질이 좋아야 한다.

학습 공간

다른 공간과 분리되어 있고, 혼자서 효과적으로 공부할 수 있는 학습 공간을
마련하세요.

공부가 잘되는 학습 환경을 만드세요. 노트북, 컴퓨터, 태블릿 PC,
노트 패드 등 어떤 것을 사용해도 상관없습니다. 다만 공부할 수
있는 조용한 장소만 있으면 됩니다.

여기도 함께 보세요	
정리하기	38–39 ▶
계획표 세우기	48–49 ▶
학습 기기	106–107 ▶
학교 홈페이지	120–121 ▶
복습할 때 흔히 생기는 문제	132–135 ▶
여럿이 모여 복습하기	164–165 ▶

자기만의 공간

공부하기 가장 좋은 조건을 만들어야
합니다. 자신에게 가장 잘 맞고 공부하기
편한 장소를 찾으세요. 공부할 책상이나
탁자가 없더라도, 적어도 학습 자료를
한곳에 보관할 수 있는 자기만의 책꽂이나
공간이 있어야 합니다. 공부할 장소는
깨끗하게 정리하세요. 그래야 다시 오고
싶은 마음이 들고, 물건도 쉽고 빠르게 찾을
수 있습니다.

▷ **학습 공간에 필요한 것들**

평평한 책상과 편안한 의자, 적절한 조명(창문으로
들어오는 햇빛이 가장 좋다), 공책 등 공부하는 데
기본적으로 필요한 것들이 잘 구비되어 있어야
한다.

공부 시간

매일 시간을 규칙적으로 정해 공부하세요. 다만 어느
시간대에 공부가 제일 잘되는지, 더 좋은 시간대는 없는지
생각해보세요. 일찍 일어나 아침에 공부가 잘되는 사람이
있는가 하면, 저녁에 공부가 잘되는 사람도 있습니다.

◁ **시간표**

벽에 시간표를 붙여라. 공부 시간을 기억하려면 시간표를 붙이거나
옮겨 적는다. 중요한 날짜와 시간은 눈에 띄게 표시하고, 할 일은
구체적으로 포스트잇에 써서 붙인다.

공부할 장소

한 군데에서만 공부하는 것을 좋아하는 학생들이 있습니다. 반대로 공부할 내용에 따라 장소를 바꿔야 공부가 더 잘 된다고 생각하는 학생들도 있습니다. 한 장소에서 공부하는 것보다 돌아다니면서 공부하는 것을 좋아하는 학생은 장소를 자주 옮겨 가며 공부하면 마음가짐을 새롭게 하는 효과가 있다고 합니다. 그러나 남들이 최고라고 말하는 방식을 따르기보다는, 자신에게 맞는 방식을 찾는 게 좋습니다.

▷ **도서관**

지역 도서관은 공부하기 좋은 장소다. 다른 곳보다 훨씬 조용하다.

△ **학교**

이곳에서 학생들은 방해받지 않고 집중할 장소를 찾을 수 있다.

△ **집이나 친구 집**

집에서 공부하는 학생들이 많다. 공동 연구 과제를 해야 할 때는 친구 집에서 공부하기도 한다.

△ **카페**

음악이 잔잔히 흐르는 곳을 좋아하는 학생은 카페에 앉아 공부하기도 한다.

방해 요소

공부할 때는 집중에 방해되는 것들을 최소한으로 줄이세요. 정해진 시간에 집중해서 알차게 공부해야 합니다. 40분 단위로 공부하고, 그 사이엔 휴식을 취하세요. 공부가 머릿속에 잘 들어오지 않으면, 주제를 바꿔서 공부해보세요.

아무도 들어오지 못하게 방 문에 '방해하지 마시오.' 라는 팻말을 붙여보자.

◁ **출입 금지**

공부하고 있을 땐 공부 중이니 방해하지 말라고 알리고, 얼마나 오래 할지도 알려라. 휴대전화를 끄고, 인터넷 접속도 차단하라.

책상 정리하기

책상은 깨끗하게 정리해야 합니다. 활동적인 연구 과제를 할 때는 여러 권의 책과 자료들이 여기저기 펼쳐져 있어서 어질러지기 쉽지만, 공부가 끝나면 다시 깨끗이 정리하세요. 공부할 공간이 깔끔하면 다시 돌아와서 공부하고 싶은 마음이 절로 생깁니다.

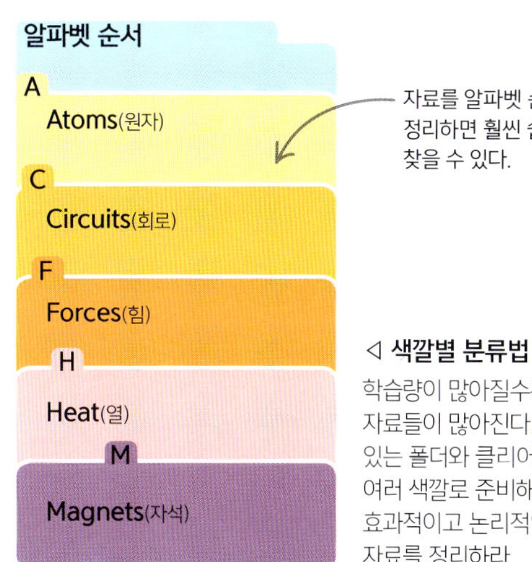

자료를 알파벳 순서로 정리하면 훨씬 쉽게 찾을 수 있다.

◁ **색깔별 분류법**

학습량이 많아질수록, 정리할 자료들이 많아진다. 칸막이가 있는 폴더와 클리어 파일을 여러 색깔로 준비해, 가장 효과적이고 논리적인 방식으로 자료를 정리하라.

정리하기

학교에서 새로운 기술을 배울 때는 배운 내용을 잘 정리하는 것이 매우 중요합니다.

정리 정돈에 많은 노력을 기울여야 합니다. 규칙적으로 방이나 학습 공간을 정돈하세요. 클리어 파일과 폴더를 사용해 학습 자료를 잘 정리하고, 당장 사용하지 않는 자료들은 한쪽으로 치워 두세요.

여기도 함께 보세요	
◀ 36–37	학습 공간
계획표 세우기	48–49 ▶
계획표 관리하기	50–51 ▶
복습 시간표	136–141 ▶

미리 계획하기

여러분은 효과적으로 공부하는 방법을 알아야 하는데, 이것은 새로운 학습 기술들을 이것저것 시도하고 조절해야 한다는 뜻이기도 합니다. 능숙하게 익혀야 할 가장 중요한 학습 기술은 '미리 계획하기'입니다. 미리 계획하지 못하면 해야 할 공부를 제대로 하지 못하고, 마감일을 놓치거나, 스스로를 제대로 통제하지 못한다는 기분이 듭니다. 마감일 전에 미리 공부해야 한다는 사실을 잘 알고 있다면, 스스로를 잘 관리하고 있다고 느낄 것이고, 결과도 좋을 것입니다.

도움말

다음엔 무엇을 해야 할까?

매일, 매주 무엇을 해야 하는지 정확히 파악하려면 과제별 시간표와 계획표를 준비해서 해야 할 공부를 표시하세요. 계획을 잘 세우면, 마감일 전에 해야 할 과제와 공부를 빠짐없이 잘할 수 있습니다.

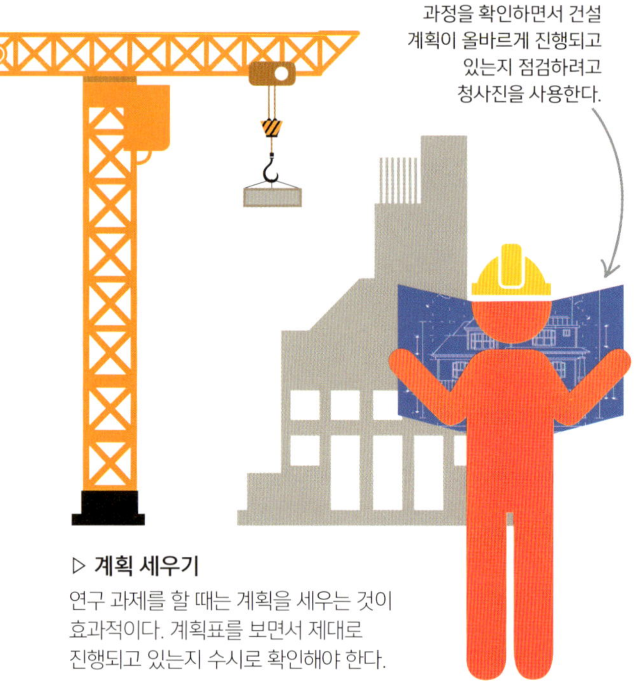

▷ **계획 세우기**
연구 과제를 할 때는 계획을 세우는 것이 효과적이다. 계획표를 보면서 제대로 진행되고 있는지 수시로 확인해야 한다.

자료 정리하기

어지럽혀진 자료 더미 속에서 필요한 것을 찾느라 시간을 낭비하지 말고, 자신만의 정리 체계를 만드는 것이 좋습니다. 이 정리 체계를 지켜 나가면 시간이 지날수록 더 효율적으로 자료를 찾을 수 있습니다. 낱장 자료는 안쪽에 칸막이가 여러 개 있는 폴더에 정리하세요. 과목별로 다른 색깔의 포스트잇을 사용해 정리하는 것도 좋습니다.

◁ **깔끔하게 정리하기**
책상이나 컴퓨터 주변과 같은 학습 공간이 어수선하면 자료를 찾는 데 시간이 걸린다.

미리 끝내놓기

제시간에 과제를 끝내는 습관을 들이세요. 과제를 시작할 때는 시간이 많이 남은 것 같지만, 시간은 쏜살같이 지나갑니다. 가끔은 더 빨리해야 한다고 생각하는 것도 좋습니다. 예를 들어 실제 마감일보다 일주일이나 열흘 정도 앞당겨 가짜 마감일을 정하고, 거기에 맞춰 빨리 끝내 보세요. 미리 준비해두었다가 제시간에 제출하는 것이 즐거울 것이며, 계획대로 공부 관리를 할 수 있으므로 뿌듯할 것입니다.

▽ 또 늦었어?

계속 지각을 한다면, 습관을 바꿔야 한다. 지각은 계획만큼 자기 관리가 잘되고 있지 않다는 신호일 때가 많다.

전체적으로 보고 계획하기

공부를 계획하고 준비할 때는 공부 외의 다른 것들도 염두에 두어야 합니다. 공부에만 초점을 맞추고 다른 중요한 일상생활들을 무시하면 안 됩니다. 공부와 공부 외 활동의 균형을 잡아서 계획표를 짜세요. 열심히 공부하면서 쉴 때 쉬고 친구들과 놀 줄도 알아야 성적이 향상됩니다. 영화 보러 가기, 운동하기, 외식하기처럼 좋아하는 일들도 할 수 있도록 시간표를 짜세요.

▽ 당연히 받을 만한 상

휴식 시간을 정해 놓고 그 시간에는 친구와 연락하며 지내자. 정말로 열심히 공부했다면, 친구와 외출하는 것도 좋은 상이 된다.

이렇게 실천하세요!

일의 순서 정하기

매일 해야 할 일을 순서대로 적어 일일 목록을 만드세요. 가장 중요한 일을 목록의 맨 위에 쓰고, 무엇이 더 중요한지 알아볼 수 있게 번호를 붙이세요. 끝낼 때마다 하나씩 지워 가면서, 중요한 일이 시간에 맞게 처리되었는지 확인하세요.

어떻게 공부할지 계획을 세우고 순서를 정하는 것은 학생으로서 해야 할 매우 중요한 일 중 하나입니다.

집중하기

집중하기는 공부를 잘하기 위한 비결입니다. 공부 시간을 나누어 과목을
정하고, 공부 계획을 잘 지켜야 합니다.

공부할 때는 집중력이 중요합니다. 딴생각이 들더라도 공부에
서서히 관심을 돌려야 합니다. 집중하기는 연습할수록 쉬워집니다.

여기도 함께 보세요	
◀ 16–17	뇌는 어떻게 일할까?
◀ 18–19	효과적으로 공부하기
◀ 32–33	스트레스 다루기
◀ 34–35	건강 유지하기
◀ 36–37	학습 공간
계획표 세우기	48–49 ▶
암기 기술 끌어올리기	76–77 ▶
기억력을 향상시키는 도구들	160–161 ▶
시험 스트레스 다스리기	196–199 ▶

집중력 유지하기

공부할 때 잠깐씩 딴생각이 들기 마련입니다. 그러나 한눈파는 시간을 최내한 짧게 줄여야
합니다. 다음 세 가지를 지키면 집중력을 높일 수 있습니다. 첫째, 책상이나 공부하는
장소에 어지럽게 놓인 물건들을 치우세요. 둘째, 방해가 될 만한 것들을 미리 제거하세요.
예를 들어 컴퓨터를 끄고, 휴대전화는 진동 모드로 해놓으세요. 셋째, 머리를 맑게 하려면
규칙적으로 휴식을 취하세요.

▽ **집중할 수 있는 시간**

사람마다 공부하는 능력이 다르다. 집중력을
잃지 않고 얼마나 오랫동안 공부할 수 있는지
시간을 재어 확인해보자. 집중력을 잃기
시작했다면, 그때가 바로 쉴 때다.

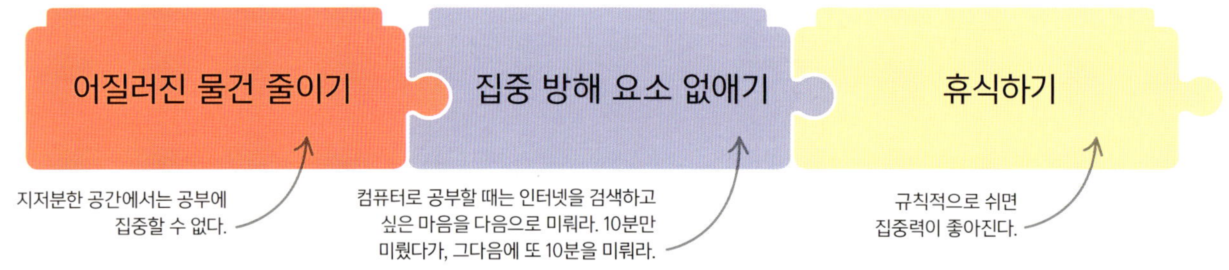

◁ **절반으로 충분한가?**

동시에 두 가지 다른 일을 할 수 있고, 둘 다 잘할 수 있다고
생각하는 사람이 있을지도 모른다. 그러나 조심해야 한다.
집중력의 절반을 TV나 소셜 미디어에 뺏기고, 자기도 모르게
몽상에 잠기면 공부가 제대로 될 리 없다.

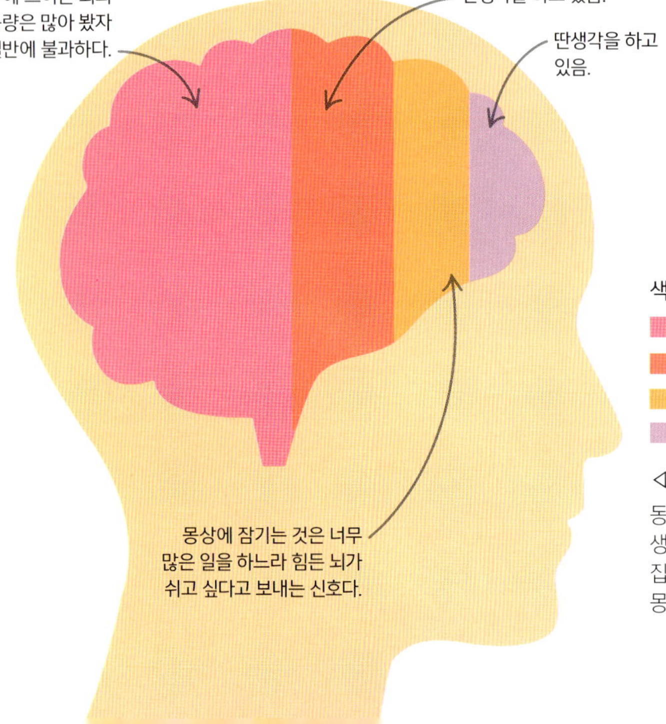

멀티태스킹하지 않기

한 번에 여러 가지 일을 하는 멀티태스킹과 관련해
많은 이론이 있습니다. 최근 한 연구에서 한 번에
한 가지 이상 일을 하면 뇌 활동이 감소한다는 사실이
밝혀졌습니다. 다시 말해 한 번에 여러 가지 일을 하면
하나에 집중할 때보다 덜 효과적이라는 의미입니다.
TV를 보면서 공부하면 더 잘할 수 있다고 생각하는
학생들이 많습니다. 그러나 TV를 끄고
아무런 방해도 받지 않고 공부한다면
훨씬 빨리 끝낼 수 있습니다.

시간 분배

'시간 분배'는 공부 시간을 집중할 수 있는 시간 단위로 짧게 나눌 때 사용하는 기술입니다. 한 번에 여러 가지 공부를 하지 말고, 하나의 공부를 완전히 끝낼 시간을 따로 떼어 놓으면 됩니다. 예를 들어 지리학 보고서 과제의 결론을 쓰는 데 30분이 걸릴 거라고 예상하면, 다른 곳에 한눈팔지 말고 그 시간 동안 집중해서 끝내야 합니다. 마찬가지로 다른 과목을 공부하거나 다른 일을 할 시간을 따로 정해 두어야 합니다.

30분은 공부에 집중할 수 있는 적당한 시간이다.

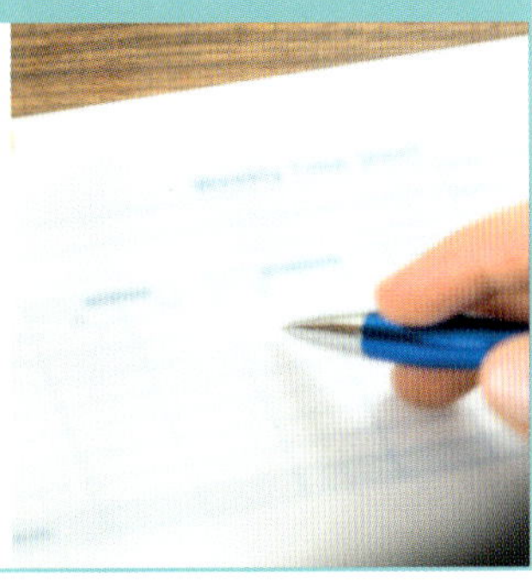

△ **시간 쪼개기**

할 일 목록을 전체적으로 보면 시간을 어떻게 나눠야 할지 알 수 있다. 그러면 일 하나마다 시간이 얼마나 걸릴지 대충 예상할 수 있을 것이다. 그다음 정해진 시간 안에 일을 마무리하라.

이렇게 실천하세요!

일주일 학습 일정표 짜기

일주일을 공부하기 적당한 시간 단위로 나눌 수 있습니다. 평일의 학교 시간표는 수업 시간으로 나뉘어 있습니다. 그러므로 매일 한 수업이 끝나고 다음 수업이 시작되기 전의 빈 시간을 공부 시간으로 정하고 어떻게 공부할지 계획을 세워야 합니다. 예를 들어 월요일에는 수학, 화요일에는 역사 등으로 계획을 짠 후 그 시간에 집중해서 공부하면 됩니다.

공부에 몰입하기

공부에 '푹 빠졌다'는 말은 공부에 완전히 몰두했다는 뜻입니다. 무언가를 너무 재미있게 하느라 시간 가는 줄 몰랐던 경험이 있을 겁니다. 그때는 그것이 무엇이든지 모든 관심을 기울여 그 일에 빠져들었다는 뜻입니다. 마찬가지로 공부할 때도 그럴 수 있습니다. 그런 정신 상태는 집중보다 더 높은 차원인데, '몰입(the flow)'이라고 부르기도 합니다.

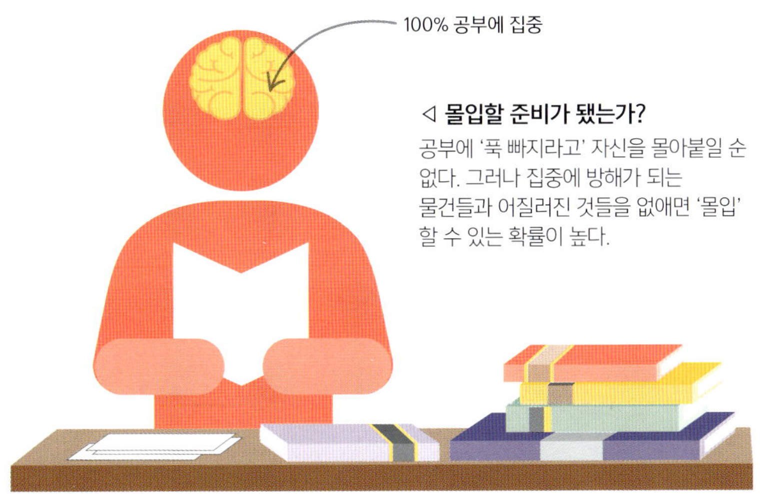

◁ **몰입할 준비가 됐는가?**

공부에 '푹 빠지라고' 자신을 몰아붙일 순 없다. 그러나 집중에 방해가 되는 물건들과 어질러진 것들을 없애면 '몰입'할 수 있는 확률이 높다.

도움말

스트레는 적당히!

학습량이 많아 불안해지면 아드레날린이 촉진되는데, 아드레날린은 공부를 잘 끝낼 수 있도록 하는 힘이 되기도 합니다. 큰 시합을 준비하고 있는 운동선수를 생각하면 쉽게 이해할 수 있을 것입니다. 하지만 휴식할 시간도 없이 스트레스를 계속 받으면 공부에 대한 '긴장'이 지나쳐서 오히려 집중을 방해하기 시작합니다. 그러니 스트레스를 적당히 유지해야 합니다. 더 자세한 조언을 알고 싶으면 196~199쪽을 보세요.

> "자신감과 갈망이 결합하면 집중력이 생긴다."
> 아널드 파머(Arnold Palmer, 1929~), 골프 챔피언

시간 관리하기

무엇을 먼저 해야 할지 고민하면서 시간을 낭비하지 말고, 바로 시작하세요.

시간을 관리하는 것은 매우 중요한 기술입니다. 열심히 공부하고, 과제들을 잘 준비하고, 제시간에 숙제를 끝내는 학생은 절대 뒤를 돌아보지 않습니다.

여기도 함께 보세요	
◀ 40–41	집중하기
복습 시작하기	128–131 ▶
복습할 때 흔히 생기는 문제	134–135 ▶
복습 시간표	136–141 ▶
시험 스트레스란?	192–195 ▶

시작하기

어떤 과제를 하는 데 시간이 얼마나 필요할지 알아야 합니다. 중요하고 급한 공부라면 당장 시작하세요. 그렇지 않으면 나중에 곤란한 지경에 이릅니다. 쉬운 공부부터 시작하길 좋아하는 학생이 있고, 가장 어려운 부분부터 공부하는 것을 좋아하는 학생도 있습니다. 어느 쪽이 더 효과적인지는 중요하지 않습니다. 일단 시작하는 게 중요합니다.

▷ **성공으로 가는 길**

숙제를 받자마자 하려면, 정확히 무엇을 해야 할지 결정하고 할 일 목록을 만들어라. 일찍 시작할수록 좋다.

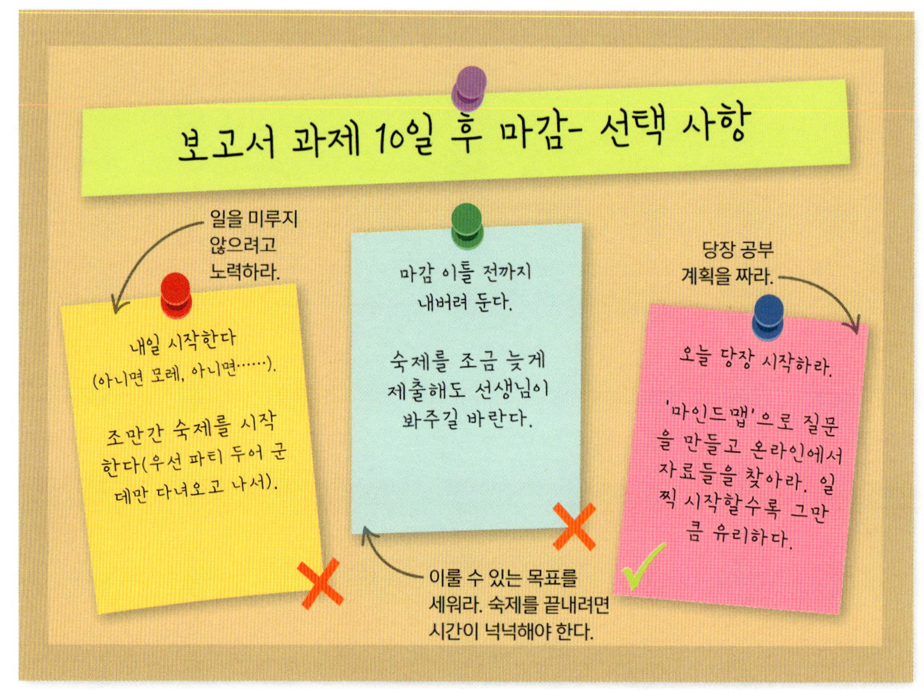

전념하기

과제에 전념하면 열의가 생기며 보다 집중하므로 과제를 더 잘 해낼 수 있습니다. 전념해서 열심히 공부하는 학생들은 성적이 좋습니다. 목표 점수를 너무 높게 잡은 탓에 원하는 결과에 약간 못 미치더라도, 완성한 숙제 자체가 알찬 결실일 확률이 높습니다. 게다가 제시간에 훌륭한 과제를 해낸 것만으로도 만족감을 느낄 수 있습니다.

▷ **공부에 전념한 시간**

처음부터 끝까지 날짜별로 할 일을 나누어 과제 수행을 계획한 학생은 마지막까지 미룬 학생보다 자기 관리를 잘하고 있다고 느낀다.

미리 계획하기

숙제나 수업 활동 등을 효과적으로 정리할 수 있는 수첩을 사용하는 것이
좋습니다. 어떤 학생은 벽에 붙일 계획표를 만들 때 중요한 날짜와 마감
기한을 표시하고, 또 어떤 학생은 할 일 목록을 만들기도 합니다. 그날 할
일을 모두 목록에 적고, 하나씩 끝낼 때마다 체크 표시를 해보세요. 제일
중요한 일은 맨 위에 적습니다. 시간별로 계획을 짜는 방법을 더 좋아하는
학생도 있습니다. 적당한 시간 단위(하루 단위, 주 단위, 월 단위)로 표를 만들고,
과제와 관련된 날짜들을 표시하면, 목표를 향해 잘 가고 있는지 한눈에
파악할 수 있습니다.

▷ 한데 모아 두기
할 일 목록은 아무 종이에 써도 상관없다. 하지만
매번 같은 종이를 쓰면 훨씬 눈에 잘 띌 것이다.

목록에 있는 일을 끝낼 때마다
체크 박스에 표시하면
성취감을 느낄 수 있다.

할 필요가 없어진
일에는 줄을 긋는다.

◁ 다 끝냈는가?
매일 목록을 새로 쓰고, 전날
끝내지 못한 일을 덧붙여라.

일의 우선순위 정하기

목록 만드는 습관을 기르면 해야 할 일에 집중하기가
쉬워집니다. 먼저 해야 할 일 순서로 정리하면 훨씬 더
효율적일 수 있습니다. 목록에 번호를 붙이거나 일의
중요도를 A, B, C로 표시해도 됩니다. A는 '꼭 해야 할 일',
B는 '그다음으로 해야 할 일', C는 '하는 것이 좋은 일'
입니다. A는 그날 당장 해야 할 일이고, C는 다음 날 해도
괜찮은 일이라고 생각하면 됩니다.

'할 일' 목록을 만들면
훨씬 더 좋은 점수를 받을
확률이 높아집니다.

미루는 습관 고치기

종종 할 일을 미루고 다른 일을 하며 시간을 낭비하곤
합니다. 논술 과제처럼 큰일이 기다리고 있는데도, 다른
공부나 활동을 먼저 끝내려는 것이죠. 무엇을 먼저 해야
할지 분명히 정한 다음, 정한 것을 자신에게 변명하지
말고 먼저 시작하세요.

◁ 방해 요소 피하기
공부한다는 말은 공부를
시작한 후 계속한다는
뜻이다. 그러니 정신을
산만하게 하는 것들을
피하라.

완벽주의에서 벗어나기

매사에 잘하려고 노력하는 것은 좋지만, 너무 무리하게 공부하지 않도록
조심해야 합니다.

완벽하게 하려고 하다 보면 오히려 주춤거릴 수도 있습니다.
너무 완벽한 점수를 받고 싶은 나머지 시작도 못할지 모릅니다.
그러므로 자신이 해낼 수 있는 현실적인 목표를 세워야 합니다.

여기도 함께 보세요	
학습 스타일 찾기	64–65 ▶
사고력 발달시키기	78–79 ▶
과제 검토하기	96–97 ▶
건강한 학습	200–203 ▶

항상 완벽할 순 없어.
실수할 때마다 교훈으로
삼으면 돼.

실수도 배움의 과정

만점을 목표로 공부하는 것은 칭찬할 만한 일이지만,
이런 태도는 자신에게 너무 많은 압박감을 줄 수
있습니다. 완벽한 결과를 내길 기대하면서 이룰 수
없는 목표를 강요하는 사람은 대부분 남이 아니라
자기 자신입니다. 완벽주의자가 편안한 마음으로
공부한다면, 더 효율적으로 공부할 수 있으므로
공부의 질이 높아질 것입니다. 누구나 실수를 합니다.
실수 또한 배움의 과정입니다.

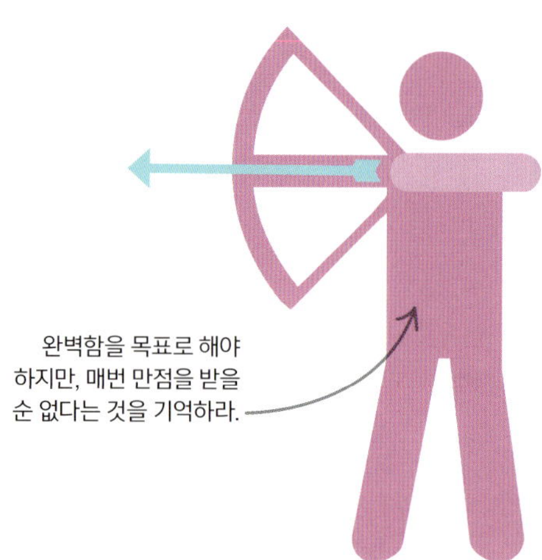

완벽함을 목표로 해야
하지만, 매번 만점을 받을
순 없다는 것을 기억하라.

▷ 목표를 향해

목표를 향해 올바른 길로 가고 있는지 확인해야 한다.
우선 목표를 만점 받는 데 두지 말고, 적절한 기간 안에
공부를 끝내는 데 둬보자.

현실적인 목표 세우기

정해진 시간 안에 이룰 수 있는 현실적인 목표를
세우고 일찍 공부를 시작해야 합니다. 연구 과제를
할 시간이 많으면 훨씬 편안해집니다. 논술 과제를
작성할 때는, 한 가지를 고민하느라 멈춰 있지 말고
자기 생각과 아이디어를 막힘없이 써 내려가는
습관을 길러야 합니다. 그러다 보면 쓰는 동안
생각을 발전시킬 수도 있습니다. 나중에 글을 다듬을
시간이 있으므로 이 단계에서는 자유롭게 쓰는
것이 좋습니다. 그리고 마지막에 글을 편집할 시간을
남겨 두세요. 그래야 자기가 쓴 글에 자신감을 가질
수 있습니다.

한 문장을 완벽하게
쓰는 데 초점을 두지
마라. 다음으로 넘어가
생각을 쭉 적어라.

◁ 멈추지 마라

생각을 빨리 적는 것을 목표로 계속 써 내려가야
한다. 정해진 시간 안에 무엇을 해야 하는지
명심하자.

유연해지기

완벽주의 경향을 보이는 학생들은 늘 동일한 공부 방법만 고집합니다. 다양한 공부 방법을 시도해보세요. 그러면서 다른 방법의 장점을 경험해보세요. 걱정이 된다면 어떻게 해야 하는지 선생님에게 물어보는 것도 좋습니다. 고정관념에서 벗어나 독창적으로 생각하는 것도 도움이 됩니다. 다른 방법으로 공부하면서 스스로 발전할 기회를 주면 창의적인 해결 방법이 나올지도 모릅니다.

완벽주의 경향이 있는 사람은 보다 창의적인 면을 끌어내야 합니다. 이런 방법으로 공부하다 보면 자신의 학습 방법이 가지고 있는 문제점이 드러나기도 합니다.

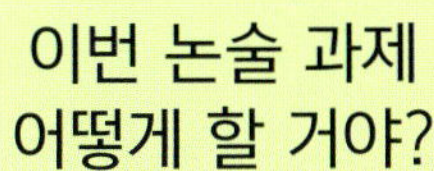

▷ 같은 방식을 오래 쓰면

자신에게 효과가 있는 방법을 발견하면, 그 방법으로 계속 공부하는 것이 좋다. 하지만 자주 쓰는 방법이 항상 최고의 효과를 거두는 것은 아니므로 새로운 방법도 시도해보자.

마무리에 집중하기

자신에게 너무 가혹하면 안 됩니다. 실패했다고 여겨질 때 자책하는 것이 완벽주의자의 주요한 특징 중 하나입니다. 일단 하던 공부를 끝내고 다음으로 넘어가는 것이 무엇보다 중요합니다. 과제는 잘하기만 하면 되지, 최고의 작품일 필요는 없습니다. 그러니 과제를 끝내는 데만 집중하세요. 마감일 일주일 전에 끝낸다면, 고치고 다듬을 시간이 일주일이나 남습니다.

도움 말

여러 가지 일 처리하기

완벽주의자들은 동시에 여러 가지 과제를 해야 할 때 힘들어합니다. 한 가지 일을 완벽하게 하는 데만 집중하지 말고, 모두 끝내야 합니다. 과제마다 조금씩 시작하는 법을 배우면 해야 할 일 전체를 처리하기가 쉬워집니다.

▷ 시간 관리하기

해야 할 새로운 과제가 있을 때는 마감 시간에 집중하는 것이 중요하다. 과제를 세분화해 각각의 마감 시간을 만들어라.

올바른 사고방식

공부를 받아들이는 태도가 매우 중요합니다. 부정적인 사고방식을 갖고 있으면 결과가 나쁠 수밖에 없습니다.

힘든 공부와 씨름하고 있다면 더욱 집중하면서 자신감을 잃지 말아야 합니다. 공부가 쉽게 느껴질 때도, 그것을 당연하게 여기지 말고 계속 더 열심히 노력해야 합니다.

여기도 함께 보세요	
◀ 20–21	학습 스타일
◀ 24–25	학습 의욕 다지기
◀ 28–29	책임감 느끼기
자기 발전 계획하기	52–53 ▶
그룹으로 모여 복습하기	164–165 ▶

고착형 마인드

어떤 사람들은 지능이나 재능을 타고난 것으로 생각합니다. 예를 들어 어릴 적부터 선생님이나 부모님으로부터 '영리하다'는 칭찬을 반복적으로 듣고 자란 아이는 자기가 다른 아이들보다 훨씬 영리하다고 생각할지도 모릅니다. 따라서 이런 사람들은 열심히 공부할 필요가 없다고 생각하기도 합니다. 반대로 비관적인 태도를 가진 사람들은 '어차피 난 절대 못하는데, 굳이 공부할 필요가 있어?'라고 생각합니다. 자신이 영리하다고 생각하는 사람과 머리가 나쁘다고 생각하는 사람 모두 부정적인 고착형 마인드를 가진 사람이라 할 수 있습니다.

▷ 부정적인 사고방식

어떤 학생들은 공부가 쉬워서 열심히 하지 않는다고 말한다. 그들은 자기가 똑똑하고 앞으로도 늘 똑똑할 것이라 여기지만, 성장과 성공의 비결은 계속 노력하는 것이다.

성장형 마인드

성장형 마인드를 가진 학생은 공부가 즐겁게 느껴지도록 하는 습관을 들이려 노력합니다. 이들은 좋은 점수가 저절로 얻어지는 게 아니라고 생각하므로 목표를 이루기 위해 공부합니다. 또한 어려움을 학습 과정의 일부로 받아들입니다. 자기보다 똑똑한 친구들이 있다는 것을 알고 있지만, 자신이 공부를 잘하는 데 방해되는 장애물이라고 생각하지는 않습니다.

도 움 말

더 똑똑해지기

다음 두 가지 질문을 자신에게 던져보세요. "나는 똑똑한가?", "나는 멍청한가?" 어느 쪽이든 답이 "예"라면 여러분은 고착형 마인드의 전형적인 예에 속할 것입니다. 이미 똑똑하다고 생각한다면 열심히 공부할 필요가 없다고 느낄지도 모릅니다. 자신이 멍청하다고 생각한다면, 공부해도 발전이 없을 것이라고 믿을 겁니다. 정말로 똑똑한 학생은 열심히 공부하면 성적이 향상된다는 진리를 잘 알고 있습니다.

◁ **열심히 노력하면 좋은 결과가 생긴다**
공부 계획을 짜서 규칙적으로 복습하는 학생은 점수가 오르는 것을 눈으로 확인할 수 있다.

적응하기 어려운 문제

누구나 한 번쯤은 어려움이나 고민 또는 새로운 도전에 부딪힙니다. 이때 어려움을 잘 헤쳐 나가야 하고, 올바른 사고방식을 키워야 합니다. 고등학교 때 '우등생'이었던 학생이 대학에 가서 처음으로 평균 점수를 받았다고 상상해보세요. 이 학생은 대학에서도 당연히 좋은 성적을 받으리라 여겼을 것입니다. 이 문제를 해결하려면 사고방식과 공부 방법을 바꿔야 합니다.

▷ 도전하라

좋은 결과를 얻기 위해서 학생들은 고착형 마인드를 버리고 성장형 마인드를 길러야 한다. 친구나 선생님에게 도와달라고 부탁하는 것도 좋다.

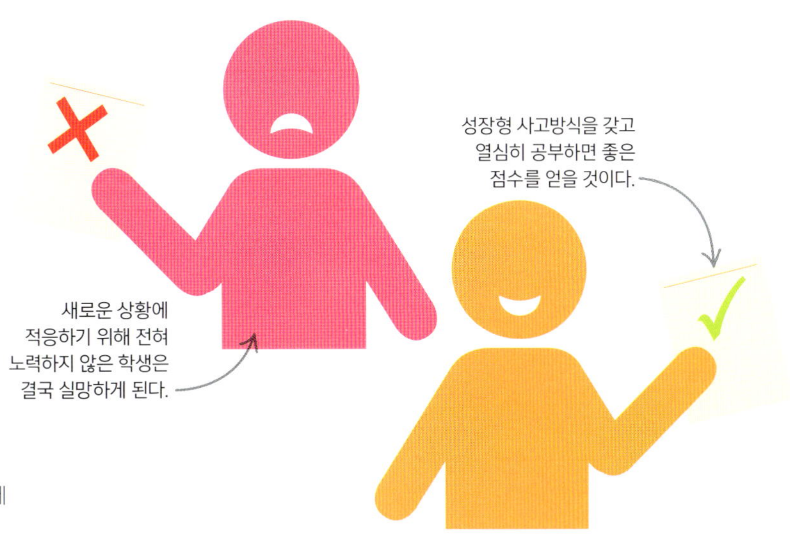

공부에 적응하기

성장형 마인드를 갖추면 공부에 적응하는 법을 배울 수 있습니다. 성적을 올리기 위해서, 또는 성적을 유지하기 위해서는 새로운 공부에 적응해야 합니다. 공부를 하다 보면 끊임없이 새로운 도전에 부딪히는데, 그때마다 성장형 마인드를 가진 학생들은 공부를 잘하기 위해 필요한 기술을 개발해냅니다. 성장하려는 학생들은 열심히, 끈기 있게 공부하므로 거의 항상 목표를 이루는 데 성공합니다.

△ 적응하고 이겨내라

새로 배운 내용과 자료를 이해하는 것이 어렵다면, 좀 더 융통성 있는 방법으로 시도해보자. 예를 들어 주로 혼자 공부한다면 친구와 함께 공부해보는 것도 좋다.

이렇게 실천하세요!

평생 학습

사람들은 학교를 졸업하자마자 공부를 그만두지 않고, 항상 새로운 것을 배우게 됩니다. 그래서 열린 마음을 갖고 모든 일에 호기심을 보이는 태도가 중요합니다. 이렇게 꾸준히 성장하는 사고방식을 기른다면, 새로운 도전과 장애는 그다지 어렵게 느껴지지 않고, 일상생활의 일부로 여겨질 것입니다.

열린 마음을 유지하도록 노력하세요. 이런 자세는 궁금한 것을 질문하고 정답을 찾아가도록 도와줍니다.

계획표 세우기

해야 할 일을 제시간에 확실히 끝내려면 계획표를 세우세요. 마감 시간을 잘 관리할 수 있을 것입니다.

여기도 함께 보세요	
◀ 18–19	효과적으로 공부하기
계획표 관리하기	50–51 ▶
복습 시간표	136–141 ▶
시험이란 무엇일까?	170–171 ▶
5장 참고 자료	234–239 ▶

자기만의 공부 계획표를 만들면 자기 일을 스스로 관리할 수 있습니다. 하루 일과를 관리하다 보면 생각보다 공부할 시간이 많다는 사실을 발견하기도 합니다.

시간은 얼마나 있을까?

중요한 연구 과제나 숙제를 하기 전에는 주중과 주말에 공부할 시간이 얼마나 있는지 정확히 파악해야 합니다. 평일과 주말에는 보통 무엇을 하는지, 예를 들어 몇 시간을 자고, 먹고, 이동하는 데 쓰는지 등을 계산해보아야 한다는 뜻입니다.

시간 만들기

우선 어떤 활동을 얼마나 오래 해야 할지 결정해야 합니다. 이때 운동할 시간과 잠잘 시간도 포함하세요. 이런 것들을 다 하고 공부할 시간도 내려면, 게임을 하거나 TV 보는 시간을 줄여야 합니다. 주말에도 언제 공부할지 계획해야 합니다.

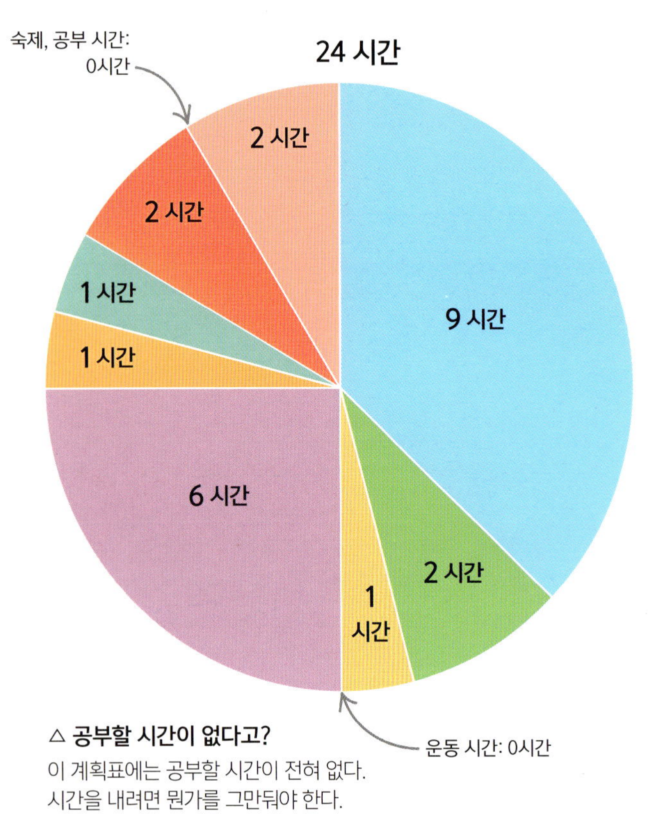

△ 공부할 시간이 없다고?
이 계획표에는 공부할 시간이 전혀 없다. 시간을 내려면 뭔가를 그만둬야 한다.

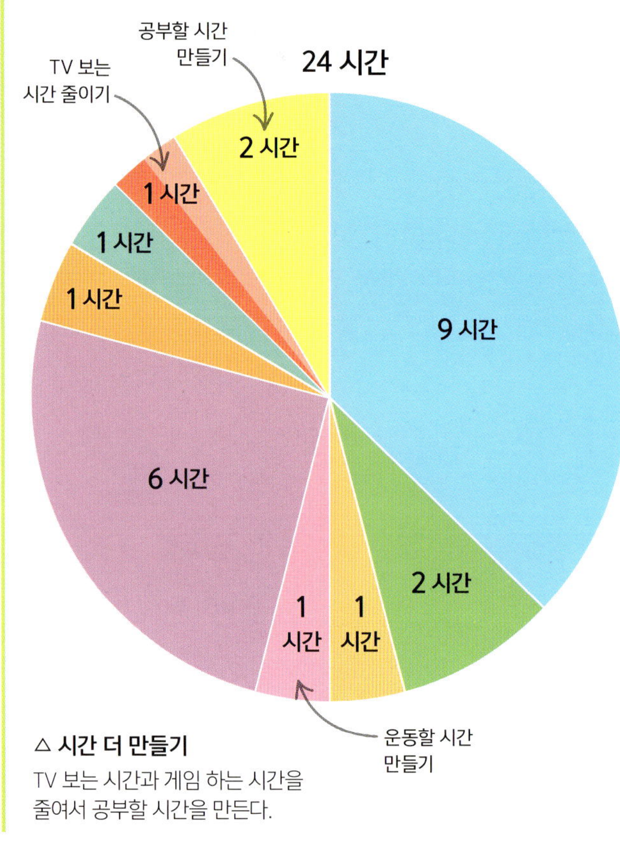

△ 시간 더 만들기
TV 보는 시간과 게임 하는 시간을 줄여서 공부할 시간을 만든다.

색깔별 분류

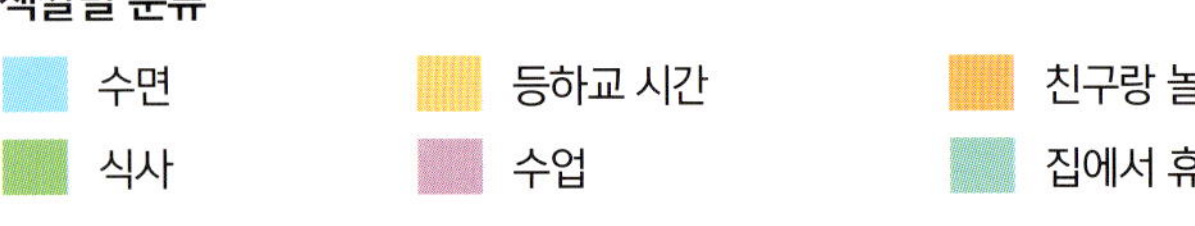

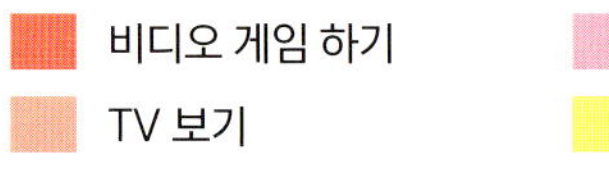

중요한 날짜 기록하기

제출해야 하는 과제 마감 시간을 비롯해 쪽지시험, 중간고사 등 중요한 시험 날짜를 알아야 합니다. 중요한 날짜를 한눈에 볼 수 있게 계획표를 수첩이나 휴대전화 등에 표시해서 마감 기한을 늘 명심하도록 해야 합니다. 마감 기한을 잘 지키기 위해서는 며칠이나 몇 주 동안 실천할 계획표를 만들어야 합니다.

▽ 색깔로 분류된 시간표

주간 계획표는 이해하기 쉽게 활동별로 다른 색깔로 구분해서 만들면 된다. 이렇게 하면 무엇을 언제 해야 할지 한눈에 들어온다. 컴퓨터에 계획표의 기본 틀을 만들어 놓고, 프린터로 인쇄한 후 색칠해도 좋고, 다 작성한 후 컬러 프린터로 인쇄해도 된다. (234~239 쪽 참조)

	일요일	월요일	화요일
7:00	수면	식사	식사
8:00	수면	등교	등교
9:00	식사	수업	영어 논술 과제 마감
10:00	운동	수업	수업
11:00	운동	수업	수업
12:00	친구랑 놀기/식사	수업	수학 시험
13:00	숙제/공부	식사	식사
14:00	숙제/공부	수업	수업
15:00	TV/게임	수업	화학 시험
16:00	숙제/공부	하교	하교
17:00	식사	운동	운동
18:00	숙제/공부	식사	식사
19:00	친구랑 놀기	숙제	숙제
20:00	친구랑 놀기	TV/게임	TV/게임
21:00	집에서 휴식	숙제	숙제
22:00	수면	수면	수면

도 움 말

실제 마감 시간보다 빠른 가짜 마감 시간 정하기

실제 마감 시간보다 더 빠른 가짜 마감 시간을 정해서 계획대로 실천하지 못했을 때를 대비하세요. 마감보다 열흘이나 일주일 전에 과제를 끝내도록 계획하세요.

가짜 마감 시간을 지키려고 노력하다 보면 원래 일정보다는 빨리 끝나므로, 잘못 쓴 단어를 고치거나 군더더기를 생략하는 등 과제를 확인할 여유가 생깁니다.

계획표는 알아보기 쉽고 깔끔하게 만드세요. 목표대로 잘 실천하고 있는지 확인하려면 규칙적으로 계획표를 확인하는 습관을 들이세요.

계획표 관리하기

계획표는 꾸준히 만들고 실천해야 하며, 매주 고칠 부분은 없는지 확인해야 효과가 있습니다.

여기도 함께 보세요	
◀ 36–37	학습 공간
◀ 48–49	계획표 세우기
반복 학습	100–101 ▶
복습 시간표	136–141 ▶

계획표 만드는 법을 배울 때 중요한 기술은 마감 날짜로부터 거꾸로 계획을 세우는 것입니다. 단계별로 시간이 얼마나 걸릴지 대충 파악하면, 정확히 무엇을 해야 하고 언제 할지 계산할 수 있습니다.

할 일 쪼개기

과제를 제출하기까지 갈 길이 멀어 보일 때가 있습니다. 그럴 때는 과제를 단계별로 더 작게 쪼개서, 단계마다 가짜 마감 시간을 정해보세요. 예를 들어 오른쪽 그림에서처럼 논술 과제를 쓸 때 해야 할 일을 단계별로 나누어보는 것입니다.

할 일을 더 작고 쉬운 단계로 나누면 마감 시간에 맞춰 끝내기 쉽다.

계획

브레인스토밍

자료 조사하기

내용 정리하기

논술 과제 초안 쓰기

과제 끝내기

제출할 준비하기

▷ **논술 과제 쓰기**
논술 과제를 쓸 땐 아이디어를 떠올려 마인드맵 만들기부터 시작해 글을 완성할 때까지 몇 단계로 나눠서 해야 한다.

이렇게 실천하세요!

알림 설정

숙제나 연구 과제의 마감 날짜를 달력에 표시하거나 휴대전화, 컴퓨터에 알림을 설정해 두세요. 자기에게 가장 잘 맞는 방법을 선택하면 됩니다. 공부 시간을 계획할 때는 계획표를 출력해서 사용하는 것도 좋지만, 중요한 날짜와 시간은 휴대전화 알림 기능을 사용하면 편합니다.

가끔 계획표를 돌아보면서 공부를 얼마나 많이 했는지 확인하면 뿌듯한 기분이 들 것입니다.

거꾸로 계획하기

과제 계획을 세울 때는 최종 마감 날짜부터 거꾸로
올라가야 합니다. 이전에 과제를 했을 때를 떠올리면서
단계별로 시간이 얼마나 걸릴지 계산해보세요. 처음엔
어림짐작으로 계산하므로 정확히 맞진 않지만 신중히
잘 생각한 후 결정하는 것이, 시간에 맞춰 끝낼 수
있으리라 막연하게 생각하는 것보다 더 효과적입니다.
할 일을 뒤에서부터 앞으로 쓴 다음 단계별로 목표
날짜를 덧붙이세요.

중요한 논술 과제를 할 때 각 단계별로 여유
있게 일주일씩 계획하고, 글을 쓸 때는 여러
번 고쳐 써야 하므로 이주일로 계획한다.

▷ 만일의 경우에 대비하라

만일을 대비해 과제를 끝낸 날부터 최종 마감일까지는
시간을 넉넉히 잡아야 한다. 몸이 아프거나 예상치 못한
문제가 생길 수도 있기 때문이다.

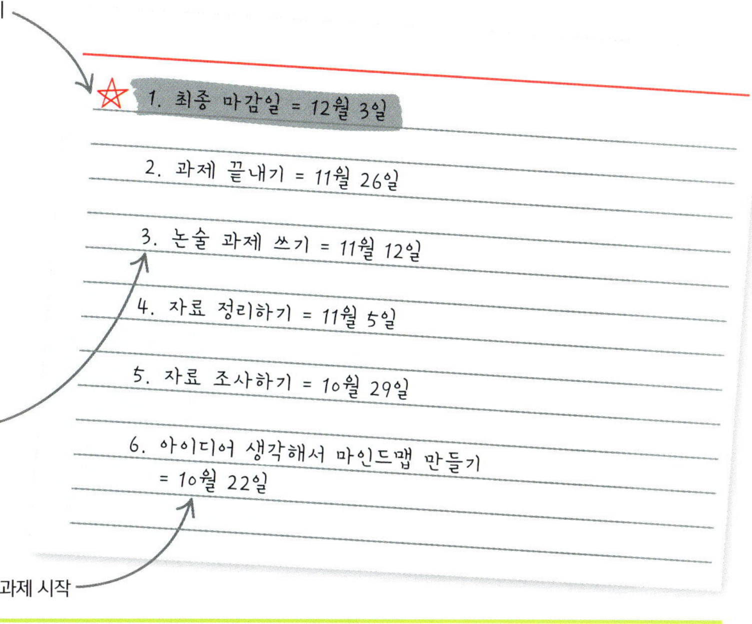

주간 계획표 확인하기

논술 과제를 할 때는 과제 계획도 주간 계획표에 넣어야 합니다. 원래
계획보다 진도가 뒤처지고 있다면 계획표 양식을 빈칸으로 출력해 다시
고쳐 보세요. 과제를 마친 날부터 최종 마감일까지 시간을 넉넉히 잡는
것이 좋습니다. 진도가 얼마나 나갔는지 파악하려면 주간 계획표에 있는
계획을 계속 확인해야 합니다.

▽ 논술 과제 쓰기

아래 표에서, 이 학생은 일요일에 첫 번째 원고를
쓰겠다고 대충 계획을 세웠지만, 그날 끝내야 할 다른
과제도 있다. 이전 계획표에 표시되어 있었던 과제다.
다음 날 저녁에 두 번째 원고를 쓰겠다고 적혀 있다.
화요일 저녁엔 세 번째 원고를 쓰기 시작할 것이다.

	일요일	월요일	화요일
13:00	논술 과제 쓰기 1		
14:00	논술 과제 쓰기 1		
15:00		논술 과제 마감까지 일주일 남았음.	
16:00	수학 숙제		
17:00			
18:00	논술 과제 쓰기 1		
19:00		논술 과제 쓰기 2	논술 과제 쓰기 3
20:00		논술 과제 쓰기 2	논술 과제 쓰기 3
21:00			
22:00			

파란색 부분은 학생이 공부할 수 있는 시간을 의미한다.

과제 제출일까지 시간이 얼마나 남았는지 기록한다.

진도를 파악하려면 주간 일정표를 사용한다.

자기 발전 계획하기

하고 있던 공부를 잠깐 멈추고 진행 정도와 목표를 확인하는 것이 좋습니다.

자기 발전 계획하기는 거울 앞에 서서 자신을 바라보는 것과 같습니다. 현재의 진행 상황을 점검하고, 지금까지 무엇을 했는지, 앞으로 5년 후에는 어디에 있을지 등 중요한 질문의 답을 생각해보는 단계입니다.

여기도 함께 보세요	
반성적 사고	84–85 ▶
온라인 강좌의 혁명	124–125 ▶
공부한 내용 평가하기	166–167 ▶
긴장 풀기, 상상하기, 긍정적 사고	206–209 ▶

자기 발전

누구나 시간이 지나면서 발전합니다. 그러나 무턱대고 공부만 한다고 발전하진 않습니다. 학업과 목표를 잘 관리할 수 있어야 합니다. 이를 위해서는 자기 발전 계획이 필요합니다. 자기 발전 계획은 지금 어떤 단계에 있는지, 어디로 가고 싶은지, 어떻게 가려고 하는지를 곰곰이 생각하는 것입니다.

▷ 한 번에 여러 가지 일하기

목표를 이루기 위해선 한 번에 여러 가지 일을 해야 한다. 기술을 갈고닦기 위해 열심히 노력하고, 여러 가지 일을 처리하는 방법을 배워야 한다.

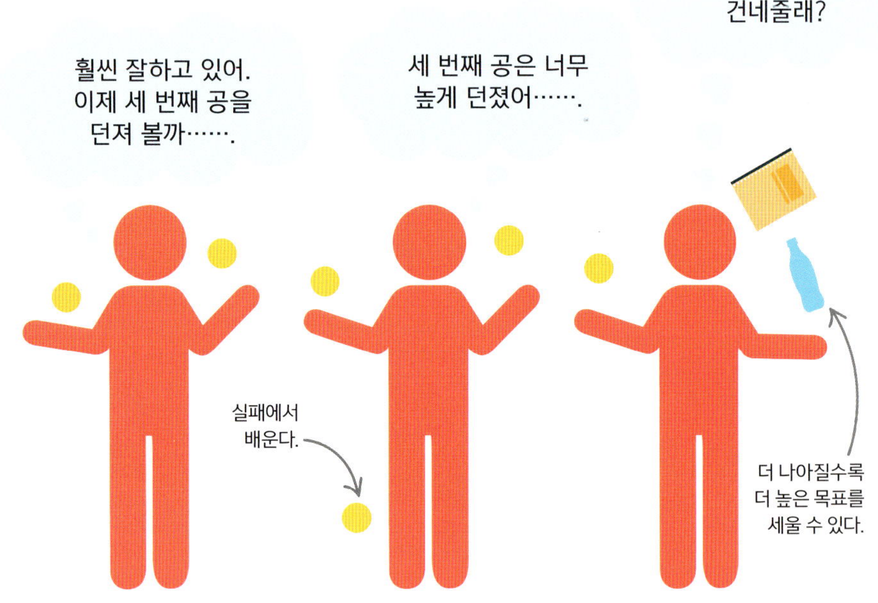

곰곰이 생각하기

중·고등학교든 대학교든 학교에 다닐 때 자신의 장단점을 곰곰이 생각해봐야 합니다. 이 장단점을 기억하면서 앞으로 5년이나 10년 후엔 무슨 일을 하고 싶은지 생각해보세요. 일단 무엇이 되고 싶은지 알고 있다면, 어떤 기술이 필요하고 어디에서 그 기술을 배워야 하는지도 알아보세요. 스스로 목표를 세우고, 이뤄낸 성과를 돌아보면서 어떤 점이 발전했는지 찾으면 됩니다. 이렇게 하다 보면 어떤 점을 더 노력해야 하는지도 확인할 수 있습니다.

▷ 관심 있는 기술 배우기

자신이 좋아하는 일을 생각해보자. 그중에서 개인적으로 세운 목표와 학습 목표를 이루는 데 필요한 기술이 있을지도 모른다. 또는 장래 희망인 직업과 관련 있는 일일 수도 있다.

관심

자기 발전 계획을 세울 때, 자기가 관심 있는 분야도 생각해야 합니다. 단순한 취미일지 아니면 적성에 맞는 직업으로 발전할 수 있을지 고민해보세요. 예를 들어 동물을 좋아하고 동물 관련 일을 하고 싶다면 이런 관심이 대학 전공이나 직업을 선택할 때 강력한 영향을 끼치는 요인이 됩니다.

전문 직종 종사자들은 종종 과거를 회상하면서 현재 직업에 관심을 쏟게 된 중요한 순간들을 돌이켜 본다고 한다.

◁ 직업 찾기

자기가 관심 있는 주제와 관련된 직업을 모두 살펴보자. 예를 들어 동물에 관심이 있다면 수의사나 조련사가 되고 싶을 것이다.

도 움 말

학습 의욕 다지기

결정하기 어렵겠지만, 여러분은 정말로 무엇이 되고 싶고, 왜 공부를 하는지 생각해야 합니다. 그래야만 관련된 분야에서 꿈을 이루기 위해 필요한 교육과 기술을 배울 수 있습니다.

자기소개서

자기소개서는 여러분이 다음에 무엇을 해야 하는지를 계획할 수 있도록 도와줍니다. 자기소개서에는 보통 다음과 같은 내용이 포함되어야 합니다. 가까운 미래의 목표와 먼 미래의 목표, 그리고 이 목표들이 자기에게 무엇을 의미하는지, 이 목표를 이루기 위해 어디까지 와 있는지, 어떤 기술과 자격을 갖춰야 하는지, 다음에는 무엇을 하고 싶은지 등입니다.

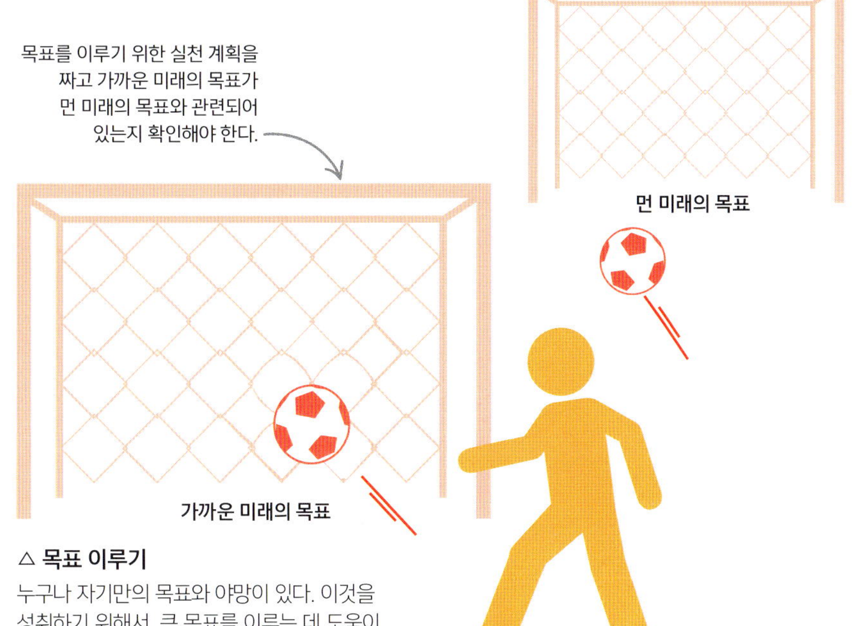

목표를 이루기 위한 실천 계획을 짜고 가까운 미래의 목표가 먼 미래의 목표와 관련되어 있는지 확인해야 한다.

△ 목표 이루기

누구나 자기만의 목표와 야망이 있다. 이것을 성취하기 위해서, 큰 목표를 이루는 데 도움이 되는 작은 목표를 세워라.

이 렇 게 실 천 하세요 !

실천 계획 세우기

기술을 발달시키기 위해서는 계획을 나누어 실천 계획을 만드세요. 첫째, 주요한 목표를 목록으로 만드세요. 둘째, 목표에 도달하려면 어떤 단계를 밟아야 하는지 쓰세요. 각 단계를 끝냈다는 것을 보여주려면 어떻게 해야 할까요? 각 단계를 시작한 날짜와 끝낸 날짜를 모두 기록하면 됩니다.

큰 뜻을 품는 것을 두려워하지 마세요. 실현 가능한 목표를 세우고 열심히 노력하세요. 하지만 반드시 여러분이 좋아하는 일이어야 합니다.

3

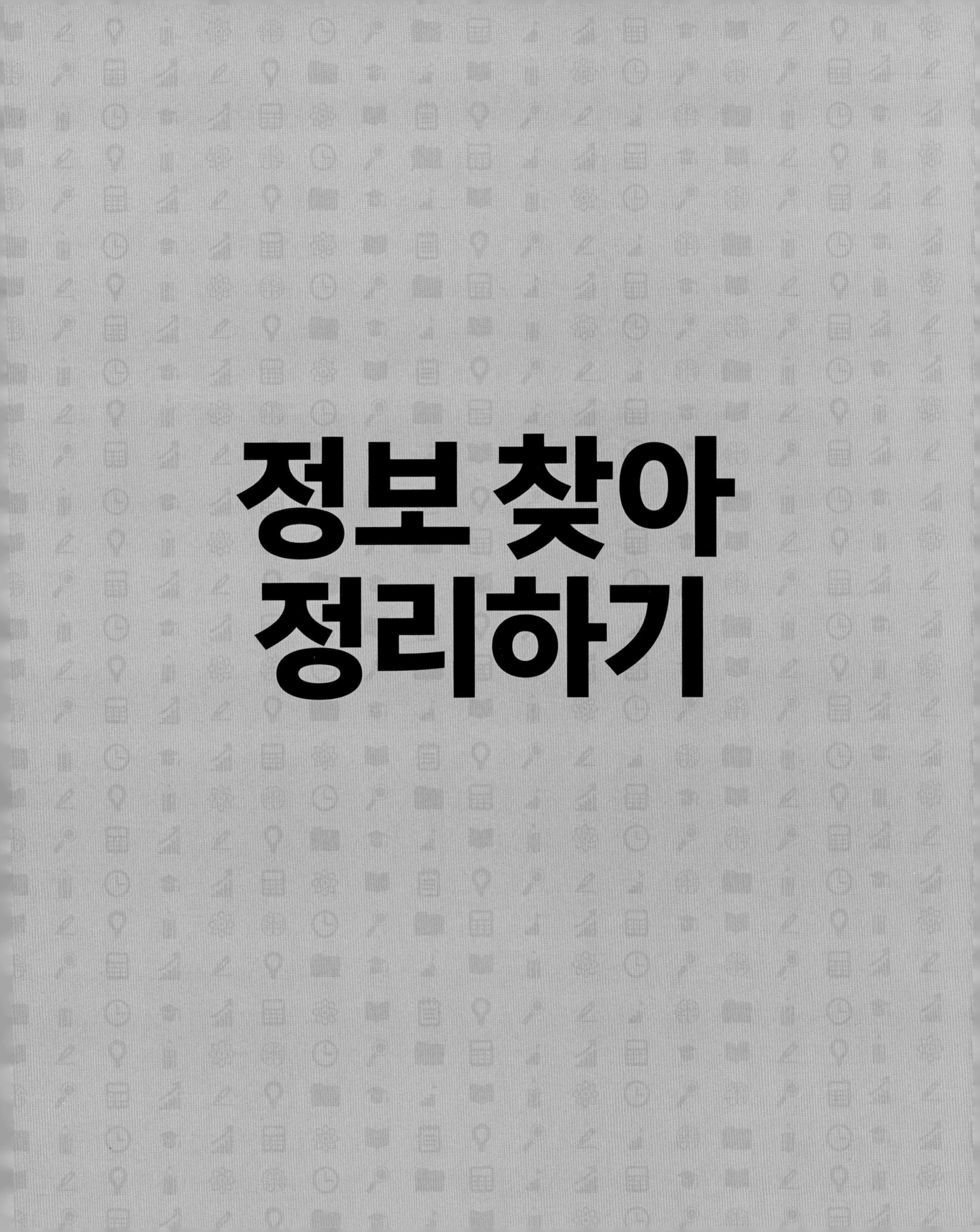

정보 찾아
정리하기

정보 찾기

요즘은 정보를 온라인에서 찾는 사람들이 많습니다. 하지만 가장 좋은 연구는 도서관에서 시작됩니다.

학생이라면 회원으로 등록한 도서관이 적어도 한 곳은 있어야 합니다. 도서관은 저마다 독특합니다. 가까운 도서관에서 어떤 자료들을 찾아볼 수 있는지 알아보세요. 책이든 학술지든 전자 자료든 상관없습니다.

여기도 함께 보세요	
읽기 기술 끌어올리기	58–59 ▶
정보 평가하기	60–61 ▶
인터넷 자료	108–109 ▶
자료 찾기	110–111 ▶
즐겨찾기	112–113 ▶
읽기	148–149 ▶

자신만의 아이디어도 매우 중요하지만, 더 나은 정보를 찾기 위해 노력해야 합니다.

도서관 최대한 활용하기

도서관을 여기저기 둘러보세요. 어떤 곳은 너무 시끄러워서 공부하기 힘들겠지만, 공부하는 사람들을 위해 마련해둔 열람실도 있습니다. 어떤 장소가 자신의 공부 방식과 맞는지 알아야 합니다. 도서관 직원에게 도서관 구석구석을 소개해 달라고 부탁해 자료들이 어디에 있는지 알아두세요. 그렇지 않으면, 매우 중요한 정보들을 놓칠지도 모릅니다. 근처에 있는 다른 도서관도 들러 그곳의 자료들도 확인해보세요.

검색 기술

도서관의 전자 목록을 어떻게 사용하는지 알아보거나, 도서관 직원에게 도움을 청하세요. 정보를 효율적으로 검색할 가장 좋은 방법을 찾아보세요. 목록에서 책을 확인한 후엔, 그 책이 어느 책장에 꽂혀 있는지 찾으세요. 책등에 있는 목록 번호는 책장에 붙은 번호와 일치합니다.

▷ 듀이 십진분류법

듀이 십진분류법은 135개국이 넘는 나라에서 사용하는 도서 분류 시스템이다. 책에 붙은 번호들은 정해진 주제를 가리킨다(참고로 우리나라는 '한국십진분류법'을 사용한다–옮긴이).

책 대출하기

처음 방문한 도서관을 잘 활용하려면 여러 가지 정보를 알아야 합니다. 가장 많이 하는 질문은 이런 것들입니다. "한 번에 빌릴 수 있는 책은 몇 권인가요?", "대출 기간이 짧은 책도 있나요?", "학생들도 책을 예약할 수 있나요?" "새로 나온 책도 주문할 수 있나요?", "책을 늦게 반납하면 벌금이 있나요?", "대출 기간을 연장할 수 있나요? 할 수 있다면 직접 와야 하나요, 아니면 전화나 온라인으로도 되나요?"

◁ **대출 시 주의할 점**

도서관에서 빌린 책을 누군가 그 다음으로 대출하겠다고 예약했다면, 반납 날짜에 돌려 주지 않았을 때 벌금을 내거나 연체된 일수만큼 책을 빌릴 수 없게 되는 경우도 있다.

다른 도서관 시설은?

많은 도서관에는 학생들이 사용할 수 있는 컴퓨터가 있습니다. 지역 도서관에 자신이 찾는 자료가 없을 경우에는 다른 지역 도서관에서 빌릴 수도 있습니다. 국립중앙도서관을 이용하는 것도 좋습니다. 또한 대학교 단과대별 도서관에는 전문 도서와 자료가 있습니다. 더 조용히 공부할 장소를 찾는다면 다른 도서관도 가보세요.

▷ **도서관을 자주 이용하라**

지역 도서관을 다양한 방식으로 자주 이용하기 바란다. 그래야 이용객이 없어 도서관이 폐관되는 것을 막을 수 있고, 도서관은 이용객을 위한 다양한 서비스를 제공할 수 있다.

추천 도서 목록에서 책 고르기

도서관에서 책을 고를 때 모든 책을 다 볼 수는 없습니다. 그럴 때는 도서관의 추천 도서 목록을 이용해보세요. 추천 도서 목록에는 상세한 책 소개가 나와 있으니 매우 유용합니다. 그중에서 공부나 과제에 도움이 될 만한 책들이 있는지 살펴보세요. 자신이 찾는 주제와 가장 관련 있고 최신 정보가 담긴 책을 골라야 하며 믿을 만한 자료인지 꼭 확인해야 합니다.

▷ **다른 책들**

추천 도서 목록 중에서 책을 골라 과제를 하더라도 거기에만 의존하지 말고 적극적으로 다른 자료도 찾아보자.

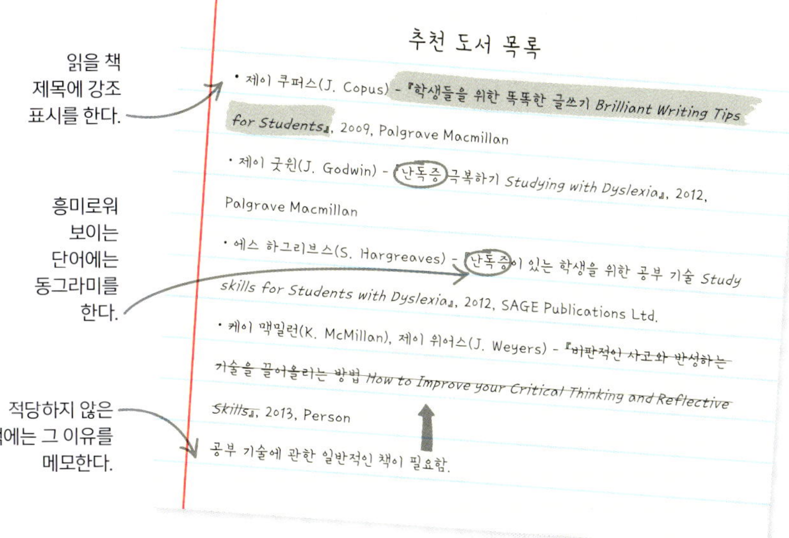

읽기 기술 끌어올리기

읽기는 주제를 연구할 때 특히 중요한 학습의 핵심 요소입니다.

읽기 기술이 향상되면 시간을 더 효과적으로 사용할 수 있습니다. 읽기 기술을 잘 훈련하면 읽는 속도를 변화시켜서 똑똑한 읽기, 적극적 읽기를 할 수 있습니다.

여기도 함께 보세요	
정보 평가하기	60–61 ▶
노트 필기	74–75 ▶
질문 쪼개기	90–91 ▶
복습을 위한 적극적 학습	142–143 ▶
읽기	148–149 ▶
필기 스타일	150–151 ▶

똑똑한 읽기

똑똑하게 읽는 사람은 자신이 원하는 것을 책에서 빨리 찾을 수 있습니다. 여러분도 책을 훑어보면서 자신에게 필요한 정보 찾는 법을 배워보세요. 연구 주제나 문제에 맞는 핵심어를 찾으면서 뒷부분에 있는 색인과 앞부분에 있는 목차를 살펴보는 습관을 기르세요. 도입 부분과 요약 단락, 그리고 각 장의 앞부분을 읽으면서 책의 목적과 책을 읽으면 무엇을 배울 수 있는지 파악해야 합니다.

▷ 메모하기

읽고 싶은 책의 페이지를 적어 둔다. 책갈피를 사용해도 좋고, 나중에 다시 보고 싶은 페이지를 포스트잇에 적어도 된다.

적극적 읽기

적극적으로 읽으려면 필기구와 종이를 항상 가까이에 준비해두세요. 중요한 정보를 적고 표시하는 데 익숙해져야 합니다. 큰 종이에 중요한 요점을 쓰고 마인드맵을 만드세요. 자기가 편한 형식대로 적으면 됩니다. 읽고 있는 책에 관해 궁금한 점은 없는지, 글쓴이의 생각에 동의하는지 반대하는지를 스스로에게 물어보세요.

▽ 스스로 테스트하라

자신이 적극적 읽기를 하고 있는지 확인해야 한다. 중요한 요점을 적을 수 있어야 하고, 처음에 글에 집중하지 못했다면 다시 읽어야 한다.

1. 읽고 있는 글의 대략적인 내용을 파악하려 노력하세요.

2. 시험 삼아 한 단락만 읽으세요. 내용을 이해했는지 확인해보세요.

3. 글을 몇 단어로 요약해보세요. 소리 내어 말해도 좋고, 써도 좋습니다.

속도 올리기

더 빨리 읽으려고 노력해보세요. 느리게 읽는 사람도 연습하면 읽는 속도를 올릴 수 있습니다. 먼저 손가락을 읽고 있는 줄 바로 밑에 놓고 손가락을 따라 빨리 읽으면서 페이지 끝까지 내려가세요. 글을 큰 덩어리로 파악하면서 핵심어나 요점과 같은 중요한 정보를 찾을 줄 알아야 합니다. 단락 전체를 이해하려면 각 단락의 첫 문장을 읽어 보세요.

단락마다 주제문에 형광펜으로 표시하라.

도움말

조명과 색깔

책이 잘 보이게 조명을 뒤쪽에 두세요. 읽을 때는 똑바로 앉아야 하고, 긴장을 풀고 편안한 상태를 유지해야 합니다.
적극적 읽기가 잘 훈련된 사람은 여러 색깔의 형광펜으로 제목과 주제에 표시를 합니다. 색깔별 분류법을 꾸준히 사용하면 나중에 복습할 때도 도움이 됩니다.

▷ **주제문**

단락의 첫 번째 문장이 주제문인 경우가 많다. 단락마다 주제문만 찾아 읽으면 단어를 하나하나 뜯어보면서 천천히 글을 읽는 습관을 고치는 데 도움이 된다.

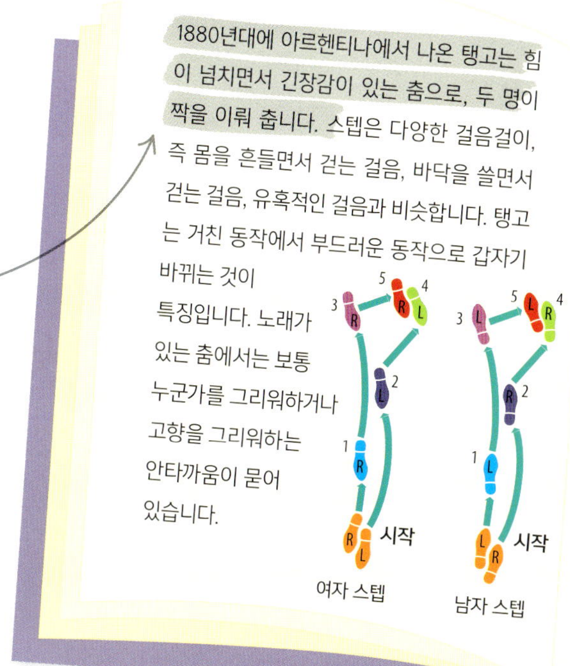

읽기 속도 조절하기

도움이 되는 글인지 아닌지 확신할 수 없을 때는 특히 핵심어를 빨리 찾으세요. 어렵게 느껴지는 글은 더 천천히 읽으세요. 적당한 길이로 나눠서 읽어 보세요. 읽는 동안엔 집중하려고 노력하고, 규칙적으로 짧게 쉬면서 머리를 식히세요.

▽ **빨리, 빨리, 느리게**

읽으면서 속도를 조절하라. 상관없는 부분은 건너뛰고 중요한 부분에 집중하라. 너무 졸리면 읽기를 멈춰야 한다.

시력도 중요해요

안과 의사에게 규칙적으로 시력 검사를 받아야 합니다. 시력이 좋지 않은 학생이 있다면, 자리 배치를 바꿀 수 있도록 도움을 요청하세요. 난독증이나 읽기에 문제가 있는 학생들은 착색 필터 안경을 쓰면 읽기가 한결 편하다고 말합니다. 이 안경은 글자가 종이 위로 뛰어다니는 것처럼 보이는 현상을 줄여줍니다.

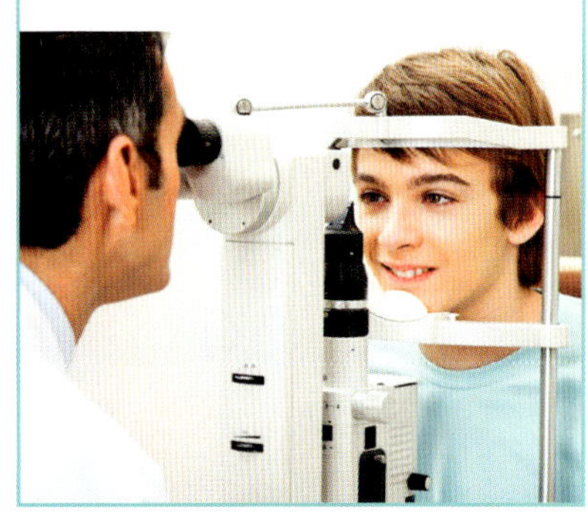

정보 평가하기

다양한 정보를 손쉽게 접할 수 있게 되면서, 정보를 평가하고 활용하는 방법이 중요한 학습 기술이 되었습니다.

여러분은 흔히 '사실'이라고 하는 것을 조심해야 합니다. 사람들은 대부분 인터넷에서 정보를 찾지만, 인터넷에 있는 사실들은 엄격하게 확인하고 편집되지 않은 경우가 많습니다.

여기도 함께 보세요	
◀ 56–57	정보 찾기
사고력 발달시키기	78–79 ▶
비판적 사고란 무엇일까?	80–81 ▶
비판적 사고 끌어올리기	82–83 ▶
논리 세우기	94–95 ▶
과제 검토하기	96–97 ▶
인터넷 자료	108–109 ▶

원본

새로운 정보와 아이디어는 전문가가 개별적으로 연구한 끝에 생각해낼 수도 있고, 일반인이 다양한 자료를 통해 발견해낼 수도 있습니다. 이러한 정보와 아이디어는 어떤 방법으로든 출판되거나 알려져야 합니다. 전문적으로는 처음 등장하는 아이디어와 정보를 보통 '1차 자료'라고 하는데, 변형되지 않은 원본을 의미합니다. '2차 자료'는 1차 자료를 인용하거나 번역하고, 형태를 바꾸거나 다르게 해석한 정보입니다.

▷ 다른 출처

어떤 주제에 대해 연구할 때는 연구에 언급된 글뿐만 아니라 1차 자료도 찾아봐야 한다.

사실과 의견

정보를 조사한 결과 정반대의 의견이 있을 때는 혼란스러울 수 있습니다. 옳은 답과 틀린 답을 찾는 게 아니라 서로 다른 견해를 설명할 논리를 세우는 것이 여러분이 할 일입니다. 다양한 의견을 평가해서, 그 논리를 뒷받침할 할 증거(사실이 존재한다면 그 사실을)를 찾아야 합니다. 그런 다음, 자신이 세운 논리가 객관적인지(즉 치우침이 없고 편견이 없는지) 아니면 너무 주관적인지 (자신의 의견을 바탕으로 했는지) 곰곰이 생각해보세요.

도 움 말

완전한 진리?

절대적인 '진리'를 정의하기란 굉장히 어렵습니다. 왜냐하면 진리란 고정시키기 어려운 개념이기 때문입니다. 진리는 주로 증명된 사실 또는 사실로 받아들여지는 것으로 정의됩니다. 또는 논쟁이나 토론할 때 양쪽에서 모두 사실이라고 받아들여지는 것을 진리라고 여기기도 합니다.

◁ 판단

주제에 관한 정보를 모두 찾아 옳은지 그른지를 판단한 후, 무엇이 사실처럼 보이는지를 결정해야 한다. 쉽지 않겠지만, 잘 판단해서 결정해야 한다.

직접 조사하기

주제에 관해 믿을 만한 정보를 찾고자 한다면, 반드시 정보를 의심하는 버릇을 들이세요. 사용할 정보를 파고들어 자세히 알아보는 자세를 갖춰야 합니다. 무엇이든 서두르지 마세요. 정보를 모으기 시작할 때 성급하게 결론을 내려서는 안 됩니다. 읽은 자료가 올바른 자료인지 평가하고, 계속 의심해야 합니다. 이런 자세는 논리를 튼튼하게 세우고 결론을 내리는 데 도움이 됩니다.

> "생각하지 않고도 사실은 발생할 수 있지만, 사실이 없으면 생각할 수 없다."
> 존 듀이(John Dewey, 1859~1952), 교육학자

▷ **주요 질문**

자료를 조사할 때는 모든 사실이 정확하다고 자신할 수 있어야 한다. 아래의 질문을 스스로에게 물어보자. 옳은지 그른지 판단할 때 유용할 것이다.

다양한 출처를 살펴보라

정보의 출처가 어디든 다양한 자료를 찾아서 읽고 비교하라. 어떤 견해에 동의하는지 결정하라. 출처를 증명할 수 있는가? 정말로 확인할 수 있고 믿을 만한가?

얼마나 최근에 발표한 자료인가?

정보의 출처가 책이라면 처음 출판된 후 변한 부분은 없는가? 규칙적으로 정보가 업데이트되는 다른 출처나 웹사이트가 있는가?

출처의 말투를 분석하라

그 기사나 책이 객관적인가, 주관적인가? 편견이 있는가? 글쓴이가 '항상'이나 '절대'와 같은 단어를 사용하면서 단호하게 말하는가?

내용을 보라

겉보기에 화려한 책이나 웹사이트에 속지 말고 내용이 정확한지를 확인하라. 내용에 믿음이 가지 않는 부분은 없는가?

인용 문구가 적절한지 확인하라

글쓴이가 적절하고 믿을 만한 자료를 인용했는지 확인하라. 출처가 얼마나 많이 나와 있는가? 얼마나 최근 자료인가? 참고 문헌을 확인하라.

이 렇 게 실 천 하 세 요 !

사실 정보 수집하기

어떤 주제에 관해 정보를 수집할 때, 같은 주제를 연구하는 전문가들이 항상 새로운 사실을 발표하고 있다는 사실을 명심하세요. 비행기 모델을 예로 들면 계속 새롭게 변형되고 개발된 모델이 등장하고 있습니다. 오래된 자료는 매우 흥미로운 읽을거리가 될 수 있습니다. 하지만 사실을 모두 꼼꼼히 확인해야 하고, 가장 최근에 발표한 자료들두 찾아봐야 합니다.

연구 과제에서 글쓴이의 말을 인용할 때는 그 자료의 원본, 즉 1차 자료를 꼭 찾아봐야 합니다.

공부에 몰두하기

공부하다가 부딪히는 어려움을 잘 이겨내는 것은 삶에서 가장 뿌듯하고
만족스러운 일 중 하나일 것입니다.

여기도 함께 보세요	
◀ 24–25	학습 의욕 다지기
팀 과제	70–71 ▶
그룹으로 모여 복습하기	164–165 ▶
머리 식히기	204–205 ▶

완전히 몰두한다는 말은 하고 있는 일을 즐긴다는 뜻입니다.
어떤 공부든 지루한 면이 있기 마련입니다. 하지만 즐기는 마음으로
공부하면 훨씬 몰두하기가 쉽습니다. 배움이 늘어갈수록, 부딪히는
어려움을 받아들이고 즐길 줄 알아야 합니다.

공부의 재미 다시 찾기

어떤 과목이 재미있을 때는 공부가
잘됩니다. 그러나 그 과목에 흥미를 잃을
때도 있습니다. 이런 경우에는 공부를
잠시 멈추고 그 과목을 왜 좋아하게
되었는지 되돌아보고 이유를 떠올려
보세요. 어떤 책을 읽고 그 책이 마음에
들었기 때문이었나요? 아니면 그 과목을
남들보다 잘해서 쉽다고 느꼈나요?
공부를 다시 즐기고 몰두하려면 공부하는
이유를 모두 떠올린 후 긍정적인 면에
초점을 맞춰 보세요.

▷ **좋은 학습 공간**
도서관, 서점 등 편안하게 공부할 수 있는
장소를 찾아야 한다.

학생들이 이용할 수 있는
정보가 매우 많다.

정말로 관심을 끄는 주제를 발견하면
공부에 몰두하기가 수월하다.

예전에 재미있게 공부했던
주제라면, 다시 한 번 재미를
느낄 수 있습니다. 처음에 왜
그것을 좋아했는지에
집중하고, 예전의 열정을 다시
찾으세요.

이렇게 실천하세요!

재능 발견하기

좋아하는 과목이나 주제를 찾는 것은 학
생들에게는 신나는 경험입니다. 그런 경
험을 반복하고 싶고, 동시에 그 주제에 대
해 더 많이 배우고 싶은 것은 당연한 일입
니다. 우연히 친구가 자기와 비슷한 관심
이나 취미가 있다는 사실을 알게 될지도
모릅니다. 예를 들어 집에서 로봇을 만드
는 게 취미라면, 회로와 전자 기기에 대해
더 많이 알고 싶어서 친구와 함께 도서관
에서 관련 서적을 찾아보거나 인터넷에서
정보를 검색해볼 수도 있습니다.

주제를 일상에 적용하기

어떤 주제에 관한 열정을 다른 사람과 공유해보세요. 그 주제에 관해
흥미를 보이거나 관심 있는 친구를 찾아도 좋습니다. 함께 이야기를
나누면서, 어떤 점에서 생각이 같고, 어떤 점에서 다른지도 알아볼 수
있습니다. 다른 사람과 경험을 나누면 공부가 재미있어집니다.

▽ **지식 확장하기**

주변에서 일어나는 일들을 잘
살펴보거나, 학습 기술을 올릴 다른
방법이 있는지 찾아보자.

 만일 셰익스피어의 희곡을 공부하고 있다면, 직접 공연을 보세요.
연극 공연에 참여해보는 것도 좋습니다.

 과학자들의 강의를 듣거나, 그들이 현재 하고 있는 연구에 대해 설명하는 동영상을
보세요. 지금 여러분이 공부하는 주제와 똑같지는 않더라도 도움이 될 것입니다.

 생물학을 공부하고 있나요? 시골 길을 걸어보세요.
자연환경을 천천히 관찰해보세요. 밖은 온통 생물학 세계입니다!

 자신이 겪은 이야기를 100단어 이내나 50단어 이내로 써보세요.
머릿속에 떠오른 한 장면을 기억하고 이야기로 만들면 쓰기가 쉬워요.

밖으로 나가기

공부하는 장소를 바꿔보세요. 조앤 K. 롤링은 스코틀랜드 에든버러에
있는 한 카페에서 유명한 『해리 포터』 시리즈를 썼다고 합니다.
색다른 장소를 찾아서 에너지를 얻고 생각에 집중해보세요. 날씨가
맑으면 야외로 나가도 좋습니다. 단지 밖으로 나가서 산책하는
것만으로도 공부에 도움이 되고 자극이 됩니다.

▽ **머리를 환기하라**

밖에서 공부하면 기억에 더
오래 남을 수도 있다. 경치를
즐기면서 공부할 수
있으므로 긴장을 푸는 데
도움이 되기도 한다.

학습 스타일 찾기

자신의 방식과 다른 학습 스타일들을 알아보고, 공부할 때 다양하게
사용하려 노력해야 합니다.

공부할 때 사용할 다양한 학습 스타일에 대해 생각해보기
바랍니다. 상황마다, 과목마다, 주제마다 어떤 학습법이
자신에게 맞는지 분석해보세요.

여기도 함께 보세요	
◀ 22–21	학습 스타일
◀ 44–45	완벽주의에서 벗어나기
읽기	148–149 ▶
마인드맵	152–153 ▶
그룹으로 모여 복습하기	164–165 ▶
1장 참고 자료	220–221 ▶

시각적, 청각적, 운동감각적 학습 스타일

사람마다 학습 스타일이 다릅니다. 특히 좋아하는 스타일이 있을지도
모르지만, 공부할 때는 여러 가지 스타일을 혼합해서 사용할 확률이
높습니다. 자신에게 어떤 스타일이 가장 잘 맞는지 찾아보세요.
생물학을 공부할 때는 시각적 학습 스타일이 효과적이지만, 영어를
공부할 때는 듣는 방식이 더 좋을 수도 있습니다.

△ **시각적 학습자**

시각적 학습자는 마인드맵을 만들어 배운 것을
정리하고, 색깔을 사용해 요점을 강조하는
경향이 있다. 보면서 기억을 떠올리기 좋게
그림을 그리거나 도표를 만들며 공부한다.

△ **청각적 학습자**

청각적 학습자는 정리한 것을 소리 내어 읽고,
나중에 들으면서 공부하려고 학습 내용을
녹음한다. 또한 친구와 함께 짝을 이뤄서
공부하길 좋아한다.

△ **운동감각적 학습자**

운동감각적 학습자는 정리한 것을 옮겨 쓴 후,
방 안을 돌아다니면서 복습한다. 공부가 잘될 것
같은 장소를 찾아다니면서 공부하길 좋아한다.

이 렇 게 실 천 하 세 요 !

다양한 스타일 실험하기

자신이 한 가지 학습 스타일로만 공부하고, 한 가지
학습 틀에 갇혀 있다고 생각하지 마세요. 더 오래 기
억에 남는 공부를 하려면, 다른 스타일도 재미있게
실험해봐야 합니다. 예를 들어 특정한 과목은 친구와
함께 공부하길 좋아하지만, 나머지 과목들은 시각적
인 학습을 더 좋아하는 학생도 있습니다.

어떤 학습 스타일이 자신에게
효과가 있는지 알아보려면, 어떤
스타일로 공부했을 때 공부한
내용을 얼마나 잘 기억하는지를
살펴보면 됩니다.

나의 학습 스타일은 무엇일까?

다양한 학습 스타일을 확인하는 또 다른 유용한 방법은, 공부할 때 항상 앞만 보고 달리는 '돌진적' 학습자인지, 창의적인지, 즉흥적인지, 분석적인지 생각해보는 것입니다. 어떤 학습 스타일이 다른 스타일보다 더 좋은 것은 아닙니다. 여러 가지 스타일이 혼합된 학생도 있다는 사실을 기억하세요. 아래 표를 보고 자신은 어떤 특성이 가장 강한지 알아보세요.

▽ **개발해야 할 기술**
네 가지 학습 스타일은 제각각 개발해야 할 부분이 있다. 예를 들어 창의적 학습자는 체계적으로 정리하는 기술을 개발해야 한다.

	돌진형 항상 경주를 끝까지 해보고 싶나요?	창의형 상상을 많이 하나요?	즉흥형 갑자기 뛰어드는 경향이 있나요?	분석형 매우 논리적인가요?
개발해야 할 기술	자세한 내용 기억하기	시간 지키기	공부 계획하기	다른 사람과 함께 공부하기
	과제 확인하고 편집하기	학습에 책임감 느끼기	주의 깊게 듣기	무리한 계획 세우지 않기
	비판적인 사고	체계적으로 정리하는 기술	더 많이 돌아보기	스트레스와 완벽주의 관리하기

효과적으로 공부하기

현재의 학습 스타일을 자신에게 가장 효과적인 스타일로 만드세요. 시간이 지나면서 자신의 학습 방법이 발전하는 것을 확인할 수 있을 겁니다. 하지만 한 가지 스타일에 머무르지 않는 것이 좋습니다. 다양한 스타일을 사용해야 하며, 학습 과정을 발전시킬 방법을 찾아야 합니다. 그러면 공부한 내용을 확실히 이해할 수 있고, 기억하기도 쉬워집니다.

▷ **학습할 때 장점 쌓기**
학습 과정을 목록으로 만들고 자신이 잘하고 있는 항목에 체크해서 더 발전해야 할 항목을 결정하라. 모든 면을 다 잘하는 학생이 되려면 부족한 기술에 집중하라.

도 움 말

문제에 집중하기

창의적이지만 항상 늦나요? 항상 늦는 것이 큰 문제라면, 시간을 지키는 데 집중하세요. 시계를 실제 시간보다 빠르게 맞추고 일찍 도착하려고 노력하세요.

논리적이지만 스트레스 받나요? 긴장을 푸는 법과 완벽하게 하려고 조바심내지 않는 법을 배우세요. 완벽하게 계획하고 싶은 충동을 억누르고, 실제로 공부를 시작해야 할 때임을 알아야 합니다.

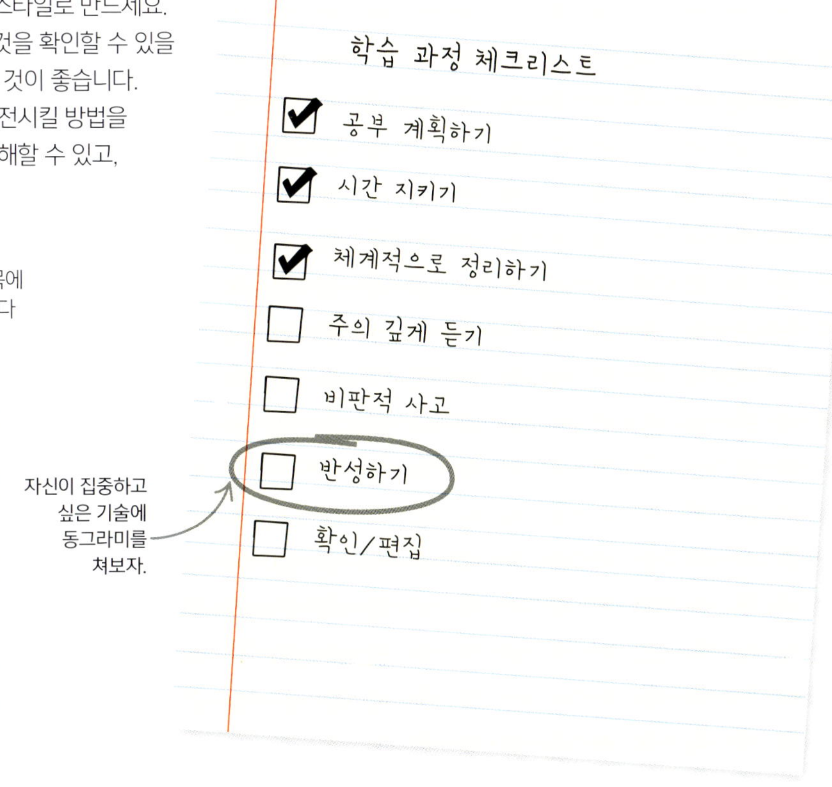

자신이 집중하고 싶은 기술에 동그라미를 쳐보자.

함께 공부하기

도움을 요청하는 것을 두려워하지 마세요. 함께 공부하면서 서로 도울 수 있습니다.

자신을 도와줄 든든한 사람들이 뒤에 있다는 사실을 모르는 학생들이 있습니다. 친구들과 가족은 여러분이 공부 때문에 걱정이 생겼을 때 도와줄 수 있습니다. 그리고 선생님들은 학생들이 직면한 문제를 충분히 이해한답니다.

여기도 함께 보세요	
◀ 62–63	공부에 몰두하기
팀 과제	70–71 ▶
소셜 미디어	118–119 ▶
온라인 강좌의 혁명	124–125 ▶
그룹으로 모여 복습하기	164–165 ▶
공부한 내용 평가하기	166–167 ▶

함께 일하는 기술 끌어올리기

남들과 함께 공부하는 능력은 연습하면 좋아질 수 있는 기술입니다. 어떤 직장에서든 의사소통과 대인 관계 기술을 중요하게 여깁니다. 남들과 함께 일하는 것은 미래에 꼭 필요한 기술일 뿐 아니라, 아이디어를 얻고 공유하는 데 도움이 됩니다. 그리고 문제가 생겼을 때 선생님에게 조언을 구하는 것이, 문제를 내버려뒀다가 해결하기 훨씬 어려워지게 만드는 것보다 낫습니다. 그러니 주저하지 말고 도움을 요청하세요.

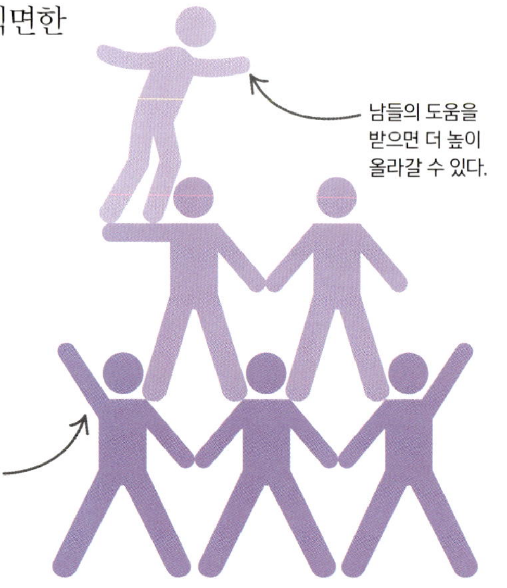

▷ **팀워크**
혼자서 공부하면 가끔 외롭거나 집중력이 떨어질 수도 있다. 친구나 가족들과 아이디어에 관해 이야기를 나누면 큰 힘이 된다.

선생님에게 다가가기

선생님에게 다가가기 어렵다고 생각하는 학생이 많습니다. 선생님이 너무 바쁘거나 자기를 바보 같다고 생각할까봐 걱정하기도 합니다. 하지만 선생님은 항상 학생들을 도와주고 싶어 합니다. 정중하게 도움을 요청하고, 시간을 내주셔서 감사하다고 인사하면 됩니다.

◁ **도움받기**
선생님에게 도움을 요청하면서 의견을 물을 때는, 더 발전하기 위해 실천해야 할 조언을 3~5개 정도 받아라.

이렇게 실천하세요!

선생님에게 이메일 쓰기

선생님에게 이메일을 쓸 때는 반드시 정중한 표현을 써야 합니다. 업무용 편지는 아니지만, 친구에게 쓰듯이 써선 안 되고, 속어도 사용하지 말아야 합니다. 먼저 자신이 누군지 밝히고, 짧고 분명한 표현을 쓰되 항상 공손해야 합니다.

피드백 활용하기

선생님이 과제물에 써준 의견을 신중하게 읽고, 귀를 기울여야 합니다. 선생님의 피드백에는 더 좋은 점수를 받는 방법에 관한 귀중한 힌트와 단서들이 포함되어 있습니다. 나쁜 평가를 받으면 화가 나거나 언짢을지도 모르지만, 논평이 약간 직설적으로 보이더라도 지나치게 예민하게 생각하지 마세요. 어떻게 하면 개선될지 선생님의 제안을 따르세요. 여러분을 응원하는 것도, 비판하는 것도 모두 선생님이 할 일입니다. 선생님의 유익한 비판이 없다면, 여러분은 앞으로 나아갈 수 없습니다.

> 피드백에서, 먼저 주로 비판받은 문제에 초점을 맞추세요. 다음번에 쓸 때는 그 문제를 고칠 준비가 되어 있어야 합니다.

▷ **긍정적으로 생각하라**
선생님의 비판을 부정적으로 여겨서는 안 된다. 과제를 더 잘하기 위한 의견을 제시하는 것이다.

공부 파트너

공부 파트너를 만들어 함께 공부 기술을 끌어올리세요. 작은 스터디 그룹(최대 6명)을 만들면 혼자 공부하는 것보다 큰 도움이 됩니다. 같이 공부할 땐 모두가 열심히 참여하도록 균형을 맞추는 게 중요합니다. 한 사람만 노력한다면 그 그룹은 제대로 공부할 수 없습니다. 또한 처음부터 기본 원칙을 잘 세워야 합니다. 예를 들어 정해진 공부 시간엔 해당 주제에 관해서만 말하도록 하는 것입니다.

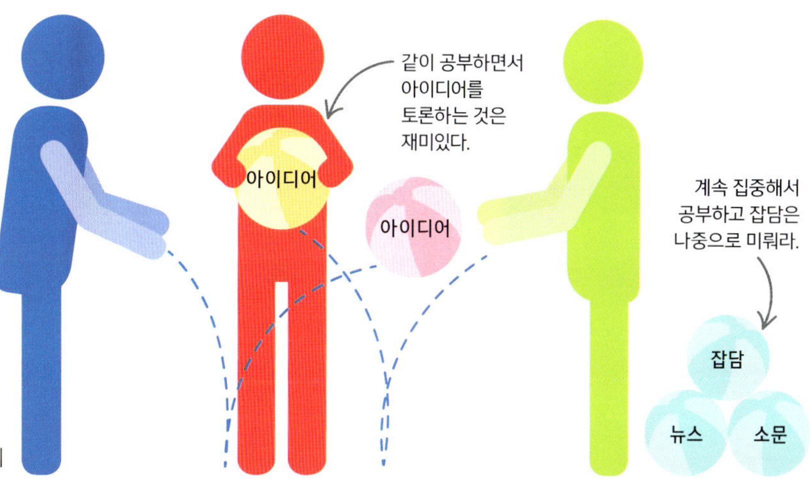

▷ **같이 공부하라**
같이 공부하면 아이디어를 자연스레 토론하면서 남들의 반응을 들을 수 있으므로 효과적으로 공부할 수 있다.

적극적인 듣기 기술

주의 깊게 듣는 법과 주변의 소음을 걸러 듣고 집중하는 법을 배워야 합니다.

선생님들은 어떤 주제에 관해서는 말로만 전달하기도 합니다. 말은 금세 지나가버리기 때문에 듣고 있는 것에 집중하는 기술을 배워야 합니다.

여기도 함께 보세요	
◀ 26–27	적극적 학습
사고력 발달시키기	78–79 ▶
소셜 미디어	118–119 ▶
필기 스타일	150–151 ▶

준비

수업에 들어가기 전에 사전 준비를 하세요. 먼저 배경 정보를 읽고 주제에 관한 개요를 파악한 다음, 그 주제에 관한 의견이나 아이디어를 적으세요. 질문이 떠오르면 기록하고, 수업 시간에 선생님이 그 질문에 대한 이야기를 하는지 잘 들으며 확인하세요. 이런 준비는 한 걸음 더 나아가게 하는 데 매우 효과적인 방법입니다.

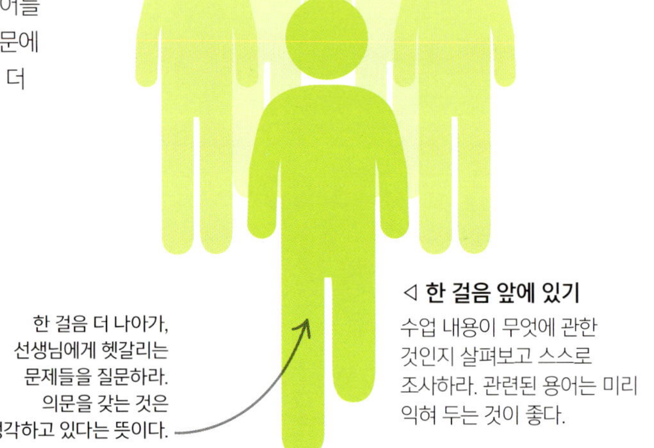

◁ **한 걸음 앞에 있기**
수업 내용이 무엇에 관한 것인지 살펴보고 스스로 조사하라. 관련된 용어는 미리 익혀 두는 것이 좋다.

도 움 말

더 현명하게

수업 시간에 메모한 걸 나중에 깔끔하게 정리할 때, 그대로 다시 베껴 쓰지 말고 자신만의 표현으로 바꿔보세요. 의미를 파악하면서 복습할 수 있는 좋은 방법입니다.

뒷자리에 앉았을 때 집중이 잘 안 되나요? 가장 좋은 해결 방법은 앞쪽에 앉는 것입니다.

다양한 스타일

선생님마다 각자 정보를 전달하는 고유한 스타일이 있습니다. 나이 든 선생님들은 앞에 서서 그냥 설명합니다. 보다 활동적인 선생님들은 질문을 던지고 학생들이 토론을 하도록 유도합니다. 어떤 유형의 선생님이든 선생님의 말에 집중하고 잘 기록하세요.

베네수엘라의 수도는……

▷ **선생님이 하는 말에 귀 기울이기**
받아쓰기가 아니니 들리는 말을 모두 적으려 애쓸 필요는 없다. 들리는 대로 적다간 결국 혼란스러워지고, 앞뒤가 맞지 않을 것이다.

강의를 들을 때

듣기에만 집중하세요. 무조건 다 받아 적는 것보다 강의의 요점이나
개요를 이해하는 것이 훨씬 중요합니다. 무조건 받아 적다가 정말로
중요한 요점을 놓칠지도 모릅니다. 요즘엔 수업을 시작할 때,
학생들이 무엇을 배울지 분명히 알 수 있게 학습 결과와 목표를
강조하는 선생님이 많습니다. 수업을 들으면서 선생님이 모든 요점을
다 다루고 있는지도 확인하세요.

▷ 길잡이 찾기

"이 연구에 나오는 세 가지 핵심은……"처럼
길잡이가 되어주는 말을 잘 들어라. 이런 말은
강의의 개요를 잘 보여준다.

슬라이드는 짧게
요약한 정보를
잘 보여준다.

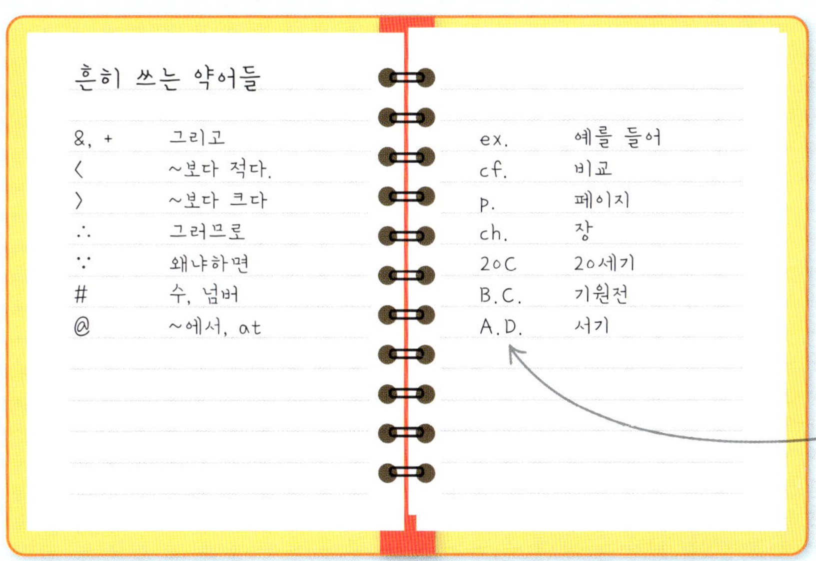

◁ 빨리 쓰기

약어를 쓰면 받아 적는 속도를 높일 수
있다. 글과 다른 아이디어를 연결할
때는 화살표 등의 자기만의 기호를
써도 좋다.

단어를 줄여 써도 좋다.
단, 자기가 쓴 기호를
알아볼 수 있어야 한다.

이렇게 실천하세요!

집중하기

강의가 잘 보이고, 산만하게 하는 방해 요
소가 없어야 효과적으로 들을 수 있습니다.
강의 시간에는 움직이지 않고도 화면이나
칠판이 한눈에 보이는 장소에 앉으세요. 수
업 전에 휴대전화는 꺼두세요. 수업이 끝난
뒤 문자나 이메일을 확인하고 답장을 보내
도 늦지 않습니다.

적극적인 듣기 기술은 효과적인
필기 기술이 있어야만 완벽해집니다.
목록 형식으로 정리하거나
마인드맵을 만들어도 좋습니다.

팀 과제

팀을 이뤄 하는 작업은 여러분이 꼭 배워야 하는 부분입니다.

직장인들과 학생들은 '나'보다 '팀'이 중요하다는 말을 종종 듣습니다. 한 사람 한 사람이 다 중요하지만, 팀 전체가 성공하려면 다른 사람과 잘 협력해야 한다는 뜻입니다.

여기도 함께 보세요	
◀ 28–29	책임감 느끼기
◀ 46–47	올바른 사고방식
◀ 66–67	함께 공부하기
그룹으로 모여 복습하기	164–165 ▶

그룹 토론

그룹으로 토론할 때는 각자 자기 생각을 표현하는 것이 중요합니다. 하지만 남들이 말할 때는 잘 들어야 합니다. 그룹 토론은 자신감이 부족해서 다른 사람들 앞에서 자기 생각을 말하는 법을 배워야 하는 학생에게 특히 도움이 됩니다.

▷ 그룹으로 공부하기

그룹으로 공부할 때는 누구든 자유롭게 말할 수 있어야 좋은 효과를 거둘 수 있다. 다른 사람의 의견을 존중해야 한다.

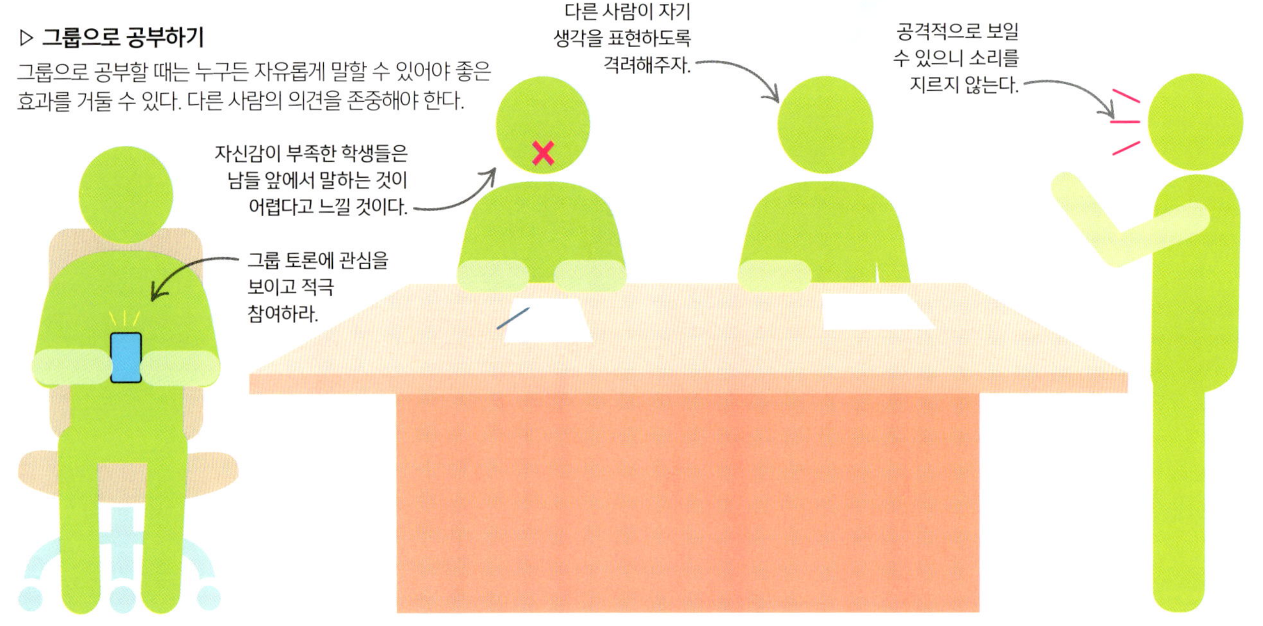

의사소통

팀원들과 의사소통하는 것은 모든 기업과 조직에서 매우 중요합니다. 팀원 전체는 세 가지 핵심사항을 잘 알고 있어야 합니다. 첫째, 과제가 정확히 무엇인가? 둘째, 기간이 언제까지인가? 셋째, 과제를 수행할 때 각 팀원이 할 일과 책임은 무엇인가?

◁ 아이디어 공유하기

각자 자신의 일에 책임을 져야 한다. 팀 동료가 아이디어를 공유하려고 노력하면 다른 팀원들도 고마워할 것이다.

역할 정하기

그룹 과제를 할 때, 각자 역할을 나누어 맡습니다.
이때 어떤 학생은 자기가 남들보다 어려운 역할을
맡았다고 생각하기도 합니다. 주로 리더, 비평가,
계획자, 조정자와 서기(기록하는 사람) 같은 역할을
맡으면 이런 생각을 하게 됩니다. 역할은 아무렇게나
정할 수도 있고, 자기가 하고 싶은 역할을 선택할 수도
있습니다.

▷ 맡아야 할 역할

맡은 역할이 자신의 성격과 맞지 않을지라도,
그것은 소중한 학습 경험이 된다.

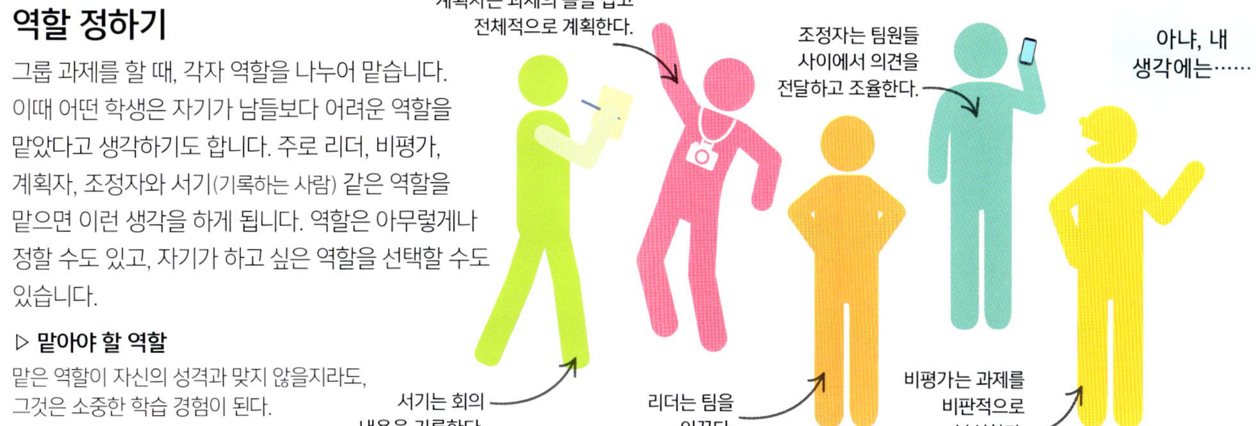

노력과 화해

팀원들은 모두 한 팀의 일부라고 생각하며 과제를 열심히
해서 최고의 결과를 내야 합니다. 가끔 어려운 일이 닥치면
어떤 문제든 바로 해결하는 것이 중요합니다. 팀원들끼리
의견이 달라 다툼이 있을 때, 팀의 발전을 위해서 서로
화해하도록 애써야 합니다.

▽ 좋은 팀워크＝좋은 결과

팀원들이 똑같이 열심히 참여했을 때 좋은 팀워크가
생깁니다. 팀의 목표를 이루기 위해서는 각자 자기가
맡은 몫을 잘 해내야 합니다.

서로 존중하라

다른 팀원이 내놓는 제안을 존중하세요. 팀원 모두가 긍정적이고
헌신적으로 참여할 때 팀은 가장 좋은 결과를 얻을 수 있습니다.
그렇다고 비판을 하면 안 된다는 뜻은 아닙니다. 비판을 할 때는
도움이 되는 비판을 해야 합니다. 팀원을 헐뜯을 생각으로 남의
의견에 반대해서는 안 됩니다.

▷ 반대

누구나 생각이 다르기
마련이다. 해결 방법을
떠올리려면 서로 이야기를
나누며 차이점에 대해
의논하라.

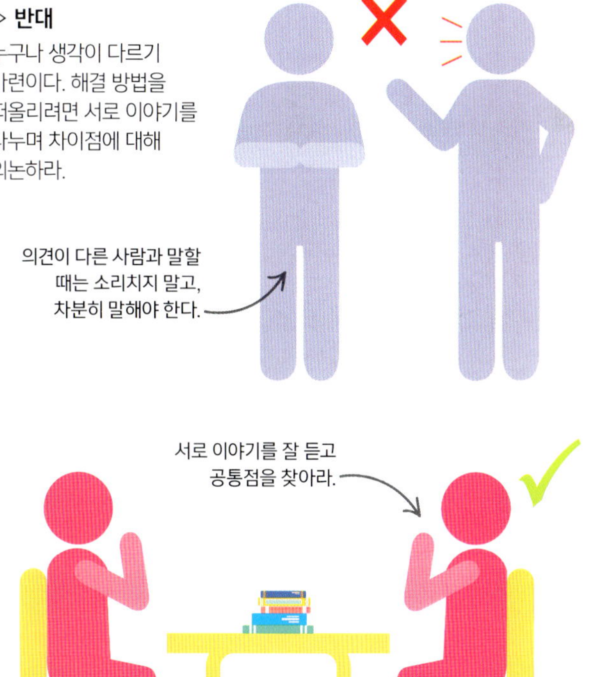

연구 과제

연구 과제는 개인과 그룹을 교육할 때 다양한 목적으로 널리 사용되는 학습 방법입니다.

연구 과제의 종류는 과제를 끝내는 데 필요한 시간과 주제에 따라 다양합니다. 연구 과제는 교과 과정과는 다른 분야지만, 관련이 있는 특별한 주제를 정해 학생 스스로 연구하게 하는 과제입니다.

여기도 함께 보세요	
◀ 38–39	정리하기
◀ 60–61	정보 평가하기
◀ 66–67	함께 공부하기
◀ 70–71	팀 과제
발표 기술 끌어올리기	98–99 ▶

독특하게

연구 과제는 모두 독특합니다. 선생님들은 여러분에게 독창적인 과제를 할 기회를 줍니다. 연구 과제는 그동안 해왔던 일반적인 과제와는 여러 가지 면에서 상당히 다릅니다. 주제에 관해 구체적인 정보를 알아내야 하는 연구 과제도 있습니다. 예를 들어 여러분이 직접 설문지를 만들어서 조사하고, 조사 결과를 분석한 후 연구 과제의 결론을 끌어내야 할 때도 있습니다.

연구 과제를 어떻게 할지 계획할 때, 정해진 시간 안에 해낼 수 있을지 꼭 확인해야 한다. 예를 들어 소책자를 만들 경우 디자인하려면 시간이 많이 걸리는데, 그 시간을 연구 조사하는 데 쓰는 것이 더 효율적이다. 따라서 과제물 디자인하는 데 시간을 단축시킬 수 있는 다른 방법으로 바꾸는 것이 낫다.

▷ **믿을 만한 연구**
연구 과제를 할 때는 믿을 만한 정보를 사용하라. 직접 조사하거나 팀원들이 조사한 자료를 사용해야 한다.

학생 중심의 학습

어떤 연구 과제에서는 학생 중심의 학습을 할 수 있습니다. 학생 중심의 학습이란 학생 스스로 연구 과제의 내용과 과제를 발표하는 형식을 결정하는 것입니다. 일단 학생이 연구 과제 주제를 정한 후, 선생님과 함께 주제가 적당한지 확인합니다. 연구 과제의 주제가 적당하다고 인정받으면, 학생은 자료를 조사하고 글의 틀을 세운 다음 과제를 발표할 가장 좋은 방법을 결정하면 됩니다.

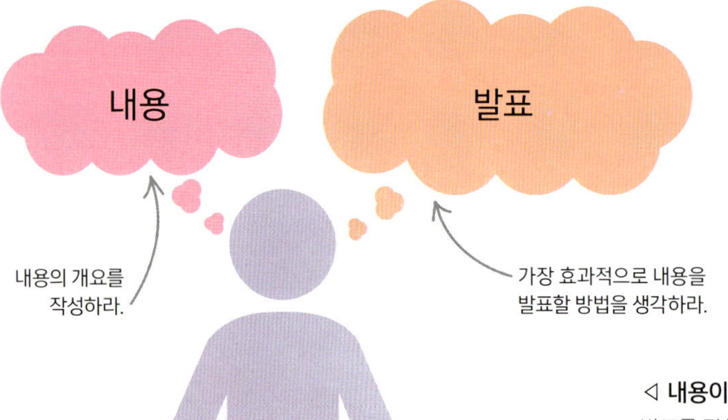

◁ **내용이 핵심이다**
발표를 잘하면 연구 과제를 돋보이게 할 수 있지만, 내용이 과제의 가장 중요한 부분이라는 사실은 잊지 말자.

계획하기

연구 과제를 잘 해내려면 철저한 계획과 준비가 매우 중요합니다. 강의실을 예약해야 하는지, 칠판과 다른 자료들을 준비해야 하는지 미리 생각하고 결정하세요. 그룹 연구 과제라면, 언제 모두 모일 수 있는지 확인해야 합니다. 또한 정해진 시간 안에 얼마나 할 수 있는지도 생각하세요.

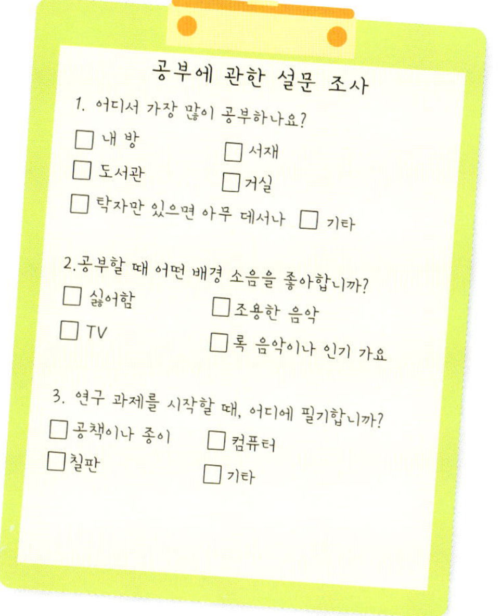

△ 준비를 철저히

설문 조사가 필요하면 설문지를 작성하여 충분히 인쇄해놓는다.

글의 틀 짜기

처음에 계획을 세울 때, 연구 과제를 완성하면 어떻게 발표할지 등에 대해 결정을 내려야 합니다. 선생님이 발표 계획에 관해 보고서로 작성해서 제출하라고 요구하는 경우도 있고, 연구 결과를 학생들 앞에서, 가끔은 더 많은 사람들 앞에서 발표해야 할 때도 있습니다.

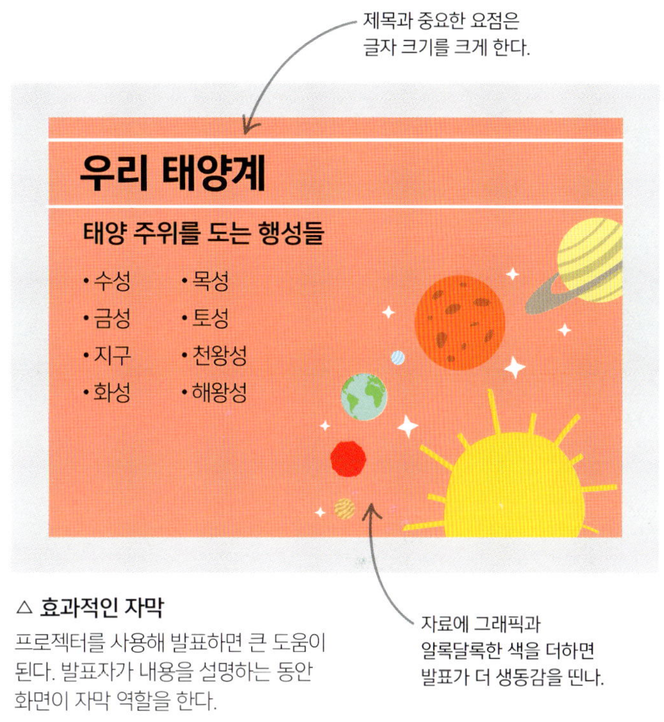

△ 효과적인 자막

프로젝터를 사용해 발표하면 큰 도움이 된다. 발표자가 내용을 설명하는 동안 화면이 자막 역할을 한다.

틀 나누기

연구 과제를 준비하면서 자신의 목표를 분명히 알아야 하고, 왜 그 연구 과제가 중요한지 기억해야 합니다. 일단 과제를 위한 연구가 끝나면, 도입, 방법, 결과, 요약처럼 네 부분으로 나누어서 정리합니다.

▽ 처음부터 시작하기

조사를 시작하기 전에, 연구 과제를 어떻게 네 부분으로 나눌지 생각해야 한다.

1. 도입
왜 이 연구 과제가 중요한가?
어떤 목표가 있는가?

3. 결과
무엇을 발견했는가?
어떤 형식으로 연구했는가?

2. 방법
기간은 얼마나 있는가? 어떻게 연구를 수행할 것인가?
미리 예상한 문젯거리가 있는가?
연구를 함께해야 할 사람이 있는가?

4. 요약
연구 과제에서 어떤 결론을 낼 수 있는가?

노트 필기

필기를 하면 핵심 요점을 쉽게 떠올릴 수 있고, 매우 귀중한 정보를 얻을 수 있습니다.

자신만의 필기 스타일이 있을 것입니다. 밑줄을 긋거나, 형광펜으로 칠하고, 그림을 그리거나, 색깔별 분류법을 사용하기도 하며, 문장이나 단어 앞에 점을 찍기도 합니다. 동일한 스타일을 꾸준히 사용하면 체계가 이루어져 빠르고 효율적으로 필기할 수 있습니다.

여기도 함께 보세요	
◀ 26–27	적극적 학습
◀ 58–59	읽기 기술 끌어올리기
◀ 68–69	적극적인 듣기 기술
온라인 자료 정리하기	114–115 ▶
표절	116–117 ▶
복습 카드	144–147 ▶
읽기	148–149 ▶
필기 스타일	150–151 ▶
마인드맵	152–153 ▶

효과적인 노트 필기

필기는 되도록 간결하게 쓰는 것이 좋습니다. 책에 있는 단락을 그대로 옮기지 말고, 한눈에 알 수 있게 간단히 줄이세요. 필기해야 할 정보를 생각하고 논리적으로 정리하세요. 추가로 정보를 더하거나 아이디어가 떠오르면 쓸 수 있게 여백을 남겨 두세요. 또한 중요한 정보는 형광펜을 사용해서 강조하거나 밑줄을 긋습니다. 이렇게 하면 자료를 효과적으로 기억할 수 있습니다.

요점 정리하기

형광펜을 칠하거나, 밑줄을 긋거나, 여백에 메모하는 것을 좋아하지 않는 학생도 있습니다. 복사본이 아니라 새 책이라면, 책에 흔적 하나 남기지 않고 깨끗이 보고 싶을 수도 있습니다. 또한 도서관에서 빌린 책이라면 책에 표시하면 안 되겠지요. 이런 경우라면 별도의 종이를 펴고, 글머리 앞에 점을 찍은 후 글에서 중요한 내용을 골라 간단하고 짧게 줄여 보세요. 빨리 찾을 수 있도록 자료를 클리어 파일에 정리하세요.

여러분은 뭐라고 변명하겠습니까? 아마 땀나는 것이 싫다고 말하거나, 시간이 없다거나, 또는 그냥 게으르기 때문이라고 하겠지요. 이유가 무엇이든, 운동하지 않는 사람은 여러분뿐만이 아닙니다. 운동을 열심히 하는 젊은이가 점점 더 줄어들고 있습니다. 그러나 운동은 건강과 사회생활에서 좋은 점이 많습니다. 그러니 이제 그만 불평하고 움직이세요.

규칙적으로 운동하면 오랫동안 건강을 유지할 수 있고, 더 행복해지며

규칙적 운동 = 건강/인간관계

글에 나온 중요한 정보에 형광펜으로 표시한다.

글머리에 점을 찍어 요점을 정리하면 읽기 쉽다.

표절

다른 사람의 아이디어를 자기 것인 양 발표하는 행위를 '표절'
이라고 합니다. 알고 했든 모르고 했든 남의 것을 베끼는 행동은
도둑질과 마찬가지입니다. 요즘은 인터넷에서 남의 글을
복사해서 붙이기가 매우 쉽지만, 절대로 이런 유혹에 빠져서는
안 됩니다. 남의 아이디어를 자신만의 표현으로 썼더라도 항상
자료의 출처를 밝혀야 합니다.

◁ **저작권 기호**
참고한 자료에 눈에 보이는 저작권
기호가 없더라도 저작권법의 보호를
받을 확률이 높다.

최대한 간결하게 필기하세요.
제대로 알고 있는지 확인해보기
위해 메모한 것을 복습 카드로
사용해도 좋습니다.

스트레스도 덜 받습니다. 운동을 하면
건강에 좋을 뿐 아니라 인간관계도
좋아집니다. 친구들을 규칙적으로 만날
기회가 생기고, 팀에 가입한 새로운
사람들을 만날 수 있습니다.

사회생활

규칙적으로 운동하면 심장병과 다른
심각한 질병에 걸릴 위험이 줄어듭니다.
또한 더 건강하고, 행복해지며, 활기가
넘칩니다. 마지막으로, 운동은 새로운
사람들을 만나 재미있게 지낼 훌륭한
방법입니다.

*건강을 오래
유지하도록
해준다.*

*건강함/
행복함/
에너지*

*건강을 오래 유지할 수 있음. (심장병에 덜 걸림 등) +
건강함/행복함/에너지 증가 사회생활도 좋아짐(친구들
만남/새 친구 사귐)*

여백 활용하기

필기할 때는 중요 요점을 형광펜으로 칠한 후
그 단락 옆에 메모하는 것처럼, 여러 방식을
혼합해 사용하는 게 효과적입니다. 여백에
글씨를 써야 하기 때문에 인쇄된 별도의 수업
자료로 공부할 때 가장 적합합니다. 양옆
여백에 핵심어와 요점을 마치 힌트처럼 쓰면
됩니다. 보충 설명도 아래쪽 여백에 덧붙여 쓸
수 있습니다. 자신만의 표현으로 내용을
요약해 쓰세요.

△ **노트 필기**
중요한 정보를 형광펜으로 표시하고, 옆쪽과 아래쪽
여백에 자신만의 표현으로 짧게 요약하라. 그러면
필요할 때 요약 정보를 사용할 수 있다.

도움말

좋은 습관

필기할 때는 나중에 참고할 수 있도록 출처의 저자, 제목, 출
판사, 출판일 등 세부적인 사항을 전부 기록하세요. 글을 쓰
다가 그 자료를 인용하거나, 다른 말로 바꿔 표현하거나, 언급
할 때도 기록해야 합니다.

필기할 때 색깔별 분류를 사용하는 버릇을 들이세요. 예를 들
어 바다와 관련된 것은 파란색으로 쓰는 것처럼, 색깔이 주제
와 어느 정도 관련이 있으면 매우 효과적입니다.

암기 기술 끌어올리기

뇌는 창의력 발전소입니다. 효과적으로 공부하는 훈련을 해서 뇌를 최대한 활용하세요.

암기는 적극적인 학습방법으로, 암기를 잘할 수 있는 방법은 많습니다. 어떤 방법이 가장 효과적이고, 왜 그런지 확인해보려면 여러 가지 접근법으로 실험해봐야 합니다. 한 가지 방법만 쓰지 말고, 창의적인 방법으로 다양하게 시도해보세요.

여기도 함께 보세요	
◀ 16–17	뇌는 어떻게 일할까?
복습할 때 흔히 생기는 문제	132–133 ▶
마인드맵	152–153 ▶
기억과 뇌	154–155 ▶
흐름도와 암기법	156–157 ▶
기억을 돕는 다양한 방법들	158–159 ▶
기억력을 향상시키는 도구들	160–161 ▶

뇌의 능력

뇌는 좌뇌와 우뇌의 두 부분으로 나뉩니다. 좌뇌는 논리적 사고와 언어 학습을 관리하고, 숫자와 순서를 파악하며 분석하는 일을 합니다. 우뇌는 음과 리듬, 색깔과 이미지, 감정과 상상력을 다루고, 전체적으로 파악하는 일을 합니다. 뇌는 사실 모든 활동을 할 때 두 영역을 다 사용하므로, 좌뇌와 우뇌가 함께 작동하도록 해야 합니다. 예를 들어 좌뇌가 담당하는 논리적 사고력을 이용해서 무엇인가를 외우려 한다면, 우뇌가 담당하는 마인드맵과 같은 다른 학습 방법을 함께 시도하면 더욱 효과적입니다.

▷ 좌뇌 vs. 우뇌

'L'은 논리(logic)와 왼쪽(left)을 의미합니다. 뇌의 왼쪽 영역은 논리를 다룹니다. 이처럼 단어를 사용해 어느 쪽 뇌가 어떤 일을 하는지 간단히 외울 수 있습니다.

도 움 말

갈증과 공부

공부할 때는 물을 많이 마셔야 합니다. 뇌세포는 물과 에너지와 산소를 골고루 필요로 합니다. 탈수 상태가 되면, 균형이 무너지고 뇌세포가 효율적으로 일하지 못합니다. 따라서 목이 마르지 않더라도, 뇌가 일을 잘하도록 물을 많이 마시도록 하세요.

좌뇌

우뇌

규칙적으로 휴식을 취하면 뇌가 처리하기 좋게 정보를 나누므로 기억하기가 더 쉽습니다.

반복

새로운 정보는 단기 기억에 저장됩니다. 그 정보를 오래 기억하고 싶으면,
단기 기억을 장기 기억으로 옮기기 위해 노력해야 합니다. 그러기 위해서는 연습과
반복이 필요합니다. 같은 정보를 많이 복습할수록 더 많은 정보를 머릿속에 '집어넣고',
그 정보를 다른 지식과 연결할 수 있습니다.

▽ **집어넣고 연결하라**
중요한 정보를 더 효과적으로 기억하려면,
다음 다섯 단계를 따라야 한다.

1. 배운 직후에 복습하라.

2. 하루 후에 복습하라.

4. 한 달 후에 복습하라.

3. 일주일 후에 복습하라.

5. 석 달에서 여섯 달 후에 다시 복습하라.

암기 요령

자신만의 암기 기술을 끌어올릴 구체적인
방법을 생각해야 합니다. 개성 있는 암기
요령을 터득한 학생도 있을 것입니다.
학생들은 '연상기억법'을 많이 쓰는데,
순서를 외우기 힘든 자료에서 앞 자를 따서
기억하기 쉬운 단어나 문장으로 만들면
됩니다. (156쪽 참조)

▷ **기록하라**
체크리스트 만들기는
학생들이 많이 쓰는
암기 기술이다.
뭐든지 기록하면 오래
기억할 수 있다.

이 렇 게　실 천 하 세 요 !

따라 부르기 쉬운 음악

광고주들은 강렬한 이미지와 따라 부르기 쉬운 음악을 사
용해 시청자의 관심을 끕니다. 그런 광고는 뇌가 잘 기억
하게 만들어, 광고에 사용된 음악을 들으면 즉시 그 광고
를 떠올립니다. 이처럼 이미지와 노래에 학습 노트를 연결
하면 내용을 쉽게 떠올릴 수 있습니다.

뇌 능력 체크리스트

☑ 반복하라
　같은 정보로 돌아가라.
　(잠깐씩 반복해서 공부하라.)

☑ 게임으로 공부하라
　긴장을 풀고 학습 방법에 유연해져라.
　(퀴즈나 퍼즐을 사용해 새로운 정보를 복습하라.)

☑ 연결하라
　다른 정보들과 연결된 고리를 찾아라.
　(뇌는 관련시키는 것을 좋아하고, 관련시키면
　확실히 머릿속에 자리 잡는다.)

☐ 기록하라
　자기만의 표현으로 쓰면서 정리하면 뇌가 기억하는
　데 도움이 된다.

☐ 자기 것으로 만들어라
　자기에게 가장 잘 맞도록 학습 방법을 바꿔라.

사고력 발달시키기

발전을 위해 노력한다는 것은 뇌 능력을 향상시킬 만큼 중요한 사고력 훈련을 한다는 의미입니다.

어떤 문제를 처리하거나 한 가지 주제에 대해 생각하는 방식은 다양합니다. 그리고 그렇게 다양한 방식으로 사고하다 보면 더 나은 해결책을 찾을 수 있습니다.

여기도 함께 보세요	
비판적 사고란 무엇일까?	80–81 ▶
비판적 사고 끌어올리기	82–83 ▶
창의적 사고	86–87 ▶
인터넷 자료	108–109 ▶
자료 찾기	110–111 ▶
마인드맵	152–153 ▶
기억과 뇌	154–155 ▶
기억을 돕는 다양한 방법들	158–159 ▶

생각 열기

좌뇌를 많이 쓰는 사람들은 순서를 따르는 논리적 사고에 특히 강합니다. 그들은 복잡한 수학 문제를 잘 풀기도 합니다. 이와 달리 우뇌를 많이 쓰는 사람들은 수평적 사고에 강합니다. 수평적 사고는 문제를 풀 때 직접적인 방법이 아닌 기발한 방법을 떠올리는 사고방식입니다. 우뇌를 많이 쓰는 사람들은 종종 '고정관념에서 벗어난' 창의적인 사고를 하는데, 이런 사고는 혁신적인 아이디어나 문제를 해결할 새로운 방식을 떠올릴 때 효과적입니다.

구체적인 일을 할 때마다 적절한 학습 방법을 선택하세요.

시각화하기
시각기억을 활용하면 사고력을 높일 수 있고 '머릿속 눈(mind's eye)'로 볼 수 있습니다.

수평적 사고
'고정관념에서 벗어난' 발상으로 깜짝 놀랄 만한, 창의적인 문제 해결 방법을 찾습니다.

브레인스토밍
그룹으로 아이디어 회의를 하기도 하고, 해결 방법과 새로운 아이디어를 생각해내려고 마인드맵을 만들기도 합니다.

논리적 사고
좌뇌를 사용해서 직관적으로 생각하고, 해결 방법을 찾을 때 체계적인 방법을 따릅니다.

비판적 사고
주제를 이해하고 조사할 때 자주 의문을 품고 질문해야 합니다.

▷ **생각하는 방식**
항상 다양한 사고방식을 결합하여 문제를 해결하도록 하자. 그러면 보다 효과적으로 배울 수 있고, 공부 방식도 유연해질 수 있다.

뇌는 유연하다. 바쁘게 일을 시키면 뇌가 가지고 있는 거대한 잠재력을 깨울 수 있다.

시각화하기

뇌는 복잡한 이미지들을 저장할 수 있습니다. 이렇게 저장된 이미지들은 문제를 해결하고자 할 때 머릿속으로 떠올릴 수 있습니다. 이를 시각화(Visualization)라고 합니다. 문제를 머릿속 눈으로 이미지화하면 문제가 더욱 명확히 보입니다. 이렇게 하면 어려워 보이는 문제도 쉽게 풀 수 있습니다.

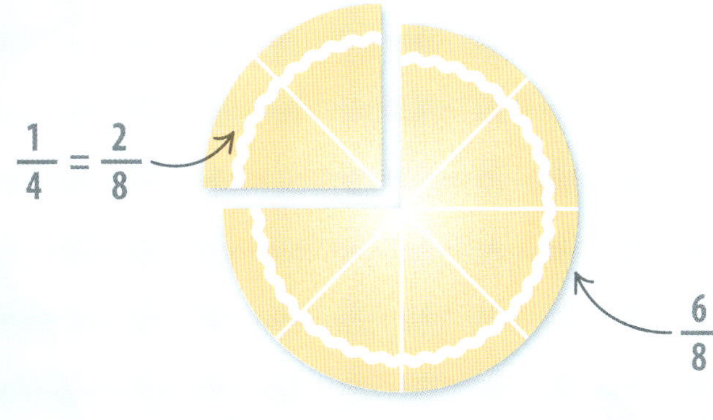

△ **문제 상상하기**

분수 문제 '6/8+1/4은 무엇인가?'를 풀려면, 여덟 조각으로 나눈 케이크를 상상해보라. 한 조각은 1/8이다. 케이크의 1/4은 두 조각, 즉 2/8로 볼 수 있으므로 답은 6/8+1/4(2/8)=1(8/8)이 된다.

질문하기

사실이나 아이디어를 있는 그대로 받아들이지 마세요. 공부하면서 질문하는 법을 배워야 합니다. 선생님의 말을 듣고, 책을 읽고 조사하면서 지식을 늘리세요. 더 많이 알수록, 질문이 더 많이 생깁니다. 친구들과 토론하면서 자신이 그 아이디어를 정말로 어떻게 생각하는지 표현해보세요. 질문하는 방법에 익숙해질수록, 가장 좋은 답을 찾기 위해 더 많이 '올바른 질문'을 하고 싶어질 것입니다.

△ **모든 것을 질문하라**

'올바른 질문은 무엇인가?'라고 생각하지 말고, 그냥 모든 것을 질문하라. '누가, 무엇을, 언제, 어디서, 왜, 어떻게'처럼 질문하는 단어를 다양하게 사용하라.

도 움 말

어느 날 갑자기……

문제 해결 방법을 찾고 있지도 않았는데, 불현듯 해답이 떠오른 적이 있나요? 공부할 때는 시간과 공간을 여유 있게 가지세요. 그러면 가끔 아이디어가 불쑥 떠오르기도 합니다. 20세기 가장 중요한 의학적 발견(페니실린)을 한 알렉산더 플레밍 경(1881~1955)은 이렇게 말했습니다.

"가끔 찾고 있지도 않은 것을 발견할 때가 있습니다."

비판적 사고란 무엇일까?

읽거나 들은 모든 것을 아무 생각 없이 받아들여서는 안 됩니다.

생각하고, 분석하고, 문제를 해결하기 위해서는 논리적인 방법을 개발해야 합니다. 그러기 위해서는 비판적이고 창의적으로 생각해야 하는데, 단지 질문만 해도 비판적이고 창의적인 사고력을 키울 수 있습니다.

여기도 함께 보세요	
◀ 26–27	적극적 학습
◀ 30–31	자기주도학습
◀ 60–61	정보 평가하기
◀ 78–79	사고력 발달시키기
비판적 사고 끌어올리기	82–83 ▶
질문에 대답하기	92–93 ▶

스스로 생각하기

글을 읽으면서도 계속 생각해야 합니다. 보고 있는 정보를 올바르게 이해하기 위해서는 온갖 종류의 질문을 하는 것이 매우 중요합니다. 예를 들어 이런 질문을 해야 합니다.
'어떻게 이 말이 사실이고 편견이 없다는 것을 알 수 있을까? 정보는 누구에게서, 또는 어디서 나왔는가? 이 주장은 논리적이거나 일관성이 있는가? 이 말을 뒷받침하는 증거는 무엇인가? 이 주장에 반대하는 견해가 있는가?'
이런 질문이 없다면 올바른 답을 찾지도 얻지도 못할 것입니다.

핵심어	정의
편견	하나의 특정한 견해가 너무 강조된 정보.
선전	불완전하거나 잘못된 정보로 매우 도덕적이거나 정치적인 견해를 뒷받침하는 데 자주 쓰인다.
오류	논리가 잘못됨. 주장이 틀렸거나 결함이 있음.

▽ **탐정처럼**

질문하는 자세로 공부하는 것은 정보에 현명하게 대응하는 방식이다. 어떤 주장의 '진실'을 알고 싶어서 호기심을 가지고 파고드는 학생은 비판적인 사고방식을 가지고 공부하므로 다른 학생보다 더 잘할 수 있다.

여러분 앞에 놓여 있는 증거를 잘 살펴보고 어떤 말이나 주장이 사실인지 알아내세요.

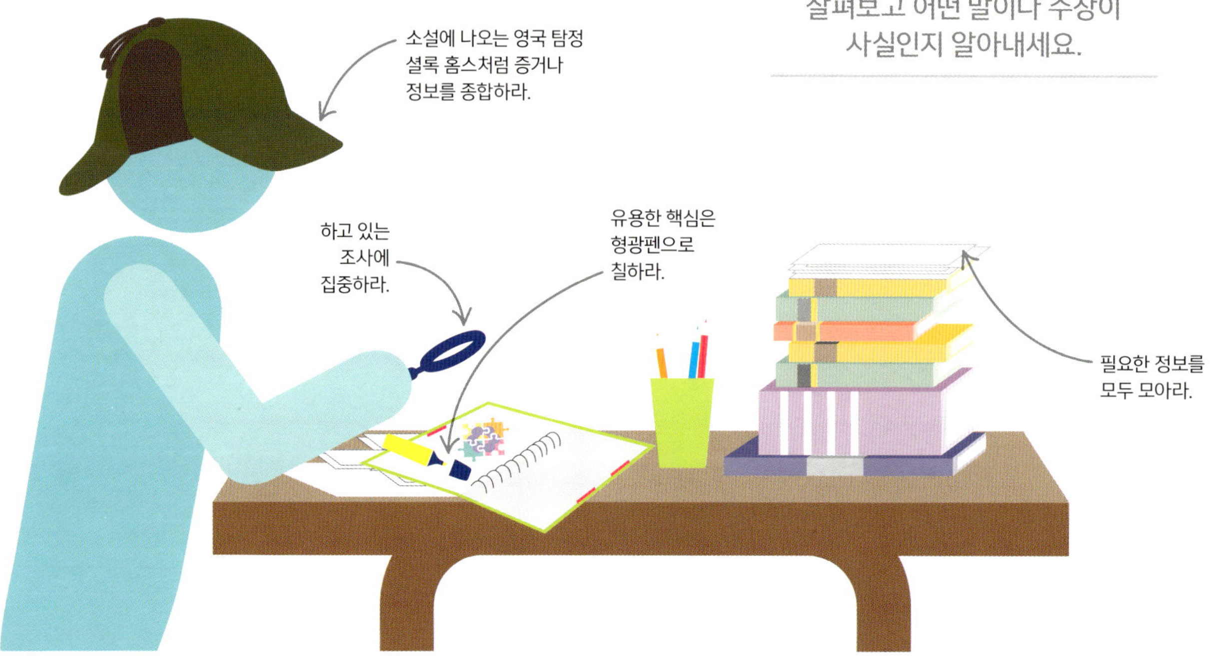

점점 더 높이

사고 과정은 정해진 순서에 따라 여러 단계로
분류됩니다. 기억하기, 이해하기, 적용하기,
분석하기, 평가하기, 만들어내기입니다.
이처럼 배운 것에서 새로운 아이디어로
발전시키는 것은, 그냥 이해하고 기억하는
것보다 '더 높은' 학습 단계라 할 수 있습니다.
선생님들은 상황에 따라 특정한 사고 과정을
더 중요하게 생각하기도 합니다.

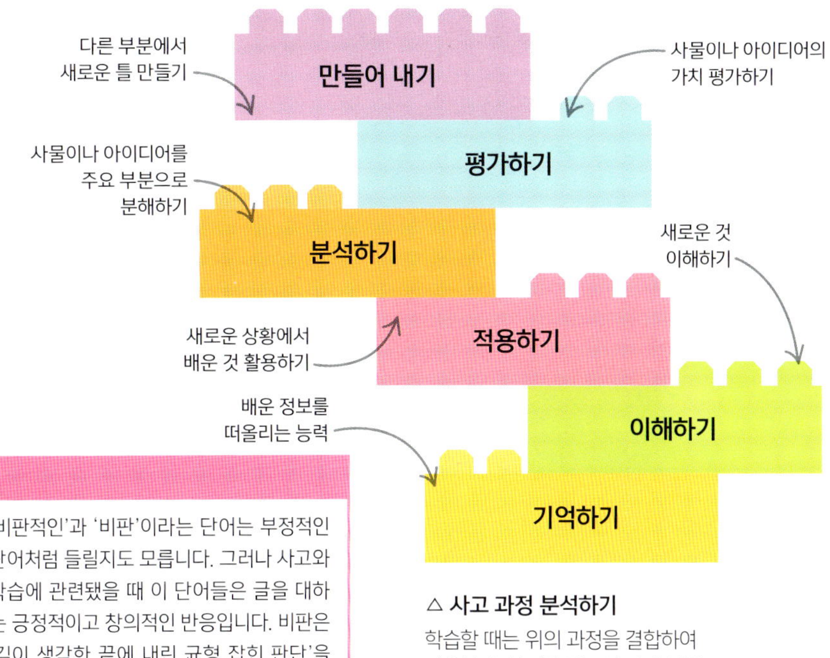

△ **사고 과정 분석하기**
학습할 때는 위의 과정을 결합하여
사용한다. 하지만 반드시 이 순서를
따르는 것은 아니다.

도 움 말

균형 잡기

논쟁이 있는 주제라면 양쪽 편의 주장뿐 아니라 다른 의견도 있는지 조사하세요. 흑백만 있는 논리는 없습니다. 다른 색깔, 즉 다른 의견도 있는지 생각해보세요. 토론할 때는 가장 인정받지 못한 견해에 초점을 맞춰서 비판하는 기술을 연습하세요.

'비판적인'과 '비판'이라는 단어는 부정적인 단어처럼 들릴지도 모릅니다. 그러나 사고와 학습에 관련됐을 때 이 단어들은 글을 대하는 긍정적이고 창의적인 반응입니다. 비판은 '깊이 생각한 끝에 내린 균형 잡힌 판단'을 의미합니다.

그래서 뭐?

이런 태도는 정보의 중요성을 가늠할 때 건전하게
의심하도록 도와줍니다. 뭐든지 질문하고 자신에게
"그래서 뭐?"라고 묻는 습관을 길러야 합니다. 뭐라고
하는지, 어떻게 말하는지에 대해 매우 신중하게
생각해야 합니다. 논쟁이나 토론에서 나온 말들은
사실처럼 보일 수도 있습니다. "이 사실이 옳은가?"
또는 "이런 주장을 뒷받침하는 확실한 증거가
있는가?"라고 의심하는 것이 좋은 학습 태도입니다.

비판적 사고 끌어올리기

일단 비판적 사고가 무엇인지 그 개념을 이해하면, 비판적 사고 기술을 발달시킬 수 있습니다.

비판적 사고 기술은 꾸준히 노력하면 끌어올릴 수 있습니다.
이미 알려진 다른 사람의 주관적인 의견에 치우치지 않고,
객관적 태도를 유지하면 됩니다.

여기도 함께 보세요	
◀ 58–59	읽기 기술 끌어올리기
◀ 78–79	사고력 발달시키기
◀ 80–81	비판적 사고는 무엇일까?
자료 찾기	110–111 ▶

비판적으로 생각하기

어떤 주제에 대해 비판적으로 생각하는 학생은 주제를 더 잘 파악할 수 있습니다. 다른 주장들을 비교하고 대조해서 판단할 수 있다면 내용을 잘 이해했다는 의미입니다.

▽ **비판적으로 생각하는 법**
비판적 사고의 출발점은 호기심을 보이며 마음을 여는 것이다. 주장의 다양한 면을 파악하고 계속 질문하라.

도 움 말

단정 짓는 표현은 피하라

글을 쓸 때는 '단정 짓는 표현'을 피해야 합니다. '항상', '절대', '모두', '모든'과 같은 단어는 조심해서 써야 합니다. 조금이라도 의심이 들면 이런 표현은 사용하면 안 됩니다. 나중에 틀렸다고 증명되면 그 주장은 아무 의미도 없게 되니까요.

호기심 보이기

- 마음을 열어라.
- 새로운 아이디어를 받아들여라.
- 읽고 배우면서 자기 생각을 발전시켜라.

집중하기

- 공부에 집중하고, 방해 요소들을 피하라.
- 관련된 것들을 계속 떠올려라.
- "그래서 뭐?"라고 물어라.

기록하기

- 생각을 적어라. 아이디어는 떠올랐다가 금방 사라지기도 한다.
- 공책에 기록하고 확인하는 중에 아이디어가 떠오를 수도 있다.

분석하기

- 묘사하거나 설명하지 말고 분석하라.
- 왜 어떤 인용 문구나 글을 넣고 싶은지 정확히 이해하라.

찬성과 반대밖에 없나?

- 주제의 많은 면을 봐라.
- 여러 관점을 모두 고려하라.

의견 주고받기

- 남들에게 자기 생각을 말하고 반응을 살펴라.
- 친구나 가족, 선생님과 토론하라.
- 남들의 견해를 듣고 어떻게 새롭게 연구해 나갈지 생각하라.

계속 질문하기

- 눈에 보이지 않지만 숨겨진 의도가 있을까?
- 글쓴이가 왜 글을 썼는지 생각하라.
- 이것은 사실인가, 의견인가, 아니면 편견인가?

가치 판단

어떤 사람의 생각과 가치가 드러나는 말을 '가치 판단'이라고 합니다. 어떤 주제에 관해 객관적인 관점을 가지는 것이 매우 중요합니다. 누군가의 글을 읽거나 강의를 들을 때, 편견 없이 객관적 관점으로 말하는지, 개인적이고 주관적인 관점으로 말하는지 고려해봐야 합니다.

▷ **선입견 구별하기**
어떤 사람이 선입견을 갖고 있는지, 객관적인 관점을 갖고 있는지 구별해야 한다.

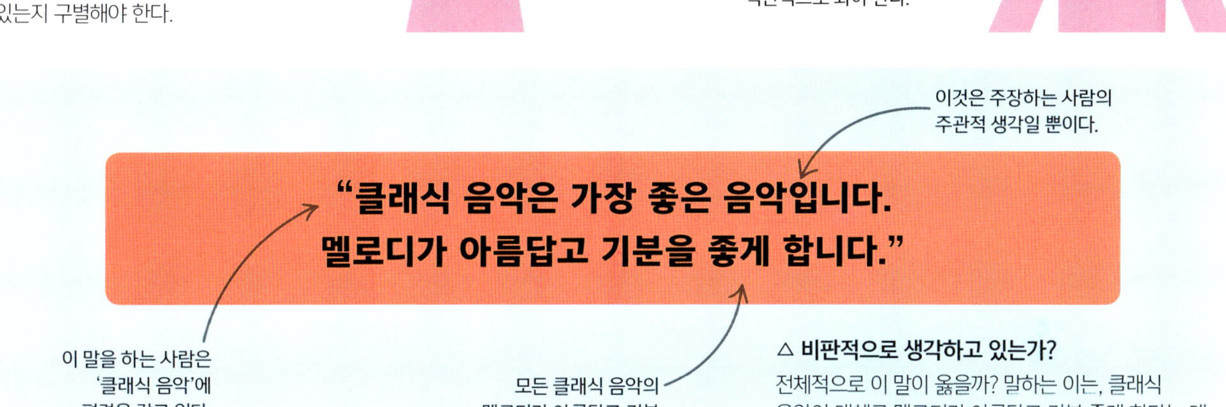

자기만의 견해 말하기

작가들의 '숨은 의도'를 밝히는 것은 매우 흥미롭습니다. 그러나 여러분도 자기 생각과 주장을 펼칠 때, 다른 사람이 여러분의 글에서 숨은 의도를 발견할지도 모른다는 사실을 알아야 합니다. 아래 목록에 있는 '어떻게 피할까?'에는 여러분이 자기 생각을 말할 때 어떻게 해야 하는지 잘 나와 있습니다.

▽ **어떻게 실천할까?**
하면 안 되는 것을 아는 것은 쉬울 수 있다. 옳은 것을 어떻게 실천할 수 있는가까지도 확실히 알아두어야 한다.

무엇을 피할까?	어떻게 피할까?
하나만 보고 전체도 똑같다고 생각하는 것	주장을 뒷받침할 증거나 자세한 설명을 덧붙인다.
문제를 고정관념으로 보지 말고, 지나치게 단순하게 여기는 것	의견과 생각을 다양하게 설명한다.
주관적인 견해를 드러내는 것	객관적인 사실을 찾는다.
잘못된 주장을 펼치는 것	자기가 '진실'이라고 믿는 것을 분석하고 밝히려 노력한다.
성급하게 결론 내리는 것	계속 질문한다.

반성적 사고

반성적 사고를 연습하면 현재 하고 있는 공부를 되돌아볼 수 있습니다.

반성하는 법을 배워야 합니다. 반성적 사고는 기본적으로 잘 배우기 위한 연습이므로, 학습 과정을 돌아보면 스스로 발전할 기회가 됩니다.

여기도 함께 보세요

◀ 28–29　　책임감 느끼기
◀ 30–31　　자기주도학습
◀ 52–53　　개인 발전 계획
공부한 내용 평가하기　166–167 ▶
긴장 풀기, 상상하기, 긍정적 사고　206–209 ▶

학습 일기

학습 일기에 생각과 아이디어를 기록해 더 열심히 공부하기 위해 노력해야 합니다. 마음에 드는 크기의 수첩을 고르고 기록하면서 학습 일기를 자주 '보고 느껴야' 합니다. 학습 일기는 규칙적으로 들여다보고 싶게 만들어야 합니다. 시간을 정해 놓고 얼마나 공부했는지를 기록하거나, 여러 과목의 연구 과제를 할 때 단계적으로 얼마만큼 진행했는지 기록하면서 일기를 자주 쓰세요.

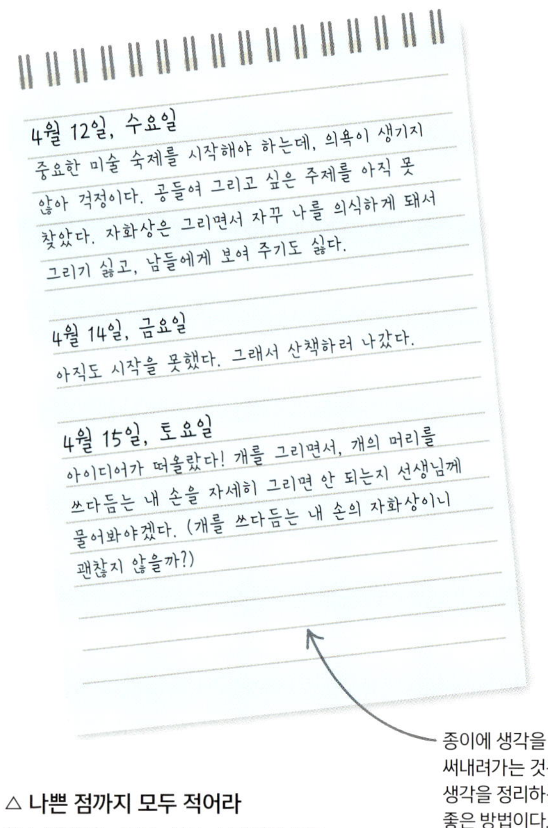

△ **나쁜 점까지 모두 적어라**
학습 일기에는 목표, 성공, 실패까지 모두 써야 한다. 지금까지 배운 것을 분석하려면 예전에 써 놓은 일기를 찾아보면 된다.

그림 일기

더 시각적으로 생각하기를 좋아하는 화가나 학생들에게는 일기보다는 스케치북이 적당합니다. 자기만의 스케치를 하거나, 사진이나 이미지를 잡지에서 오려 붙여도 되고, 노래 가사와 인용 문구와 같은 자료들을 이용해도 좋습니다. 스케치북에 기록된 이미지는 나중에 아이디어가 뻗어 나가는 데 매우 중요한 역할을 합니다.

△ **이렇게 그려라**
시각적 방법으로 생각하는 학생은 아이디어와 인상을 스케치로 남기고 싶을 것이다. 그림은 한눈에 봐도 알 수 있으므로, 글로 길게 설명하지 않아도 된다.

주관적 기록

경험을 기록한 글은 항상 주관적입니다. 따라서 느낀 바를 솔직하게, 그리고 자유롭게 기록해도 좋습니다. 자신의 느낌을 시로 표현하고 싶다면 시로 써도 좋습니다. 가끔은 글이 너무 생생해서 강렬한 감정을 불러일으킬 수도 있습니다. 시간이 흐르면서 감정은 사그라지더라도, 여러분이 쓴 기록은 유용한 참고 사항이 됩니다.

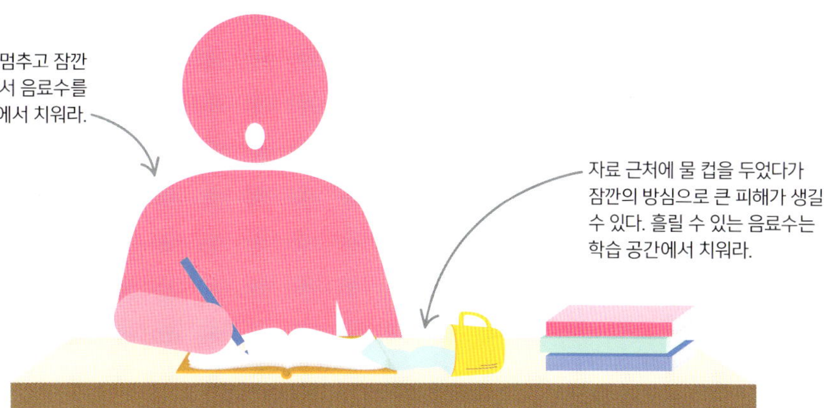

▷ 기록하라

선생님에게 좋은 평을 받았을 때처럼, 긍정적인 경험을 했을 때는 그 기분을 기록하라. 과제 위에 음료수를 쏟았을 때처럼, 실수한 일에서도 배울 점이 있다는 것을 기억하라. 생각을 기록한 후 공부를 어떻게 했는지 이리저리 되돌아보면 발전하는 데 도움이 된다.

반성적 사고 연습하기

무엇을 배웠는지, 어떻게 배웠는지를 꾸준히 되돌아봐야 합니다. 경험을 자세히 떠올리면 그때 기분을 다시 느낄 수 있습니다. 과거의 경험에서는 긍정적인 면을 떠올려야 하고, 부정적인 기분은 떨쳐 내려 노력해야 합니다. 자신에게 너무 엄격할 필요는 없습니다. 실수와 실패는 늘 배움의 기회가 된다는 것을 기억하세요. 다음에 더 좋은 결과를 내려면 어떻게 해야 할지를 목록으로 만들어 곰곰이 생각해보세요.

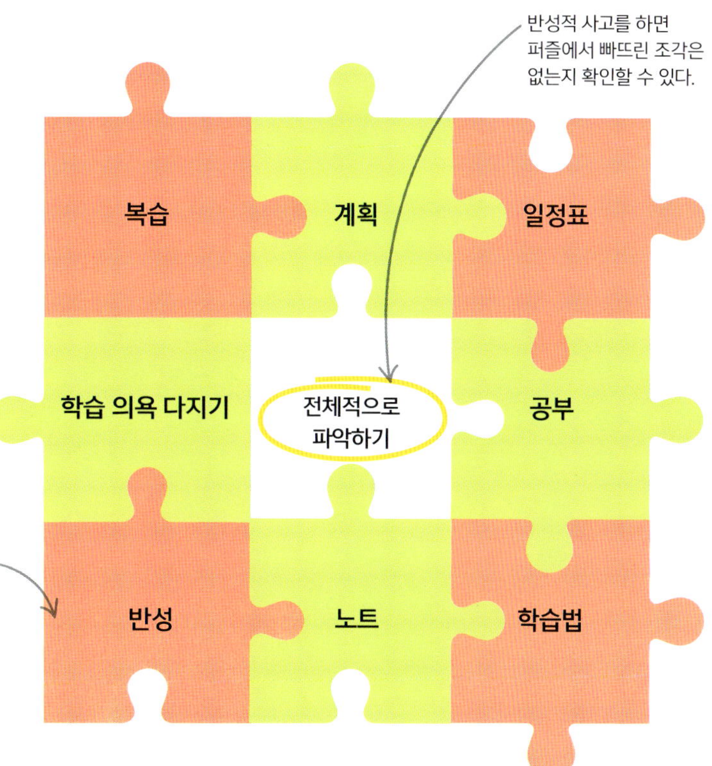

▷ 학습에 틈이 있는가?

공부하면서 생각지 못한 틈은 없는지 확인해야 한다. 그동안 무엇을 공부했는지 돌아보면 중요한 부분을 빠뜨리지는 않았는지, 제대로 공부했는지를 확인할 수 있다.

창의적 사고

창의력은 새로운 아이디어를 떠올릴 비결입니다. 새로운 방법을 시도하면 저마다 지니고 있는 창의적인 성향을 자극할 수 있습니다.

창의력은 미술과 디자인에 관련된 과목에서 특히 중요하지만, 어떤 공부를 하든 창의력이 필요합니다. 상상력을 발휘해 신나고 재미있게 공부하면 예상치 못했던 결과가 나타나기도 합니다.

여기도 함께 보세요

◀ 44–45 　완벽주의에서 벗어나기
◀ 78–79 　사고력 발달시키기
복습할 때 흔히 생기는 문제 　132–135 ▶
기억을 돕는 다양한 방법들 　158–159 ▶

> "지식보다 중요한 것은 상상력입니다."
> 알베르트 아인슈타인(Albert Einstein, 1879~1955), 과학자

연결고리 찾기

창의력은 때로는 다른 것들 사이의 연결고리를 찾는 것입니다. 글을 읽다 보면 다른 것이 떠오르기도 하고, 작가와 전혀 다른 관점으로 읽어 다른 의미로 이해하는 경우도 있습니다. 예를 들어 '그녀는 솜사탕처럼 미소 지었다'라는 문장을 볼 때 독자들은 글자 그대로 이해하기보다는, '미소'와 '솜사탕'을 결합해서 어린 시절 축제 행사장에서의 행복한 기억을 떠올릴 것입니다.

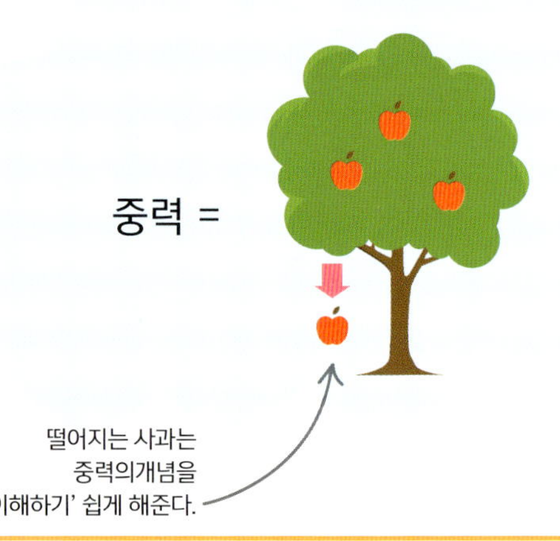

▷ 추상적인 아이디어
예를 들어 '중력'의 개념은 이해하기 어렵다. 추상적인 아이디어와 문제를 상상할 수 있는 것으로 바꾸면 이해하기가 쉽다.

일상을 깨자

늘 반복되는 일상을 살펴보세요. 예를 들어 학교에서 항상 동일한 시간표대로 수업을 듣고, 똑같은 사람을 만나지는 않나요? 그렇다면 다른 방식도 시도해봐야 합니다. 주변 상황을 바꾸면 새로운 기회를 만들 수 있습니다. 왜 어떤 일을 반복적으로 해야 하는지 생각해보고, 다른 방식으로는 할 수 없는지도 고민해보세요. 일상을 깨면 신나고 특별한 일이 생기고, 창의적인 변화가 나타날 것입니다.

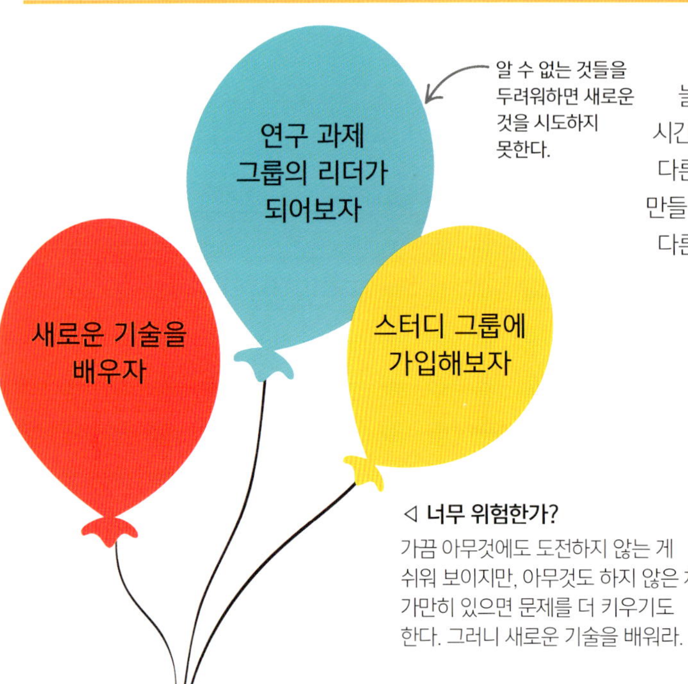

◁ 너무 위험한가?
가끔 아무것에도 도전하지 않는 게 쉬워 보이지만, 아무것도 하지 않은 채 가만히 있으면 문제를 더 키우기도 한다. 그러니 새로운 기술을 배워라.

도움 말

만약에 ~한다면 어떻게 할까?

창의적인 생각을 하려면 '만약에 ~한다면 어떻게 할까?'라고 질문해보세요. 예를 들면 "영화에 출연할 기회가 생기면 어떻게 할까?", "날개가 있어서 날 수 있다면 어떻게 할까?", "논술 과제를 이틀 만에 다 써야 한다면 어떻게 할까?"라고 상상해보는 것입니다. 이런 질문을 아이디어를 만들어내는 발판으로 삼아 어디까지 발전할 수 있는지 도전해보세요.

무엇이 창의력을 방해하는가?

창의력을 발휘하지 못하는 이유는 셀 수 없이 많습니다. 어떤 사람들은 실패하고 창피를 당할까봐 너무 두려워서 아이디어와 작품을 발표하지 못합니다. 완벽해야 한다는 압박감을 느껴 제대로 시작조차 못하는 사람들도 있습니다. 그러나 창의적인 생각을 하려는 자연스러운 욕구를 억눌러서는 안 됩니다. 상상력을 발휘해 문제 해결법을 떠올릴 수 있도록 생각을 자유롭게 펼쳐 보세요.

경고 신호	어떻게 관리할까?
실패할까봐 두렵다.	실수하는 것도 배움의 일부로 받아들인다.
완전히 이해하지 못했다.	더 많은 정보를 찾아라.
'막힌' 기분이 든다.	산책하거나 운동하면서 휴식을 취하라.
완벽주의	완벽할 필요는 없다.
미루는 습관	첫걸음을 떼라.

△ **다시 시작하라**
창의적인 일을 하다가 사방이 막힌 기분이 들지도 모른다. 머릿속에서 장애물이라고 느껴지는 것들이 있다면, 왜 그렇게 생각하는지 확인하고 어떻게 극복할지 알아내라.

유레카!

고대 그리스 과학자 아르키메데스는 "유레카!"라고 외친 일화로 유명합니다. 아르키메데스는 금의 밀도를 곰곰이 생각하면서 목욕을 하다 아이디어가 번뜩 떠올랐습니다. 욕조에서 흘러넘치는 물의 양과 욕조 속에 담근 몸의 부피가 비례했던 것입니다. 그는 욕조에서 벌떡 일어나 거리로 달려 나가 "유레카!", 즉 "바로 이거야!"를 외쳤다고 합니다.

억지로 쓰지 마세요

한 문제를 여러 각도로 생각하려면 충분한 시간이 필요합니다. 머리를 식혀 편안하게 생각을 돌아볼 수 있도록 산책을 해도 좋습니다. 주제에 관한 아이디어를 떠올릴 때는, 종이를 갖다 놓고 머릿속에 스쳐 지나가는 모든 아이디어를 적으세요. 아무리 이상한 생각일지라도 무조건 쓰세요. 나중에 적어둔 아이디어를 살펴보면, 서로 관련된 것들을 찾을 수도 있습니다. 가끔 '자유롭게 쓰기'도 도움이 됩니다. 자유롭게 쓰기는 쓰다가 멈춰서 분석하거나 깊이 생각하지 않고, 한 주제에 관해 막힘없이 써 내려가는 방법입니다. 실패할까봐 두려워서 망설이면 안 됩니다. 실패한다 해도 엄청난 일이 벌어지지는 않을 테니까요!

▷ **독창적인 생각**
'자유롭게 쓰기'는 새로운 아이디어를 만들도록 돕는다. 다른 사람에게 보여주지 않고 혼자만 본다고 생각하고 아무 거리낌 없이 써야 한다. 자유롭게 쓰기를 하면 아주 재미있는 아이디어가 나올지도 모른다. 오른쪽 글은 '이렇게 실천하세요!' 박스에 실린 '유레카!'라는 글을 보고 쓴 메모다.

글쓰기 기술 끌어올리기

글쓰기 기술을 향상시키면 제출한 과제를 인상적으로 보이게 할 수 있습니다.

여러분은 책을 읽은 후 글을 최대한 많이 쓰는 데 익숙해져야 합니다. 글을 잘 쓴다는 것은 독자에게 알맞은 수준으로 글을 쓸 줄 안다는 뜻입니다.

여기도 함께 보세요	
◀ 74–75	노트 필기
질문에 대답하기	92–93 ▶
논리 세우기	94–95 ▶
과제 검토하기	96–97 ▶
표절	116–117 ▶
필기 시험	172–175 ▶

다양한 글쓰기 스타일

글을 읽을 때는 다양한 스타일을 구별하는 습관을 길러야 합니다. 문자 메시지, 이메일, 편지, 뉴스 기사, 소설, 논문 등의 글이 어떻게 다른지 차이점을 생각해보세요. 이 글에 나오는 표현이 선생님과 대화할 때나 친구들과 채팅할 때 쓰는 표현과 다른가요? 글쓴이는 어떤 정보를 포함했고 또는 생략했나요? 기술적인 용어나 어려운 단어가 있나요? 글쓴이는 이론을 내세웠나요? 그리고 독자로서 글을 완전히 이해했나요? 이해하지 못했다면, 왜 못했나요?

▷ 문자 메시지

핸드폰 문자 메시지는 보통 짧게 줄여 쓴다. 글자를 모두 쓰려면 시간이 오래 걸리므로 사람들은 대부분 약어를 쓰거나 앞 글자만 보고도 예상할 수 있게 나름대로 줄여 쓴다. 영어에도 다양한 약어가 있다.

1hr는 한 시간 (1hour)의 약어

@는 '~에', 'at'의 약어

CU는 'see you (이따 보자)'의 약어

J ;)에서 J는 이름의 첫 글자이고, ;)는 윙크하는 얼굴을 의미하는 이모티콘이다.

'xoxo'는 '키스'(x)와 '포옹'(o)을 의미한다.

간결하게 쓰기

글을 쓸 때는 단어를 현명하게 쓰는 것이 좋습니다. 과제는 보통 단어 수가 정해져 있으므로 단어 제한을 초과해서도 안 되고, 양을 채우려고 장황하게 말을 늘어놓아서도 안 됩니다. 생각과 주장으로 채우고, 최대한 간결하게 쓰세요. 우선 요점부터 쓰는 것이 중요합니다. 문장은 간결하게 쓰되, 한 단락에는 하나의 생각만 쓰세요. 인용구는 내용과 관련 있을 때, 펼치려는 주장을 자세히 설명해줄 때만 사용해야 합니다.

▽ 군더더기 잘라내기

처음에는 길게 써도 괜찮다. 나중에 다시 읽으면서 군더더기를 잘라내며 다듬으면 된다.

글쓰기를 할 때는, 문장에서 부적절하고 필요 없는 단어들을 자르거나 생략하라. 다시 말해서 그것은……

필요 없는 단어들을 생략하는 법을 익혀야 한다.

잘 보이려고 애쓰는가?

남들에게, 특히 선생님에게 잘 보이려고 거창한 단어나 기술적인 용어를 쓰지 마세요. 거창한 용어 대신 올바른 단어를 선택하세요. 과제가 알기 쉽게 쓰였고, 관련된 인용구나 통계를 들어 주장을 확실히 뒷받침하고 있다면 훨씬 더 인상적일 것입니다.

분명하게 쓰기

분명하게 쓰는 것이 중요합니다. 주제가 무엇이든, 첫 번째 우선순위는 항상 명료함이어야 합니다. '읽는 사람이 내 글을 이해할 수 있을까?'라고 생각해보세요. 과제를 인상적으로 보이게 하려고 길게 늘여 너무 복잡하게 쓰면 안 됩니다. 문장을 이해하기 쉽게 쓰는 게 중요합니다. 어렵고, 지나치게 꾸며 쓰면 읽는 사람이 이해하기 힘듭니다.

▷ 어구 바꿔 쓰기

장황한 글을 다시 쓰는 일은 어렵지 않다. 이 단락은 간단한 장면을 묘사하는데 불필요하고 어려운 단어를 많이 썼다.

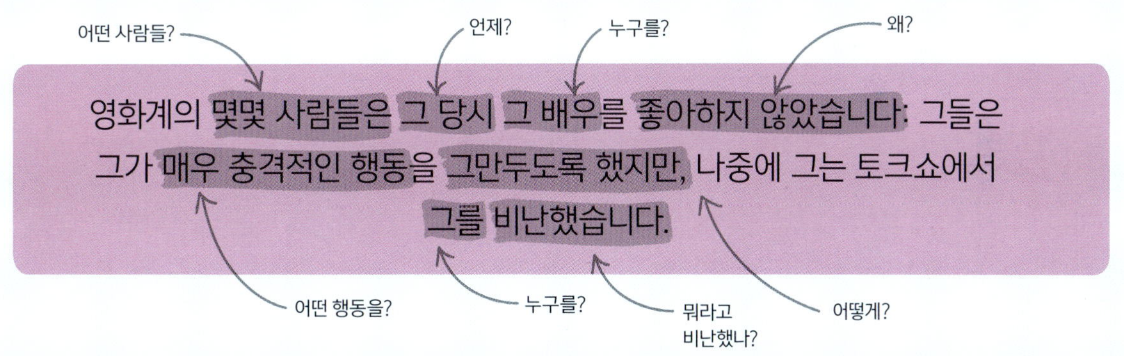

△ 더 명확하게 써라

위 문장은 한 문장이지만, 읽고 나면 대답보다 질문이 더 많이 생긴다. 글을 쓸 때는 모호하게 쓰지 말고 명확한 정보를 써라.

이렇게 실천하세요!

제임스 조이스(James Joyce)

많은 사람이 제임스 조이스의 『율리시스*Ulysses*』(1922)를 영어로 쓰인 가장 훌륭한 소설이라 생각합니다. 장황한 표현들과 의식의 흐름에 따라 바뀌는 문체는 창의적인 글쓰기로는 최고지만, 이런 글쓰기는 명료함이 비결인 교과목의 평범한 논술 숙제에는 바람직하지 않습니다.

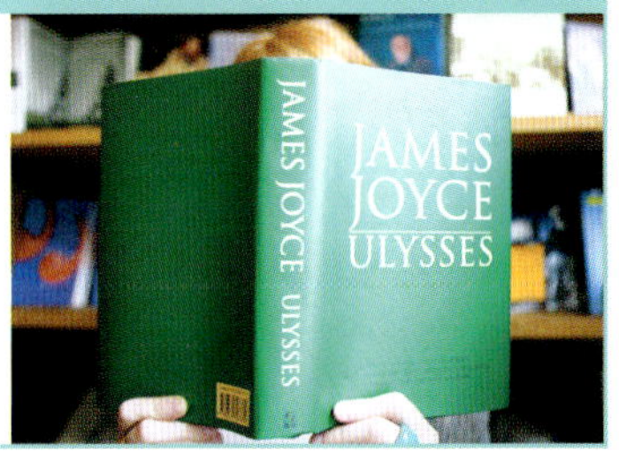

글쓰기에는 세 가지 간단한 규칙이 있습니다. 첫째는 명료함, 둘째도 명료함, 셋째도 명료함입니다. 절대 잊지 마세요.

질문 쪼개기

논술을 잘 쓰려면 우선 문제를 잘 이해해야 합니다. 항상 시간을 넉넉히 잡고 질문이 묻고 있는 것이 무엇인지 정확히 분석하세요.

모든 논술 주제에는 분명히 이해해서 대답해야 하는 핵심 질문이 들어 있습니다. 반드시 질문을 잘 이해해야 합니다.

여기도 함께 보세요	
◀ 80–81	비판적 사고란 무엇일까?
◀ 82–83	비판적 사고 끌어올리기
◀ 88–89	글쓰기 기술 끌어올리기
질문에 대답하기	92–93 ▶
논리 세우기	94–95 ▶
반복 학습	100–101 ▶
시험 문제 예상하기	162–163 ▶
필기 시험	172–175 ▶

부분으로 쪼개서 해결하기

논술 문제는 자세히 뜯어봐야 합니다. 논술 문제는 교과 과정의 일부로, 어떤 경우에는 답을 작성하는 데 몇 주가 걸리기도 합니다. 논술 질문이 과제가 아니라 시험 문제일 때도 있습니다. 어떤 경우든 질문을 먼저 쓴 다음 쉽게 대답할 수 있는 부분으로 쪼개면 도움이 됩니다.

▽ **질문을 쪼개라**

질문을 중요한 몇 부분으로 나눠라. 여기서는 주제, 동사, 초점, 제한으로 나눴다.

> ### 질문 1. 1918년 영국에서 여성이 투표권을 얻게 된 배경을 설명하세요.

주제

논의해야 할 주요 주제는 무엇인가? 무엇에 관한 것인가?

동사

질문에서는 답을 어떻게 쓰라는 것인가? 예시 질문의 '설명하세요'처럼 적절한 문구로 쓰이지 않았다면, 어떻게 답을 써야 하는가?

초점

질문에서 특별히 초점을 두고 있는 것은 무엇인가? 종종 초점은 답을 요구하는 동사와 관련이 있다.

제한

주제를 논의할 때 어떤 제한이 있는가? 제한은 주제에 관해 떠올릴 정보와 초점을 좁혀주는 역할을 한다.

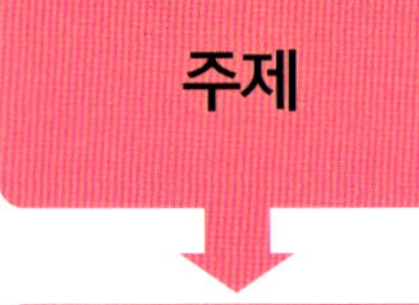

논술 문제에 대해 다른 사람과 토론하는 것은 좋은 공부 방법입니다.

도움 말

질문, 또 질문

'어느 정도까지 ~하는가?'도 자주 사용되는 질문 형태입니다. 이런 질문에 대답할 때는 그 표현이 어디까지 사실이고 어디까지 사실이 아닌지를 잘 생각해보아야 합니다.

도움이 된다면, 질문을 자기만의 표현으로 써도 좋습니다. 원래 질문보다 길어도 상관없습니다. 그런 다음, 질문을 게시판에 붙이거나 책상에서 눈에 잘 띄는 장소에 두세요.

더 자세히 보기

예시 질문을 다시 보세요. 아래 방법으로 질문을 쪼개면, 문장에서
중요한 단어들을 모두 설명했다는 것을 알 수 있습니다. 이렇게 쓰다
보면 원래의 질문에 있던 단어의 순서가 뒤죽박죽 섞일 수도 있습니다.

▽ **올바른 순서**

모든 질문을 쪼개어 보는 법을 익혀라. 문장의
순서가 잘못됐더라도, 나누어 보면 가장
중요한 것에 초점을 맞출 수 있다.

질문 1. 1918년 영국에서 여성이 투표권을 얻게 된 배경을 설명하세요.

질문에 자주 나오는 20가지 문항

다음은 시험 문제에 자주 사용되는 문항들입니다. 이 단어들의
의미를 잘 알아야 합니다. 무엇을 질문하고 있는지, 어떻게 답을
써야 할지 생각해보세요.

▽ **무슨 뜻일까?**

비슷하게 들리는 단어들이 어떻게 다른지
찾아보라. 예를 들어 '비교하다'와 '대조하다'
를 정확히 구분하라.

질문의 동사와 그 의미
해명하세요 – 이유를 대세요.
분석하세요 – 중요한 점을 확인하면서 주제를 조사하세요.
논평하세요 – 주제에 관해 쓰고, 자기 의견을 쓰세요.
비교하세요 – 의견들의 비슷한 점과 다른 점을 설명하고, 결론을 내리세요.
고려하세요 – 다른 각도로 보세요.
대조하세요 – 의견들의 차이점을 강조하세요.
비판적으로 평가하세요 – 어떤 표현을 조사하고 찬성과 반대 주장을 살펴 판단하세요.
비판하세요 – 주장의 약점을 강조하세요.
정의하세요 – 정확한 의미를 설명하세요.
묘사하세요 – 어떤 것의 중요한 특징이나 주요 사건을 간단히 말하세요.

질문의 동사와 그 의미
논하세요 – 주제의 가장 중요한 면을 말하고, 그 생각을 뒷받침할 증거를 덧붙이세요.
평가하세요 – 가치가 있는지 없는지 가늠하세요.
조사하세요 – 주제를 자세히 살펴보세요.
설명하세요 – 이유를 말하세요.
예증하세요 – 예를 들어 가며 분명히 설명하세요.
정당화하세요 – 주제를 뒷받침할 증거들을 쓰세요.
개요를 서술하세요 – 주요 요점을 묘사하세요.
진술하세요 – 분명히 설명하세요.
요약하세요 – 짧게 설명하세요.
추적하세요 – 사건이나 과정을 일어난 순서대로 하나하나 설명하세요.

질문에 대답하기

질문의 스타일과 내용을 이해해야만 질문에 올바르게 대답할 수 있습니다.

질문에 가장 분명하게 대답하려 노력해야 합니다. 이 간단한 요령만 잘 터득한다면, 여러분의 과제가 다른 학생들의 과제보다 눈에 확 띌 것입니다.

여기를 보세요	
◀ 56–57	정보 찾기
◀ 80–81	비판적 사고란 무엇일까?
◀ 90–91	질문 쪼개기
논리 세우기	94–95 ▶
과제 검토하기	96–97 ▶
인터넷 자료	108–109 ▶
마인드맵	152–153 ▶
필기 시험	172–173 ▶

적절한 방식으로 대답하기

질문에 대답하는 방식은 문맥과 형식에 따라 다릅니다. 답이 네 개밖에 없는 객관식 질문입니까? 숙제입니까? 연구 과제입니까? 아니면 논술 문제입니까? 주제는 같을지 모르지만, 질문의 형식에 따라 대답하는 유형이 달라질 것입니다.

기자는 분명한 답을 들으려고 정치인에게 매우 직설적인 질문을 자주 한다.

▷ **핵심으로 파고들어라**

직설적인 질문은 분명한 답을 바랄 때 쓴다. 기자들은 '예'나 '아니오'라는 답을 바라는 직설적인 질문을 자주 한다. 하지만 직설적인 질문을 피하는 데 숙련된 사람들도 있다.

정치인은 대답할 때 주제를 바꿔서 직설적인 질문을 자주 피한다.

이렇게 실천하세요!

대답 준비하기

정치인들은 현재 논란거리가 되는 문제에 관해 토론을 준비할 시간이 거의 없습니다. 그래서 전문 연구원들과 연설문 작가들로 이루어진 팀의 도움을 받습니다. 정치인들은 대중 앞에서 말하기 전에 특정한 주제에 관해 보고를 받고, 어려운 문제에도 능숙하게 대처할 준비를 합니다.

질문을 매우 신중하게 읽으세요. 모든 단어의 의미를 살펴보고 답을 준비해서 질문자가 원하는 답을 하세요.

논술 문제 답 계획하기

질문을 보고 처음 떠오르는 생각에서 출발해야 합니다.
주제에 관해 아이디어가 떠오를 때 다양한 생각들을
연결하면서 메모를 하면, 이미 알고 있는 내용을 확인할 수
있습니다. 메모는 읽기 자료를 조사하기 전에 해야 합니다.
주제에 관해 책을 읽고 나서 정보와 생각을 덧붙일 수 있기
때문입니다. 이렇게 하면 주제를 어떻게 다룰지 비판적으로
생각하고, 질문할 수 있습니다.

도움말

논리를 위해서

논술 문항에 답할 때 가장 중요한 점은 답에서 세우려
고 하는 논리에 초점을 맞추는 것입니다. 논리는 글 전
체를 연결해주는 실과 같습니다.

▽ **마인드맵**

주제에 관해 알고 있는 것을
이해하려면 마인드맵을 그리면
된다. 마인드맵은 막혔을 때 더
분명하게 생각하는 데 도움이 된다.

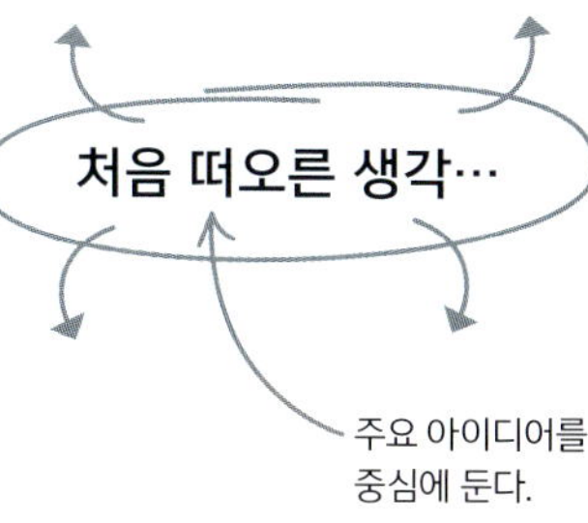

주요 아이디어를
중심에 둔다.

논리적인 글을 쓸 때도 마인드맵을 사용할 수 있다.
먼저 처음 떠오른 생각을 쓰고, 거기서부터 생각을
뻗어 나간다. 마인드맵은 아이디어를 떠올릴 때뿐
아니라 글을 쓸 때 이용해도 좋다.

늪에 빠졌을 때

논술 과제를 계획하고 쓰다가 막혔을 때, 늪에서 벗어나는 가장 빠른 방법은
머리말을 처음에 쓰지 않는 것입니다. 머리말인데 왜 처음에 쓰지 않냐고요?
머리말은 대개 주제를 소개하는 부분이므로, 글의 내용과 방향이 정확해질 때까지
미뤄 뒀다가 나중에 쓰는 게 훨씬 수월합니다.

▽ **중간부터 시작하라**

주요 내용이 담긴 가운데 부분부터 쓰도록 하라.
가운데 부분을 쓰고 나면, 머리말과 결론을
쓰기가 쉬워진다.

1. 처음 떠오르는 생각을 쓰세요.

여기서는 머리말과 결론을 생각하지 말고, 주요
내용만 생각하세요.

2. 조사하세요.

도서관에서 책을 빌리거나 온라인에서 출처가
분명한 자료들을 조사하세요.

3. 글의 틀을 잡으세요.

글의 틀을 짠 다음 주요 부분을 쓰세요.
머리말부터 시작하지 마세요.

4. 머리말과 결론을 쓰세요.

일단 가운데를 다 썼으면, 머리말과 결론을
쓰세요.

5. 확인하고 여러 번 수정하세요.

편집하고 검토해서 글을 다듬으세요.

6. 글을 완성하세요.

마지막으로 글을 검토해서 실수를 없앤 후
완성된 논술 과제를 제출하세요.

논리 세우기

논술 과제의 목적은 논리를 세우는 것입니다. 논리적으로 생각을 주장할 줄 알아야 합니다.

여기도 함께 보세요

◀ 26–27　　　　　　　　　　적극적 학습
◀ 60–61　　　　　　　　　　정보 평가하기
◀ 80–81　　　　비판적 사고란 무엇일까?
자료 찾기　　　　　　　　110–111 ▶

논술할 때는 정보를 모으기 위해 먼저 조사를 해야 합니다.
설득력 있는 논리를 세우려면 증거를 어디에 배치할지 글의 틀을 짜야 합니다.

사실로 주장 뒷받침하기

논리를 세울 때는 사실이 중요합니다. 하지만 사실을 쏟아내는 데 그쳐서는 안 됩니다. 논리를 뒷받침하는 증거로 사용하세요. 변호사가 법정에서 다른 사람들을 설득하기 위해 변호를 계획하듯이 논리의 틀을 조심스럽게 짜야 합니다. 법정에서 사용되는 증거처럼, 사실을 이용해 자신의 주장을 뒷받침하세요.

▽ **조각 맞추기**
증거들이 연결된 방식을 생각해야 한다. 증거를 모두 합하면, 어떤 결론에 도달하는가?

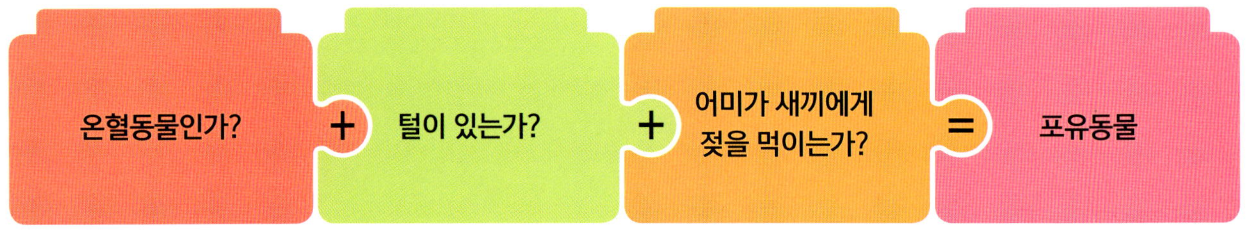

기자처럼 질문하기

기자들은 질문을 할 때 항상 다음 여섯 가지로 질문하는 훈련을 받습니다. 여러분도 주제를 다룰 때 기자처럼 질문을 던져 보세요. 누가 관련됐는가? 문제는 무엇인가? 언제 발생했는가? 어디서 발생했는가? 왜 발생했는가? 어떻게 이 상황이 벌어졌는가? 대답을 찾은 후 논술 과제에 무엇을 포함할지 되돌아보세요.

▽ **요점이 무엇인가?**
이 여섯 가지 질문의 핵심은 다양한 각도에서 모을 수 있는 정보를 최대한 많이 모으는 것이다.

상대편 주장 살피기

항상 상대편의 주장을 살펴보려고 노력하세요. 예를 들어 여러분이 대통령 후보 토론을 준비하는 팀의 일원이라면, 상대편 주장이 무엇일지 예측해서 더 유력한 후보자로 보이게 할 수 있습니다. 마찬가지로 여러분도 자신의 이론에 반대하는 사람들의 주장에 대비해야 합니다. 그뿐만 아니라 상대편 견해를 언급하면서 반박할 수도 있어야 합니다.

내용에 집중하기

논술 과제의 대부분은 본문, 즉 머리말과 결론의 중간 부분이 차지합니다. 보통은 마인드맵이나 대략적인 계획을 세운 후, 모든 요점이 잘 다루어졌는지 확인하면서 초안을 씁니다. 말하고 싶은 요점을 생각하면서 계속 주장을 펼쳐야 합니다. 또한 글을 쓰다가 옆길로 빠져 자기주장을 놓치지 않도록 주의해야 합니다. 주장을 분명하게 말하고, 장황하게 늘여 쓰지 마세요. 단락마다 새로운 내용으로 구성해야 합니다. 다섯 단락으로 썼다면, 주장하는 내용도 다섯 가지가 돼야 합니다.

> 군더더기를 덧붙여 논술 과제를 길게 써야 한다고 생각하는 학생들이 있습니다. 이런 태도를 버리고, 단어를 줄여 간결하게 써야 합니다.

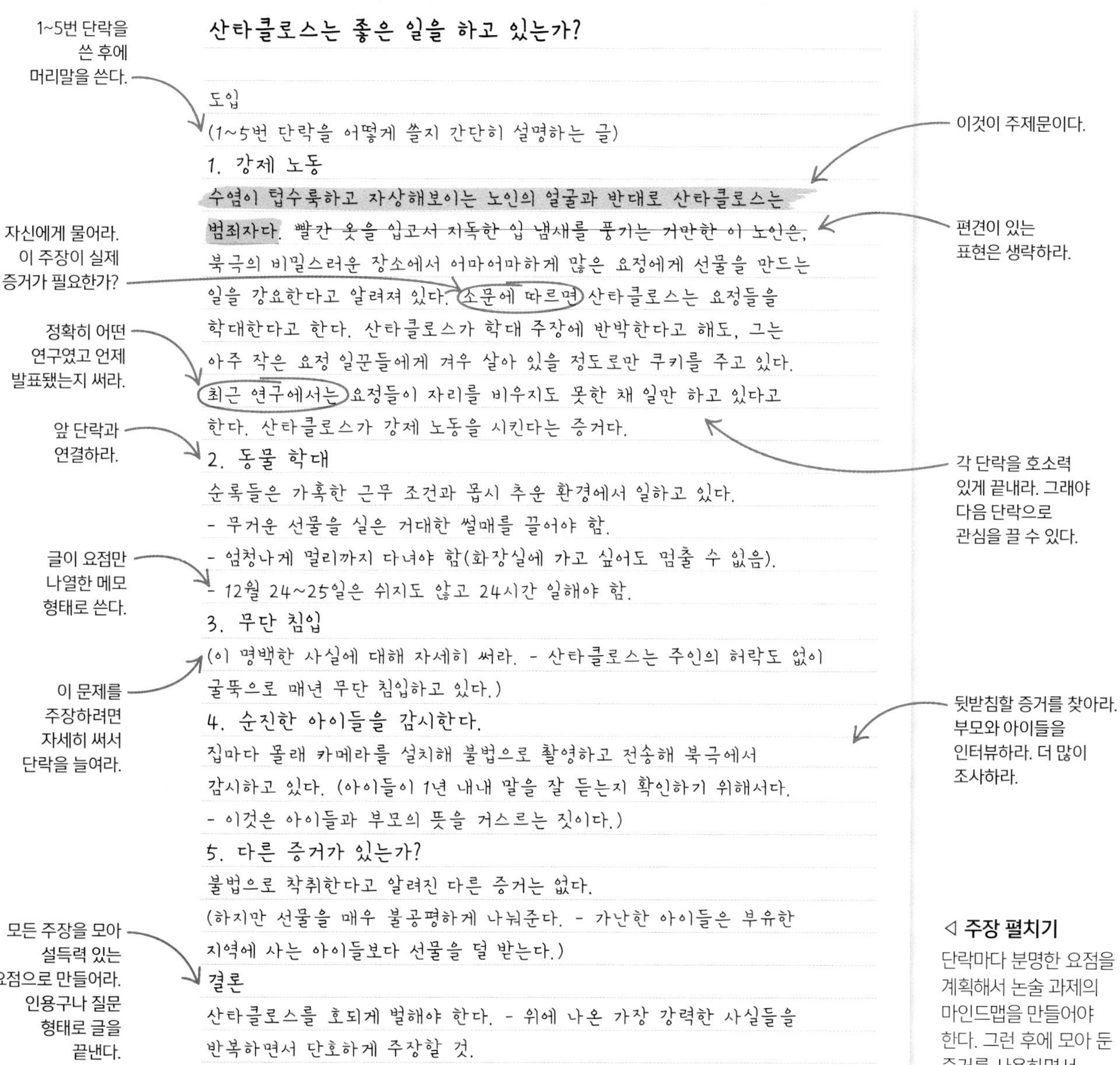

◁ **주장 펼치기**

단락마다 분명한 요점을 계획해서 논술 과제의 마인드맵을 만들어야 한다. 그런 후에 모아 둔 증거를 사용하면서 요점을 자세히 쓰면 된다.

과제 검토하기

글쓰기는 단어를 종이 위에 다 적었다고 끝난 것이 아닙니다. 아직도 해야 할 일이 많이 남아 있습니다.

글쓰기 과제가 끝나면 시간을 넉넉히 잡고 글을 검토하고, 편집하고, 교정해야 합니다. 글을 여러 번 보면서 볼 때마다 수정해야 합니다.

여기도 함께 보세요	
◀ 44–45	완벽주의에서 벗어나기
◀ 80–81	비판적 사고란 무엇일까?
◀ 92–93	질문에 대답하기
반복 학습	100–101 ▶
필기 시험	172–175 ▶
3장 참고 자료	228–229 ▶

과제 다시 보기

글쓰기 과제를 검토할 때는 질문을 올바르게 해석했는지 다시 확인해야 합니다. 머리말에서 세웠던 목표에 맞게 쓰였는지, 주장이 논리에 맞는지 확인하세요. 증거로 내세운 사실은 정확해야 하고, 모든 내용이 모순 없이 연관되어 있어야 합니다. 또한 글에 사용된 자료의 출처를 알려야 합니다.

▷ **되돌아보기**

자기가 쓴 글을 항상 되돌아보면서 철저히 확인해야 한다. 되돌아보고 검토해야 점수를 올릴 수 있다.

도 움 말

잘라내라

아무 글이나 시험 삼아 편집해보세요. 불필요한 단어를 생략하고 10% 정도 줄이세요. 다음엔 더 많이 생략해서 원래 길이의 25%로 줄여보세요. 이제 군더더기 없이 더 잘 읽히는 글이 되지 않았나요?
맞춤법 실수가 없는지 확인하며 교정하세요. 맞춤법을 수정해주는 프로그램을 너무 믿지 마세요. 맞춤법 수정 프로그램은 맞춤법이 잘못된 단어를 잡아주지만, 잘못 사용된 단어를 골라주진 않습니다.

큰소리로 읽기

큰소리로 읽는 것은 글쓰기 과제를 마무리할 때 매우 유용한 방법 중 하나입니다. 큰소리로 읽으면, 들으면서 글의 흐름이 자연스러운지 알 수 있고, 실수와 모순, 반복을 찾아낼 수 있으며, 논리적 주장의 허점을 파악하는 데 매우 유용합니다. 이렇게 한 번 더 검토하면 실수를 잡아낼 수 있습니다.

▷ **꼭 해보기**

과제를 크게 읽는 것이 처음에는 이상해보이겠지만, 정말로 효과가 있다. 규칙적으로 연습하면 점수를 올릴 수 있다.

수정하기

과제를 끝내면 인쇄해보세요. 인쇄해서 보면 확인하기 훨씬 쉽습니다. 수정할 때는 반복되거나 잘못 쓴 부분에 펜으로 표시를 하면서, 문체가 처음부터 끝까지 한결같은지, 글의 흐름이 자연스러운지를 확인하세요. 문장이 모두 완전한지, 긴 문장과 짧은 문장을 적절히 섞어 썼는지도 확인하세요. 너무 긴 문장은 짧은 문장 두세 개로 나누세요. 마지막으로 맞춤법, 문장부호, 띄어쓰기도 확인해야 합니다.

문장을 지나치게 길게 쓰는 사람들이 많다. 긴 문장은 나눠라.

문법이 정확하다는 말은 문법 규칙에 맞게 썼다는 뜻으로, 문법이 정확해야 자연스럽게 읽힐 수 있다.

▷ **체크리스트 만들기**

자주 발생하는 문세의 체크리스트를 만들어 확인하라. 과제를 점검할 때 체크리스트를 사용하면 비슷한 문제들을 찾아내 체계적으로 확인할 수 있다.

이렇게 실천하세요!

좋은 글쓰기

좋은 글쓰기에 대한 오해가 많습니다. 영감이 떠올라야 좋은 글을 쓸 수 있는 게 아니라 열심히 노력해야 잘 쓸 수 있습니다. 노력해야 할 부분 중 가장 중요한 부분은 교정입니다. 글을 잘 쓰는 사람은 자기 작품을 여러 번 교정합니다. 사전을 찾아 단어의 의미를 확인하고, 같은 단어나 어구를 반복하지 않으려면 비슷한 말 사전을 찾아보는 것이 좋습니다.

과제를 검토하려면 시간이 걸립니다. 교정 단계에서 서두르지 마세요. 교정 단계는 글을 쓰는 것만큼 중요합니다.

발표 기술 끌어올리기

짧고 편안한 발표든, 길고 진지한 발표든 발표를 하려면 계획을 잘 세워야 합니다.

발표는 관중들 앞에 서서 정보를 전달하는 것입니다. 발표를 확실히 잘하려면, 철저하게 준비하고 분명히 말해야 합니다.

여기도 함께 보세요	
◀ 72–73	연구 과제
학습 기기	106–107 ▶
말하기 시험	178–179 ▶
시험 스트레스란?	192–195 ▶
긴장 풀기, 상상하기, 긍정적 사고	206–209 ▶
7장 참고 자료	246–247 ▶

발표 준비하기

발표할 때는 균형을 잘 잡아야 합니다. 내용을 설명하는 것도 중요하지만, 너무 지나치게 반복해서는 안 됩니다. 발표 원고는 직전까지 미루지 말고, 빨리 쓰는 것이 좋습니다. 원고 내용을 잘 알고 있어야 하고, 말할 때는 자연스럽고 생기가 넘쳐야 합니다. 과제를 유창하게 설명하기 위해서는 발표할 내용을 미리 연습해서 대비를 단단히 해야 합니다. 연습을 많이 하면, 요점을 적은 카드만 보고도 자료에 있는 내용이 곧바로 떠오를 것입니다. 발표할 때는 원고를 보고 그대로 읽지 않도록 하세요.

▷ **연습하기**

발표 연습을 하라. 어떤 학생들은 발표 실력이 좋아지고 있는지 확인하려고 웹캠으로 녹화하기도 한다.

긴장감 다스리기

대개 처음 관중 앞에 서서 말하면 긴장하기 마련입니다. 그러나 긴장감이 아드레날린을 분비하게 만들어 오히려 에너지가 넘치기도 합니다. 긴장이 되더라도 잠시 잊고 자신의 발표를 들은 관중이 무엇을 배울지에 집중한다면 불안감이 곧 줄어들 것입니다.

> 긍정적으로 생각하세요. 긴장을 풀고, 발표를 훌륭하게 끝내는 모습을 상상하세요.

두려움/문제	해결 방법
입이 마른다.	손이 닿는 곳에 물컵을 둔다.
손을 어떻게 해야 할지 모른다.	한 손을 주머니에 넣거나 연설대를 잡는다.
발표 방향을 잃는다.	요점을 형광펜으로 칠하라.
멍해진다.	요점 카드를 보고 내용을 떠올린다.
기술적 고장	미리 테스트해보거나 백업 노트를 만들어둔다.
무대 공포증	긴장을 푸는 방법을 미리 시도하고, 친구나 부모님 앞에서 먼저 발표 연습을 한다.

△ **긴장감 떨치기**

사람들 앞에 서는 게 두렵다면 긴장감을 다스리는 방법을 찾자. 처음에 적절한 농담으로 말문을 열면, 관중들을 내편으로 끌어들일 수 있다.

발표의 시작

발표하기 전에, 넓은 강의실에 관중들이 있다고 상상해보세요. 첫인상이 중요합니다. 관중들이 기꺼이 들을 준비를 하도록 짧은 이야기나 농담으로 어색한 분위기를 풀어 보세요. 발표를 기억에 오래 남고 재미있게 하려면, 주제와 관련된 소품이나 이미지를 사용하는 것도 좋습니다.

도 움 말

확인할 것들

여러분은 모든 상황에 대비해야 합니다. 발표할 장소에 미리 가보고, 장비가 잘 작동되는지 점검해야 하며, 좌석 배치가 발표에 적합한지도 확인하세요. 또한 발표하는 동안 마실 수 있게 손이 닿는 곳에 물을 꼭 놓아두세요.

발표할 때 도표나 칠판, 파워포인트 슬라이드 등을 사용해야 할지 생각하라.

▷ **두 번째 대안?**

모든 상황을 가정하라. 기계를 사용할 경우 고장이 나면 어떻게 하겠는가? 다른 방법으로 보여줄 수 있도록 준비했는가?

발표 체크리스트

☑ 발표 주제에 관해 아이디어를 찾아라.

☑ 발표 원고에 모든 요점이 잘 쓰여 있고 잘 설명되었는지 확인하라.

☑ 처음부터 끝까지 발표 원고를 빠짐없이 써라.

☑ 발표를 큰 소리로 여러 번 연습하라.

☑ 연습하면서 적당한 어조를 찾아라. (관중들을 생각하라).

☑ 유연해져라. 어떤 형식이 발표에 가장 적합한지 고려하라.

☑ 전체 원고를 중요 항목 몇 가지로 줄여라. 발표할 때 요점 카드를 보면 생각이 떠오를 것이다.

효과적인 발표

발표자는 분명하고 자신감 있게 말해서 정보를 전달해야 합니다. 관중들이 몰입할 수 있도록 노력하세요. 몸짓도 중요합니다. 발표자가 가만히 서 있으면 관중들은 흥미를 잃습니다. 무대 앞을 장악하면서 돌아다니세요. 좋은 발표자는 관중들이 잘 들을 수 있게 음의 높이와 어조를 다양하게 변화시킵니다.

이 렇 게　실 천 하 세 요 !

질문 있나요?

질문을 예상하고 미리 준비하세요. 생각할 시간이 필요하다면 질문한 사람에게 다시 말해 달라고 부탁해도 되고, 질문을 관중들에게 다시 반복해도 됩니다. 대답을 잘 모르면, 잘 모르겠다고 인정하고 답을 찾은 후에 질문자에게 알려주겠다고 말해야 합니다.

뒤에 앉은 분들 제 말 들리나요?

물과 요점 카드 등 꼭 필요한 물건을 손이 닿는 곳에 놓아라.

같은 사람만 쳐다보지 말고 관중 한 명 한 명과 눈을 맞추어라.

◁ **쉬어 가기**

말하는 속도를 생각하라. 급하게 서두르지 말고, 잠시 쉬어 가야 한다는 점을 기억하라. 말하는 사람에게는 잠시 쉬는 짬이 길게 느껴지겠지만, 듣는 사람에게는 길게 느껴지지 않는다.

반복 학습

다른 활동과 마찬가지로, 공부를 더 잘하고 싶으면 연습을 해야 합니다.

새로운 것을 배우려면 많은 노력이 필요합니다. 새로운 자료를 완전히 이해하고 암기하려면 자주 반복해야 합니다.

반복

반복은 더 잘하게 만드는 비결입니다. 여러분이 첫 번째 논술을 썼을 때는 초보 연구원과 마찬가지입니다. 그러나 곧 다양한 출처에서 정보 모으는 법을 배웁니다. 그래서 네 번째 논술 원고를 쓸 때쯤엔, 첫 번째, 두 번째, 세 번째 원고를 쓰면서 익혔던 공부 기술을 사용하고 있을 겁니다. 동시에 예전에 속도를 느리게 했거나 효과가 없었던 기술을 피하는 법도 알게 될 것입니다.

여기도 함께 보세요

◀ 48–49　계획표 세우기
◀ 76–77　암기 기술 끌어올리기
◀ 96–97　과제 검토하기
복습 시작하기　128–129 ▶
복습 시간표　136–141 ▶
시험 문제 예상하기　162–163 ▶

도 움 말

쉬어가기

많은 공부 기술 전문가들은 공부 시간과 복습 시간을 나누면 더 쉽고 효과적으로 배운다고 말합니다. 한 가지 공부에만 집중하는 것은 잘못된 방식입니다. 관심을 끌어올리고 새로운 기분으로 공부하려면 반드시 주제와 과목을 규칙적으로 바꿔야 합니다. 마찬가지로, 공부하다가 짧게 자주 쉬는 것이 좋습니다. 기분 전환을 한 후 다시 공부하세요.

논술 과제 1 : 조사를 더 일찍 시작해야 한다는 것을 배웠다. 주제에 관한 책을 너무 늦게 찾았다.

논술 과제 2 : 무엇보다도, 참고할 만한 가장 유용한 제안이 추천 도서 목록에 있다는 것을 알았다. 조사 자료를 확인하면서 읽는 속도를 높이는 법도 배웠다.

논술 과제 3 : 색인과 목차를 훨씬 효과적으로 사용하는 법을 배웠다. 사용한 자료는 모두 포스트잇에 페이지를 표시하고 참고 문헌으로 기록했다.

공부하면서 어떤 점이 발전했는지 솔직하게 기록한다.

"연습을 많이 할수록,
운도 더 좋아진다."
게리 플레이어(Gary Player, 1935~), 골프 챔피언

◁ **무엇을 배웠는가?**

공부하면서 잘한 일과 잘못한 일을 되돌아봐야 한다. 제일 좋은 방법은 규칙적으로 학습 일기를 쓰는 것이다.

최고의 연습

관련된 자료를 자주 검토하면서 자신의 능력을 테스트해보세요. 최고의 연습은 아래에 언급한 것들을 모두 포함해야 합니다. 예를 들어 축구팀을 위해 프리킥을 더 잘하고 싶은 학생은 관련된 축구 기술을 연습하고 있는지 확인해야 합니다. 연습이 규칙적인가요? 날마다 프리킥을 연습하고 있나요? 자신을 시험하고 있나요? 골대의 위쪽 구석을 겨냥하고 있나요?

▽ 연습할 세 가지 방법

좋은 연습은 올바른 방법으로 확실히 활동에 참여하는 것을 의미한다. '관련성', '규칙성', '테스트'라는 단어를 기억하고, 잘하고 싶다면 세 가지 모두를 지켜야 한다.

관련성

주제에 적합한 활동을 연습하세요. 관련된 기술에 관해 선생님이나 부모님에게 물어보세요.

규칙성

일단 관련된 활동을 찾았다면, 반드시 규칙적으로 연습해야 합니다.

테스트

규칙적으로 관련된 연습을 하면서 자신을 시험해야 합니다.

공부의 틀 짜기

공부가 자연스러운 패턴을 따르고 있는지 확인해야 합니다. 먼저, 주제에 관해 새로운 정보가 있는지 찾아야 합니다. 다음으로, 새로운 정보를 확실히 이해하거나 배워야 합니다. 그런 다음 복습하고 연습해야 합니다. 새로운 지식을 더 많이 연습할수록, 기억에 오래 남을 확률이 높습니다. 프로그램을 엄격히 지키고 싶으면 시간표나 계획표를 만들어야 하고, 정해진 날짜에 복습하고 반복하기를 목표로 삼아야 합니다. 과목별로 체크리스트를 만들어도 좋습니다(아래를 참고하세요).

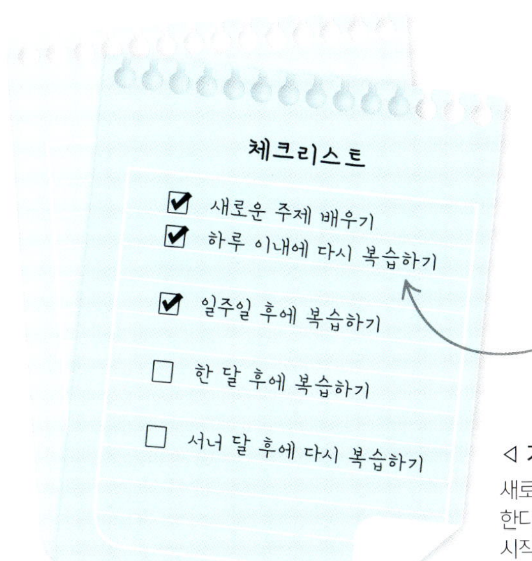

가장 효과적으로 공부하려면, 새로 배운 자료를 빠른 시간 내에 다시 봐야 한다.

◁ 기록하기

새로운 공부를 시작하면 메모를 해야 한다. 정확히 무엇을 배웠는지, 학습을 시작한 날짜는 언제인지 쓰고, 그 후에 복습한 날짜를 계속 기록하라.

말콤 글래드웰(Malcolm Gladwell)

말콤 글래드웰은 자신의 책 『아웃라이어*Outlier*』에서 한 가지 주제를 능숙하게 익히려면 대략 만 시간의 노력이 필요하다고 말했습니다. 그는 어떤 분야에서 매우 뛰어난 남자와 여자를 '아웃라이어'라고 불렀는데 여기에는 오류가 있습니다(아웃라이어는 '문외한', 즉 어떤 일에 전문적 지식이 없는 사람을 가리킬 때도 쓰입니다. –옮긴이). 그러나 여기서 배워야 할 점은 매우 뛰어난 성과는 노력과 몰두에서 나온다는 진리입니다.

컴퓨터 사용하기

컴퓨터는 학습 효과를 끌어올리기 위해 사용할 수 있는 다목적 도구입니다.

여러분은 기술을 다루는 능력을 배우고 계속 발전시키기 위해 노력해야 합니다. 컴퓨터 능력은 집과 가정에서 모두 다양하게 적용할 수 있는 소중한 기술입니다.

◀ 38–39	정리하기
◀ 50–51	계획표 관리하기
◀ 92–93	질문에 대답하기
학습 기기	106–107 ▶
자료 찾기	110–111 ▶
복습 시작하기	128–131 ▶
복습 카드	144–147 ▶

여기도 함께 보세요

논술 과제 쓰기

논술 과제를 준비하고 쓸 때, 컴퓨터를 사용하면 유용합니다. 인터넷은 정보기 가득한 엄청난 창고 같아서, 올바르게 사용한다면 매우 귀중한 학습 도구가 될 수 있습니다. 또한 논술 과제 원고를 컴퓨터로 작성할 수도 있습니다. 워드 프로세스 소프트웨어를 사용하면 원고를 저장해서 나중에 다시 읽어 볼 수 있습니다.

▽ **학습의 허브**(hub)

컴퓨터로 표와 도표 만들기부터 최종 원고 인쇄까지, 연구 과제의 모든 것을 만들고 저장할 수 있다.

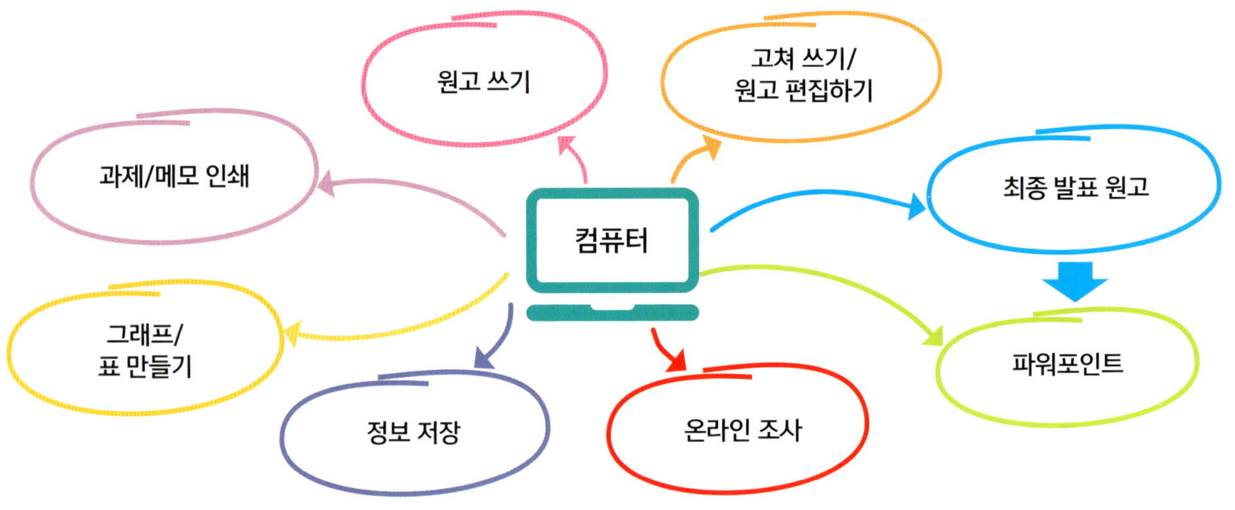

정리하는 기술

문서를 맨 처음 만들 때부터, 앞으로 따라야 할 정리 체계를 세우세요. 컴퓨터에 적당한 이름을 붙여서 문서를 저장하고, 폴더에 정리하세요. 복사된 자료나 종이로 된 교과 자료를 정리할 때 쓰던 방식과 똑같습니다. 공부한 파일이 늘어날수록 더 많이 정리해야 합니다.

◁ **늘어나는 폴더들**

점점 더 많은 파일이 생길수록 폴더의 크기가 늘어날 것입니다. 깔끔하게 정리하려면 적당한 하위 폴더를 만드세요.

파일 이름 지정하기

과제를 하려고 원고를 연속해서 쓸 때는 다른 이름으로 파일을 저장해야 합니다. 그래야 먼저 쓴 원고와 나중에 쓴 원고를 구별할 수 있습니다. 예를 들어 식물에 관한 연구 과제라면 '식물 원고-1', '식물 원고-2' 등으로 이름을 붙이면 됩니다. 편집하고 확인한 최종 원고는 '식물 최종'이라고 쓸 수 있습니다. 만일 선생님이 이름을 붙이는 규칙을 정해주었다면, 규칙에 맞게 이름을 붙이면 됩니다.

> 컴퓨터에 있는 파일 중에서 원고를 찾기 힘들 때는 작성한 날짜를 살펴보세요.

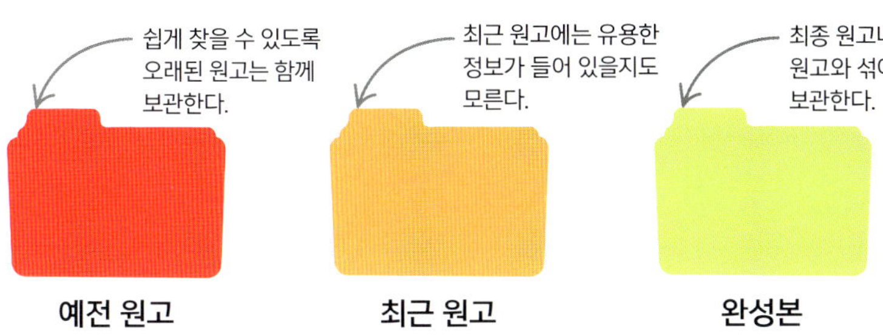

◁ **모든 것을 제자리에**

자기가 알아볼 수 있는 파일 시스템을 사용해야 한다. 한 가지 주제에 관한 모든 파일을 하나의 폴더에 넣어도 되지만, 하위 폴더를 사용해 '예전 원고', '최근 원고', '완성본'으로 분류해놓는 방법이 유용하다.

인쇄본 만들기

작성한 원고를 인쇄하는 데는 몇 가지 이유가 있습니다. 컴퓨터를 쓸 수 없을 때 인쇄된 자료로 공부할 수도 있고 컴퓨터 파일이 잘못됐을 경우 백업 자료 역할도 합니다. 하지만 잉크와 종이가 비싸고, 인쇄본이 항상 필요하지는 않으므로 어떤 원고를 인쇄할지 잘 선택해야 합니다. 논술 과제를 쓸 때는, 처음에 쓴 원고를 인쇄하는 것이 매우 큰 도움이 됩니다. 화면에서 내용을 고치는 것보다, 인쇄된 원고를 읽으며 연필과 펜으로 확인하고 표시하는 것이 훨씬 효과적이기 때문입니다. 인쇄본에 표시된 수정 사항을 보고 컴퓨터에 있는 원고를 고치면 됩니다.

▷ **인쇄 비용 절약하기**

파일을 여러 번 인쇄해야 할 때가 있는데, 이때 종이와 잉크를 아낄 간단한 방법이 많다.

도 움 말

수시로 저장하기

컴퓨터로 공부할 때는 과제를 수시로 저장하세요. 컴퓨터에 문제가 생기거나 파일을 둔 곳을 찾지 못해서 열심히 작업한 과제를 잃어버리는 경우도 있습니다. 백업 하드 드라이브인 '클라우드(Cloud)' 서버나 휴대용 USB처럼 믿을 만한 곳에 과제를 저장하세요.

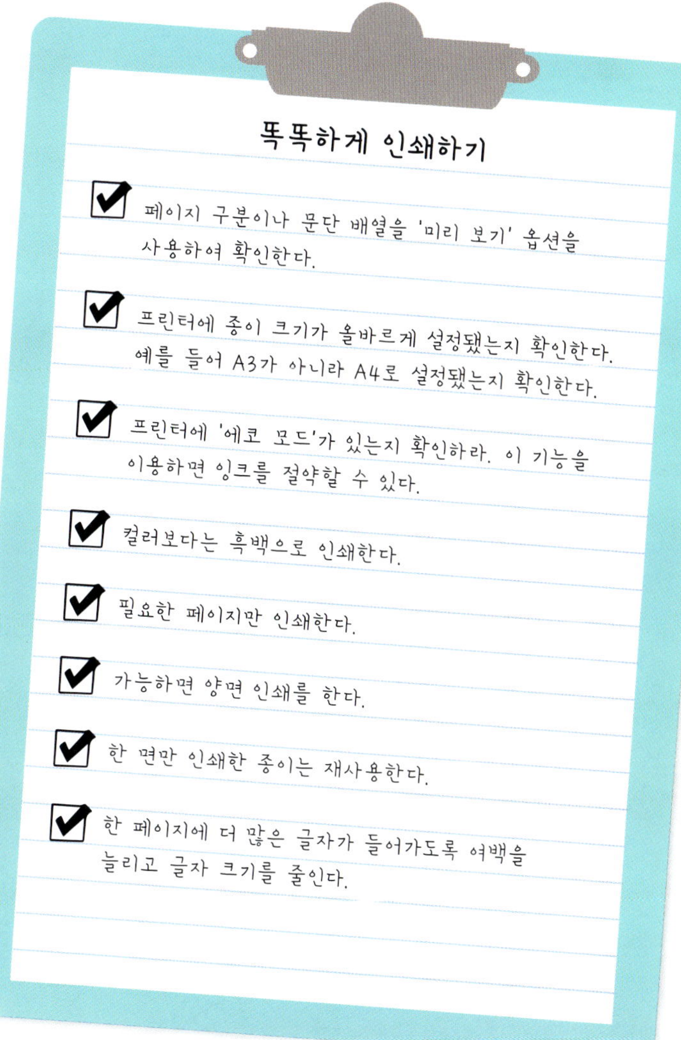

온라인 학습

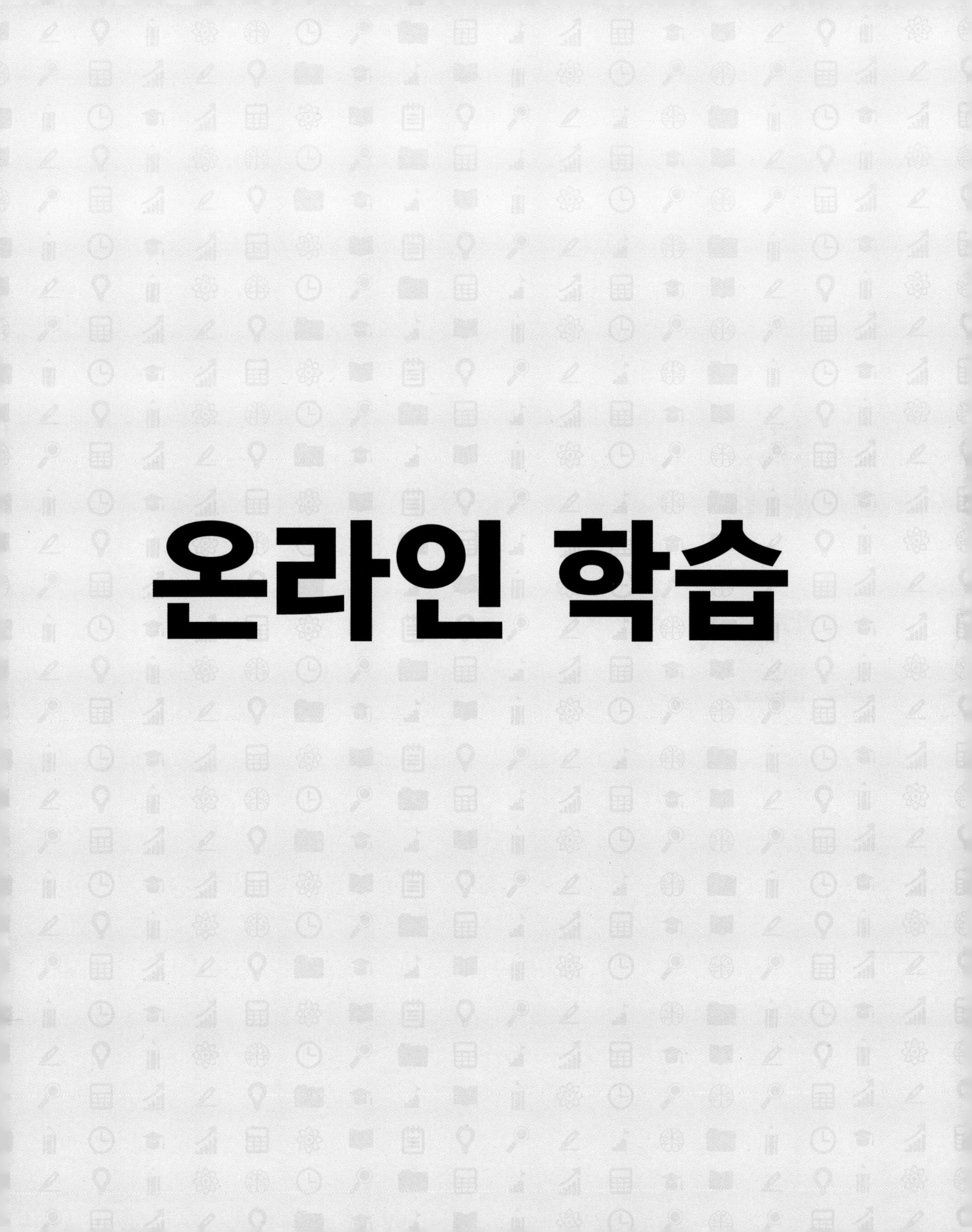

학습 기기

온라인에서 공부하려면, 원하는 작업을 가능하게 해주는 전자 기기가 필요합니다.

여기도 함께 보세요	
◀ 102–103	컴퓨터 사용하기
온라인 안전	122–123 ▶
4장 참고 자료	232–233 ▶

공부할 때 많이 사용하는 전자 기기는 데스크톱 컴퓨터, 노트북, 태블릿 PC 등입니다. 스마트폰도 매우 유용합니다. 이러한 전자 기기는 학생들의 공부 방식에 혁신을 불러일으켰습니다.

휴대용 기기

10년 전에는 책상 위에 두고 쓰는 데스크톱 컴퓨터를 주로 사용했습니다. 아직도 대부분의 학교에서 데스크톱 컴퓨터를 쓰고 있지만, 요즘에는 노트북 컴퓨터나 태블릿 PC를 사용하는 사람들이 점점 더 많아지고 있습니다. 데스크톱 컴퓨터보다 크기가 작아 가지고 다니면서 교실이나 버스, 비행기 등 다양한 곳에서 사용하기가 편하기 때문입니다.

▽ 글쓰기는 계속된다

노트북 컴퓨터는 화면이 크고 키보드가 있어서, 글쓰기 과제를 타이핑하거나, 소책자나 발표 자료를 디자인하기에 적합하다.

◁ 스마트폰 사용하기

스마트폰은 집에 있거나 여행할 때 친구들이나 선생님과 정보를 공유하기에 편리하다. 그러나 대부분의 선생님들이 수업 시간에는 스마트폰을 사용하지 못하게 한다. 학생들이 스마트폰을 보느라 산만해질 수 있기 때문이다.

기기 보호하기

태블릿 PC와 노트북 컴퓨터는 휴대하기 쉬운 반면, 사고로 파손될 위험이 있고, 자주 들고 다니면 마모될 수 있습니다. 또한 실수로 떨어뜨리거나 부딪히면 하드 드라이브가 작동을 멈추거나 모니터가 깨질 수 있습니다. 따라서 떨어지거나 부딪혔을 때 기기를 보호해주고, 비나 액체에 젖지 않도록 전용 가방을 마련하는 것이 좋습니다.

▷ 잃어버리지 않도록

기기를 밖에 꺼내 놓으면 도난당할 수도 있다. 계속 지켜봐야 하고, 사용하지 않을 때는 가방 안에 넣어 둬라.

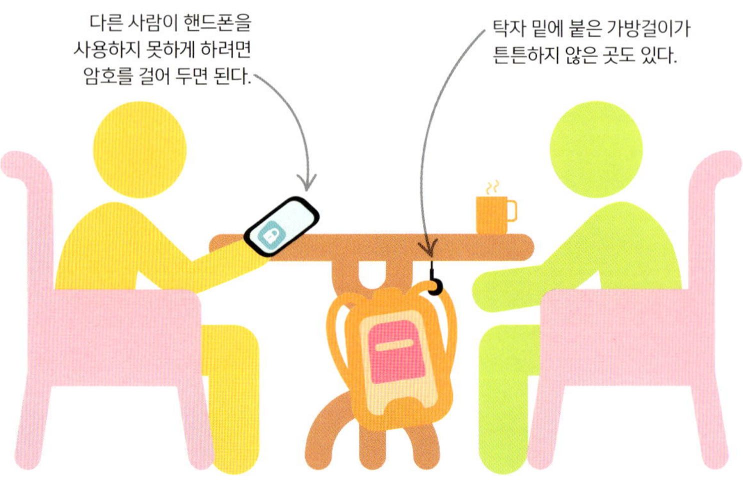

USB냐, 클라우드냐?

자료를 한 장소에만 두지 말고 몇 군데 백업(저장)해두는 것이 중요합니다. 컴퓨터 하드 드라이브뿐만 아니라 USB나 클라우드를 기반으로 한 서버에도 자료를 저장해두는 것이 좋습니다. USB는 파일을 컴퓨터로 옮기거나 컴퓨터에서 복사해 올 때 사용하고, 클라우드는 온라인에 파일을 저장할 때 사용합니다.

▽ 휴대용 저장장치

USB는 기기의 USB 포트에 꽂아 일단 연결이 되면, 컴퓨터 화면에 뜨는 아이콘을 클릭하여 접속할 수 있다. 클라우드 저장소는 인터넷에 연결되어 있는 어떤 장치에서든 온라인 계정을 만들어 이용할 수 있다.

개인 장치와 공유 장치

장치가 공유되었다면, 작업이 끝났을 때 반드시 파일을 저장해두고 로그오프해야 합니다. 그렇지 않으면 다른 사람이 우연히 여러분의 파일에 접속할 수도 있습니다. 또한 로그인 정보와 암호를 다른 사람이 알지 못하게 해야 합니다.

소프트웨어

워드 프로세스 프로그램과 발표 도구 등 공부에 유용한 소프트웨어들이 많습니다. 그중에는 구매해야 하는 것도 있지만, 온라인에서 무료로 사용할 수 있는 프로그램도 있습니다.

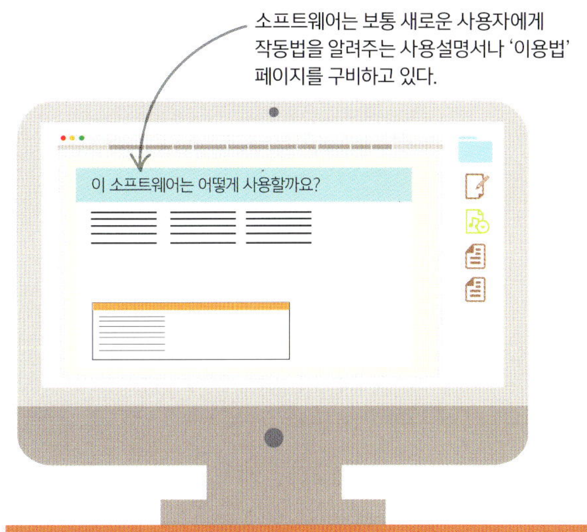

△ 온라인으로 작업하기

프레지(Prezi)와 하이쿠 덱(Haiku Deck)은 발표 도구로 인기가 많고, 구글 닥스(Google Docs)와 오픈 오피스 라이터(Open Office Writer)는 무료 워드 프로세스 프로그램을 제공한다. 소프트웨어 웹사이트에서 무료나 유료 계정을 만든 후에 프로그램에 접속해 사용할 수 있다.

무선 접속

학교에서나 집에서는 흔히 컴퓨터를 통해 유선으로 인터넷에 접속합니다. 그러나 요즘엔 유선 접속보다 와이파이(무선)를 사용하는 곳이 늘고 있습니다. 와이파이를 이용하면 공공장소에서도 훨씬 편리하게 접속할 수 있습니다.

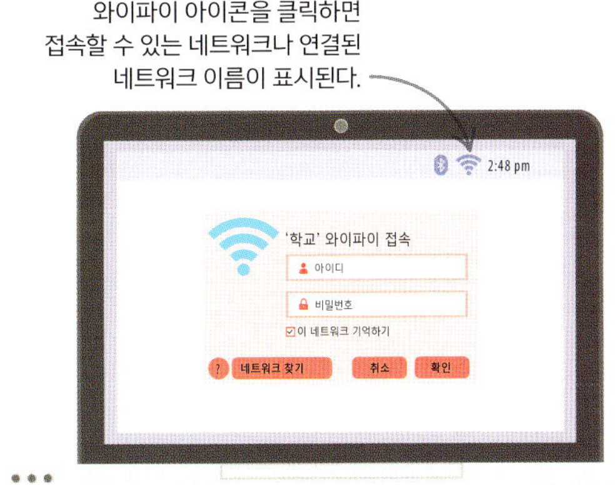

▷ 네트워크 접속하기

와이파이는 학교, 도서관, 공항, 카페나 기차에서 보통 무료로, 또는 아주 적은 비용으로 이용할 수 있다. 어떤 업세들은 사용자들이 와이파이 서비스에 접속할 수 있게 사용자 이름과 비밀번호를 제공하기도 한다.

와이파이 안전

공공 와이파이 서비스는 대부분 그다지 안전하지 않습니다. 따라서 공공 와이파이를 이용할 때는 개인 정보를 교환하지 않는 것이 좋습니다. 사이트의 페이지마다 인터넷 주소가 'https'로 시작하는지 확인하세요. 여기서 's'는 '보안'(secure) 프로그램이 적용됐다는 뜻입니다.

인터넷 자료

인터넷에는 학생들의 공부에 도움이 되는 다양한 자료들이 나날이 늘어나고 있습니다.

대부분의 학습 자료 사이트들은 학생들에게 자극을 주고 상상력을 일으키도록 만들어져 있어서 공부를 더 즐겁게 할 수 있게 해줍니다. 또한 버튼 하나만 클릭하면 24시간 내내 사용할 수 있습니다.

전자도서관 이용하기

전자도서관은 매우 유용한 온라인 자료 저장소입니다. 그런데 전자도서관에 관심을 두는 학생은 별로 없는 듯합니다. 전자책과 전자 간행물에 접속할 수 있는 도서관이 점점 많아지고 있습니다. 전자책은 대부분 정해진 시간(보통 일주일) 동안 내려받을 수 있지만, 전자 간행물 기사는 내려받아서 저장하거나 인쇄할 수도 있습니다. 조사 계획을 세울 때 항상 도서관을 중심에 놓고 생각하기 바랍니다.

▷ 무엇을 이용할 수 있는가?

학교와 공공도서관에서 어떤 자료를 이용할 수 있는지 알아야 한다. 도움이 필요하면 도서관 사서에게 요청한다.

<table>
<tr><td colspan="2">여기도 함께 보세요</td></tr>
<tr><td>◀ 60 –61</td><td>정보 평가하기</td></tr>
<tr><td>자료 찾기</td><td>110–111 ▶</td></tr>
<tr><td>온라인 강좌의 혁명</td><td>124–125 ▶</td></tr>
<tr><td>기억력을 향상시키는 도구들</td><td>160–161 ▶</td></tr>
<tr><td>4장 참고 자료</td><td>232–233 ▶</td></tr>
</table>

대개 도서관에는 사용자가 자료를 찾을 수 있도록 도와주는 온라인 목록이 있다.

학술 잡지 읽기

학술 잡지에 게재된 논문을 찾을 때 사용할 수 있는 좋은 검색 엔진이 많습니다. 어떤 논문들은 돈을 내고 봐야 하지만, '자유 열람'할 수 있는 자료가 점점 늘어나고 있습니다. '자유 열람' 이란 누구나 무료로 읽을 수 있다는 뜻입니다. 공부하고 있는 주제와 관련이 있다면, 학술지는 항상 참고 자료로 찾아봐야 합니다. 다음은 찾아봐야 할 참고 자료입니다.

www.scholar.google.co.uk

△ 구글 스칼라

학술 정보를 찾을 때 가장 인기 있는 검색 엔진 중 하나로, 기사, 논문과 강연 등을 찾을 수 있다.

http://worldlibrary.net

△ 세계 공공 도서관

세계 공공 도서관 협회는 전 세계에서 출간된 전자책을 많이 보관하고 있는 도서관 중 하나다.

팟캐스트

팟캐스트는 온라인에서 이용할 수 있도록 만들어진 녹음 및 녹화 파일입니다. 강의도 있고, 라디오 프로그램도 있습니다. 녹음된 음성 파일도 있고, 이미지와 동영상 파일도 있습니다. 아이튠즈가 처음 서비스를 시작했지만, 지금은 여러 포털 사이트에서 팟캐스트를 내보내고 있습니다.

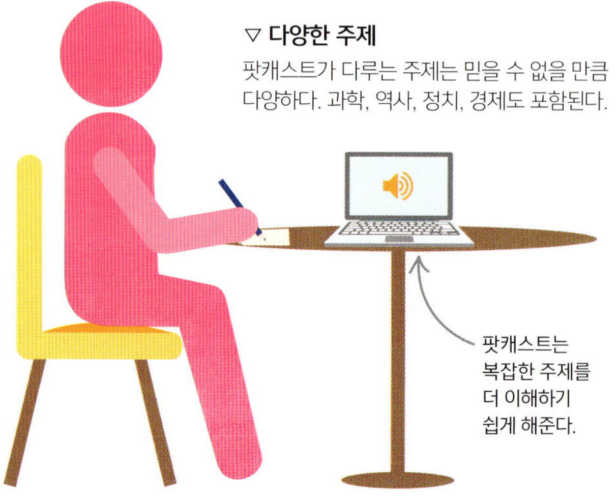

▽ 다양한 주제

팟캐스트가 다루는 주제는 믿을 수 없을 만큼 다양하다. 과학, 역사, 정치, 경제도 포함된다.

팟캐스트는 복잡한 주제를 더 이해하기 쉽게 해준다.

블로그

자신의 블로그를 운영하며 활동하는 일은 비교적 최근에 생긴
현상입니다. 블로그(blogs)란 웹(web)과 로그(logs)의 준말인데,
자기만 볼 수도, 초대된 손님에게만 공개할 수도, 일반 대중에게
모두 공개할 수도 있습니다. 대개 학자나 언론인 등 개인이
작성하지만, 때로는 회사, 정부, 전문가 그룹, 교육기관 등도
블로그를 제작합니다. 블로그는 거의 모든 주제에 대해 다루며,
수백만 개나 있습니다. 심지어 학생들도 블로그 활동을 하고
있습니다.

▷ 인기 있는 소프트웨어

인기 있는 블로그 사이트로는 블로거(Blogger),
워드프레스(Wordpress), 타이프패드(Typepad) 등이
있다. 이것들은 모두 사용자가 관련 주제를 쉽게
찾을 수 있도록 탐색기와 검색 엔진을 갖추고 있다.

블로그는 그 내용의 신뢰성과 수준이 제각각이다. 따라서 어떤 블로그를 읽을지 신중하게 선택해야 한다.

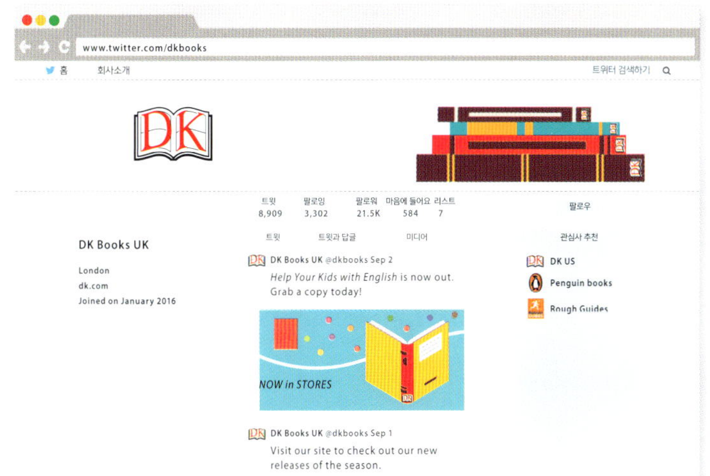

트위터

트위터는 개인이 정보를 올릴 수 있는 마이크로 블로깅
서비스입니다. 보통 글자 수의 제한이 없는 일반
블로그와는 달리, 마이크로 블로깅은 사용자가 최대
140자까지만 입력할 수 있습니다. 트위터에 정보를
올리는 행동을 '트윗(tweet)'이라고 부릅니다. 가장
인기 있는 트위터 사이트나 계정은 유명인들의 것이
많지만, 트윗에는 매우 귀중한 교육 도구들도
있습니다. 예를 들면 정치인의 트윗을 포함해 신문,
잡지, 기관, 교수, 정부 부서의 트윗도 있습니다.

◁ 빠른 정보

트위터는 의견과 뉴스, 작은 정보를 빨리 찾는 데 유용하고,
상세 정보를 검색할 수 있도록 링크를 해두어 편리하다.

테드(TED) 강연

테드닷컴(www.ted.com)은 최첨단 주제에 관해 깊이
있는 강의를 찾을 수 있는 인기 있는 사이트입니다.
TED(Technology기술, Entertainment오락, Design디
자인) 강연은 주로 이야기를 하듯 다양한 주제를 설
명합니다. 강연자는 보통 그 분야의 대표적인 전문가
들입니다. 강연자들은 18분 안에 자기 생각을 가장
혁신적이고 흥미롭게 발표해야 합니다. 지금까지
2,000명 이상이 강연했고, 강연 영상은 전 세계에서
10억 회 이상의 조회 수를 기록하고 있습니다.

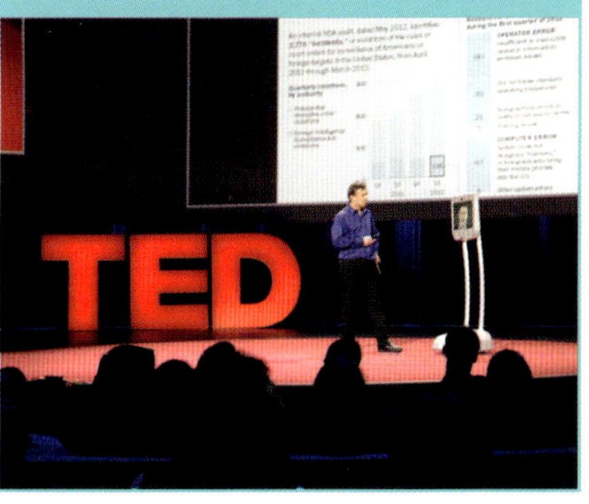

주제가 무엇이든, 누군가는
인터넷에 자료를 남겼을
것입니다.

자료 찾기

인터넷이 도입된 덕분에 자료 찾기가 훨씬 쉬워졌습니다.

교과과정을 공부할 때 온라인으로 특정한 사이트에 가서
자료를 찾아야 하는 경우가 있습니다. 공부에 관련된
자료를 찾기 위해 검색 엔진을 사용해야 할 때도 있습니다.

여기도 함께 보세요	
◀ 60–61	정보 평가하기
◀ 108–109	인터넷 자료
온라인 자료 정리하기	114–115 ▶
학교 홈페이지	120–121 ▶
온라인 안전	122–123 ▶
4장 참고 자료	232–233 ▶

검색 엔진이란?

검색 엔진은 입력된 검색어를 바탕으로
인터넷에서 정보를 찾도록 만들어진
소프트웨어입니다. 검색어는 여러분이 찾고
있는 정보를 한 단어로 설명한 말입니다.
예를 들어 골든 리트리버라는 특정 개의
품종에 관한 자료를 찾으려면 '골든
리트리버'라고 입력하면 됩니다. 일단 '검색'
버튼을 클릭하거나 '엔터' 버튼을 누르면,
관련된 링크 사이트의 목록과 각 사이트의
간단한 설명이 함께 보일 것입니다.

▷ **결과 얻기**

검색어를 입력하자마자 관련된 제안 목록이 보일
것이다. 제안 목록은 학생들이 검색 결과의
범위를 좁히는 데 도움이 된다. 대부분의 검색
엔진은 관련된 이미지도 함께 보여준다.

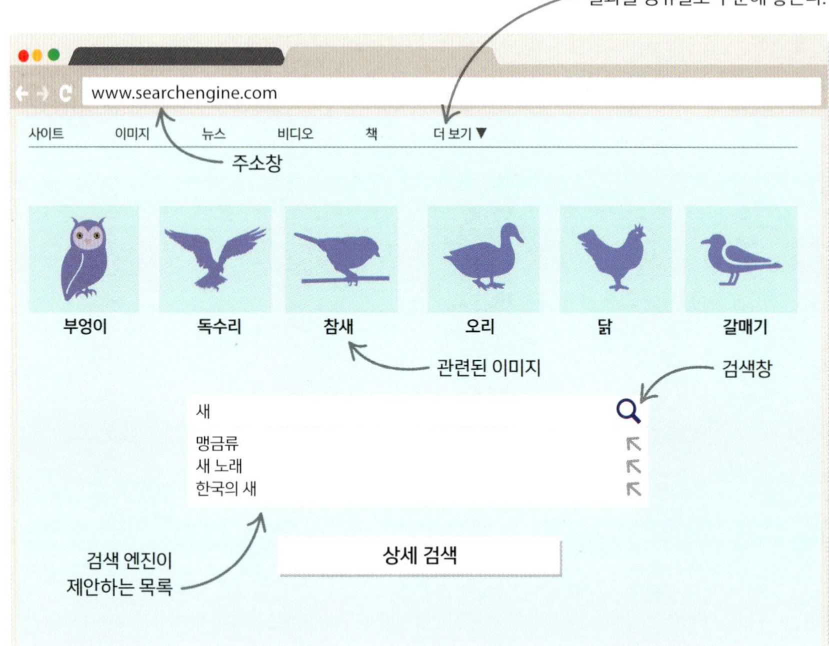

대부분의 검색 엔진은 검색
결과를 종류별로 구분해 놓는다.

상세 검색

보통 검색어 하나로도 관련된 결과 목록을 충분히
찾을 수 있습니다. 하지만 가끔 검색에서 특정한
단어를 제외하고 싶을 때가 있습니다. 어떤 검색
엔진에서는 생략하고 싶은 단어 앞에 빼기 부호 '–'를
덧붙여서 이 단어를 제외하고 검색할 수 있습니다.
예를 들어 무지개의 색깔에 관해 찾고 싶지만,
결과에서 주황색을 제외하고 싶다면 '무지개의
색깔 – 주황색'이라고 입력하면 됩니다.

◁ **결과 페이지**

좋은 검색 엔진은 검색어와 관련된 결과 목록이 많이 나오고,
그중 가장 관련이 깊은 결과가 첫 페이지에 나타난다.
이미지나 글에서 링크 사이트를 클릭하면 목록에 있는
웹사이트 중 하나로 바로 연결된다.

인기 있는 검색 엔진

가장 인기 있는 검색 엔진 중 하나가 구글이고, 학술 연구를 자세히 찾아보려면 구글 스칼라를 많이 쓰지만, 다른 검색 엔진도 많습니다. 예를 들어 웹 탐색기인 인터넷 익스플로러는 주소창에 검색 엔진을 심어 두어 검색어를 입력하면 됩니다. 일부 사이트는 검색 엔진으로만 작동하지만, 뉴스와 같은 콘텐츠와 결합된 사이트도 있습니다. 어떤 사이트가 좋은지 알아보려면 모두 방문해 검색해 봐야 합니다.

▽ **적당한 사이트를 골라라**

다음은 가장 많이 찾는 검색 사이트이다. 자료를 조사하기에 가장 적합한 사이트를 선택해야 한다.

이름	구글(Google)	야후(Yahoo)	네이버(Naver)	다음(Daum)
주소	www.google.com	www.yahoo.com	www.naver.com	www.daum.net
설명	전 세계에서 가장 인기 있는 검색 엔진입니다. 사용자의 검색 기록을 바탕으로 고객 맞춤형으로 검색 자료를 제공합니다.	검색 엔진과 인터넷 포털이 다양한 사이트에 연결되어 있고, 이메일과 같은 서비스도 제공합니다.	인터넷 포털사이트로 검색, 이메일, 블로그와 커뮤니티 서비스를 제공합니다. 모바일 메신저 라인을 운영하고 있습니다.	대한민국 최초로 웹 메일 서비스를 시작한 곳입니다. 검색 서비스는 물론 커뮤니티 서비스를 제공하고 있으며 카카오톡 메신저를 운영하고 있습니다.

비판적인 시각으로 바라보기

웹사이트가 모두 믿을 만하거나 객관적인 것은 아닙니다. 어떤 사이트에는 정치적 성향 또는 다른 면에서 특정한 편견을 담고 있는 자료들이 있거나, 제품을 팔려고 하는 곳도 있습니다. 그러므로 가장 좋은 결과를 가져다줄 검색어를 사용하고, 비판적인 눈으로 자료를 읽는 것이 중요합니다. 누가 그 웹페이지를 썼고 왜 그런 방식으로 정보가 전달되었는지 생각해보세요.

이렇게 실천하세요!

인용문 찾기

대부분의 검색 엔진들은 여러분이 검색하려는 인용문에 따옴표를 했을 때, 정확한 인용문의 출처를 찾아냅니다. 예를 들어 검색 엔진에 "나에게는 꿈이 있습니다(I have a dream)."라고 입력하면 1963년 미국 흑인 인권 운동을 했던 마틴 루터 킹(Martin Luther King) 목사의 연설문이 나올 것입니다.

검색 요령

☑ **검색어를 하나 이상 사용한다.**
여러 개의 검색어를 사용하여 검색 결과를 좁혀라. 예를 들어 그냥 '지구'라고 입력하지 말고 '행성 지구'라고 입력하는 식이다.

☑ **출처를 세 군데 이상 확인한다.**
온라인에서 찾은 정보를 세 군데 이상의 출처에서 다시 확인하라. 책을 뒤지거나, 박물관 웹사이트나 전문가 홈페이지처럼 믿을 만한 웹사이트에서 다시 찾아라.

☐ **위키피디아의 참고 자료를 이용한다.**
위키피디아는 첫 번째로 자료를 찾기에 편리하지만, 내용이 틀릴 때도 있다. 따라서 정보 아래쪽에 있는 참고 자료 링크를 보라. 참고 자료 링크는 그 정보가 원래 어디서 나왔는지를 보여준다.

△ **검색을 잘하기 위한 조언**

믿을 만한 사이트를 찾으려면 시간과 노력이 필요하다. 위의 힌트를 잘 따르면 도움이 될 것이다.

즐겨찾기

웹사이트 주소는 '즐겨찾기' 기능을 이용해 컴퓨터, 태블릿PC, 스마트폰에 저장할 수 있습니다.

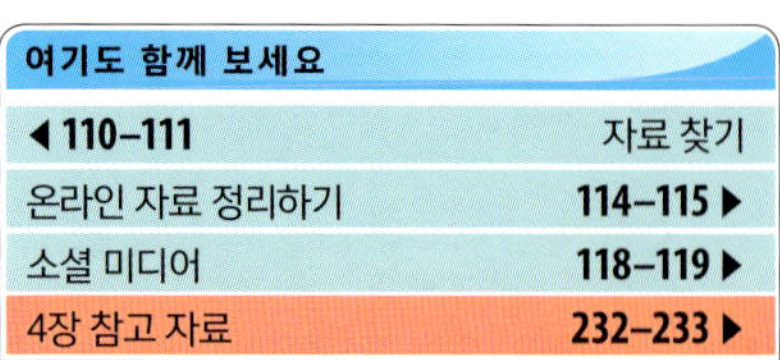

여기도 함께 보세요	
◀ 110–111	자료 찾기
온라인 자료 정리하기	114–115 ▶
소셜 미디어	118–119 ▶
4장 참고 자료	232–233 ▶

즐겨찾기는 나중에 다시 접속해야 할 웹사이트에 바로 연결되도록 주소를 저장하는 유용한 방법입니다. 즐겨찾기는 주제별, 과목별로 서로 다른 폴더에 저장할 수 있습니다.

즐겨찾기 하는 법

대부분의 웹 탐색기에서는 'Ctrl+D' 키를 눌러보고 있는 페이지를 즐겨찾기로 저장할 수 있습니다. 또는 브라우저에 메뉴가 있어, 그 웹사이트를 즐겨찾기 목록에 저장할지 묻기도 합니다. 만약 즐겨찾기로 저장하기를 잊었는데 다시 접속해야 한다면, 브라우저 검색 기록에서 방문한 사이트 목록을 찾으면 됩니다.

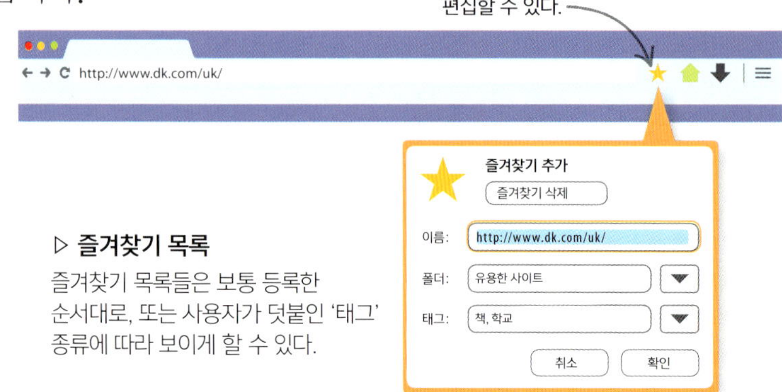

▷ **즐겨찾기 목록**
즐겨찾기 목록들은 보통 등록한 순서대로, 또는 사용자가 덧붙인 '태그' 종류에 따라 보이게 할 수 있다.

소셜 북마킹이란?

소셜 북마킹 웹사이트(113쪽 참조)를 통해 정보를 공유하는 방식이 인기를 끌고 있는데, 소셜 북마킹으로 사용자는 자신의 즐겨찾기 웹페이지를 검색, 저장, 정리, 관리할 수 있습니다. 대부분의 소셜 북마킹이 대중에게 공개되지만, 특정한 그룹의 사람들에게만 공개하거나, 학교나 대학처럼 특정한 네트워크 안에서만 정보를 공개하기도 합니다.

▽ **즐겨찾기 검색하기**
대부분의 소셜 북마킹 웹사이트에서는 사용자가 온라인에서 즐겨찾기를 검색하려면 태그나 검색어를 입력해야 한다. 종종 사용자가 댓글을 달기도 하고, 즐겨찾기 항목을 공유하기도 한다.

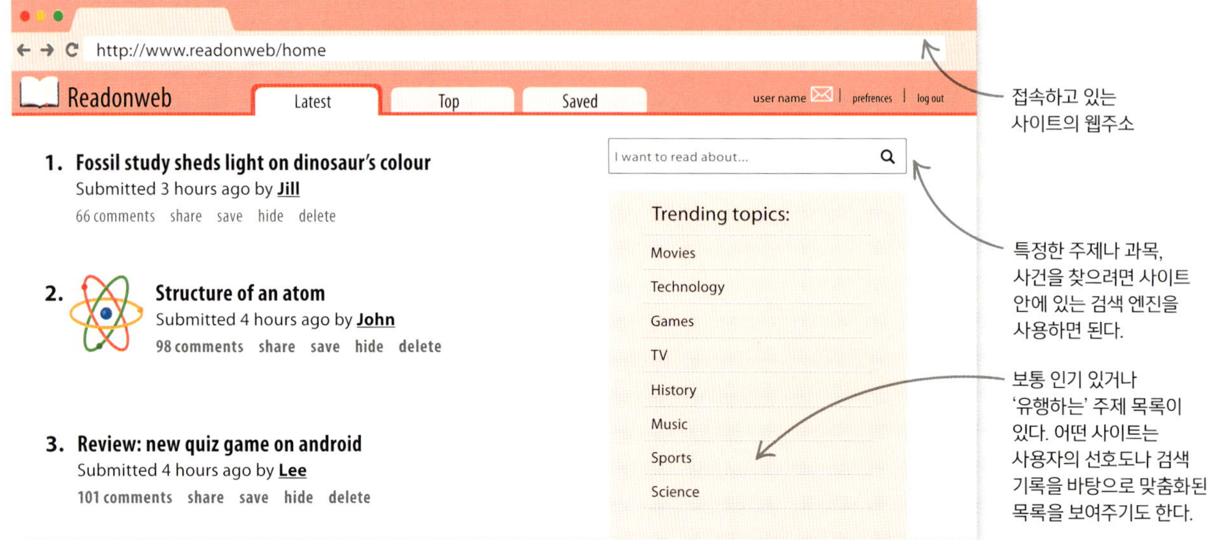

검색어와 태그

검색 엔진은 어떤 웹사이트나 블로그가 무엇에 관한 것인지 구별하기 위해 검색어와 태그라고 불리는 꼬리표를 사용합니다. 이를 통해 가장 자주 사용되는 검색어들과 다양한 조합들을 알아낼 수 있습니다. 검색 엔진은 그러한 단어와 문구가 사용되는 웹페이지들을 스캔해서 그 용어가 얼마나 자주 등장하는지, 검색 페이지에서 얼마나 중요해 보이는지를 바탕으로 순위를 매깁니다.

▷ 태그가 붙은 이미지

대부분의 검색 엔진은 사람들이 페이스북과 같은 소셜 미디어 사이트에서 사진에 붙은 태그, 또는 태그된 항목에 덧붙인 글을 바탕으로 결과를 찾는다.

집단 공유

흔히 온라인 커뮤니티에서 소셜 북마킹은 '폭소노미(folksonomy)', '협업 태깅(collaborative tagging)', '소셜 인덱싱(social indexing)'이라고도 부릅니다. 사용자가 어떤 검색어를 사용하는지, 검색어끼리는 어떤 관련이 있는지를 분석해서, 태그나 즐겨찾기 그룹을 만들 수 있도록 디자인된 뛰어난 사이트가 많습니다. 어떤 사이트는 몇 명의 사용자가 특정한 페이지에 대해 즐겨찾기를 했는지 보여주기도 합니다.

▽ 인기 있는 사이트

소셜 북마킹 사이트는 특히 콘텐츠와 디자인 용어를 저마다 다양하게 보여준다. 그래서 사이트를 선택하기 전에 모두 둘러보는 것이 좋다.

핀터레스트(Pinterest)

관심 분야를 찾아 자기나 다른 사람들의 게시판에 있는 자료를 '핀으로 꽂듯이' 올려서 공유할 수 있습니다. 보통 주제별로 분류됩니다.

디그(Digg.com)

이 뉴스 사이트는 사용자들을 위해 웹에서 새로운 이야기들을 골라줍니다. 또 유행하는 이슈와 인터넷에서 퍼지는 소식들을 찾기도 합니다.

스텀블어폰(Stumbleupon)

웹 페이지, 사진, 동영상, 뉴스 기사를 찾고 평가할 수 있도록 하면서, 사용자에게 온라인 콘텐츠를 추천합니다.

구글 즐겨찾기(Google Bookmarks)

구글 안에 들어 있는 서비스로, 간단하게 인기 있는 즐겨찾기를 볼 수 있어 인기가 높습니다.

뉴스바인(Newsvine)

이 커뮤니티 뉴스 서비스는 사용자, 그리고 연합통신사와 같은 연합 콘텐츠 제공자로부터 기사를 받습니다.

펄트리즈(Pearltrees)

이 사이트는 사용자가 웹페이지, 파일, 사진, 메모를 정리하고 공유할 수 있게 하며, 마인드맵과 상낭히 유사하게 작동합니다.

온라인 자료 정리하기

온라인에서 찾은 자료를 정리하는 방법은 인쇄 자료를 정리하는 것과 근본적으로 동일합니다.

전자책, 전자 저널, 주제별로 특수화된 웹사이트들을 사용하는 빈도가 늘어나고 있습니다. 인터넷에서 찾은 자료들도 필기를 해야 하는 경우가 있습니다.

기록할까, 만들까?

검색한 정보를 직접 기록하는 것은 정보를 이해하고, 배우고, 기억하는 가장 좋은 방법입니다. 기록하면 집중력도 높일 수 있습니다. 메모를 '기록하는' 것보다 '만드는' 것이 좋습니다. '기록하기'는 자료를 충분히 이해하지 않고 정보를 그냥 받아 적는 것이지만, '만들기'는 보다 적극적인 활동을 의미합니다. 그래서 메모를 만들 때는 왜, 그리고 무엇을 쓰고 있는지 생각해야 합니다. 메모에는 요점과 자세한 내용, 다른 출처에서 찾은 관련 정보도 써야 하며, 주제에 관한 여러분의 의견도 들어 있어야 합니다.

여기도 함께 보세요	
◀ 74–75	노트 필기
◀ 108–109	인터넷 자료
◀ 112–113	즐겨찾기
표절	116–117 ▶
필기 스타일	150–151 ▶

도 움 말

즐겨찾기

좋은 사이트를 찾으면 즐겨찾기를 해두세요. 대부분의 웹 브라우저에는 즐겨찾기 기능이 있습니다. 즐겨찾기에 저장하는 것을 깜빡했다면, 검색 기록을 찾아서 방문했던 사이트를 다시 찾으면 됩니다.

◁ **베끼지 마라**

인터넷 사이트에서 자료를 그대로 복사해서 붙이면 안 된다. 자신만의 표현으로 고쳐서 다시 쓰거나, 출처를 밝혀야 한다.

인터넷에서 유용한 사진 자료도 찾아볼 수 있다.

중요한 것만 적는다.

메모하기 쉽게 종이와 펜을 가까이 둔다.

웹사이트 표시하기

과제를 위해 웹사이트 자료를 인용한
경우에는 반드시 출처를 밝혀야 합니다.
예를 들어 2009년 버락 오바마(Barack
Obama) 대통령의 취임사를 인용하거나,
취임사에 관해 쓸 때는 자료를 찾았던
취임사 웹페이지를 참고 문헌으로
기록해야 합니다.

▷ 무엇을 포함해야 하는가?

웹사이트를 출처로 밝히는
방법은 접속하고 있는 자료의
종류에 따라 다르다. 오른쪽
체크리스트는 웹사이트를
인용할 때 기록해야 하는
일반적인 내용들이다.

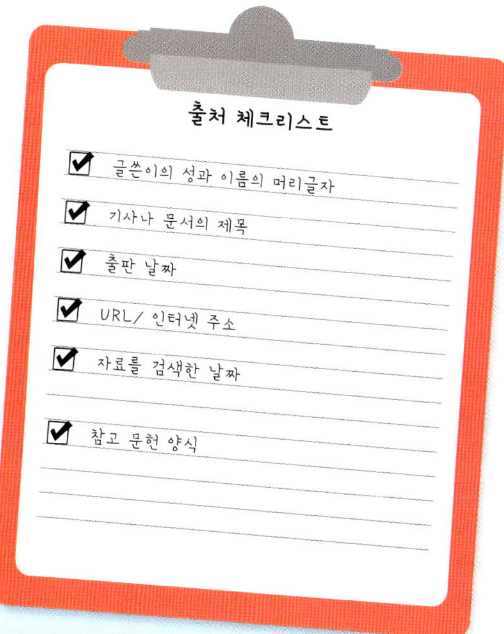

웹페이지 주소는 인터넷 주소창에서
블록을 지정해 복사하면 된다.

◁ 복사해서 붙이기

이 사이트의 참고 문헌을 제대로 표시하면 다음과
같다. 오바마 B.(2009) '취임사', 1월 21일, http://
www.whitehouse.gov/the-press-office/
president-barack-obamas-inaugural-address
(자료 검색일, 2016년 1월 1일)

인터넷 자료 정리하기

인터넷으로 찾은 자료를 정리할 때는 그 파일을 어떻게 저장할지 생각하고
계획을 세워야 합니다. 손으로 쓴 메모를 저장할 때 사용했던 파일명과
다른 이름을 붙여야 찾기가 쉽습니다. 파일과 폴더를 쉽게 알아볼 수 있는
이름으로 만들고, 잘 정리해보세요.

▽ 폴더 틀 만들기

아래의 간단한 규칙을 따르면, 나중에
메모를 찾을 때 시간을 절약할 수 있다.

**폴더를 분리하고 파일 이름을
짧게 줄이세요.**

**되도록 쉽게 알아볼 수 있는
이름을 쓰세요.**

**모든 파일이 시간순으로 정리되도록
날짜를 쓰세요.**

**?, !, ( ) 등의 특수문자는 쓰지 말고,
여백도 두지 마세요.**

**숫자로 확인하고 검색할 수 있도록 파일에 연속으로 번호를
붙이세요. 예를 들어 '001, 002, … 100'으로 붙이면 됩니다.**

표절

다른 사람의 연구를 베끼는 것은 온라인 정보를 이용할 때 많은 사람이 흔히 저지르는 실수입니다.

출처나 글쓴이를 밝히지 않은 채 다른 사람의 연구 자료를 자기 과제에 넣으면 표절하는 것입니다.

여기도 함께 보세요	
◀ 74–75	노트 필기
◀ 110–111	자료 찾기
◀ 114–115	온라인 자료 정리하기
기타 시험	180–183 ▶

표절 이해하기

표절은 다른 사람의 보고서나 논문, 또는 다른 연구에서 자료를 '오려서 붙이기'나 '복사해서 붙이기' 할 때 흔히 발생합니다. 자료의 원래 출처를 밝히지 않은 채 사이트에서 그대로 베끼는 학생들이 있습니다. 과제를 미루다가 부리나케 해야 할 때나 주제를 이해하지 못했을 때 주로 표절을 합니다. 과제를 직접 쓰지 않고, 다양한 웹사이트와 책에서 자료를 조금씩 베껴서 짜깁기하는 학생들도 있습니다. 다양한 자료를 사용했더라도, 자기만의 단어로 바꿔 쓰지 않았다면 표절에 해당합니다.

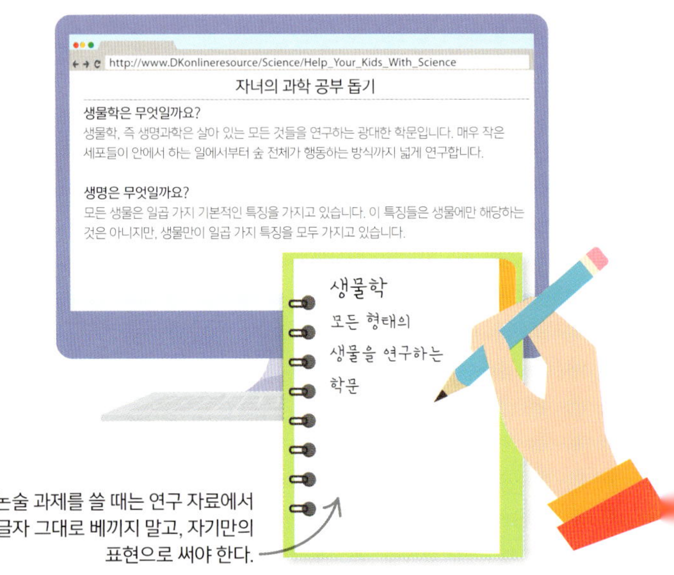

논술 과제를 쓸 때는 연구 자료에서 글자 그대로 베끼지 말고, 자기만의 표현으로 써야 한다.

▷ **주의해서 쓰기**

다른 사람의 저작물을 표절하는 것은 특히 학교에서는 심각한 범죄로 여겨진다. 그러므로 실수로라도 표절했다는 누명을 쓰지 않도록 주의를 기울여야 한다.

자료 인용하기

어디서 자료를 찾았는지 출처를 남기고, 자기만의 표현으로 기록하는 것이 좋습니다. 특정한 출처에서 따온 글을 쓰고 싶다면, 따옴표를 붙여야 합니다. 출처뿐 아니라 누가 그 말을 하거나 썼는지도 밝혀야 합니다.

▽ **분명히 밝히기**

어떤 인용구를 쓰든, 선생님이나 채점자가 어떤 부분이 자기 글이고, 어떤 말이 다른 글에서 따온 것인지 의심하지 않도록 참고 문헌을 정확히 표시해야 한다.

인용구

"디지털 기술은 사진, 음악, 정치에서부터 컴퓨터 게임, 텔레비전, 영화에 이르기까지 문화의 모든 면에 영향을 미쳤습니다."

DK 『아동 백과사전–미국 역사편 *Children's Encyclopedia of American History*』
(King, 2015, p.270)

출처를 밝힐 때는 저자의 이름, 출판 연도와 페이지 번호를 포함해야 한다.

표절 피하는 법

온라인 자료를 복사해서 붙이지 마세요. 그보다는 기록하는 편이 훨씬 좋습니다. 자료를 기록하면 표절하고 싶은 유혹을 떨칠 수 있고, 실수로 표절할 위험도 피할 수 있으며, 주제를 더 잘 이해하고 있다는 것을 보여줄 수 있습니다. 아래는 DK출판사의 『아동 백과사전-미국 역사편』에 실린 원래 글과, 그것을 어떻게 자기만의 표현으로 다시 썼는지를 보여주는 예입니다.

▽ **독창성을 지녀라.**

인터넷 자료를 자기만의 글로 옮겨 적는 버릇을 기르면, 실수로라도 표절해서 과제물을 제출하는 위험에 빠지지 않는다.

아동 백과사전-미국 역사편

2000년대 세계 사회

2000년대부터 기술이 미국인들의 삶에 중요한 부분이 되었습니다. 사람들은 전보다 서로서로 그리고 세상과 더 많이 연결되었습니다. 인터넷이 등장하여 아이디어, 제품과 서비스를 더 많이 공유하게 되었고, 위키피디아와 같은 사이트가 개발되어 지식을 공유할 기회를 열어 주었습니다. 디지털 기술은 사진, 음악, 정치에서부터 컴퓨터 게임, 텔레비전, 영화에 이르기까지 문화의 모든 면에 영향을 미쳤습니다. …

1차 문헌에서 인용문을 따온 원래 메모

기술은 21세기 초반부터 미국인들의 삶에 중요한 부분이 되었습니다. "사람들은 전보다 서로서로 그리고 세상과 더 많이 연결되었습니다." (http://www.DKonlineresource/History/ Children's_Encyclopedia_of_American_ History, 2016년 1월 검색) 인터넷의 빠른 성장 덕분에 사람들이 세계적으로 연결됐고, 아이디어, 서비스와 제품이 공유됐으며, 위키피디아와 같은 사이트에서는 버튼 하나만 눌러도 지식을 습득할 수 있습니다.

기술은 21세기 초반부터 미국인들의 삶에 중요한 부분이 되었습니다. 인터넷의 빠른 성장 덕분에 사람들이 세계적으로 연결됐고, 아이디어, 서비스와 제품이 공유됐으며, 위키피디아와 같은 사이트에서는 버튼 하나만 눌러도 지식을 습득할 수 있습니다.

윗글을 자기만의 표현으로 기록한 예

△ 메모 만들기

새로운 자료를 읽을 때는 자기만의 표현으로 메모를 만들어야 한다. 같은 주제에 관한 메모는 한곳에 보관해야 필요할 때 찾기 쉽다.

△ 인용문 넣기

필요하면 원래 자료에서 인용문을 따와서 짧게 넣어도 좋다. 다만 인용한 글이나 온라인 자료의 정확한 출처를 덧붙이는 것을 잊지 말라.

사용하고 있는 자료를 어디서 발견했는지 그 출처를 기록하고 표시하는 것이 중요합니다.

소셜 미디어

온라인에서 공유되고 만들어진 자료는 소셜 미디어 웹사이트에서도 찾을 수 있습니다.

친구와 가족, 그리고 더 넓은 온라인 커뮤니티 안에서 소셜 미디어가 급격하게 퍼지는 현상은 21세기의 가장 놀랄 만한 발전 중 하나입니다.

여기도 함께 보세요	
◀ 102–103	컴퓨터 사용하기
◀ 106–107	학습 기기
◀ 108–109	인터넷 자료
◀ 112–113	즐겨찾기
온라인 안전	122–123 ▶

소셜 네트워크 사이트

다양한 온라인 커뮤니티가 많이 있습니다. 가장 잘 알려진 사이트는 페이스북으로, 현재 사용자 수가 10억 명이 넘습니다. 많은 사람이 소셜 네트워크 사이트를 자신에 관한 정보를 알리는 기회로 여기지만, 이 사이트들은 유용한 교육 자료 저장소 역할도 합니다.

소셜 미디어를 통해 웹사이트 및 다른 사용자와 정보를 주고받을 수 있습니다.

개인 소셜 네트워크	미디어 공유	콘텐츠 공유	토론장

△ **개인적 공유**
가족과 친구들이 연락을 주고받고 정보를 나눌 수 있다.

△ **사진과 비디오 공유**
많은 사람이 인스타그램과 같은 사이트를 사용해 사진, 비디오, 오디오 파일을 올리고 공유한다.

△ **교육 콘텐츠 공유**
슬라이드쉐어(Slideshare)와 같은 사이트에서는 교육 자료를 올려 인터넷에서 공유한다.

△ **공개 토론**
토론장에서는 특정한 주제에 관해 공개 토론을 한다. 누구든지 질문하고 대답할 수 있다.

소셜 네트워킹 체크리스트

☑ 산만하게 하는 방해 요소를 최소한으로 줄인다.

☑ 가능하면 공부할 때는 소셜 네트워크 사이트를 열어 두지 않는다.

☑ 휴대전화를 진동 모드로 놓거나 꺼둔다.

☐ 메시지를 확인해 답장하고 싶은 유혹을 견뎌라. 굴복하면 집중력이 흐트러지고 다시 공부에 집중하기 어렵다.

☐ 공부 시간 사이에 메시지를 확인하고 답장할 시간을 정해 둬라.

소셜 네트워크로 소통하기

소셜 네트워크 사이트에서는 다양한 방식으로 소통할 수 있습니다. 사이트를 통해 연결된 다른 사용자에게 다이렉트 메시지를 보낼 수 있고, 다른 사람의 글에 댓글을 올릴 수 있으며, 일기를 쓰고, 인터넷 주소를 공유할 수도 있습니다.

◁ **방해받지 않으려면**
소셜 미디어에 참여하면 온라인 알림 메시지가 자주 온다. 알림 메시지에 방해받지 않도록 주의하라.

도움 말

인스턴트 메신저

휴대전화 문자 메시지와 비슷하지만 소셜 네트워크를 통해 문자를 일대일로 즉시 주고받을 수 있는 소통 방식입니다. 질문에 대한 빠른 대답을 원할 때는 이메일을 쓰는 것보다 메신저가 유용합니다. 웹캠과 오디오 링크를 통해 사용할 수 있는 메신저도 있습니다.

웹캠 사용하기

웹캠을 이용한 온라인 '실시간' 통화가 서로 연락을 주고받고 정보를 공유하는 방식으로 점점 인기를 끌고 있습니다. 컴퓨터, 태블릿 PC, 스마트폰으로도 화상 통화를 할 수 있습니다. 이 서비스로 가장 인기 있는 소셜 네트워크는 스카이프(Skype)와 페이스타임(Facetime)이 있습니다. 상대편이 지구 반대쪽에 있더라도, 사용자가 웹캠만 있으면 실시간으로 얼굴을 보며 통화할 수 있습니다. 특히 멀리 떨어져 사는 사람들에게 유용합니다. 최근에는 선생님이 웹캠을 이용해 학생들과 의사소통하기도 합니다.

▷ 웹캠 사용하기

스카이프와 페이스타임 같은 온라인 서비스를 통해 간단하게 연결할 수 있다. 게다가 서비스는 보통 무료다.

두 번 생각하기

소셜 네트워크 사이트는 대부분 대중 매체이므로, 온라인에 무엇을 올리든 많은 사람이 읽을 수 있다는 것을 기억해야 합니다. 게시된 것은 몇 년간 소셜 미디어 사이트에 남아 있어서, 나중에 여러분의 고용주, 친구, 또는 배우자가 될 사람이 볼 수도 있습니다. 그래서 글을 올릴 때는 매우 신중하게 생각해야 하고, 나중에 후회하지 않을지 확인해야 합니다. 온라인에서는 늘 조심해야 합니다. (122~123쪽 참조)

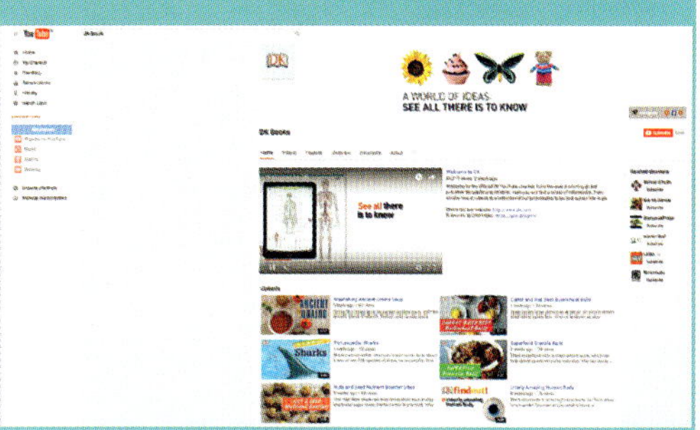

◁ 공개, 비공개?

민감하고 개인적인 정보는 온라인에 올리는 것을 피하라. 누가 정보를 볼 수 있는지 미리 설정을 확인해놓자.

이렇게 실천하세요!

유튜브(YouTube)

유튜브는 매우 인기 있는 비디오 공유 웹사이트입니다. 게시물은 대부분 개인이 올립니다. 그러나 연예기획사, 음악가와 정부가 유튜브 채널을 운영하는 경우가 늘고 있습니다. 또한 문서나 강의를 볼 수 있는 좋은 장소이기도 합니다. 유튜브 강의는 공부하고 있는 주제를 새롭게 익히고, 더 깊이 이해하도록 도와줍니다.

학교 홈페이지

많은 학교가 학교 홈페이지를 운영하고 있습니다.

여기도 함께 보세요	
◀ 106–107	학습 기기
◀ 108–109	인터넷 자료
4장 참고 자료	232–233 ▶

많은 학교가 온라인으로 정보를 제공하고 학생들이 더 쉽게 공부하도록 웹사이트를 운영하고 있습니다. 언제든, 인터넷이 연결되는 어디에서든 학교 홈페이지에 접속할 수 있습니다.

학교 홈페이지는 어떻게 생겼을까?

학교 홈페이지의 내용은 그 종류가 무엇이고, 학교가 어떻게 사용할지에 따라 다릅니다. 대개 학생 모두에게 관련 정보를 보여주는 메인 홈페이지가 있고, 학생들이 배우고 있는 과목과 관련된 좀 더 상세한 페이지가 연결되어 있습니다.

업데이트 확인

대부분의 홈페이지는 중요한 정보를 곧바로 찾을 수 있게 만들어져 있습니다. 보통 매일 업데이트되므로 정기적으로 홈페이지를 확인하는 것이 좋습니다.

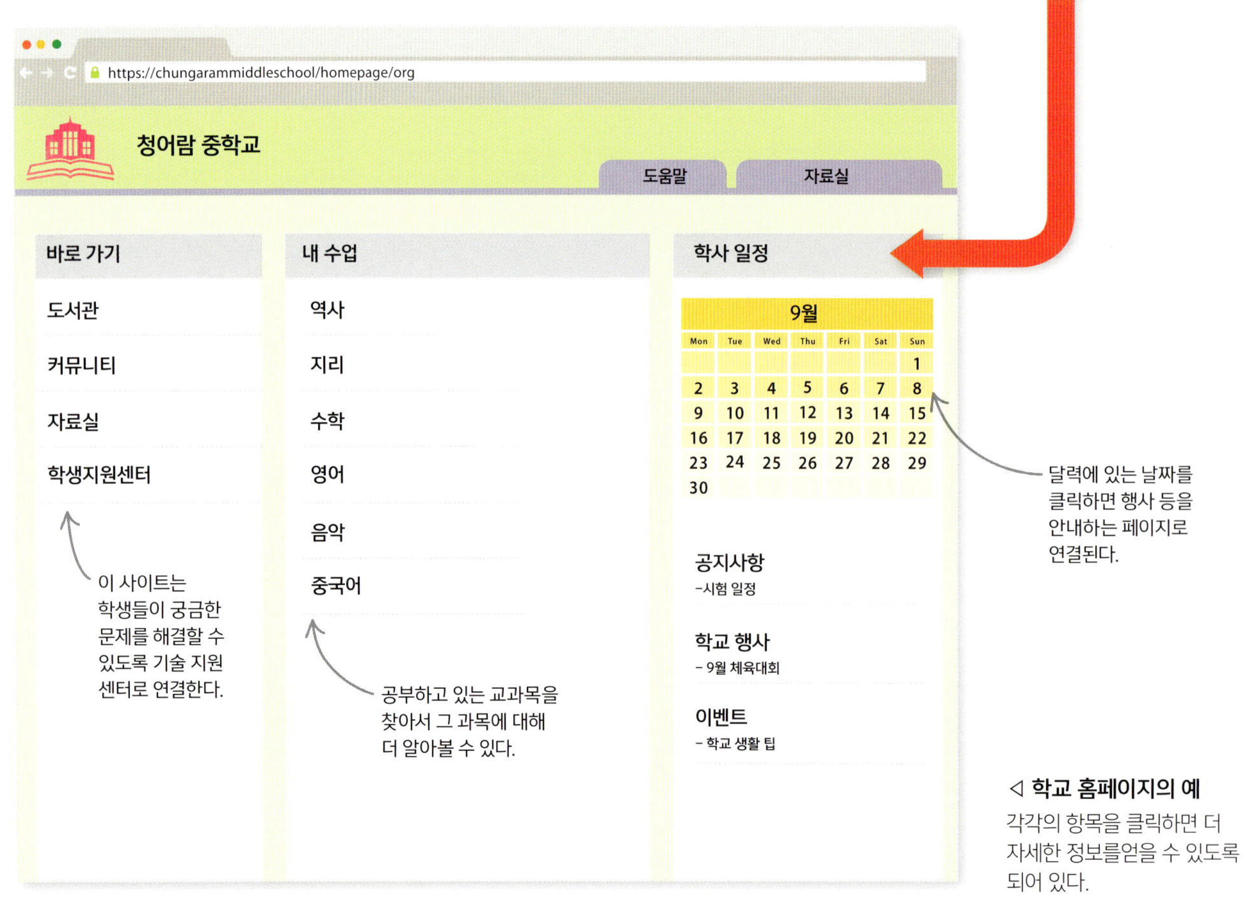

이 사이트는 학생들이 궁금한 문제를 해결할 수 있도록 기술 지원 센터로 연결한다.

공부하고 있는 교과목을 찾아서 그 과목에 대해 더 알아볼 수 있다.

달력에 있는 날짜를 클릭하면 행사 등을 안내하는 페이지로 연결된다.

◁ **학교 홈페이지의 예**
각각의 항목을 클릭하면 더 자세한 정보를 얻을 수 있도록 되어 있다.

자세한 설명

과목별 웹페이지의 예입니다. 선생님들은 학생들이 관련된 주제를 더 상세하게 이해할 수 있도록 여기에 자료를 올립니다. 이런 자료들을 이용해 수업시간에 배운 것을 확장해 나갈 수 있습니다.

▽ **교과목**

이 웹페이지는 역사 과목을 보여 주고 있다. 페이지에는 주간 학습 내용과 자세한 수업 자료, 참고 문헌 출처, 읽기 자료 목록이 포함된다. 여기서 게시된 과제를 확인할 수도 있다.

역사 – 바로 가기

교과 정보

-교사 소개
-과목 소개

주간 수업표

-역사란 무엇인가?
-역사 공부 어떻게 할까?
-제1차세계대전
-제2차세계대전

온라인 제출

-과제 제출하는 법

역사 – 제2차세계대전

수업 자료

기타 자료

추천 도서

링크

E-BOOK

학사 일정

	9월					
Mon	Tue	Wed	Thu	Fri	Sat	Sun
						1
2	3	4	5	6	7	8
9	10	11	12	13	14	15
16	17	18	19	20	21	22
23	24	25	26	27	28	29
30						

수업 활동

- 과제를 위한 중요 자료

과제 제출하기

온라인으로 과제를 제출하기도 합니다. 홈페이지에는 어떻게 과제를 제출하는지 설명하고, 과제를 올릴 수 있게 된 곳도 있습니다. 온라인 제출 시스템을 사용하면 과제를 제시간에 제출하기 쉽고, 실제 기한보다 훨씬 일찍 제출할 수도 있습니다.

온라인 교과서

여기서 온라인으로 다운받거나 읽을 수 있는 교과서로 연결됩니다. 온라인 교과서는 여러분이 공부하고 있는 교과목의 체계와 거의 일치하므로 읽어 보는 것이 좋습니다. 학습에 도움이 될 것입니다.

온라인 안전

온라인 학습은 재미있기도 하고 도움도 되지만, 인터넷에 연결되어 있을 때는 안전을 지키는 것이 중요합니다.

여기도 함께 보세요	
◀ 102–103	컴퓨터 사용하기
◀ 106–107	학습 기기
◀ 118–119	소셜 미디어

컴퓨터 사용은 여러분의 보안과 사생활에 위협이 될 수도 있습니다. 온라인에 접속했을 때 컴퓨터가 다양한 방법으로 공격받을 수 있기 때문입니다.

위협 피하기

'컴퓨터 파괴 소프트웨어'의 공격으로부터 모든 장치를 보호해야 합니다. 바이러스, 스파이웨어, 스팸 메일과 같은 소프트웨어는 파일을 손상시키거나 컴퓨터 속도를 느리게 만들 수 있습니다. 따라서 최신 바이러스 방어 소프트웨어를 설치하고, 방화벽(컴퓨터나 네트워크에 무엇이 들어오고 나가는지 통제하는 기능), 스파이웨어 방지, 스팸 메일 차단을 설정해야 합니다.

간단한 조치가 여러분과 여러분의 컴퓨터를 보호할 수 있습니다.

△ 바이러스 차단 소프트웨어
바이러스 차단 소프트웨어는 대부분 무료지만 비용을 내야 하는 것도 있다. 웹 브라우저도 나름의 보안 설정이 되어 있다.

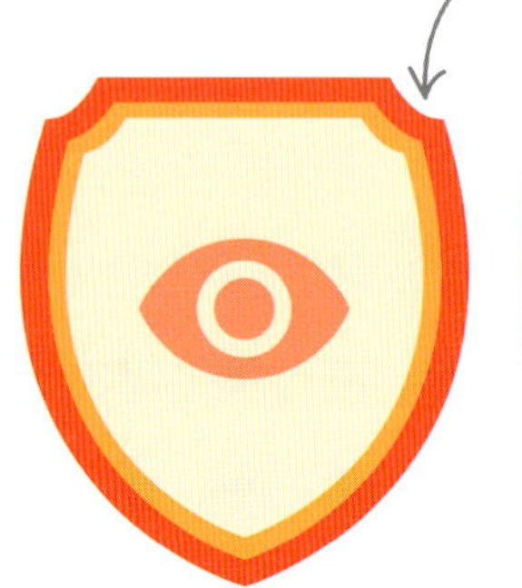

△ 스파이웨어
컴퓨터로 무엇을 하는지 몰래 기록하는 '스파이웨어'로부터 컴퓨터를 보호하라.

△ 방화벽
'방화벽'은 컴퓨터에서 정보가 나가고 들어오는 것을 차단하여, 인터넷에 안전하게 접속하게 해준다.

이메일

온라인으로 이메일을 보내는 것은 전 세계 사람들과 소통하는 빠르고 쉬운 방법입니다. 그러나 이메일을 보낼 때는 항상 적용해야 하는 기본 원칙이 있습니다. "집배원이 이것을 읽어도 좋은가?"라고 스스로에게 물어보는 것입니다. 이것은 중요한 질문입니다. 이메일은 정보를 주고받는 안전한 방법이 아니기 때문입니다.

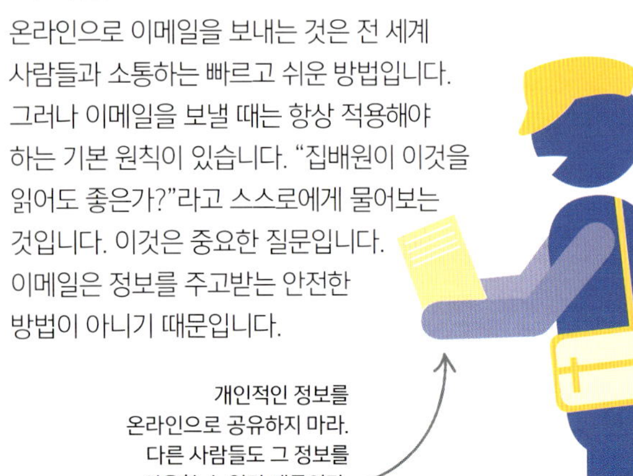

▷ 익명의 이메일
이메일을 보낸 사람을 모르거나 믿을 수 없다면, 절대 이메일에 답장하거나 첨부파일 또는 링크를 열어 보지 말라.

링크

모르는 사람이 보낸 링크를 클릭하지 마세요. 그 사이트를 이용하고 싶다면, 온라인에서 찾아서 접속하면 됩니다. 직접 접속하면 링크된 사이트가 공인된 사이트인지 확인할 수 있습니다.

▽ 비공인 링크
이메일로 보낸 링크는 진짜처럼 보일지도 모르지만, 실제로는 해로운 비공인 웹사이트로 연결될 수 있다.

새 편지
이름
제목
링크 :
www.dangerouslinks.com
http//.dangerouslinks.com

암호

강력한 암호를 쓰면 아이디를 도용당해도 개인정보를 보호할 수 있습니다. 글자와 숫자로 이루어진 암호를 설정하고, 자주 바꾸세요. 암호는 간단하면 안전하지 않습니다. 복잡할수록 다른 사람이 도용하기 어렵습니다.

▽ **암호의 힘**

강력하고 안전한 암호를 만들려면 항상 숫자, 글자, 대문자와 소문자를 섞어서 써라.

과제를 백업하세요

과제를 반드시 저장하세요. 누구나 한 번쯤 과제를 하고 있는데 컴퓨터가 다운되거나, '저장' 하지 않고 파일을 닫았던 경험이 있을 겁니다. 이것만큼 허탈한 일은 없습니다. 지하철에서 내릴 때 과제를 두고 내리는 것과 똑같은 심정이지요. 이렇게 부주의하면 자신의 과제물을 다시는 볼 수 없을지도 모릅니다.

▽ **과제 저장하기**

파일과 사진 등을 컴퓨터 네트워크, USB, CD, DVD, 외장 하드드라이브, 클라우드 서버 중 하나에 정기적으로 저장하고 백업하라.

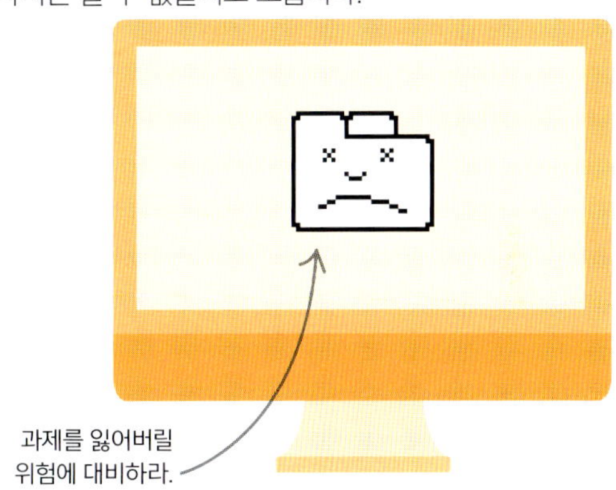

과제를 잃어버릴 위험에 대비하라.

인터넷에서 안전 지키기

웹 브라우저는 훌륭한 보안 기능을 갖추고 있지만, 그래도 조심하는 것이 좋습니다. 자주 가는 사이트와 안전하다고 알려진 사이트, 또는 선생님이 추천한 사이트만 방문하세요. 온라인 보안 인증서에 주의를 기울여야 합니다. 보안 인증서가 없는 사이트는 이용하지 마세요.

▷ **안전 주의**

오른쪽 체크리스트를 사용해서 컴퓨터가 안전한지 확인할 수 있다. 개인 정보를 많이 요구하는 사이트는 조심해야 한다. 사이트에 정보를 적게 제공할수록 더 안전하다.

도움말

업데이트하기

컴퓨터 프로그램과 웹 브라우저를 자주 업데이트해서 가장 최신의 상태로 두어야 합니다. 요즘엔 컴퓨터 사용자들이 매우 쉽게 소프트웨어를 업데이트할 수 있습니다. 또한 대부분의 소프트웨어 프로그램들을 자동으로 업데이트하도록 설정할 수 있습니다. 업데이트 설치에 동의하려면 버튼을 클릭하거나 암호만 입력하면 됩니다.

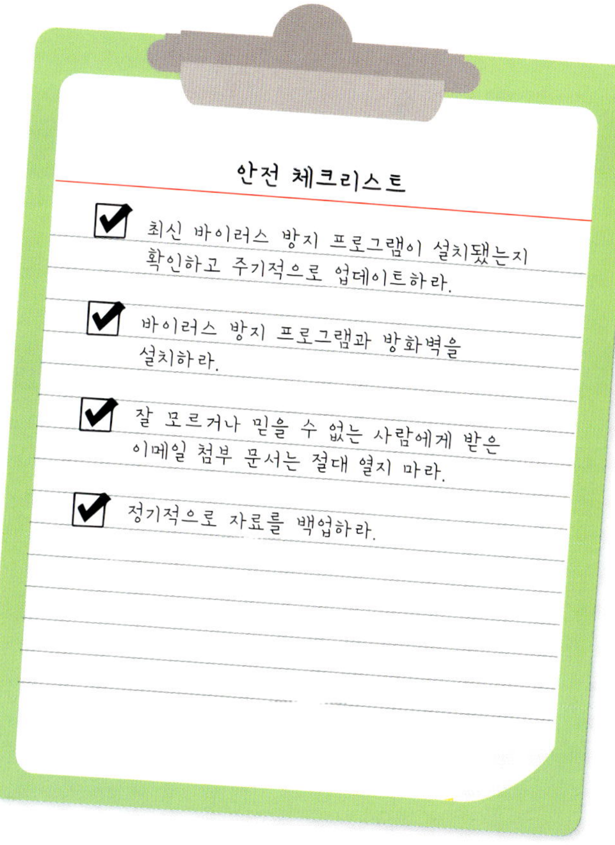

온라인 강좌의 혁명

온라인 교육은 학생들이 배우는 방식에 대변혁을 일으킬 것입니다.

온라인 강좌는 편리하고, 알맞은 도구만 있으면 누구나
이용할 수 있습니다. 컴퓨터, 노트북, 태블릿 PC나
스마트폰이 있고 인터넷에 연결할 수만 있으면 됩니다.

온라인 공개 강좌

가장 인기 있는 온라인 학습 중 하나는 온라인 공개 강좌, 즉 무크(MOOC,
Massive Open Online Course)입니다. 온라인 공개 강좌는 대개 누구나 이용할
수 있는 '무료' 강좌입니다. 강좌는 미리 녹화된 강의와 녹음 파일 등의
전통적인 교육 자료와 샘플 연습문제 등을 결합한 형태가 많습니다.

여기도 함께 보세요

◀ **102–103** 컴퓨터 사용하기
◀ **106–107** 학습 기기
◀ **114–115** 온라인 자료 정리하기
◀ **122–123** 온라인 안전
4장 참고 자료 **232–233** ▶

"우리는 이제 거의 모든 것을,
어디에서나, 언제든지 배울 수
있습니다."
알제이 자퀘스(RJ Jacquez) 블로거,
팟캐스터, 학습 상담가

▽ **구체적인 주제**
과학부터 정치, 역사, 수학에 이르기까지 모든
종류의 주제를 다루는 다양한 강좌가 있다.

온라인 공개
강좌는 대부분
무료이고 누구나
이용할 수 있다.

온라인 강좌는
언제까지 들어야
한다는 시간
제한이
없으므로, 자신의
속도에 맞춰서
공부할 수 있다.

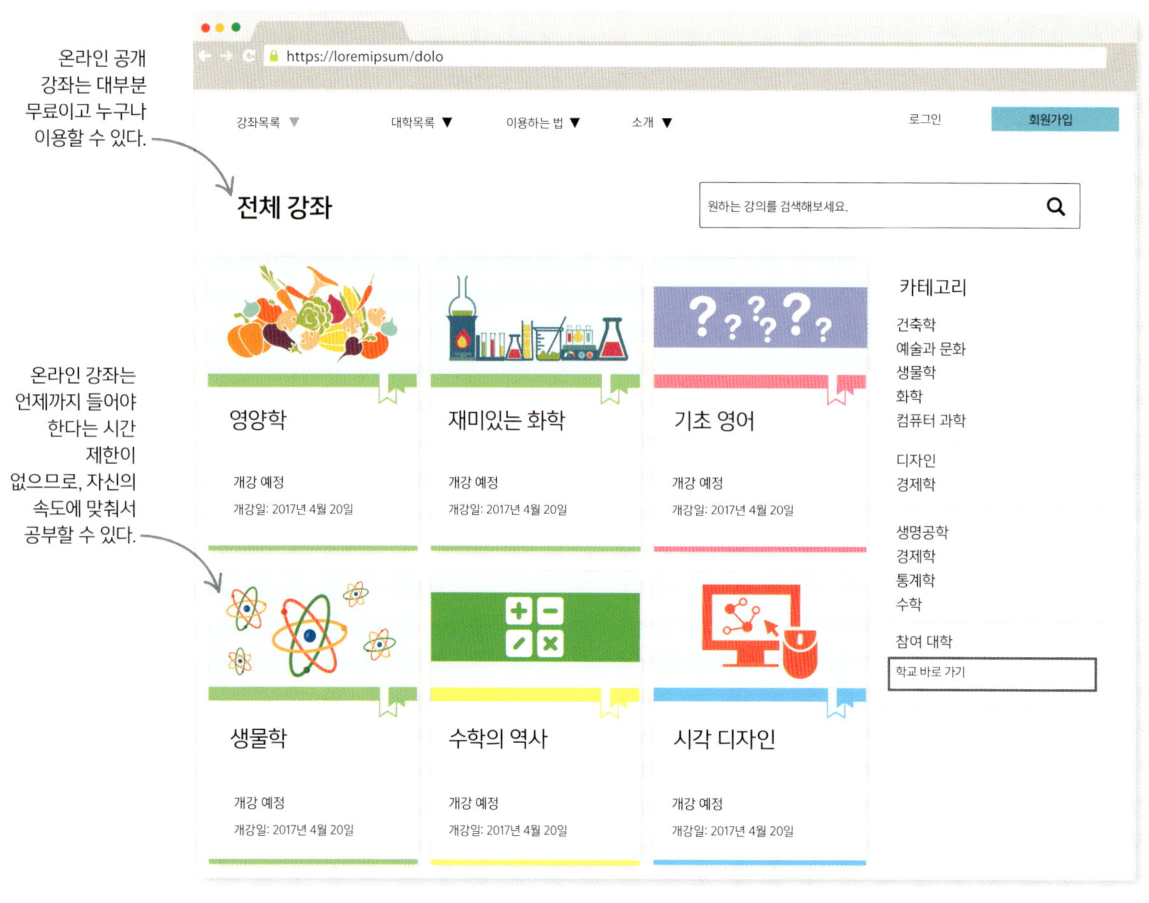

온라인 공개 강좌로 유명한 사이트

온라인 공개 강좌로 유명한 인기 있는 사이트가 많습니다. 교육 수준이 어떤 기준 이상이어야 수강할 수 있는 사이트도 있고, 누구나 들을 수 있는 사이트도 있습니다. 드물긴 하지만, 온라인 공개 강좌를 들으면 학점으로 인정해 자격증이나 증명서를 주는 사이트도 있습니다.

(우리나라에도 무료로 온라인을 통해 우수한 대학 강좌를 수강할 수 있는 한국형 무크가 있다. – 옮긴이)

▽ **인기 있는 사이트**

많은 온라인 공개 강좌에는 소통할 수 있는 토론방이 있어서, 학생들과 선생님들이 온라인에서 의견을 주고받을 수 있다. 아래는 온라인 강좌를 제공하는 사이트들이다.

https://learn.saylor.org

미국 워싱턴 DC에 있는 세일러 아카데미는 직업 훈련 강좌, 대학교 학점 강좌, 교양 강좌를 무료로 제공합니다. 강좌는 미술사, 정치 과학, 직업 개발, 공부 기술 등 다양합니다.

http://oyc.yale.edu

오픈 예일 공개 강좌 사이트에서는 미국 예일 대학교의 선생님들과 학자들이 가르치고 있는 입문 코스를 선택해서 수강할 수 있습니다. 강의는 예일 대학교 강의실에서 녹화되며, 비디오, 오디오로도 볼 수 있고, 강의 대본 형식으로도 볼 수 있습니다.

http://itunes.stanford.edu

미국 캘리포니아 주에 있는 스탠퍼드 대학교는 아이튠즈로 접속하면 학부별로 수집한 오디오 파일과 비디오 파일들을 들을 수 있는 서비스를 제공합니다. 스탠퍼드 대학교 교과목 강의, 교수진들의 연설, 행사 하이라이트와 음악 등이 있습니다.

www.connectionsacademy.com

미국 볼티모어에 있는 커넥션스 아카데미는 홈스쿨링을 위해 유치원부터 고등학교까지의 교육 과정을 무료로 제공합니다. 각 수업은 개요, 복습, 평가로 이루어지며 교과서와 기타 자료들을 사용합니다.

www.openculture.com

오픈 컬처는 전 세계 대학들로부터 받은 온라인 공개 강좌를 보여줍니다. 글쓰기 조언과 과학 기초 과목부터 세계사와 전쟁까지 다양합니다. 오디오북, 전자책, 동영상으로도 링크되어 있습니다.

http://www.kmooc.kr

한국형 무크(K-MOOC)는 서울대, KAIST 등 10개 국내 유수대학의 강좌를 진행하고 있습니다. '18년까지 총 500개 이상의 강좌 운영을 목표로 매년 강좌 수를 확대해나갈 계획입니다.

칸 아카데미

칸 아카데미가 운영하는 온라인 학습 웹사이트(www.khanacademy.org)는 가장 널리 알려진 사이트 중 하나입니다. 칸 아카데미는 나사(NASA), 뉴욕 현대 미술관, 매사추세츠 공과대학교 (MIT)와 같은 단체들과 협력하여 전문적인 콘텐츠를 제공합니다. 또한 학생들의 강점과 학습에서 부족한 점을 찾아주는 최신 맞춤형 기술을 사용합니다. 학생들은 실제 연습문제, 교육 비디오, 맞춤형 학습 처방전의 도움을 받아 과목을 공부할 수 있습니다.

▽ **전문적인 콘텐츠**

칸 아카데미 웹사이트에서 다양한 주제에 관해, 추가 자료가 풍부한 전문적이 콘텐츠를 찾아볼 수 있다.

5,000개 이상의 강좌

소프트웨어가 학습 과정을 추적해 맞춤형 수업을 제공한다.

다양한 언어로 이용할 수 있다.

복습 기술

복습 시작하기

매주, 매월 규칙적으로 짧게 복습하면 다른 학생보다 앞서 나가는 데 도움이 됩니다.

시험과 쪽지시험을 준비할 시간을 충분히 확보하는 것이 중요합니다. 일찍 공부를 시작하면 모든 것을 훑어볼 수 있고, 압박감 없이 편안하게 복습할 수 있습니다.

여기도 함께 보세요	
◀ 36–37	학습 공간
◀ 38–39	정리하기
◀ 42–43	시간 관리하기
◀ 48–49	계획표 세우기
◀ 50–51	계획표 관리하기
◀ 102–103	컴퓨터 사용하기
복습 시표	136–141 ▶
복습 카드	144–147 ▶
건강 관리	200–203 ▶

일찍 시작하기

복습하는 데 시간이 얼마나 걸릴지 계산할 때, 특히 여러 과목을 공부해야 하는 시험인 경우에는 시간을 충분히 잡아야 합니다. 안심할 수 있게 계획하려면, 시험 몇 주 전부터 복습을 시작해야 합니다. 시험 날 가장 많이 기억할 수 있으려면 내용을 한 번 이상은 복습해야 하기 때문입니다. 시간을 넉넉히 잡으면 스트레스 없이 창의적인 방식으로 복습할 수 있고, 쉬기도 하면서 좋아하는 취미도 즐길 수 있습니다.

▷ 눈에 잘 띄게 표시하기

눈에 잘 띄게 표시하면 계획을 세우는 데 도움이 된다. 달력에 시험 날짜를 형광펜으로 칠한 다음, 언제 복습을 시작해야 할지 거꾸로 계산하라.

일 년 내내 복습하기

매주 학교에서 배운 것을 복습하고, 한 달 동안 배운 내용을 복습할 시간도 정해두세요. 일 년 내내 복습하면 남들보다 앞서 나갈 수 있습니다. 평소에 복습을 해두면 실제 시험 전에는 복습하는 데 시간이 덜 걸립니다.

◁ 미리 계획하라

한 주가 끝날 때마다 주요 학습 주제를 복습할 수 있도록 시간표를 짜라.

2월	일	월	화		2017	수	목	금	토
첫째 주	01	02	03			04	05	06	07
둘째 주	08	09	10			11	12	13	14
셋째 주	15	16	17			18	19	20	21
넷째 주	22	23	24			25	26	27	28

주간 복습

월간 복습

주간 복습

한 주가 끝날 때마다, 각 과목에서 배웠던 주요 사항을 요약해서 복습 카드를 만드세요. 복습 카드는 과목마다 다른 색을 사용하는 것이 좋습니다. 아니면, 카드를 과목마다 다른 상자에 보관하는 방법도 있습니다. 복습 카드를 매주 만들면 무엇을 배웠는지 떠올릴 수 있고, 카드가 복습 자료 역할을 하므로 시험이 다가올 때 시간을 절약할 수 있습니다.

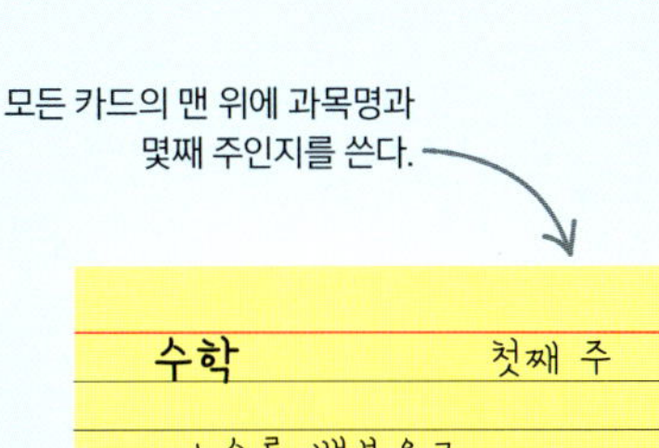

모든 카드의 맨 위에 과목명과 몇째 주인지를 쓴다.

과목마다 다른 색깔을 사용하라.

▷ **복습 카드**

글머리에 점을 찍어서 중요 내용을 요약하고, 필요하면 카드 뒷장에 상세한 내용을 적어라. 그림과 도표가 기억을 떠올리는 데 도움을 준다.

월간 복습

한 달이 끝나갈 때마다 주간 복습 카드를 복습하세요. 요점들이 어떻게 연결되는지 전체적으로 파악할 수 있고, 학교에서 배운 내용을 다시 떠올릴 수 있습니다. 규칙적으로 매달 복습하면 압박감을 느끼지 않고 더 효과적으로 정보를 조금씩 기억할 수 있으므로 공부가 더 쉬워집니다. 또한 지난 달보다 복습할 내용이 조금씩 많아지므로 공부 체력을 기를 수 있습니다.

> "성공은 매일매일 기울이는
> 작은 노력이 쌓여서
> 만들어지는 것이다."
> 로버트 콜리어(Robert Collier,
> 1885~1950), 작가

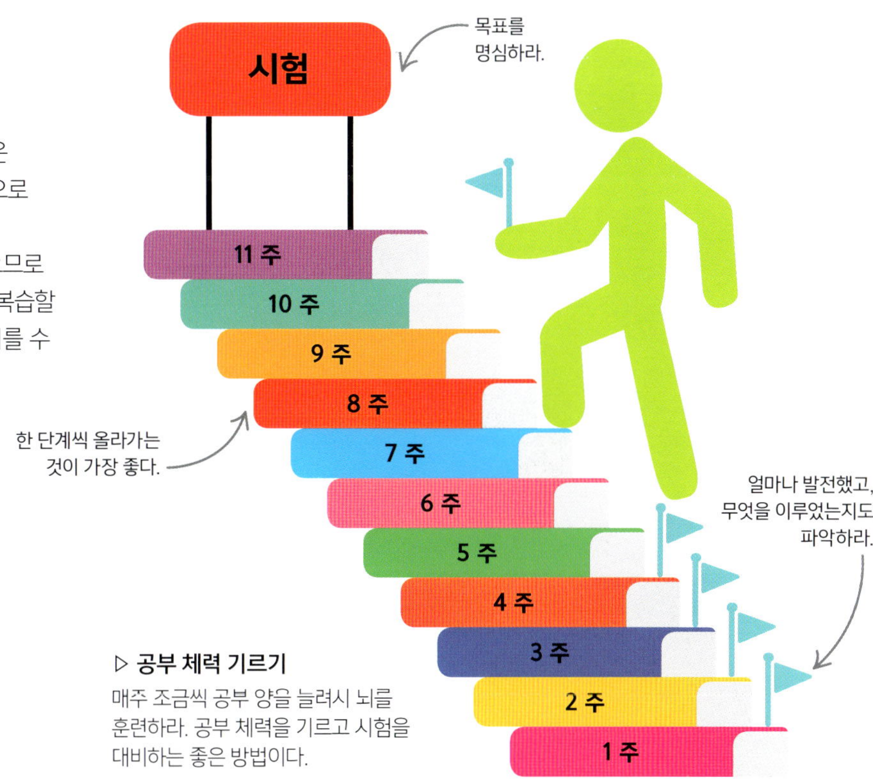

▷ **공부 체력 기르기**

매주 조금씩 공부 양을 늘려서 뇌를 훈련하라. 공부 체력을 기르고 시험을 대비하는 좋은 방법이다.

》 파일에 담아 정리하기

깔끔한 공부방은 창의력과 학습 잠재력을 높여줍니다. 책상 주변에 종이를 어지럽게 흩트려 놓지 마세요. 종이 더미가 쌓여 있으면 미루는 습관이 생기고, 혼란스러워서 필요한 자료를 찾느라 시간을 낭비하기 쉽습니다. 모든 메모와 문제지, 책들은 필요할 때 빨리 찾아볼 수 있게 깔끔하게 정리하는 것이 중요합니다. 하루를 마무리할 때 적어도 상자나 책꽂이 하나에 그날 공부한 폴더와 낱장의 종이들을 정리해두세요. 상자에 있는 자료들은 주말에 복습하고 다시 정리하면 됩니다.

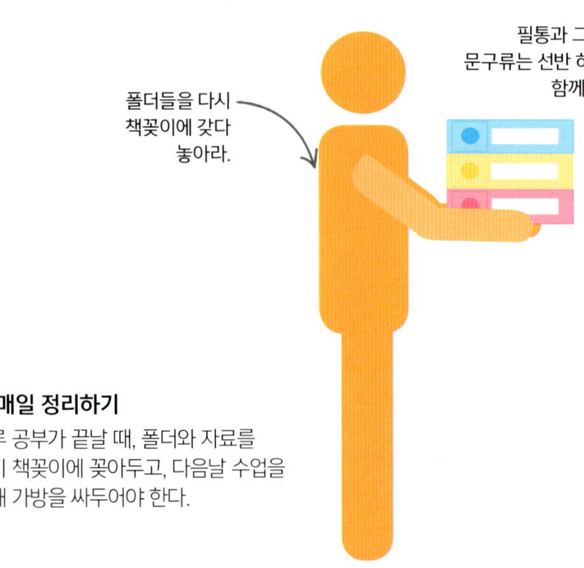

▷ **매일 정리하기**

하루 공부가 끝날 때, 폴더와 자료를 다시 책꽂이에 꽂아두고, 다음날 수업을 위해 가방을 싸두어야 한다.

도 움 말

파일 정리 요령

- 시험이 시작되기 훨씬 전에 파일 정리 체계를 만드는 것이 좋은데, 학년이 시작할 때 만들면 가장 좋습니다. 자료를 깔끔하게 정리해서 보관하면 복습을 위해 필요할 때 찾기 쉽습니다.
- 학습 자료별로 구체적인 장소나 책꽂이를 정해두세요.
- 과목마다 폴더를 따로 만드세요.
- 필요하면 세부 항목을 만드세요. 예를 들어 '학교 수업', '숙제', '복습 자료', '1주', '2주', '3주' 등으로 나누세요.
- 모든 폴더나 책꽂이 칸에 이름표를 붙이세요.
- 일주일에 한 번씩 복습 카드나 내용 요약을 만드세요.
- 매주 복습하고 파일을 정리할 시간을 정하세요.
- 파일 체계가 사용하기 쉬운지 확인하세요.

- 수업시간에 프린트를 받자마자 이름표를 붙이세요. 페이지마다 과목, 날짜와 페이지 번호를 붙이세요. 예를 들어 첫 번째 프린트에는 '1', 두 번째는 '2'라고 표시해야 합니다. 이렇게 하면 순서대로 자료를 정리할 수 있습니다.
- 논술 과제, 학교 성적표, 증명서 등 중요한 자료는 별도의 파일에 보관하세요.
- 정기적으로 파일 정리 체계를 점검하고 효과가 없으면 수정하세요.

> "모든 것은 보관될 자리가 정해져 있어야 하고, 그 자리에 있어야 한다."
>
> 벤저민 프랭클린 (Benjamin Franklin, 1706~1790), 발명가, 과학자, 정치인

컴퓨터 파일 정리

정보가 컴퓨터에 저장되어 있다면 디지털 파일을 정리하는 체계를 만드세요. 과목마다 다른 폴더를 만드세요. 모든 문서는 나중에 쉽게 찾을 수 있도록 알아보기 쉬운 이름을 붙이고 올바른 장소에 저장하세요. 공유된 컴퓨터라면 학생별로 주요 폴더를 만드세요. 컴퓨터가 고장 날 때를 대비해 모든 파일을 정기적으로 백업해두어야 합니다.

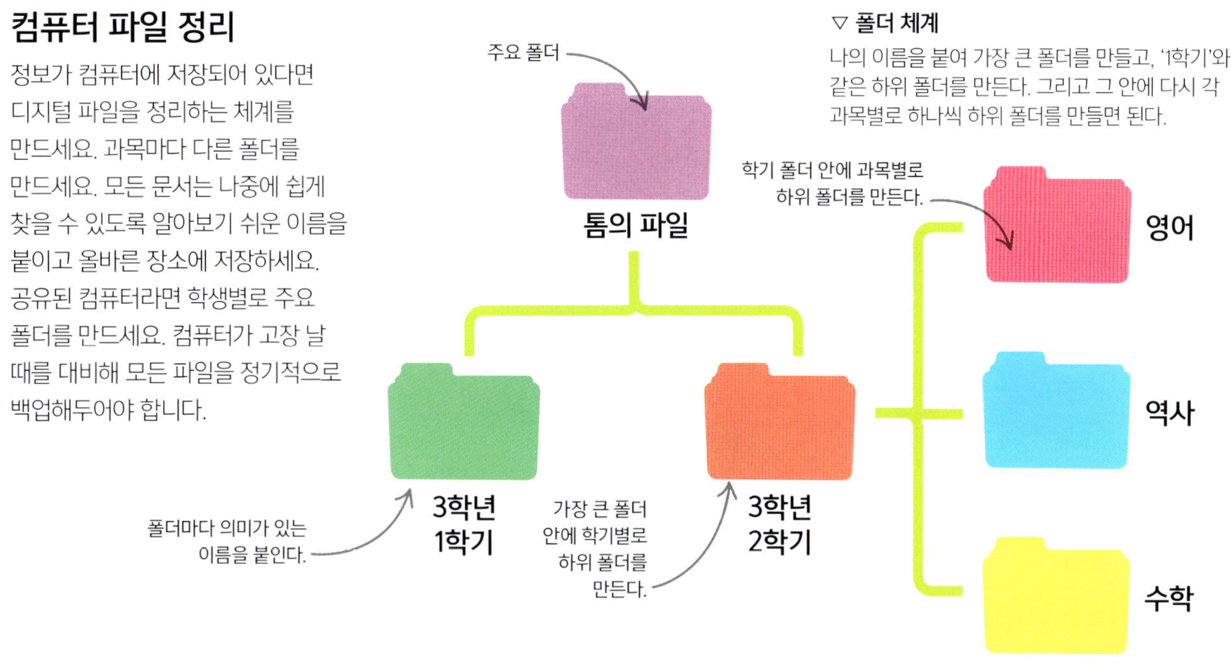

단계적 학습을 여행이라 생각하자

한 학년은 학기와 월, 주로 나눌 수 있는 여행과 같습니다. 여행하다 어느 지점에 도달하면 배운 지식을 테스트해야 합니다. 시험은 1년에 한 번 또는 여러 번 볼 수도 있습니다. 1년 동안 배울 과정을 전체로 보고, 모든 과목을 한 번에 공부하겠다고 생각하면 버거울 수 있습니다. 하지만 공부할 내용을 이해할 수 있는 여러 단계로 나누면, 훨씬 감당하기 쉬울 것입니다.

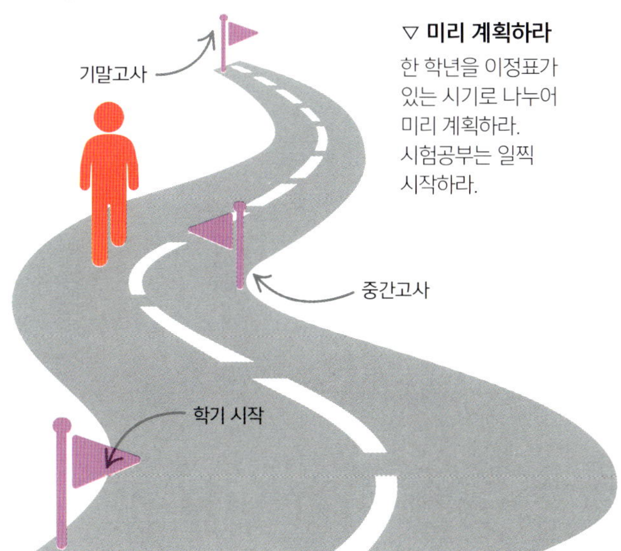

▽ 미리 계획하라
한 학년을 이정표가 있는 시기로 나누어 미리 계획하라. 시험공부는 일찍 시작하라.

지식의 성장

복습은 식물을 기르는 것과 같습니다. 규칙적으로 조금씩 공부하면, 시간이 지나면서 큰 발전을 이룰 수 있습니다. 흙에 씨앗을 심고, 매주 물을 조금씩 주면서 식물이 자라는 모습을 보세요. 하룻밤 사이에 나무가 되지는 않지만, 우리가 거의 알아차리지 못하는 사이 꾸준히 자랄 것입니다. 마찬가지로 학습도 시간이 걸리므로 다음에 이룰 작은 목표에 초점을 두고 매일 조금씩 공부하면, 시간이 지나면서 큰 결실을 거둘 수 있습니다.

▽ 규칙적 학습
단계적으로 자라나는 식물처럼, 매일 조금씩 공부해서 지식을 꾸준히 키울 수 있다.

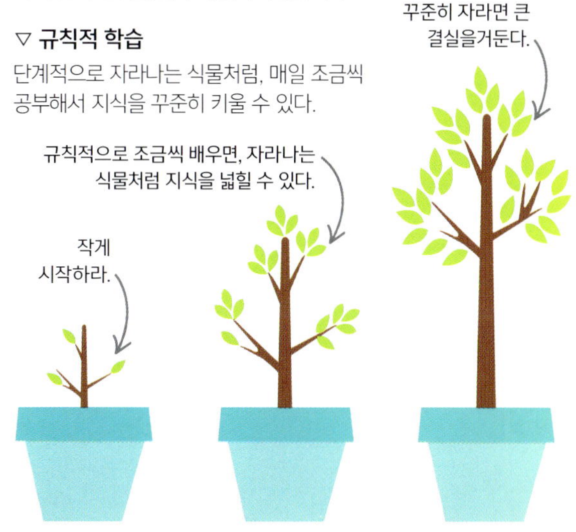

복습할 때 흔히 생기는 문제

학생들이 더 효과적으로 복습하기 위해 사용할 다양한 전략들이
있습니다.

여기도 함께 보세요	
◀ 24–25	학습 의욕 다지기
◀ 26–27	적극적 학습
◀ 40–41	집중하기
◀ 42–43	시간 관리하기
◀ 76–77	암기 기술 끌어올리기
기억과 뇌	154–155 ▶
시험 스트레스란?	192–195 ▶

복습할 때 가장 흔히 생기는 문제로는 시험 직전 벼락치기
공부하기, 이해하지 않고 그냥 외우기, 미루는 습관 등이
있습니다.

벼락치기 공부하기

엄청나게 많은 정보를 짧은 시간에 공부하는 것은 힘듭니다. 일주일
내내 굶었다가 일주일 치 식사를 하루 만에 다 먹어치우겠다고
계획하는 사람은 없을 겁니다. 복습도 마찬가지입니다. 학습량을
작게 나눠서 조금씩 규칙적으로 공부하는 것이 많은 정보를 짧은
시간에 공부하는 것보다 훨씬 효과적입니다.

▷ 잘게 쪼개어 공부하기

벼락치기 공부를 피하려면, 일찍 공부를 시작하고
복습 계획을 세우는 것이 가장 좋다. 뇌는
한꺼번에 들어오는 큰 정보보다 잘게 쪼개진 작은
정보를 더 잘 이해한다.

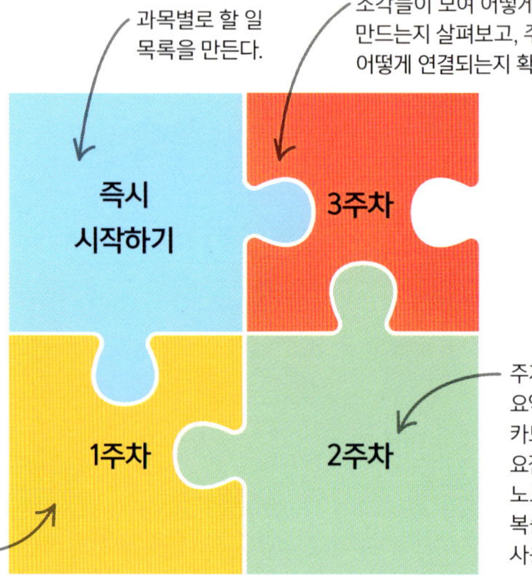

연결고리 만들기

정보를 따로따로 외우는 것은 도움이 되지 않습니다.
전체적인 맥락에서 자료를 보고 주제 전체를 이해하는
디딤돌로서 핵심적인 정보의 조각들을 이용해야 합니다.
배운 자료는 문제를 해결하기 위해 사용할 수도 있고, 다른
과목에도 적용할 수 있지만, 그러기 위해선 내용을 정확히
이해해야 합니다.

▷ 디딤돌

주요 정보는 디딤돌 역할을 해서 그 과목을
전체적으로 이해하게 돕는다. 자료를 충분히
이해해서 다른 주제와 다른 과목과도 관련짓는 것이
학습 목표다.

과목 이해하기

다음은 어떤 과목을 보다 잘 이해하기 위한
몇 가지 전략입니다.

- 자신만의 표현으로 노트를 정리하세요.
- 이해되지 않는 부분은 수업 시간에 질문하
  세요.
- 노트를 반 친구들과 비교하고 내용을 토론
  하세요.
- 새로 배운 정보를 전에 배운 내용과 연결
  하세요.
- 노트로 이야기를 만들어보세요.
- 다음 주제를 예측하세요. 예를 들어 '이야
  기'가 다음엔 어떻게 이어질지 생각해보
  세요.

이해하지 않고 그냥 외우기

시험은 정보를 알고 있는지, 이해하고 있는지를 묻는 것입니다. 의미를 이해하지 않고 그냥 외우는 것은 퍼즐 조각을 맞출 때 큰 그림을 생각하지 않고 무턱대고 조립하는 것과 같습니다. 선생님들은 여러분이 암기한 말들을 단순히 나열하기를 바라지 않습니다. 자료를 제대로 이해했는지 파악하려고 시험을 치르는 것입니다.

자세한 내용을 따로따로 그냥 외워서는 주제 전체를 이해할 수 없다.

내용에 집중하면 더 큰 그림을 볼 수 있다.

△ **전체를 이해하기**

작은 조각들이 어떻게 딱 들어맞아서 주제에 관한 그림을 만드는지 주목하라. 퍼즐 조각 하나하나는 다른 조각들이 올바른 장소에 자리 잡고 있지 않으면 별 의미가 없다.

시험 후에는

시험 공부할 때 특별히 외웠던 정보는 시험이 끝나면 곧 잊어버린다고 연구 논문들은 밝히고 있습니다. 그러나 의미를 제대로 이해했던 정보는 머릿속에 박혀 장기 기억에 저장되고, 나중에 다시 떠오를 수 있습니다.

이해했던 주제는 필요할 때 떠올리기 쉽다.

◁ **의미는 기억을 돕는다**

의미에 집중했던 학생은 시험 볼 때 공부한 내용을 잘 기억해 내고 몇 주가 지난 후에도 자세히 기억하기도 한다.

》 미루는 습관

복습을 미루면 나중에 해야 할 학습량이 늘어납니다. 그러면 감당하기 버겁다고
느껴 압박감과 스트레스 수치가 증가합니다. 미루는 습관을 해결하는 가장 좋은
방법은 짧게 규칙적으로 복습하도록 시간표를 만들고, 공부한 후에는 자신에게 상을
주는 것입니다. 제시간에 복습을 끝내면 성취감도 느낄 수 있습니다.

▽ 일찍 시작하기

짧게 규칙적으로 하는 복습은 긴 시간 동안 하는
복습보다 효과적이다. 하루 만에 모두 공부하기는
힘들므로 일찍 시작하는 것이 좋다.

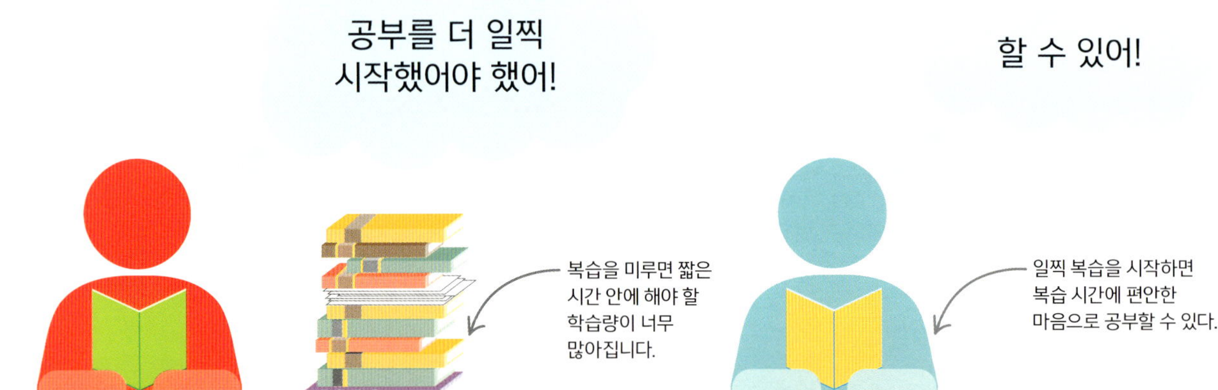

집중을 방해하는 요소 없애기

산만해지는 것은 복습할 때 나타나는 가장 흔한 문제 중
하나입니다. 공부에 주의를 기울여서 집중해야 합니다.
공부하는 데 방해를 받으면 흐름이 끊길 뿐 아니라,
뇌에서 정보를 제대로 처리하지 못해 나중에 다시
기억하기가 힘듭니다. 공부할 때 산만해지는 것을 막을
방법을 찾아서 실천하세요.

공부할 때 종종 방해됐던
요소들의 목록을 각자에게
맞게 만들 수 있다.

산만해지는 것을 피하는 법

1. 주변 사람들에게 여러분이 공부하고 있다고
   알리세요.

2. 여러분을 산만하게 만들 수 있는 불필요한
   전자 기기와 앱을 끄세요.

3. 집중력을 유지할 수 있도록 학습 목표를
   세우세요.

4. 책상을 정리하고 어지러운 물건들을 치워서
   공부하기 가장 좋은 환경을 만드세요.

5. 공부 시간에 필요 없는 물건들은 모두
   치우세요.

▷ 집중력을 유지하는 방법

산만해지는 것을 피하기 위해서는
공부하는 동안 전자 기기들을 끄고
정해진 목표에 집중하는 것이 가장 좋다.

학습 의욕 부족

학습 의욕 부족은 흔히 생기는 문제인데, 이것은 공부를 미루는 습관으로 이어질 수 있습니다. 공부하겠다는 마음이 생기지 않는 이유를 분석하고 고민해야 합니다. 몸이 피곤하다면 잠을 더 자야 합니다. 학습 자료가 흥미롭지 않다면 흥미롭게 공부할 방법을 찾아야 합니다. 스스로 학습 의욕을 자극할 방법은 많습니다. 사람마다 문제가 다르므로 다양한 전략으로 실험해 보고, 어떤 방법이 가장 효과적인지 알아내세요.

▽ **학습 의욕을 찾기 위한 전략**
학습 의욕을 높여주는 것들의 목록을 만들고, 복습을 시작할 때 그것을 사용하라.

창의력 일깨우기

창의적으로 재미있게 공부하면 학습 의욕이 올라갑니다. 어떤 학생들은 수업 시간에 받은 자료를 자기만의 복습 자료 만들거나 노트 필기하는 것을 좋아합니다. 여러 가지 색깔을 써서 눈에 띄게 만들면 좋습니다. 스스로 공부할 내용을 시각 자료로 만들면 기억력 향상에도 도움이 됩니다.

창의적으로 공부하세요. – 공부를 재미있게 하면 쉽게 끝낼 수 있습니다.

20분의 복습 시간으로 시작하세요.

달성할 도전 과제를 만드세요.

음악이나 좋아하는 노래를 들으며 공부를 시작하세요.

공부가 끝나면 상을 주세요. 원하던 것이면 무엇이든 좋습니다.

압박감을 느낄 때

할 일이 많으면 압박감을 느끼는 것은 당연합니다. 압박감을 극복하는 비결은 할 일 목록을 만드는 것입니다. 그런 다음 큰일을 작고 실천하기 쉬운 일로 나누어, 각각 언제 할지 정하세요. 일단 작은 계획이나 일정을 세우고 나면, 마음이 더 차분해지면서 할 일을 잘 처리하고 있다고 느끼게 될 것입니다.

▷ **쉬운 학습 사이클**
'계획하기', '실천하기', '확인하기', '반성하기' 단계를 통해 학습 사이클을 향상하고 학습 과정을 더 효율적으로 만들 수 있다.

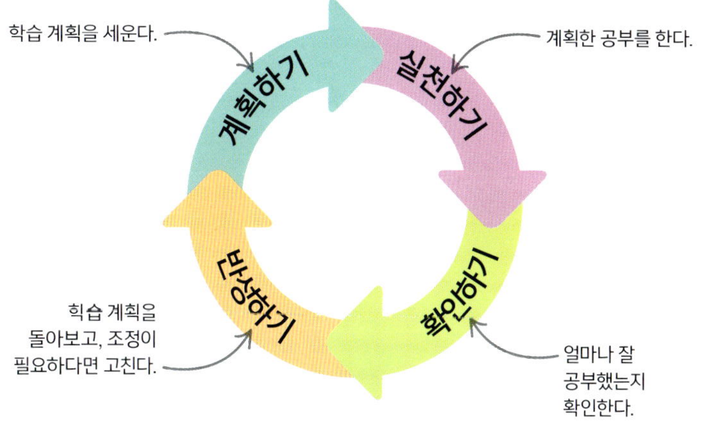

복습 시간표

복습 시간표는 각 과목을 언제 그리고 얼마나 오래 복습할지를 다시 떠올리게 해줍니다.

여기도 함께 보세요	
◀ 48–49	계획표 세우기
◀ 50–51	계획표 관리하기
◀ 128–131	복습 시작하기
5장 참고 자료	236–239 ▶

복습 시간표는 매일 해야 할 공부량을 전체적으로 보여주고, 차분하게 일정대로 복습하게 하며, 얼마나 많이 공부했는지도 알게 해줍니다.

도 움 말

학습 자료 정리하기

책과 폴더를 주제별로 분류할 때, 색깔별 꼬리표를 붙이세요. 그래야 어떤 주제를 복습하기 시작할 때 쉽게 찾을 수 있습니다. 1년 내내 자료를 정리하여 보관하는 습관을 들이는 것이 좋습니다. 과목마다 다른 색깔을 사용하세요.

우선순위 목록 만들기

복습 시간표를 만들려면 몇 가지 준비가 필요합니다. 먼저 시험 볼 과목들을 모두 목록으로 만들고, 자신의 강점과 약점에 따라 우선순위를 정하세요. 예를 들어 1부터 5까지의 숫자로 우선순위를 매길 때, 1은 자기가 잘하는 과목이나 주제, 4와 5는 힘들고 어려운 과목이나 주제로 정합니다. 이 숫자는 과목마다 복습 시간을 얼마나 길게 잡아야 하는지 알려줍니다. 약한 과목은 복습 시간을 더 길게 잡아야 합니다.

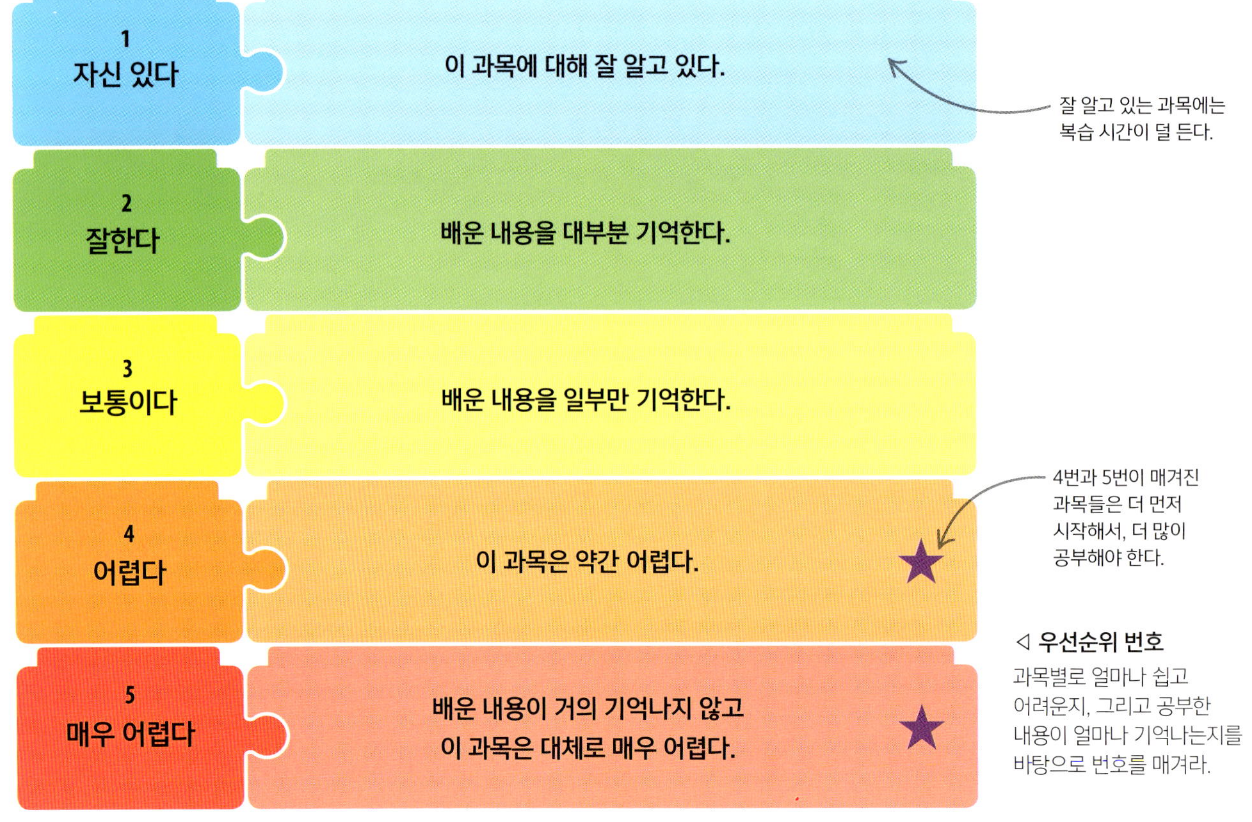

잘 알고 있는 과목에는 복습 시간이 덜 든다.

4번과 5번이 매겨진 과목들은 더 먼저 시작해서, 더 많이 공부해야 한다.

◁ **우선순위 번호**

과목별로 얼마나 쉽고 어려운지, 그리고 공부한 내용이 얼마나 기억나는지를 바탕으로 번호를 매겨라.

복습할 주제 고르기

복습의 목표는 학교에서 배운 교재를 이해하는 것이고, 그 내용을 잘 알고 있음을 시험에서 증명하는 것입니다. 어떤 과목이 남들보다 쉽게 느껴지거나, 별 노력을 기울이지 않고도 내용을 기억할 수 있는 경우가 있습니다. 수업이 즐거웠거나 창의적인 연구 과제와 관련되어 있으면 그런 일이 생깁니다. 특정한 주제가 잘 기억된다면, 많이 복습할 필요가 없을 것입니다. 모든 과목을 목록으로 만들고, 시험을 보는지 안 보는지 확인하세요. 그런 다음, 우선순위를 매겨(136쪽 참조) 복습 시간을 얼마나 잡아야 할지 결정하세요.

▷ **우선순위**
오른쪽 표는 우선순위 목록의 예다. 직접 표를 만들면 어떤 과목에 복습 시간이 더 필요한지 헤아려볼 수 있다.

복습할 주요 과목	시험	우선순위 번호
영어	○	4
수학	○	5
역사	○	3
생물학	○	2
음악	X	–
물리학	○	2
미술과 디자인	X	–
지리학	○	3

과목을 주제별로 나누세요

과목을 개개의 주제들로 나누어야 복습 시간표를 만들 때 구체적인 시간대를 정할 수 있습니다. 과목 전체를 복습하려면 압박감을 느끼지만, 한 번에 한 주제씩 복습하면 쉽게 해낼 수 있습니다. 책과 공책을 훑어보면서, 과목별로 주제들을 구분한 후에 목록을 만드세요.

한 과목 안에 있는 다른 주제에 대해서는 다른 포스트잇 꼬리표를 사용하라.

▷ **교재에 꼬리표를 붙여라**
주제가 같은 부분에 꼬리표를 붙여라. 그렇게 하면 나중에 특정 주제와 관련된 모든 내용들을 쉽게 구별할 수 있다.

선택적 학습

시험을 보는 과목별로 주제 목록을 만들었으면, 각 주제에 우선순위 번호를 매길 수 있습니다. 이 숫자는 각 주제를 공부하는 데 시간이 얼마나 걸릴지 결정하는 기준이 됩니다. 우선순위 번호를 보면서, 주제별로 복습 시간을 몇 차례 가질지, 복습 시간은 얼마로 정할지 생각하면서 복습 시간표를 짜야 합니다.

지리학	
복습할 주제	**우선 순위 번호**
물과 강	3
생태계	5
빙하 지형	2
날씨와 기후	1
기후 변화	4

생물학	
복습할 주제	**우선순위 번호**
식물	3
동물	1
인체	2
곰팡이	4

△ **주제 목록**
과목별로 주제 목록을 만들어 공부를 시작해야 한다.
우선순위 번호는 주제에 관해 얼마나 많이 기억하는지로
결정한다.

얼마나 오래 공부해야 할까?

비교적 쉽거나 이미 잘 알고 있는, 우선순위 1번의 주제는 복습 시간표에 한 번만 넣으면 됩니다. 예를 들어 자신이 잘 아는 주제는 30분짜리 복습 시간 한 번이면 충분하겠지만, 우선순위 4번과 5번처럼 잘 모르는 주제는 복습 시간을 길게 여러 번 잡아 확실히 오래 기억할 수 있도록 해야 합니다.

△ **복습 시간표 배정**
위 표는 제안 사항일 뿐이니 주제와 여러분의
나이에 맞게 조정해야 한다.

도움 말

시간 재보기

복습 시간 배정은 학습량과 자료의 복잡성에 따라 다를 수 있습니다. 30분이나 45분 안에 얼마나 많이 복습할 수 있는지 '테스트' 해보는 것도 좋은 방법입니다. 테스트 결과에 따라 복습 횟수와 복습 시간의 길이를 조절하면 됩니다.

휴식하기

한 번에 오랫동안 공부하는 것보다는 규칙적으로 쉬면서 짧게 여러 번 복습하는 것이 더 효과적입니다. 어린 학생들은 30분간 공부하고 10분을 쉬어야 하지만, 10대는 더 오래 집중력을 유지할 수 있으므로 45~60분간 공부하고, 15분간 쉬는 게 좋습니다. 복습 시간들 사이에 휴식을 취하는 것은 중요합니다. 휴식하는 동안 뇌는 정보를 처리할 수 있고, 학생들은 기분을 전환하여 집중력을 유지할 수 있습니다.

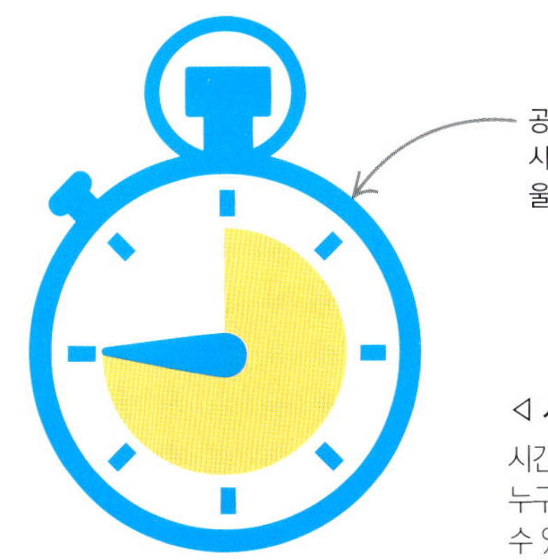

공부 시간이 끝나고 휴식할 시간에 자명종이나 타이머가 울리도록 설정하라.

◁ **시간 제한하기**

시간제한을 두면 공부를 시작하기 쉽다. 누구나 30~45분 정도는 집중해서 공부할 수 있기 때문이다.

복습 시간표 만들기

효과적인 복습 시간표를 만들고 색깔별로 분류해두세요. 주간 계획을 일찍 세우면 밀리지 않고 공부를 해나갈 수 있고, 언제 무엇을 공부해야 하는지도 잘 알 수 있습니다. 일정표만 따라 하면 되므로 복습하기도 쉽습니다. 시간표를 짤 때는 공부한 자료를 암기하고 테스트하기 위한 정리 또는 요약 시간을 넣어야 합니다. 갑작스러운 일이 생기면 시간표를 조절할 수 있도록 자유 시간도 포함시키세요.

> "계획을 세우지 않는 것은 실패하겠다는 계획을 세우는 것과 같다."
> 윈스턴 처칠(Winston Churchill, 1874~1965), 정치인

◁ **주간 시간표**

과목별 복습 시간표를 색깔로 구분해야 한다. 취미 생활, 사교 모임, 친구들 만나는 시간뿐 아니라 휴식 시간까지도 넣어야 한다. 그래야 무리하게 공부하지 않고 스트레스도 받지 않는다.

영역	오전	오후	저녁
물영역	물과 강	해안	생태계
	자유 시간	자유 시간	자유 시간
	물과 강	생태계	복습: 물과 강+해안+생태계
	자유 시간	취미 시간	친구들 만남
화영역	식물	인체	생태계
	자유 시간	자유 시간	운동 시간
	동물	복습: 식물+동물+인체	날씨와 기후
	비디오 게임	자유 시간	복습: 생태계+날씨와 기후

한 과목을 복습할 때, 한 번에 여러 주제를 함께 복습해도 된다.

색깔별 분류

- 지리학
- 생물학
- 친구를 만나거나 취미 생활
- 휴식

⟫ 어떤 상을 받을지 계획하기

보상은 학습 의욕을 올리고 복습을 시작하게 만드는 좋은 방법입니다. 자신에게 줄 작은 상을 미리 계획하고, 복습 시간이 끝날 때마다 상을 주세요. 하루나 일주일이 끝날 때, 모든 공부를 마쳤으면 더 큰 상을 준비하세요. 보상에는 친구와 놀기, 좋아하는 간식 먹기, 게임하기, TV 보기, 취미활동 하기, 영화 보러 극장 가기 등이 포함됩니다. 사람마다 학습 의욕을 불러일으키는 동기가 다르므로 자기가 좋아하는 상을 목록으로 만드세요. 부모님이나 친구들과 함께할 수 있는 일을 상으로 정해도 좋습니다.

▷ 상은 학습 의욕을 높인다

해야 할 공부를 계획할 때, 성공적으로 공부를 끝내면 어떤 상을 받을지도 정해야 한다. 상은 학습 의욕을 높이고 집중을 방해하는 것들을 멀리하게 해준다. TV처럼 산만하게 만드는 것들은 공부를 마친 후에 특별한 보상으로 즐길 수 있다.

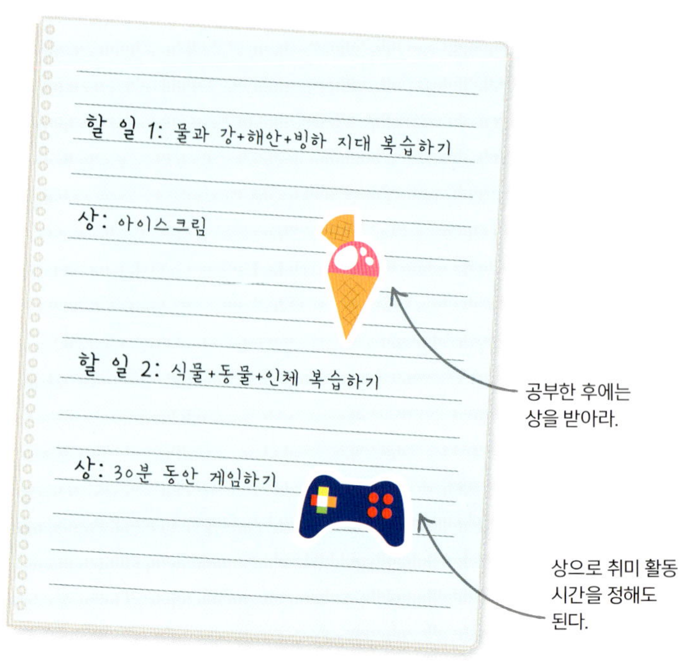

계획대로 실천하기

복습을 제대로 진행하고 계획된 시간표를 따르는 것이 중요합니다. 자유 시간이 여러 번 들어 있는 융통성 있는 시간표를 짜세요. 그래야 사정이 생길 때 일정을 조절할 수 있습니다. 게다가 효과적인 시간표를 짜는 것도 학습 과정의 일부입니다. 한 주가 끝날 때 계획대로 잘 실천했는지 돌아보고, 다 실천하지 못했다면 다음 주 계획을 수정하세요. 시간이 지나면서 차츰 어떤 방법이 효과가 있고, 어떤 방법이 효과가 없는지 깨닫고, 알맞게 계획을 수정할 수 있을 것입니다.

<table>
<tr><td>도움말</td></tr>
<tr><td>학습 의욕 잃지 않기</td></tr>
<tr><td>무엇이 공부 의욕을 높이는지 생각해보고, 그것을 열심히 공부하도록 스스로를 격려하는 방법으로 삼아야 합니다. 목표를 세운 후, 받고 싶은 상 또는 의욕을 올릴 만한 글이나 그림을 책상 근처에 두세요. 학습 의욕을 잃지 않고 순조롭게 진행하려면, 창의적으로 공부하고 다양한 복습 전략을 사용하세요.</td></tr>
</table>

▷ 융통성 발휘하기

갑자기 일이 생기면 자유 시간을 다른 일정과 바꿔서 쓸 수 있다. 이렇게 하면 계획대로 잘 실천할 수 있다.

11시에 개인 지도 받을 일이 생기면, 지리학 공부를 첫 번째 자유 시간으로 옮긴다.

영역	오전		오후		저녁
	물과 강		해안		생태계
	자유 시간	점심시간	자유 시간	저녁시간	자유 시간
	물과 강		생태계		복습 : 물과 강+해안+생태계
	자유 시간		취미 시간		친구들 만남

복습 검토하기

한 번만 복습해서는 충분치 않습니다. 공부한 내용을 규칙적으로 검토하고 확인하면 더 잘 기억할 수 있습니다. 복습 시간표에 검토 시간을 정하는 것이 좋습니다. 검토 시간은 보통의 공부 시간보다 약간 길어야 합니다. 검토 시간을 자기 평가 시간으로 삼아, 스스로 테스트해볼 수 있습니다. 주제별로 기억나는 것들을 써 보고, 중요한 사항을 빠뜨리지 않았는지 확인하세요. 또는 플래시 카드를 사용하는 방법 등으로 부모님이나 반 친구들과 함께 검토해도 됩니다.

▷ **복습 시간 짜기**

그날 공부한 주제를 복습하는 시간을 짜라. 얼마나 많이 기억하는지 확인하려면 주제별로 요약하면 된다. 요약하다 보면 기억이 되살아날 것이다.

요일	오전	점심시간	오후	저녁 시간	저녁
휴일	물과 강		해안		생태계
	물과 강		자유 시간		자유 시간
	생물학 개인 지도		생태계		복습 : 물과 강+해안+생태계
	자유 시간		취미 시간		친구들 만남
학교일	식물		인체		생태계
	자유 시간		자유 시간		운동 시간
	동물		복습: 식물+동물+인체		날씨와 기후
	비디오 게임		자유 시간		복습 : 생태계+날씨와 기후

시간표 조절하기

시간표를 따르기 어려운 학생도 있을 것입니다. 그렇다면 시간표대로 지킬 수 없는 이유가 무엇인지 알아야 합니다. 학습량을 너무 무리하게 잡았거나 시간표를 융통성 없이 빡빡하게 짰을지도 모릅니다. 학습 시간을 너무 길게 잡았을 수도 있습니다. 쉽게 지킬 수 있어야 좋은 시간표입니다. 오른쪽 체크리스트가 제시하는 방법을 따르면 계획대로 실천할 수 있을 것입니다.

시간표를 잘 짰는지 살펴보려면, 이 체크리스트와 자기 시간표를 비교해보면 된다.

▷ **좋은 시간표 만들기**

공부 시간표를 짤 때 명심해야 할 사항이 몇 가지 있다. 오른쪽 체크리스트는 시간표를 만들 때 기억해야 할 것들을 잘 보여준다.

복습을 위한 적극적 학습

적극적 학습 전략을 쓰면, 더 오래 잘 기억할 수 있고 복습을 보다 흥미롭게 할 수 있습니다.

'적극적'이란 단어는 '행동하다'란 의미가 들어 있고, 학습 과정에 활발히 참여하는 것을 말합니다. 따라서 적극적인 학생은 다양한 전략을 사용합니다.

여기도 함께 보세요	
◀ 26–27	적극적 학습
◀ 28–29	책임감 느끼기
◀ 58–59	읽기 기술 끌어올리기
◀ 68–69	적극적인 듣기 기술
◀ 124–125	온라인 강좌의 혁명
읽기	148–149 ▶
기억과 뇌	154–155 ▶
머리 식히기	204–205 ▶

적극적 학습과 소극적 학습

소극적 학습은 몰두하거나 생각하지 않고 공부하는 것을 말합니다. 어려운 일에 몰두하지 않으면 뇌는 잠들고 맙니다. 적극적 학습으로 자료에 주의를 기울이며 그것들을 분류해야 합니다. 그리고 집중력을 유지하려면 뛰어난 사고 기술과 다양한 적극적 학습 방법을 사용해야 합니다. 이런 식으로 배운 정보는 더 쉽게 장기 기억으로 처리되고 저장됩니다.

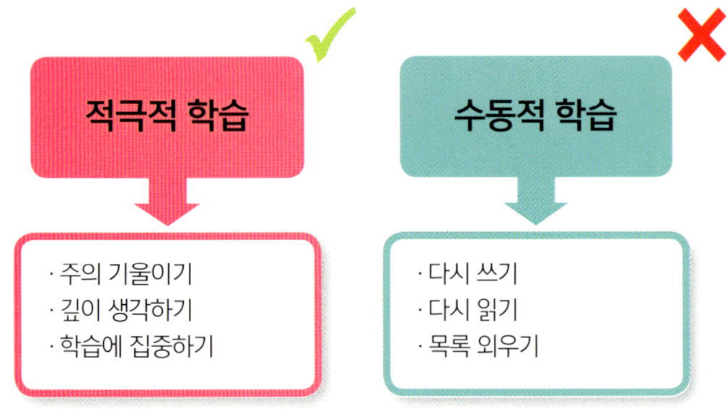

뇌가 적극적으로 활동할 수 있게 만들기

뇌는 짧고 규칙적인 복습을 통해 훈련할 수 있는 근육과 같습니다. 뇌 근육을 활성화하려면 자료를 철저히 공부하고, 마음속에 그려 보고, 전체적인 맥락과 관련짓고, 적극적으로 반복 훈련해야 합니다. 적극적인 학습 전략은 배운 내용을 빨리 떠올려야만 하는 시험에 대비하는 가장 효과적인 복습 방법입니다.

▽ **기억은 어떻게 작동할까**

감각을 통해 정보가 들어오면, 적극적으로 몰두해 공부하고, 암호로 바꿔서 저장하고 반복한 후 떠올리는 연습을 해야 한다.

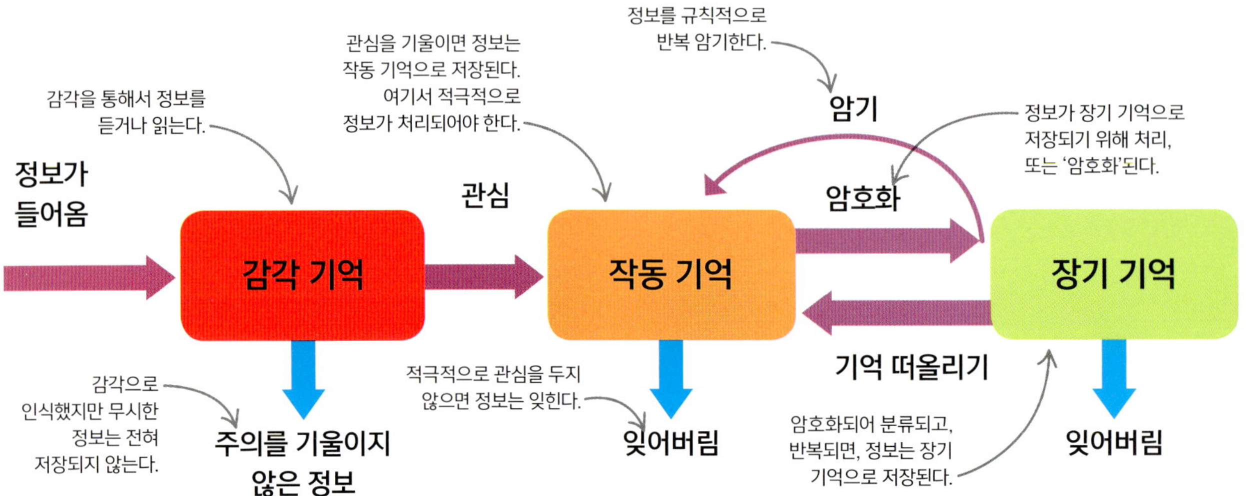

적극적 학습 전략의 예

공부한 내용이 기억나지 않는 이유는 배운 것을 잊어버리는 것이 아니라, 공부할 때 주의를 충분히 기울이지 않았기 때문입니다. 적극적 학습 전략은 복습 시간을 잘 활용할 때도 사용됩니다. 적극적 학습 전략을 쓰면 더 빨리 배우고, 더 많이 기억하며, 재미있게 공부할 수 있습니다. 어떤 전략은 다른 전략보다 효과적입니다. 다양한 전략들을 시도해 보고 자신에게 가장 잘 맞는 방법을 사용하세요.

▽ **다양한 전략들**

아래 표에 적극적 학습 전략이 있다. 자신에게 맞게 내용을 수정하거나 덧붙여도 좋다.

적극적 학습 전략	설명
분류하기	정보를 종류별로 묶는 것은 그것이 어떤 주제에 속하는지 분석하는 과정의 일부입니다. 정보를 분류하면서 종류별로 자기 생각을 떠올릴 수 있습니다. 가끔은 여러 종류에 속하는 정보가 있을 수도 있습니다. 이렇게 생각하고 결정하는 과정은 집중력이 필요하므로 적극적 학습입니다.
색깔별 분류 / 형광펜으로 칠하기	주요 정보를 여러 색깔로 강조하려면, 어떤 정보가 중요한지 결정해야 합니다. 이 전략은 분류하기 전략과 함께 써야 효과가 좋습니다. 종류별로 다른 색깔을 사용하면 되기 때문입니다. 색깔은 특히 시각적 학습자에게 효과가 좋고, 형광펜으로 칠하는 동작은 운동 감각적 학습자에게 더 오래 기억에 남게 합니다.
요약하기	정보의 의미를 생각하는 단계를 거쳐야 하는, 핵심 사항 요약하기도 적극적 전략의 하나입니다. 자료를 자기만의 표현으로 요약하면서 정보를 제대로 이해했는지 확인할 수 있습니다. 또 자신만의 표현으로 정리하면 더 잘 기억할 수 있습니다.
그리기 / 시각화하기	정보를 나타낼 시각 자료를 만들려면, 어떻게 해야 자료를 가장 잘 표현할지 적극적으로 생각해야 합니다. 이런 생각은 주제를 이해했을 때에만 가능합니다. 시각 자료를 그리거나 마음속에 시각화하면 적극적으로 공부에 빠져들게 됩니다. 그림을 그리면서 색깔을 사용하면 더 잘 외울 수 있습니다.
도표 만들기	그리기와 비슷하지만, 그림보다는 표와 도표로 정보를 나타내는 방식입니다. 이 전략을 쓰려면 자료를 이해하는 데 적극적으로 초점을 맞춰야 합니다. 표와 도표 역시 자료를 더 잘 기억하는 데 도움이 됩니다.
지식을 실생활에 적용하기	이론적인 정보를 실생활에 적용하여 실제 사례를 들기 위해서는 상상력, 높은 사고력, 적극적으로 공부에 몰두하게 하는 집중력이 필요합니다. 학생들은 딱딱한 이론보다는 실제적인 예를 더 잘 기억하는 경우가 많으므로 이론과 사례를 결합하면 뛰어난 학습 전략이 됩니다.

도 움 말

공부할 때는…

가능하면 학습법에 변화를 주고 서로 다른 전략들을 결합해보는 것이 도움이 됩니다. 연습을 거듭할수록 공부가 얼마나 쉬워지는지, 얼마나 더 많이 기억할 수 있게 되는지 알 것입니다. 자기가 좋아하는 적극적 학습 전략의 목록을 만들고, 공부할 때 사용할 수 있도록 잘 보이는 곳에 붙여 두세요. 다음은 공부할 때 사용할 수 있는 방법들입니다.

- 아이디어 연결하기
- 분석하기/평가하기
- 개요 쓰고 계획 짜기
- 질문과 대답 형식으로 노트 다시 쓰기
- 그룹으로 공부하기
- 스스로 테스트하기

"내게 말해주면 잊어버릴 것이고, 나를 가르치면 기억할지도 모르지만, 나를 열중하게 만들면 배울 것이다."

벤저민 프랭클린(Benjamin Franklin, 1706~1790), 발명가, 과학자, 정치인

복습 카드

배워야 할 내용을 적은 공책이나 이미지들을 이용해 복습 카드를 만드세요.

복습 카드의 내용은 보통 앞에 점을 찍고 요점이나 핵심어를
쓰거나, 시각 자료를 포함시켜 만듭니다. 복습 카드를 자주
읽으면 기억을 오래 유지할 수 있습니다.

여기도 함께 보세요	
◀ 62–63	공부에 몰두하기
◀ 74–75	노트 필기
마인드맵	152–153 ▶
흐름도와 암기법	156–157 ▶
그룹으로 모여 복습하기	164–165 ▶

복습 카드는 언제 사용해야 하나?

복습 카드는 들고 다니면서 한가한
시간에, 공원에서나 학교를 오갈 때
공부할 수 있으므로 유용합니다. 계획된
복습 시간에 혼자서 공부할 때나 친구들
또는 부모님과 함께 공부할 때도 사용할
수 있습니다. 카드에 요약된 정보를
공부하는 것이 내용이 많이 담긴 공책을
여러 번 읽는 것보다 더 재미있고,
공부할 의욕도 불러일으킵니다.

▷ **언제나 어디에서나 복습하라**
복습 카드 묶음은 시간과 장소에 구애받지 않고
언제 어디에서나 사용할 수 있으므로 다양한
방식으로 공부할 수 있다.

복습 파트너와 함께 하기

혼자 복습하는 것이 모두에게 효과적
인 것은 아닙니다. 혼자 공부하면 쉽게
산만해지는 사람도 있습니다. 이런 학
생들은 친구나 가족과 복습하면 도움
이 됩니다. 학습 자료를 함께 살펴보면
서 잘 모르는 부분을 분명히 알도록 서
로 도와줄 수 있습니다. 그런 다음 얼마
나 많이 기억하는지 서로 테스트할 수
있고, 기억을 가장 잘 떠올리는 방법을
공유할 수도 있습니다.

복습 카드 보관하기

묶여 있지 않은 낱장의 카드들은 쉽게 잃어버
릴 수 있습니다. 그러므로 복습 카드는 하나
로 묶어 두는 것이 좋습니다.
과목별로 따로 복습 카드 상자를 만드세요.
상자 안에 칸막이를 설치해서 주제별로 나누
거나, 다양한 색깔을 사용하세요.
들고 다니려면, 고리나 클립을 끼워서 휴대용
복습 카드 상자나 가방에 보관하세요.

복습 카드에는 무엇을 써야 할까?

정보를 완전한 문장으로 쓰지 말고 글머리에 점을 찍으면서 요약하거나 그림을
그리세요. 어떤 학생들은 다양한 색깔을 사용하거나, 짧은 힌트나 메모를 카드
구석에 적어 놓으면 기억을 떠올리는 데 효과적이라고 말합니다. 마인드맵, 도표,
표나 그림을 카드에 그리는 것을 좋아하는 학생도 있습니다. 목표는 내용을
이해하는 것이지 무턱대고 외우는 것이 아니라는 사실을 기억하세요.

가능한 한 자기만의 그림을 그리면 정보를 떠올리는 데 도움이 된다.

문장으로 쓰지 말고 글머리에 점을 찍으면서 간결하게 요점을 적는다.

그림과 꼬리표로 만든 마인드맵과 도표를 사용하라.

시각 자료로 학습한 내용은 이해하고 기억하기 쉽다.

△ **복습 카드 만들기**

복습 카드를 만들 때 옳고 그른 방법은 없다.
그러나 가능하면 색깔, 그림, 도표 등을 사용해서
자료가 더 눈에 잘 띄게 하는 것이 좋다.

질문과 대답 형식

복습 카드는 양면을 모두 활용하는 것이 좋습니다. 앞면에는 질문이나 핵심어를 쓰고, 뒷면에는 대답이나 핵심어의 정의를 쓰면 됩니다. 시험은 대부분 질문에 대답하는 형식이므로 복습 카드를 시험문제처럼 만들면 좋은 연습이 됩니다. 부모님과 친구들도 카드를 이용해 여러분의 복습을 도와줄 수 있습니다.

▷ **질문 만드는 법**
공부해야 할 자료를 대답이라 가정하고 그 대답엔 어떤 질문이 적당할지 생각해보라. 기억을 살려 주는 도구로 시각 자료나 힌트도 활용하라.

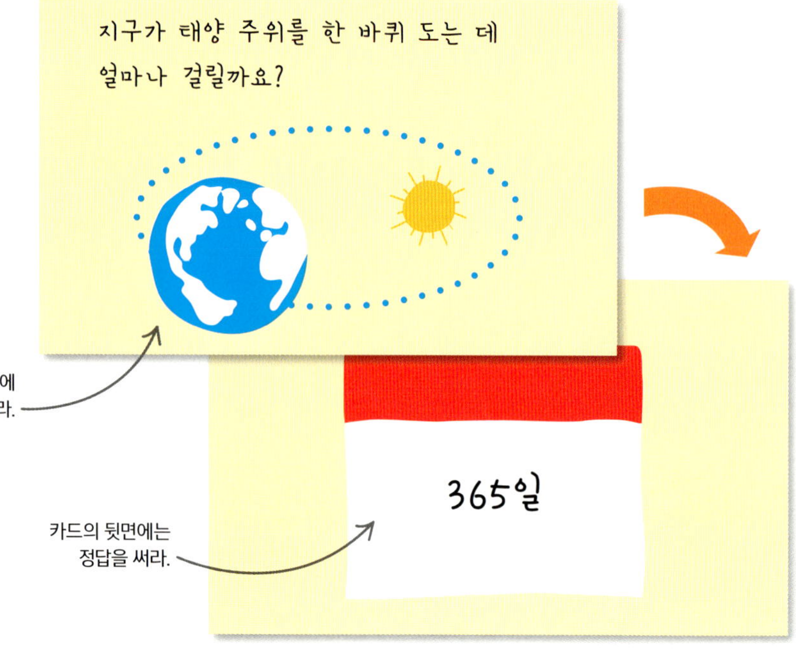

컴퓨터로 만든 디지털 복습 카드

컴퓨터로 복습 카드를 만드는 것은 재미있습니다. 자료를 창의적으로 만들 수 있고, 학습 능력도 향상됩니다. 자판으로 입력한 정보는 손으로 쓴 단어보다 더 알아보기 쉽고, 이해하기 쉽습니다. 적절한 시각 자료, 흐름도, 그래프도 쉽게 넣을 수 있습니다. 그리고 중요한 내용을 강조하기 위해 색깔을 넣거나 진한 글자, 이탤릭체 등을 사용해도 좋습니다.

▽ **디지털 카드 만들기**
디지털 카드는 인쇄하고, 잘라내고, 접을 수 있다. 질문만 보려면 카드를 접어야 한다. 그런 다음 뒷면에서 답을 확인할 수 있다.

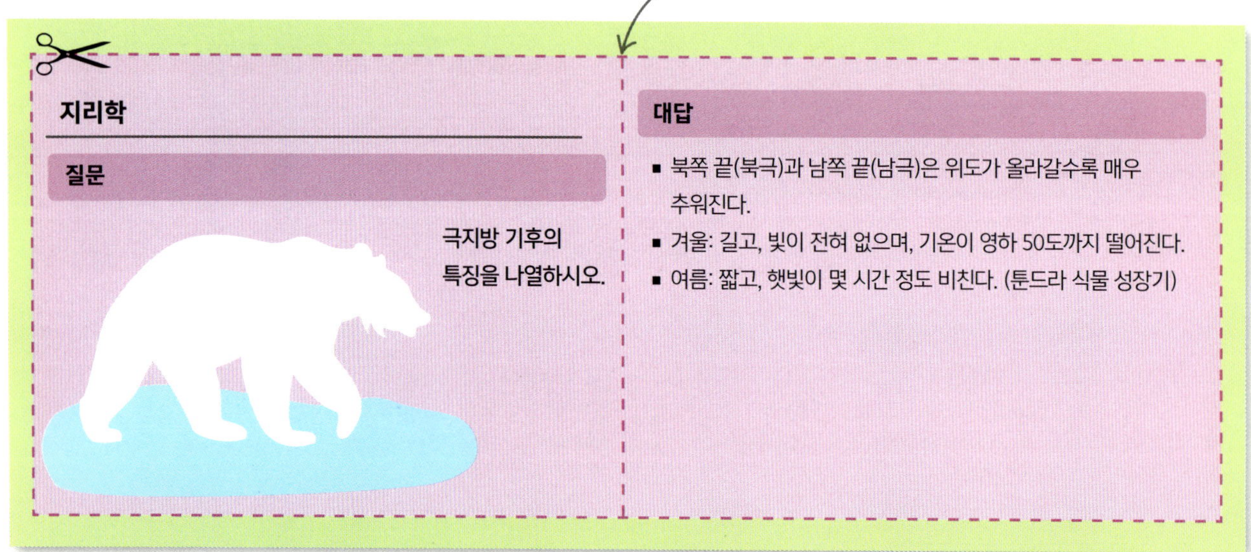

스마트폰을 위한 디지털 복습 카드

대부분의 전자 기기로 다양한 무료 복습 앱을 사용할 수 있습니다. 스마트폰이나 PC에 앱을 내려받으면 언제든지 쉽게 접속할 수 있고, 종이로 만든 복습 카드 더미처럼 공간을 많이 차지하지도 않습니다. 앱을 사용해 복습 카드를 만들거나 디지털로 쉽게 공유할 수도 있습니다. 또 온라인 사이트에서 이미 만들어져 있는 복습 카드를 내려받아도 됩니다.

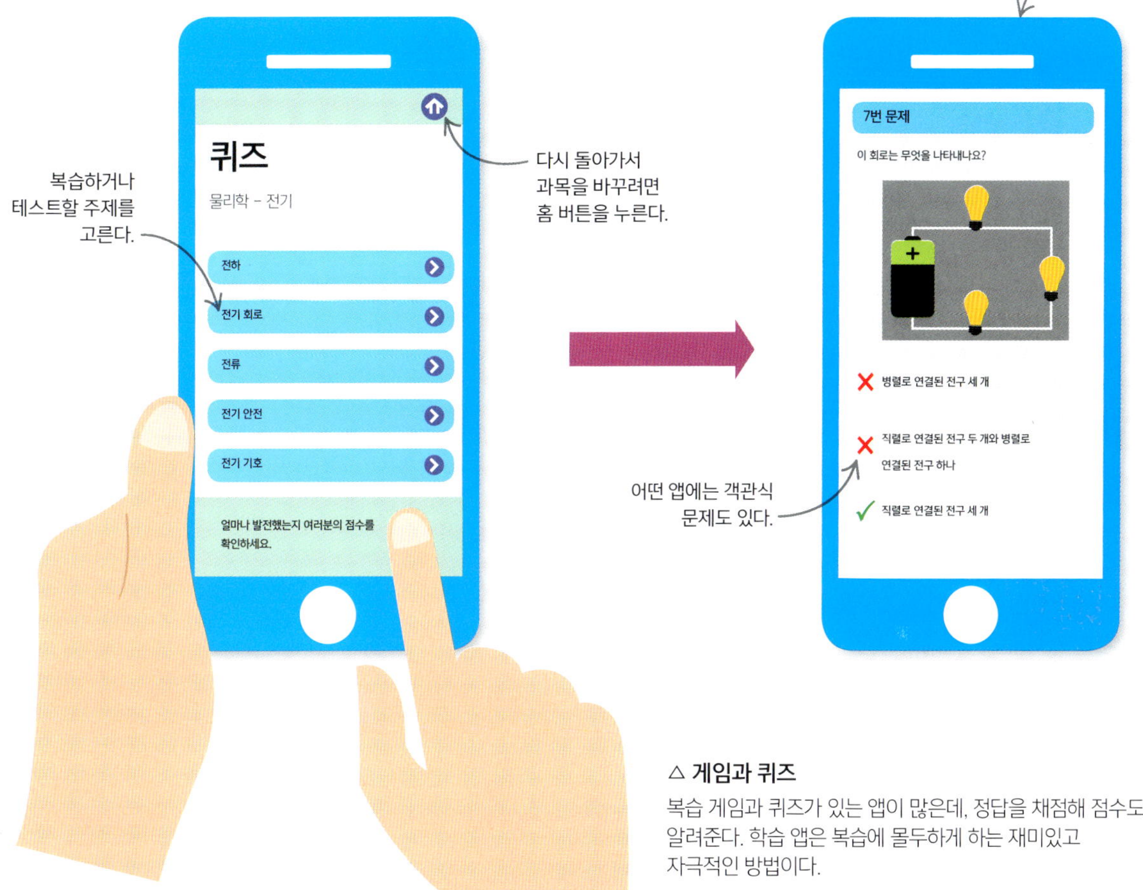

△ 게임과 퀴즈

복습 게임과 퀴즈가 있는 앱이 많은데, 정답을 채점해 점수도 알려준다. 학습 앱은 복습에 몰두하게 하는 재미있고 자극적인 방법이다.

도움말

디지털 복습 카드 최대한 이용하기

디지털 복습 카드를 만들고 이용하는 방법은 여러 가지입니다. 다음은 복습 카드를 최대한 이용할 수 있는 방법에 대한 몇 가지 조언입니다.

- 복습할 시간이 됐을 때 이용할 수 있도록, 1년 내내 복습 카드를 만드세요.
- 학습의 재미를 끌어올리고 창의력을 높이려면 친구들과 함께 공부하세요.
- 학습량을 나누어 공유하세요. 그룹을 만들어서 각기 다른 주제에 대한 복습 카드를 만드세요. 그런 다음 인쇄해서 서로 카드를 공유하면 됩니다.
- 공부 시간 사이의 짧은 휴식 시간에 빨리 복습 게임을 해보세요.
- 계속 공부하세요. 버스로 이동하거나, 줄을 서서 기다리는 동안에도 복습 게임이나 퀴즈를 할 수 있습니다.

재미있게 공부하다 보면 어느새 다 끝나 있을 것입니다.

읽기

읽기는 복습의 중요한 부분입니다. 더 효과적으로 읽기 위한 전략을 배워서 익힐 수 있습니다.

더 많은 정보를 보다 재미있게, 효과적으로, 시간도 절약하면서 오래 기억하게 하는 읽기 방법이 많습니다.

여기도 함께 보세요

◀ 56–57	정보 찾기
◀ 58–59	읽기 기술 끌어올리기
◀ 74–75	노트 필기
◀ 80–81	비판적 사고란 무엇일까?
◀ 82–83	비판적 사고 끌어올리기
◀ 112–113	즐겨찾기
◀ 114–115	온라인 자료 정리하기
5장 참고 자료	234–235 ▶

읽기 전략

읽는 목적을 파악하는 것이 주된 읽기 전략 중의 하나입니다. 여러분이 글에서 어떤 정보를 찾고 있는지 안다면, 집중하기가 쉽습니다. 읽기의 목적은 다양합니다. 어떤 문제의 답을 찾거나, 전체 내용을 대략 살펴보거나, 요약문을 쓰거나, 수업 시간에 배운 책이나 글을 보며 기억을 되살리는 것 등입니다.

▽ **자신의 스타일을 찾자**
글을 최대한 활용하면서도 시간을 절약하는 다양한 읽기 전략이 있다.

읽기 전략	설명
예측하기	예측하기는 글의 제목, 부제목, 시각 자료와 소제목, 장별 제목을 보고 내용을 짐작하는 방법입니다. 복습을 위해, 배운 자료에서 무엇을 기억하는지 확인하려면 '예측하기'를 사용해보세요. 나중에 글을 적극적으로 읽으면서 자신의 예측이 정확했는지 확인할 수 있습니다.
전체를 대략 살펴보기	복잡한 글을 상세히 읽기 전에 우선 전체를 대략 살펴보면 주요 개념의 윤곽을 머릿속에 그려볼 수 있습니다. 각 단락의 첫 문장, 마지막 문장과 함께 글의 도입부와 결론을 읽으면 됩니다. 이 전략은 글의 전체적인 내용을 한눈에 파악할 수 있게 해줍니다.
훑어보기	훑어보기는 평소보다 빠르게 읽는 것을 말합니다. 정보를 큰 덩어리로 묶고, 각 부분들을 연결시키는 것이 목표입니다. 적어도 한 번 이상 읽은 글을 복습할 때 특히 유용합니다.
특정 정보 찾아내기	특정 정보 찾아내기는 사실 읽기가 아닙니다. 핵심 어구, 이름, 숫자 등과 같은 특정한 정보를 찾기 위해서 눈으로 글을 빨리 훑어 내려가는 것입니다. 특정한 질문에 대한 답을 찾을 때 주로 사용합니다.
골라 읽기	항상 글 전체나 한 챕터(장)를 모두 읽을 필요는 없습니다. 목적에 따라, 질문의 답이 포함된 특정한 부분이나 복습해야 할 주제와 관련된 구체적인 내용을 고르면 됩니다. 관련된 부분을 확인하기 위해서는 위에 나오는 '전체를 대략 살펴보기'와 함께 사용하면 효과가 좋습니다.

도움말

도움이 되는 연습

- 현재 자신의 읽기 방법을 잘 파악하세요. 읽는 데 시간이 너무 오래 걸린다면, 위에 나온 전략들을 시도해 보세요.

- 목차 페이지부터 시작해서 공부해야 할 글이나 챕터 전체를 대략 살펴본 후, 목적에 따라 관련된 부분을 고르세요.

- 읽기 속도를 조절하세요. 주요 정보를 빨리 찾으려면 단락을 빨리 훑어보고, 중요한 요점을 찾았으면 속도를 늦추세요.

- 단어를 하나씩 모두 읽으면 속도가 느립니다. 읽기 속도를 높이려면, 훑어보기나 특정 정보 찾아내기를 통해 정보를 더 큰 덩어리로 파악하는 연습을 해야 합니다.

빨리 읽기

읽기는 기술입니다. 연습하면 읽기 속도를 높일 수 있습니다.
머릿속에서 단어를 소리 내어 읽으면 말하는 속도로밖에 읽을 수
없습니다. 이런 습관을 버리고 문장의 의미에 좀 더 구체적으로
초점을 맞추면 더 빨리 읽을 수 있습니다. 펜이나 연필, 또는
손가락을 문장 아래에 대고 비교적 빨리 움직이면서 읽기 속도를
높이는 방법을 좋아하는 학생도 있습니다.

▷ 읽기 속도를 높여라

적어도 하루에 10분 동안 훑어보기와 빨리 읽기를
연습하라. 손가락이나 연필로 읽고 있는 문장을
따라 움직여도 좋다.

손가락이 행을
따라 빠르게
움직이는 속도에
맞춰 글이 읽힌다.

선택적 강조

글에서 중요한 정보를 찾아 밑줄을 긋거나, 중요한 단어나
문구를 형광펜으로 칠하는 것을 '선택적 강조'라 부릅니다.
여러 견해나 요점을 표시하고, 연극에서 역할별 대사를
구별할 때도 다양한 색깔을 사용할 수 있습니다. 글에
찬성과 반대 등 자기 생각을 덧붙여 주석을 달거나, 같은
주제를 다른 곳에서 읽었다면 출처를 적어도 좋습니다.
선택적 강조를 사용하면 적극적인 태도를 유지하면서
몰두해서 읽을 수 있습니다.

탄수화물에 관계된
내용은 모두
초록색으로
강조한다.

단백질에 관계된
내용은 모두
빨간색으로
강조한다.

지방산에 관계된
내용은 모두
노란색으로
강조한다.

▷ 글을 색깔별로 분류하기

형광펜으로 강조할 때는 주요 개념마다 다른
색깔을 사용한다. 핵심 단어와 어구, 사례만
고르고 문장 전체를 강조하지 않는다.

영양소의 기본

우리가 먹는 음식은 대부분 탄수화물, 단백질, 지방으로 나눌 수
있습니다. 이 영양소들은 각각 몸에서 다양한 기능을 수행합니다. 균형
잡힌 식단을 유지하려면 매일 세 영양소를 골고루 섭취해야 합니다.

탄수화물은 두 가지 종류, 즉 단순 탄수화물과 복합 탄수화물로 나눌 수
있습니다. 흰 빵, 파스타, 설탕이 든 시리얼에 들어 있는 단순 탄수화물은
금세 당분으로 바뀌어 몸에 에너지를 빨리 제공합니다. 복합 탄수화물은
분해되는 데 시간이 오래 걸려서, 포만감을 더 오래 느끼게 하고
에너지를 꾸준히 제공합니다. 복합 탄수화물에서 나온 당분이 더 천천히
배출되기 때문입니다. 통밀로 만든 음식, 곡물, 채소들이 복합
탄수화물에 속합니다.

단백질은 사슬처럼 길게 연결된 아미노산으로 이루어진 중요한
영양소입니다. 우리 몸은 세포의 성장과 복구, 근육의 움직임, 건강한
면역 체계 만들기처럼 중요한 기능을 조절하는 데 단백질을 사용합니다.
단백질이 풍부한 식품은 고기, 생선, 유제품, 달걀, 견과류와 콩입니다.

영양소의 세 번째 종류는 지방으로서 지방산이라고도 부르는데, 또 다른
중요한 에너지원입니다. 지방은 포화지방과 불포화지방으로 나눌 수
있고, 둘 다 기름, 버터, 씨앗, 견과류와 생선에 풍부합니다.

필기 스타일

어떤 방법이 가장 효과적인지 확인하기 위해, 다양한 노트 필기 스타일을 시도해보는 것이 좋습니다.

학생들은 대부분 자기만의 표현으로 생각을 적을 때 더 잘 기억합니다. 가장 많이 쓰는 노트 필기 스타일로는 '표준형', '페이지 분할', '마인드맵' 스타일이 있습니다.

여기도 함께 보세요	
◀ 74–75	노트 필기
◀ 114–115	온라인 자료 정리하기
◀ 142–143	복습을 위한 적극적 학습
◀ 144–147	복습 카드
◀ 148–149	읽기
마인드맵	152–153 ▶
흐름도와 암기법	156–157 ▶
그룹으로 모여 복습하기	164–165 ▶

다양한 방법 시도하기

다양한 노트 필기 스타일이 있습니다. 자신에게 또는 특정 과목에는 어떤 스타일이 가장 잘 맞는지 알아보기 위해 여러 가지 방법들을 시도해볼 만합니다. 방법마다 장점이 있으므로 과목이나 자신의 학습 스타일에 따라 사용하면 됩니다. 복습을 위해 개인 노트를 만드는 방법은 적극적 학습 전략이며, 기억에도 도움이 됩니다.

▽ 페이지 분할(질문과 대답) 스타일

페이지 분할 스타일은 페이지를 세로로 반을 나눠서 필기하는 것이다. 질문은 왼쪽에 쓰고, 대답은 오른쪽에 써서 마주 보게 한다.

좀머(Sommer. S)
'영양소의 기본'

2016년 5월 14일

세 가지 주요 식품군은 무엇인가?	탄수화물, 단백질, 지방
탄수화물의 두 가지 종류는 무엇인가?	단순 탄수화물, 복합 탄수화물
차이점은 무엇인가?	단순: 당분이 빨리 배출됨 (예. 빵, 파스타, 케이크) 복합: 당분이 느리게 배출됨 (예. 채소)
단백질은 무엇인가?	아미노산: 세포, 근육, 면역 체계에 쓰임. (예. 생선, 달걀, 고기, 유제품)

날짜
출처
출처 제목

2016년 5월 14일

좀머(Sommer, S)
'영양소의 기본'

식품의 세 가지 종류

1. 탄수화물
- 단순 탄수화물 ➡ 당분이 빨리 배출됨.
예) 빵, 파스타, 케이크
- 복합 탄수화물 ➡ 당분이 천천히 배출됨.
예) 채소와 통밀 식품

기호와 줄임말을 사용하라

2. 단백질
- 아미노산
- 세포, 근육, 면역 체계에 중요함. 예) 생선

노트를 쓸 때는 제목과 부제목을 만들어라.

3. 지방
- 지방산
- 포화지방/ 불포화지방
예) 기름, 버터, 견과류, 생선 기름
- 오메가 3와 오메가 6에 관한 메모 참조

다른 노트도 상호 참조하라.

△ 표준형 스타일

표준형 스타일로 쓰는 노트는 정확한 순서로, 하나씩 차례차례로 정리한다. 핵심어와 어구만 쓰고, 문장은 쓰지 않는다.

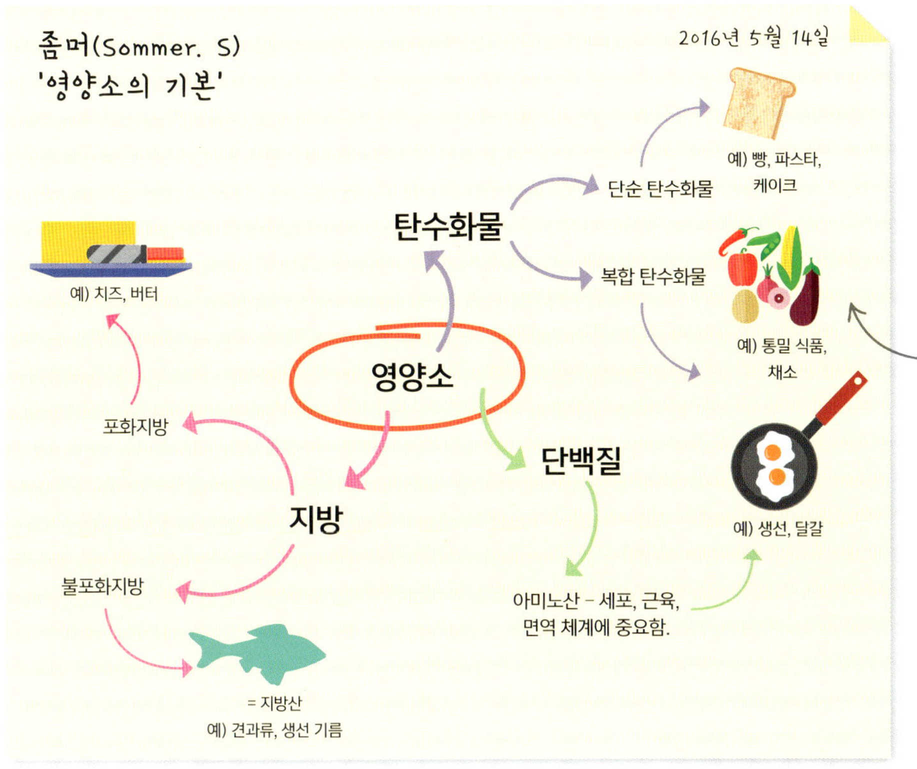

◁ **마인드맵 스타일**

이 스타일은 여기 보인 세 가지 식품군처럼 핵심 제목들을 시각적으로 보여준다. 핵심어와 예만 쓰고, 완전한 문장으로 쓰지 않는다. '맵'을 보다 읽기 쉽게 만들려면 식품군이나 종류별로 다른 색깔을 쓰면 된다.

예는 주제를 이해하는 데 도움이 된다.

> "창의력은 관련 없어 보이는 것들을 연결하는 능력이다."
>
> 윌리엄 플로머(William Plomer, 1903~1973), 작가

반 친구들과 노트 공유하기

반 친구들과 노트를 공유하고 비교할 수 있습니다. 다른 친구의 노트 필기 스타일에서 배울 수도 있고, 똑같은 요점을 선택했는지 확인하면서 노트의 내용과 짜임새를 발전시킬 수 있습니다. 더 재미있게 공부하려면, 다양한 글을 요약하여 교대로 크게 읽고 그룹을 만들어 함께 공부하면서 자신의 노트를 개선할 수 있습니다.

더 나은 노트 필기를 위한 전략

자신에게 가장 잘 맞는 노트 필기 스타일을 사용하면 됩니다. 다양한 형식을 실험해서 결합하거나, 자신만의 독특한 스타일을 만들어도 좋습니다. 다음은 노트 필기 습관을 개선하거나 개발하기 위해 여러분이 적용할 수 있는 힌트 몇 가지입니다.

- 상점이나 온라인 쇼핑몰에서 필기할 공책을 사세요.
- 요점을 눈에 띄게 강조하세요.
- 핵심어와 주제에 동그라미나 밑줄을 치거나, 다른 색깔로 구별해 칠하세요.
- 군더더기를 생략하고 줄임말, 화살표, 기호 등을 써서 간결하게 만드세요.
- 마인드맵 스타일을 사용해서 주제들이 어떻게 관련되어 있는지 시각적으로 나타내세요.
- 박스, 화살표, 느낌표나 다른 기호를 써서 노트를 정리하세요.
- 가능하다면 색깔을 사용하고, 형광펜으로 강조하고, 시각 자료를 만드세요.
- 계속 연습하세요. 노트 필기는 꾸준히 개발해야 하는 기술입니다.

마인드맵

마인드맵을 만들면 아이디어를 연결하고, 요점을 강조하며, 기억을 되살리는 효과가 있습니다.

여기도 함께 보세요	
◀ 86–87	창의적 사고
◀ 92–93	질문에 대답하기
◀ 144–145	복습 카드
◀ 150–151	필기 스타일
기타 시험	180–181 ▶

복습 자료를 시각적으로 보여주는 것은 가장 효과적인 학습 방법의 하나입니다. 마인드맵을 만들면 창의력이 커지고, 주제들 사이의 연관성을 더 잘 이해할 수 있습니다.

시작하기

모든 마인드맵은 핵심어로 시작합니다. 보통 핵심어는 특정한 과목, 주제, 개념의 명칭입니다. 핵심어 주위에 원을 그린 다음, 주제로부터 뻗어 나갈 몇 개의 선, 또는 '가지'를 그리세요. 핵심어와 관련된 어떤 주제든 가지로 연결할 수 있습니다. 추가적으로 덧붙인 선, 또는 가지에서 뻗어 나오는 '잔가지'는 중심 주제와 관련된 예나 자세한 내용을 보여줍니다.

◁ **핵심어로 시작하기**

생각이 뻗어 나갈 공간이 충분하도록 깨끗한 종이 한가운데에 핵심어를 쓴다. 넓은 도화지를 사용하면 좋다.

창의적으로 생각하기

색깔과 그림은 단어보다 훨씬 잘 떠오릅니다. 기억을 일깨워 정보를 얻기 위해 색깔과 그림을 이용할 수 있습니다. 마인드맵을 사용하면 정보를 조직하고 아이디어를 연결하는 데 도움이 됩니다. 특히 직접 마인드맵을 만들면서 색깔, 그림, 기호를 더하면 더 눈에 잘 띄고 기억에 오래 남습니다.

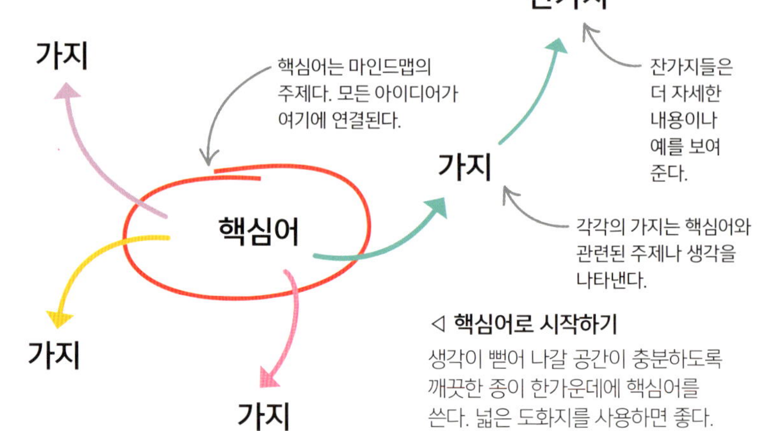

핵심어에서 갈라져 나오는 가지는 각각 다른 색으로 그린다.

기억할 만한 이미지

마인드맵의 이미지는 예술 작품일 필요가 없습니다. 주제를 과장되거나 기발하게 그린 그림이 더 잘 기억하게 해줍니다.

◁ **그림을 생각하라**

시각화를 더 잘하려면, 눈을 감고 핵심어를 말한 다음 머릿속에 어떤 이미지가 떠오르는지 보아야 한다. 페이지 한가운데 있는 핵심어 이미지부터 시작한다.

크게 생각하기

마인드맵은 종종 아이디어를 떠올릴 때나 주제를 분류할 때 사용합니다. 핵심어를 가운데 놓고, 관련된 주제를 나타내는 가지를 그리고, 자세한 내용이나 예를 보여주는 잔가지와 더 작은 잔가지들을 가지에서 뻗어 나가도록 그립니다. 다양한 생각을 써 넣을 공간이 필요하므로 A3 용지를 사용하는 것이 좋습니다.

▽ **확장된 마인드맵**

아래의 마인드맵은 더 확장될 수 있다. 이것은 만들기 시작한 지 얼마 되지 않은 마인드맵이다. 복습할 때는 필요한 정보가 모두 포함되도록 필수적인 내용을 덧붙이는 것이 중요하다.

이 렇 게 실 천 하 세 요 !

최초의 마인드맵?

고대 그리스 철학자 포르피리우스(Porphyry)는 유명한 철학자 아리스토텔레스가 만든 개념의 종류를 분류해서 설명하려고 나무 모양의 도표를 사용했습니다. 그 도표에서, 포르피리우스는 아리스토텔레스의 연구를 여러 가지로 뻗어 나가도록 그렸습니다. 나중에 학자들은 이것을 '포르피리우스의 나무'라고 불렀습니다.

뇌는 글자보다 시각 정보를 6만 배 더 빨리 처리합니다.

기억과 뇌

기억력도 기술의 도움을 받으면 향상될 수 있습니다. 따라서 암기 기술도 배우고 연습해야 합니다.

기억 과정을 기본적으로 이해하면 복습을 최대한으로 활용할 수 있고, 더 효과적으로 배울 수 있습니다.

여기도 함께 보세요	
◀ 16–17	뇌는 어떻게 일할까?
◀ 76–77	암기 기술 끌어올리기
◀ 78–79	사고력 발달시키기
◀ 132–135	복습할 때 흔히 생기는 문제
◀ 142–143	복습을 위한 적극적 학습

> "기억의 진정한 기술은
> 집중의 기술이다."
>
> 새뮤얼 존슨(Samuel Johnson,
> 1709~1784), 작가

기억 과정

뇌로 들어오는 정보는 암호화되고, 저장되고, 필요할 때 떠올려집니다. 우리는 뭔가를 배울 때, 감각을 사용해 정보를 읽거나 듣습니다. 그런 다음 단기 기억을 사용해 정보를 분류하거나 외우면서 암호화합니다. 그러면 정보는 대형 저장 창고와 같은 장기 기억에 '저장'됩니다. 자료는 장기 기억에 보관되고 필요할 때 다시 꺼내 쓸 수 있습니다.

▽ **3단계 과정**

뇌가 받아들이는 많은 감각 정보는 잠깐 동안만 저장될 뿐이다. 다양한 기술을 사용해서 적극적으로 정보를 처리해야, 뇌가 자료를 더 오래 저장하게 만들 수 있다.

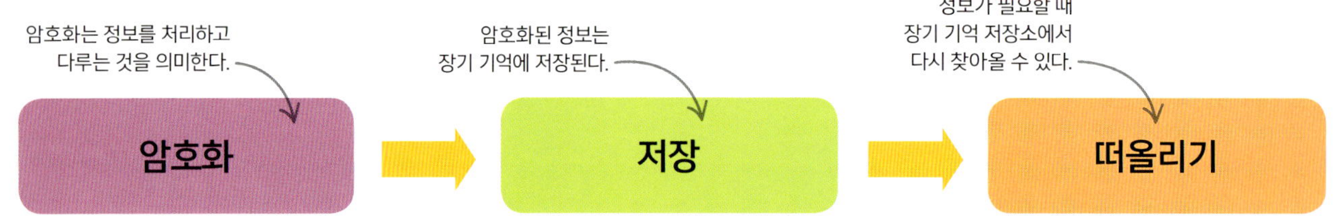

복합 암호화

학습을 돕기 위해 기억을 떠올리게 하는 여러 자극과 감각을 결합하는 것을 '복합 암호화'라고 합니다. 복합 암호화는 감각과 창의력에 몰두해서 더 즐겁게 공부하고, 정보를 더 잘 떠올리고 기억할 수 있게 합니다. 정보는 시각적으로 표현될 수 있는데, 즉 노래로 바꿔서 부르거나 이야기로 만들어 반복하며 암송할 수 있습니다. 주변 환경을 이용해서, 예를 들어 방에 있는 물건 또는 신체 부위를 외울 정보와 연결시키는 학생도 있습니다.

▷ **기억을 되살리는 신체 부위**

몸은 기억을 떠올리게 하는 좋은 수단이 될 수 있다. 원자 구조에 대한 정보를 복습하는 학생이라면, 손을 보며 손가락마다 구체적인 정보를 연관시키면서 외울 수 있다.

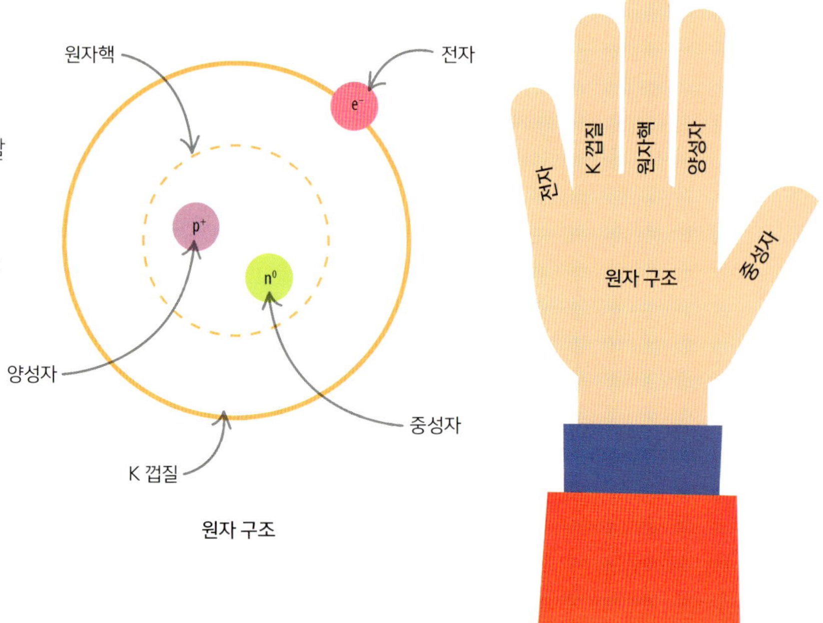

기억을 돕는 방법들

시험공부를 하려면 정보를 이해하고 떠올려야 하는데, 기억을 돕거나 떠올리게 하는 방법들을 이용하면 더 쉽게 해낼 수 있습니다. 예를 들어 복합 암호화, 마인드맵, 흐름도, 암기법 등이 있습니다. 이런 방법은 마치 공부한 자료에 붙여 놓은 꼬리표처럼, 뇌에 저장된 자료를 쉽게 찾을 수 있는 탐색기 역할을 합니다. 그림, 연상, 음악, 간단한 이야기나 머리글자로 이루어진 말처럼 간단한 방법부터 시작해보세요.

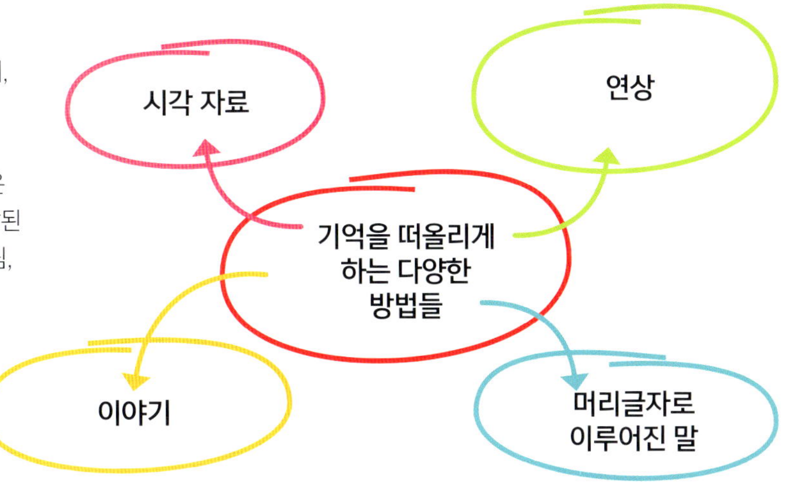

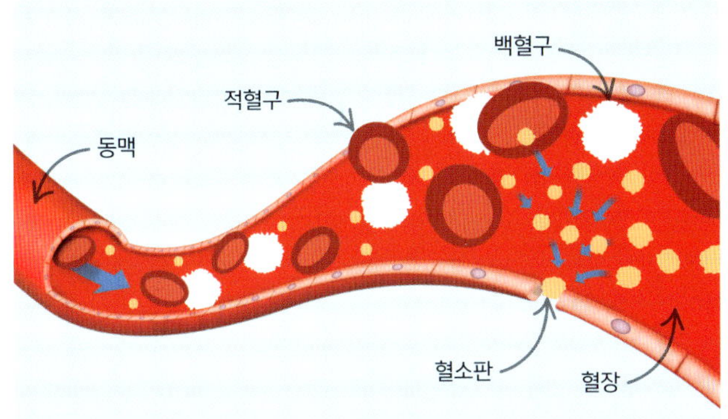

△ 시각 자료 만들기
인체의 순환계를 시각적으로 보여주면 자세한 정보까지 잘 기억할 수 있다.

△ 연상하기
자세한 내용을 외울 때는 연상을 이용하면 더 오래 기억할 수 있다. 혈장은 강과 같고, 다른 혈액 세포들은 물 위를 떠다니는 보트와 같다.

기억을 떠올리게 하는 방법들의 예

△ 이야기 만들기
정보를 떠올리려면 이야기를 만들어두 좋다. 현액 세포는 저마다 중요한 일을 한다. 예를 들어 백혈구는 세균에 대항하여 몸을 보호하고, 모든 혈액 세포와 혈소판은 혈장이라는 액체 위를 떠다닌다.

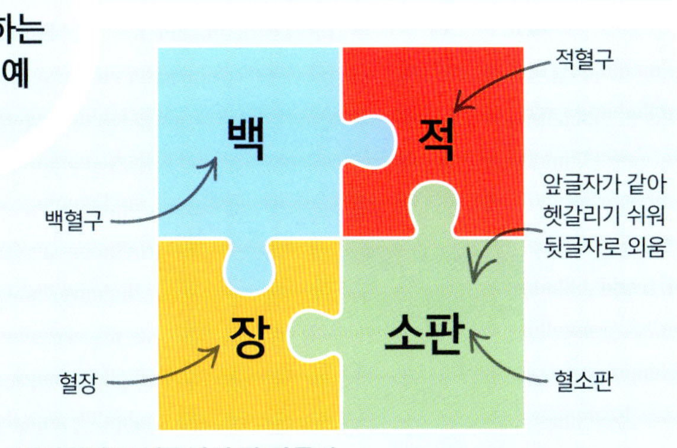

△ 머리글자로 이루어진 말 만들기
목록, 단어, 정보를 떠올리기 위해, 머리글지를 따시 단어를 만들고 외우는 방법이다. 때로 첫글자가 아닐 수도 있다.

흐름도와 암기법

암기력을 높이기 위해, 여러 가지 복습 기술을 사용할 수 있습니다.

재미있고 효과적으로 공부하려면, 학습 자료를 창의적으로 공부해야 합니다. 흐름도처럼 눈에 잘 들어오는 시각 자료를 만들거나 기억을 떠오르게 하는 재미있는 방법들을 사용해보세요.

여기도 함께 보세요	
◀ 142–143	복습을 위한 적극적 학습
◀ 144–145	복습 카드
◀ 154–155	기억과 뇌
기억을 돕는 다양한 방법들	158–159 ▶
건강 관리	200–203 ▶

암기법

암기법은 여러 가지 사실과 정보를 쉽게 기억할 수 있도록 고안된 독특한 전략입니다. 어떤 암기법들은 오래전 고대 그리스에서 개발되었는데, '어크로스틱 기억법'(Acrostic Method, 각 행의 첫 글자로 짧은 글을 지어 외우는 법– 옮긴이)과 '장소 기억법'(158쪽 참조)이 유명합니다. 어크로스틱 기억법은 특정한 순서나 차례로 연결된 항목을 외워야 할 때, 각 핵심어의 첫 글자를 따서 문장을 만들어 암기하는 방법입니다. 각 단어의 첫 글자가 공부한 내용을 떠올리는 데 도움이 됩니다.

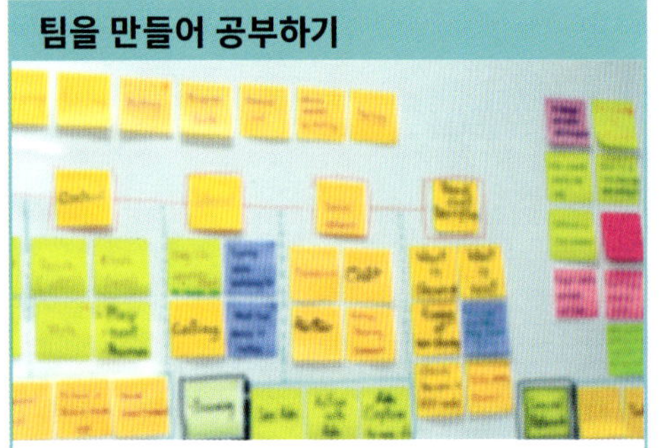

친구들과 흐름도를 만드는 일은 재미있습니다. 복잡한 주제를 시각적으로 표현하려면, 아이디어 회의부터 시작하세요. 주제를 세분화해서 각자 나누어 맡은 후, 종이에 그리거나 포스트잇으로 붙여서 작은 시각 자료를 만드세요. 그런 다음 모든 시각 자료를 모아서 알맞은 순서대로 큰 종이에 붙이고, 화살표나 기호를 사용해 어떻게 관련되었는지 표시하세요. 마지막으로 함께 연결해 만든 흐름도를 사진으로 찍은 후, 인쇄해서 복습 카드에 붙이세요.

* 나의 매우 우아한 어머니가 방금 우리에게 복숭아를 주셨다.

흐름도

복잡한 정보도 흐름도로 표현하면 이해하고 복습하기가 훨씬 쉽습니다. 이 방법은 특히 과정과 방법에 대해 배울 때 유용합니다. 요점들의 정확한 순서와 그것들이 어떻게 연결되는지를 나타낼 수 있도록 화살표와 숫자를 사용하세요. 또 자료를 시각적으로 표현하려면 색깔, 기호, 그림 등을 활용하세요.

▽ **흐름도 만드는 법**

과정이나 방법의 단계들을 핵심어로 써라. 그런 다음 화살표로 서로의 관계를 나타내라.

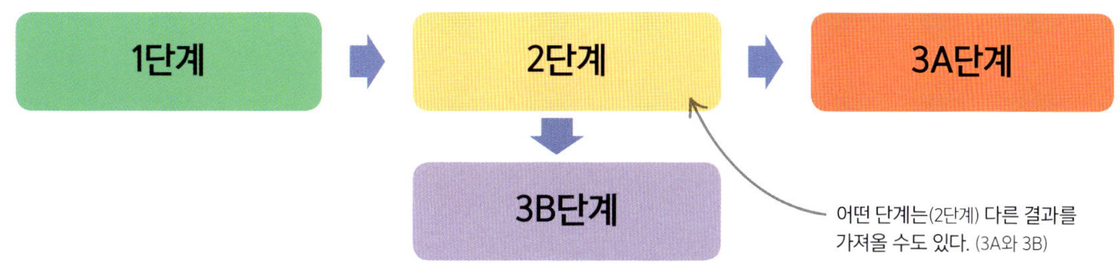

▷ **색깔을 사용한 흐름도**

이 흐름도는 각기 다른 색을 사용해서 물의 여러 순환 단계를 보여준다. 이 단계들은 특정한 순서대로 발생한다.

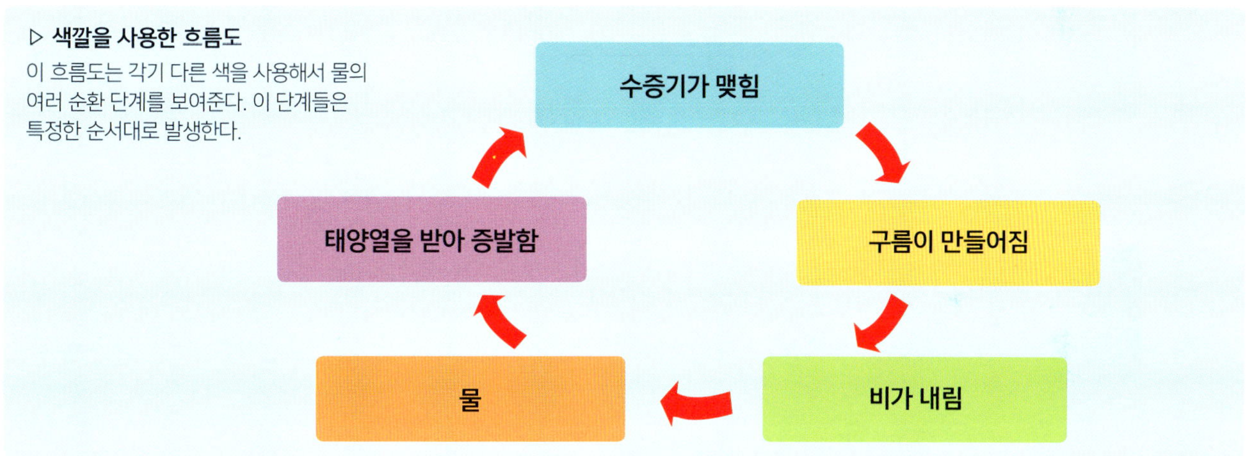

▷ **시각 자료**

이 흐름도는 색깔뿐 아니라 숫자, 화살표, 그림을 사용해 물의 순환 과정을 훨씬 기억하기 쉽게 만들었다.

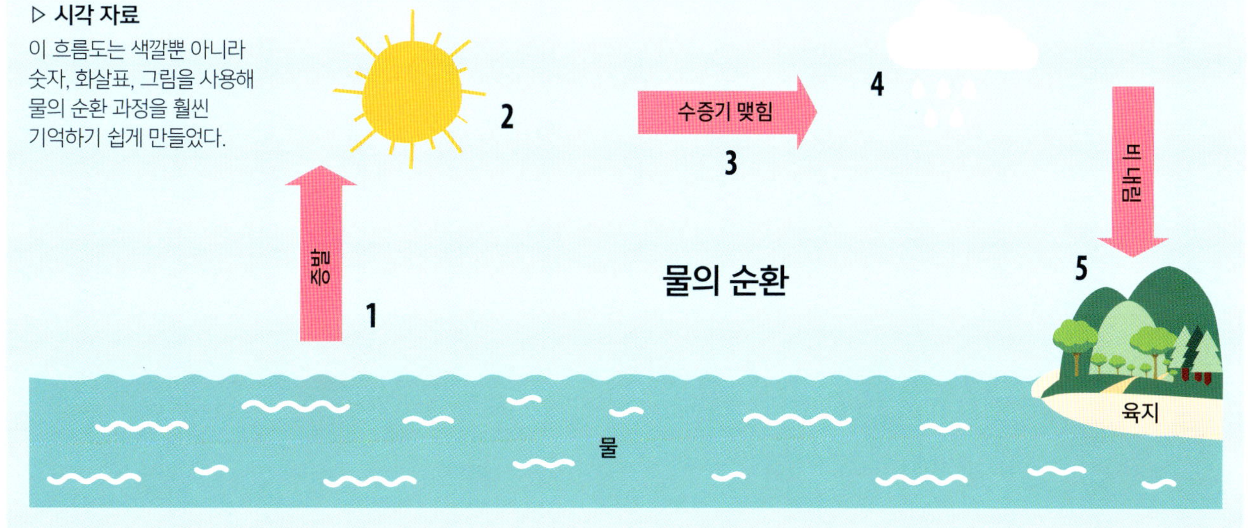

기억을 돕는 다양한 방법들

학습법을 다양하게 시도하려면 창의적인 방법을 이용하면 됩니다.

기억을 돕는 다양한 방법과 학습 기술을 사용하면 공부가 더 재미있어집니다. 또한 과목과 학습 자료의 유형별로 다른 학습법을 사용하면 효과적입니다.

장소 기억법

'장소 기억법'을 사용하면, 기억해야 할 정보를 구체적인 순서에 따라 익숙한 장소로 연상할 수 있습니다. 처음에는 머릿속에서 정보를 각각 상상한 다음, 익숙한 물건이나 장소에 그 정보를 붙여서 기억합니다. 이 기억법은 익숙한 길을 따라 걷거나 기억하기 쉬운 물건이 놓인 방 안을 돌아다니면서 실천해볼 수 있습니다. 복습한 내용을 제대로 떠올리려면, 눈에 띄고 쉽게 기억날 만한 물건을 선택하는 것이 중요합니다.

▽ 기억을 떠올리게 하는 물건들

기억을 떠올리게 하는 물건들에 논리적인 순서를 매겨라. 그런 다음 외워야 할 사실과 연결 지어라. 가능하면 물건과 사실을 연결할 수 있는 이미지를 떠올려라.

여기도 함께 보세요	
◀ 154–155	기억과 뇌
그룹으로 모여 복습하기	164–165 ▶
공부한 내용 평가하기	166–167 ▶
머리 식히기	204–205 ▶

도 움 말

다양한 전략을 결합하세요

창의성은 기억력을 끌어올리고 학습 의욕을 가장 잘 불러일으키는 요소 중 하나입니다. 복습 자료를 준비할 때 창의적인 학생과 여러 가지 적극적 학습 전략에 암기 기술을 결합하는 학생은 시험을 볼 때 자료를 훨씬 더 잘 기억합니다. 여러분도 암기할 내용을 노래로 만들거나, 운문이나 시로 만든 다음, 머리글자를 딴 단어를 만들거나 흐름도로 그려보는 게 어떨까요?

운율

암기력을 끌어올릴 좋은 방법으로는 운율도 있습니다. 대부분의 어른들이 아주 어릴 적 배웠던 자장가나 동요를 여전히 기억하고 있는 걸 보면, 운율로 기억하는 방법이 매우 효과적이라는 사실을 알 수 있습니다. 여러분도 자신만의 독특한 노래나 운문을 지어서 복습에 사용해보세요. 암기력을 끌어올리고 정보의 적절한 부분을 떠올리는 능력을 발달시켜주는 재미있고 창의적인 방법입니다.

> "한 가지 이상의 방법으로
> 배우기 전까진 어떤 것도
> 이해했다고 할 수 없다."
>
> 마빈 민스키(Marvin Minsky, 1927~2016),
> 과학자, 작가

▷ **시를 지어라**

자기만의 운문으로 시를 지어보자. 시를 쓰다가 막히면, 온라인으로 아이디어를 얻은 후 나만의 방식대로 바꾸어 시를 만들어본다.

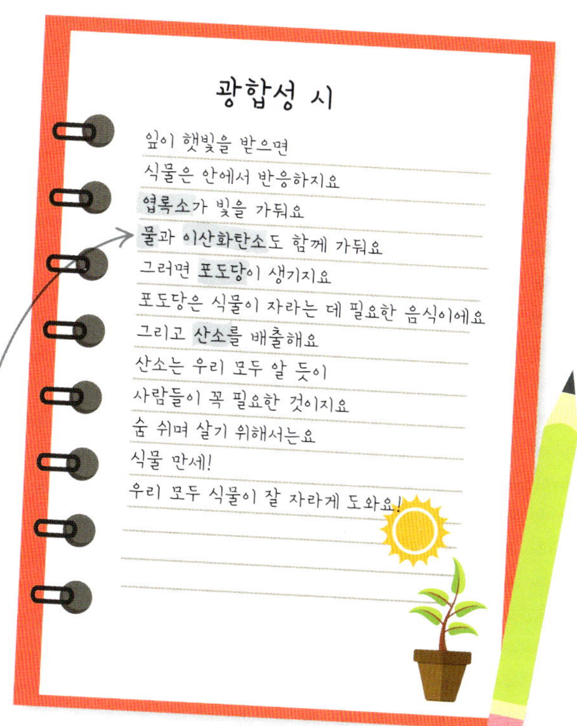

기억을 보다 잘 되살리려면, 시에 나오는 핵심어를 형광펜으로 칠한다.

포스트잇 복습

복습할 때 포스트잇을 즐겨 사용하는 학생들이 있습니다. 포스트잇의 장점은 떼어서 다른 장소에 붙일 수 있다는 것입니다. 예를 들면 공부방이나 수첩, 자주 보는 책 등으로 옮겨 붙일 수 있어 기억을 떠올려주는 역할을 합니다. 포스트잇 메모는 특히 외국어 단어를 복습할 때 유용합니다. 익숙한 물건들에다 외국어 이름이 적힌 꼬리표를 붙이면 됩니다.

▽ **스페인어 학습**

외국어로 뭐라고 부르는지 알고 싶은 물건들에 외국어 이름을 쓴 포스트잇을 붙이면 된다.

잡지 광고 눈여겨보기

광고계에서는 사람들에게 깊은 인상을 주고 제품을 더 잘 기억나게 하려고 다양한 방법을 사용합니다. 예를 들어 어린 시절 추억과 기분 좋은 느낌을 생각나게 하고 감각을 일깨우는 시각 자료를 씁니다. 기억을 잘 떠올리게 하는 아이디어를 얻으려면 잡지 광고를 눈여겨보고, 똑같은 전략을 학습에도 적용해보세요.

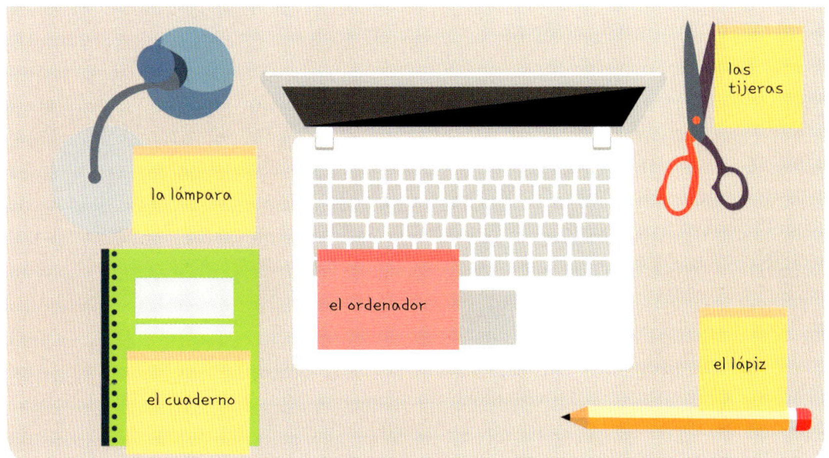

기억력을 향상시키는 도구들

최신 기술들은 기억력을 좋게 하는 데 도움을 주고, 복습을 더 흥미롭게 해줍니다.

청각적, 시각적, 멀티미디어 자료를 온라인으로 학습하면 기억력을 키울 수 있습니다. 창의력을 발휘할 기회가 더 많이 생기고, 다양한 감각으로 학습하기 때문입니다.

◀ 20–21	학습 스타일
◀ 64–65	학습 스타일 찾기
◀ 110–111	자료 찾기
◀ 122–123	온라인 안전
◀ 128–131	복습 시작하기
◀ 142–143	복습을 위한 적극적 학습
◀ 154–155	기억과 뇌

여기도 함께 보세요

오디오 파일로 공부하기

눈을 감고 오디오 파일을 들으면 상상력이 자극됩니다. 자료를 머릿속에 그려 보고 기억을 떠올릴 수 있습니다. 또는 들으면서 메모를 할 수 있고, 필요할 때마다 녹음을 멈출 수 있습니다. 어떤 선생님들은 강의를 녹음해서 수업이 끝난 후 학생들에게 녹음 파일을 제공하기도 합니다. 오디오 파일은 특히 복잡한 주제를 다룰 때 효과적입니다. 게다가 같은 파일을 반복해서 들으면 머릿속에서 정보를 더 잘 처리할 수 있어 기억에 오래 남는 효과가 있습니다.

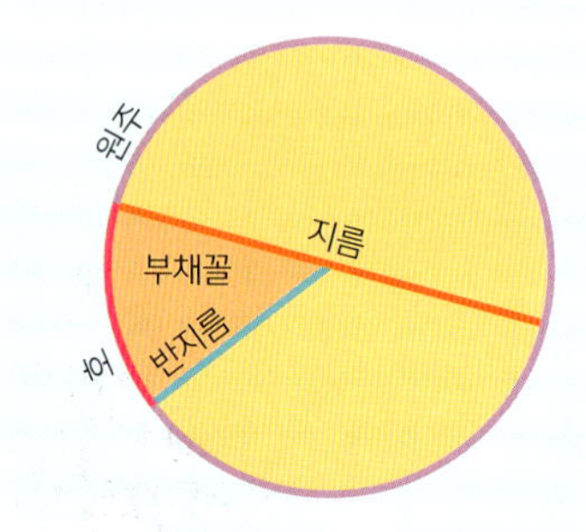

▷ **언제 어디에서든 복습하라**
오디오 파일의 큰 장점은 전자 기기로 내려받을 수 있어서, 어디에서든 다시 들을 수 있다는 것이다.

도움말

자기만의 녹음 자료를 만들기

관련된 오디오 자료가 없다면, 스스로 만들면 됩니다. 교과서나 공책에서 찾은 주제에 관한 정보를 직접 읽으면서 녹음기나 스마트폰, 온라인 소프트웨어로 녹음할 수 있습니다. 속도, 음의 높이, 어조를 바꿔서 더 재미있게 들리도록 녹음한 뒤 앞뒤로 반복해서 들어보세요.

비디오로 복습하기

온라인과 학교 홈페이지에는 복습에 유용한 짧은 비디오 파일이 많습니다. 보면서 들으면 기억에 더 오래 남습니다. 눈과 귀로 들어오는 정보는 단지 글로 읽는 것보다 더 잘 기억되곤 합니다. 더구나 비디오가 재미있다면, 기억이 머릿속에 더 확고히 자리 잡을 것입니다.

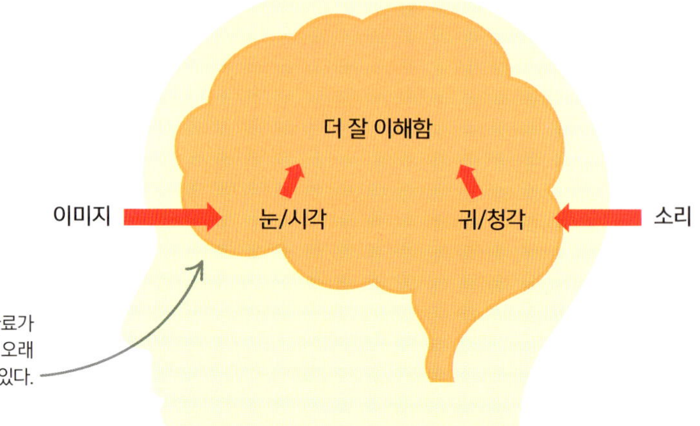

▷ **시각과 청각의 처리 과정**
정보는 다양한 감각을 통해 처리된다. 더 잘 이해하고 확실하게 파악하기 위해, 뇌 속에서는 여러 채널이 결합된다.

소리와 시각 자료가 결합하면 더 오래 기억할 수 있다.

멀티미디어

어떤 학교는 멀티미디어 학습 자료를 추가로 제공하거나, 온라인에서 학생들끼리 서로 교류하면서 공동 작업을 하라고 요청합니다. 이렇게 하면 보다 적극적으로 공부하게 되므로 학습 내용을 기억하는 데 도움이 됩니다. 이와 더불어 견해나 질문을 자판으로 입력하는 것은 운동 감각적 활동과 관련된 학습 스타일인데, 여기에 소리와 이미지가 결합하면 기억력이 더욱 좋아집니다.

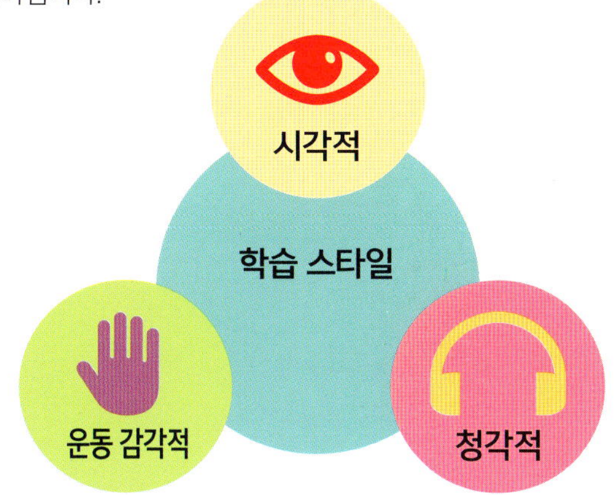

△ **모든 감각을 사용하라**

복습할 때 다양한 감각을 사용하면 더욱 좋다. 각각의 감각들은 자료에 추가적인 정보를 더해주어 더 잘 기억나게 한다.

디지털 복습 도구 만들기

디지털 자료를 만드는 것은 다양한 감각을 자극하고 창의력을 끌어냅니다. 디지털 자료를 만들려면 주제에 대해 적극적으로 생각해야 하는데, 이런 과정에서 이해력이 향상됩니다. 가장 간단한 방법은 파워포인트를 이용해 발표 자료를 만들고, 몇 가지 시각 자료와 소리를 더하는 것입니다. 디지털 기술에 더 능숙한 학생은 비디오와 이미지에 자신의 글을 덧붙여 디지털 자료 모음집을 만들어도 좋습니다.

△ **기억에 남을 자료 만들기**

기억에 남을 자료를 만들 때는 시간제한을 설정해야 한다. 반 친구들과 함께 작업하면 더 좋은 경험이 될 수 있다.

온라인에서 집중하기

온라인을 이용해 복습할 때는, 복습에 집중하고 복습할 자료를 잘 고르는 것이 중요합니다. 부모님, 형제자매, 친구들이 자료의 질을 판단하는 데 도움을 줄 수 있습니다. 온라인 학습 비디오나 만화로 된 강의를 보거나 온라인 복습 게임에 참여하는 것은 복잡한 자료를 이해하고 기억하는 데 효과적인 방법입니다.

▽ **시간을 계획하고 제한하라**

무엇을 공부해야 하는지에 집중하라. 검색 엔진을 효과적으로 사용하는 법, 시간을 제한하는 법, 비판적인 접근법을 배워라. 온라인에서 산만해지지 않으려면 다음 다섯 가지 단계를 따르기 바란다.

1. 검색할 구체적인 주제 목록과 주제에 포함해야 할 내용부터 시작하세요.

2. 먼저 모든 자료를 훑어보고, 유용한지 아닌지를 판단하세요.

3. 온라인을 검색하다가 산만해지거나 지나치게 몰두하지 않으려면, 검색 시간을 제한하세요.

4. 비판적으로 판단하세요. 논란이 있어 보이는 자료와 학교에서 배운 내용과 모순되는 자료는 무시해야 합니다.

5. 좋은 자료는 반 친구들과 공유하고, 친구들의 자료도 보여 달라고 부탁하세요. 시간을 절약하는 좋은 방법입니다.

시험 문제 예상하기

시험에 잘 대비하기 위해 준비하는 것은 복습의 주요한 부분입니다.
시험을 잘 준비하면 좋은 점수를 얻을 수 있습니다.

시험을 준비하는 방법은 여러 가지입니다. 예를 들이 기출
시험지를 풀어보거나 시험 문제를 예상하기 위해 평가 계획을
확인하는 방법도 있습니다.

여기도 함께 보세요	
시험은 무엇일까?	170–171 ▶
필기 시험	172–175 ▶
객관식 시험	176–177 ▶
말하기 시험	178–179 ▶
기타 시험	180–183 ▶
시험 날 유용한 힌트와 조언	184–187 ▶

'시험과 같은 조건'에서 연습하기

선생님들은 가끔 여러분에게 모의시험(연습 시험)을 볼 수 있도록 기출 문제지를
주기도 합니다. 그렇지 않다면, 선생님에게 기출 시험지를 이용할 수 있는지 여쭤
보는 것이 좋습니다. 기출 문제를 통해 문제 유형에 대한 정보와 지난 평가에서
어떤 주제가 다루어졌는지 알 수 있습니다. 기출 문제나 연습 문제를 구한 다음,
정해진 시간 안에 문제를 풀어보세요. 시계를 수시로 보면서 빠뜨린 문제는
없는지 확인하세요.

▽ **모의시험에서 시간 관리**

시험과 동일한 조건으로 문제를 푸는 연습을
하면, 시험을 볼 때 시간을 관리하는 법을 배울
수 있다. 다음과 같은 점에 유의하면 주어진 시간
안에 모든 문제를 풀 수 있을 것이다.

쉽고 빨리 풀 수 있는 문제부터 푸세요.

시험 내내 시계를 잘 보세요.

어려운 문제는 건너뛰고 나중에 다시 돌아가세요.

배정된 점수에 따라서 문제별로 시간제한을 두세요.

쓰는 속도를 높이려면, 빨리 쓰면서도 알아볼 수 있게 글씨 쓰는 연습을 자주 하세요.

관련된 정보만 쓰고, 불필요한 세부 사항은 생략하세요.

이렇게 실천하세요!

모의고사로 연습하기

모의고사로 연습하면 얼마나 알고 있는지, 얼마나 많이 배
웠는지 확인할 수 있어서 유용합니다. 부족한 부분은 실제
시험까지 남은 시간 동안 공부해서 메꾸면 됩니다. 게다가
모의고사를 보면 정해진 시간 안에 문제를 모두 풀 수 있는
지도 확인할 수 있습니다. 시간이 부족했다면 실제 시험에
서는 시간 안에 모두 풀 수 있도록 전략을 짜서 연습하세요.

시험 문제 예측하기

기출 문제를 보면 앞으로 출제될 문제가 보입니다. 비슷한 주제가 나오거나
단어만 바뀌어 나오는 경우가 많습니다. 문제를 살짝 바꿔보거나, 같은
주제가 다른 방식으로 나올 수 있는 가능성에 대해서도 생각해보세요.
가끔은 작년에 나오지 않았던 주제가 올해 문제로 출제되기도 합니다.

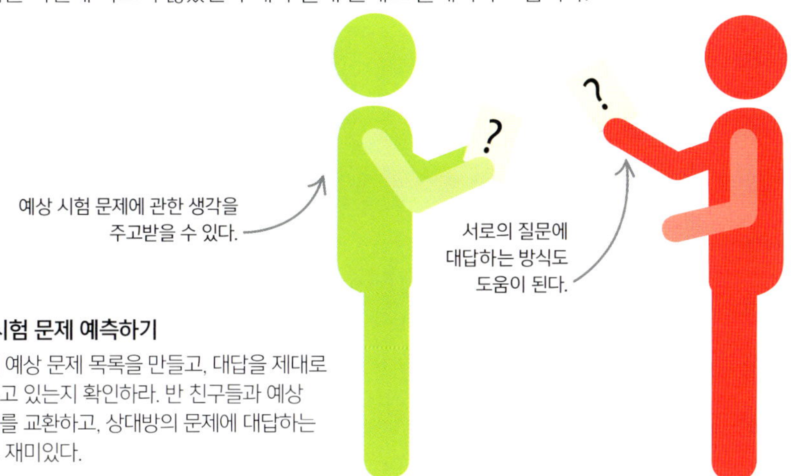

▷ **시험 문제 예측하기**

출제 예상 문제 목록을 만들고, 대답을 제대로
외우고 있는지 확인하라. 반 친구들과 예상
문제를 교환하고, 상대방의 문제에 대답하는
것도 재미있다.

평가 계획 이용하기

논술 과제 평가 계획은 시험에 무엇을 써야 하는지를 보여주는
유익한 자료입니다. 더 중요한 사실은 평가 계획에는 선생님들이
학생들의 답을 채점할 때 점수를 주는 기준이 포함되어 있다는
것입니다. 평가 계획은 선생님에게 요청하면 받아볼 수 있습니다.
어떤 부문을 테스트 받는지, 좋은 점수를 받기 위해 포함되어야
하는 내용이 무엇인지를 파악하는 것은 필수입니다. 그런 다음
필요한 기술을 연습하고 숙달할 수 있도록 해야 합니다.

> 어떤 분야의 전문가라
> 해도 그들 모두 한때는
> 초보자였습니다.

▷ **새점 기준 확인하기**

어떤 시험은 논술 형태로 써야 한다. 평가 계획을
보면서 논술 시험의 채점 기준을 기록하라.

그룹으로 모여 복습하기

다른 사람과 함께 복습하면 학습 의욕을 올릴 수 있고, 얼마나 이해했는지 확인할 수 있습니다.

그룹으로 모여서 복습하면 공부가 더 재미있다고 말하는 학생이 많습니다. 서로를 테스트하고, 각자 자신이 좋아하는 기억법과 학습 전략을 공유하면서 서로 자신감을 얻을 수 있습니다.

여기도 함께 보세요	
◀ 66–67	함께 공부하기
◀ 70–71	팀 과제
◀ 86–87	창의적 사고
◀ 144–145	복습 카드
◀ 156–157	흐름도와 암기법

친구들과 학습하기

계속 혼자서만 공부하면 미루는 습관이 생기고 지루해지기 쉽습니다. 그럴 땐 반 친구들과 복습하는 방법을 생각해보세요. 서로에게 주제를 설명하고 요약하는 것은 자료를 더 잘 이해하고 외울 수 있는 효과적인 방법입니다. 친구들과 공부하는 방법은 적극적인 학습법에 속합니다. 또한 학습 도구를 공유하면 창의력이 향상됩니다.

배우면 가르칠 수 있고,
가르치면 배울 수 있습니다.

▽ **복습 그룹 만드는 법**
친구들과 제대로 공부하려면, 복습 그룹을 만들
때 몇 가지 규칙을 따르는 것이 중요하다.

1. 매주 모여서 복습하는 시간을 정하세요.

5. 복습 시간에 돌아가면서 리더를 맡으세요.

2. 조용한 장소를 선택하세요.

6. 팀으로 협력하고 공동 작업을 하면서 서로에게 배우세요.

3. 방해되는 요소를 제거하세요.

7. 규칙을 정하고 따르세요.

4. 계획을 세우세요.

8. 복습 시간마다 무엇을 공부해야 하는지 전체적인 틀을 확인하면서 시작하세요.

복습 활동

복습 시간과 규칙이 정해지면, 그룹 학습이 시작될 수 있습니다. 복습 시간에 몰두할 유용한 활동들이 많습니다. 먼저 배워야 할 핵심 자료가 정확한지를 확인하고 나서, 서로 이해하도록 도우면서 자료를 공부하세요.

◁ **도움이 되는 방법**

다음은 그룹 학습 활동에 도움이 되는 아이디어들이다. 가장 마음에 드는 방법을 고르거나, 또 다른 방법을 만들어도 좋다.

스터디 그룹

스터디 그룹에 가입하는 것도 좋은 방법입니다. 하지만 공부를 감독하고 요점을 정리해줄 선생님과 함께하기도 하므로 비용이 들 수도 있습니다. 스터디 그룹은 보통 몇 명만 모여서 공부하기 때문에 효과적입니다. 복습 시간을 지도하는 선생님은 융통성 있게 그룹을 운영하면서, 학생들 개개인에게 필요한 부분에 초점을 맞춰야 합니다.

집중력 유지하기

친구들과 복습할 때는 개인적인 이야기를 늘 어놓느라 산만해질 위험이 있습니다. 목표한 분량만큼 복습을 끝낸 후 잡담할 수 있는 시간을 따로 마련하세요. 공부 시간에는 긍정적인 자세로 집중하세요.

▽ **보충 수업**

어려운 주제에 관해 도움이 필요한 학생들을 위해 추가로 보충 수업을 제공하는 학교가 많다.

공부한 내용 평가하기

규칙적으로 평가 시간을 마련해, 얼마나 알고 있는지 확인하고, 배운 것들을 확실하게 이해하는 것이 중요합니다. 이런 방법이 그간의 복습 시간들이 성공적이었는지 여부를 판단하게 도와줍니다.

	여기도 함께 보세요
◀ 52–53	자기 발전 계획하기
◀ 58–59	읽기 기술 끌어올리기
◀ 136–141	복습 시간표
◀ 144–147	복습 카드
◀ 152–153	마인드맵
◀ 156–157	흐름도와 암기법
◀ 164–165	그룹으로 모여 복습하기

학습 진도 확인하기

복습은 보통 몇 주 이상 계속됩니다. 여러분은 긴 학습 여정의 어디쯤 서 있는지를 정확히 알아야 하고, 시험이 시작되기 전에 남은 분량을 공부할 시간이 충분한지 확인해야 합니다. 주간 진도나 월간 진도를 확인하면, 학습 진도에 맞춰 제대로 공부하고 있는지를 파악하는 데 유용합니다. 학습 진도가 표시된 도표는 공부에 자극을 주고, 한 번 복습하는 데 그치지 않고 여러 번 복습해야 한다는 것을 보여줍니다.

▽ 진도 도표

진도 도표를 만들고, 매주 바늘을 위로 올려라. 진도 도표는 성취감을 느끼게 해 주고, 공부해야 할 분량이 얼마나 남았는지 보여준다.

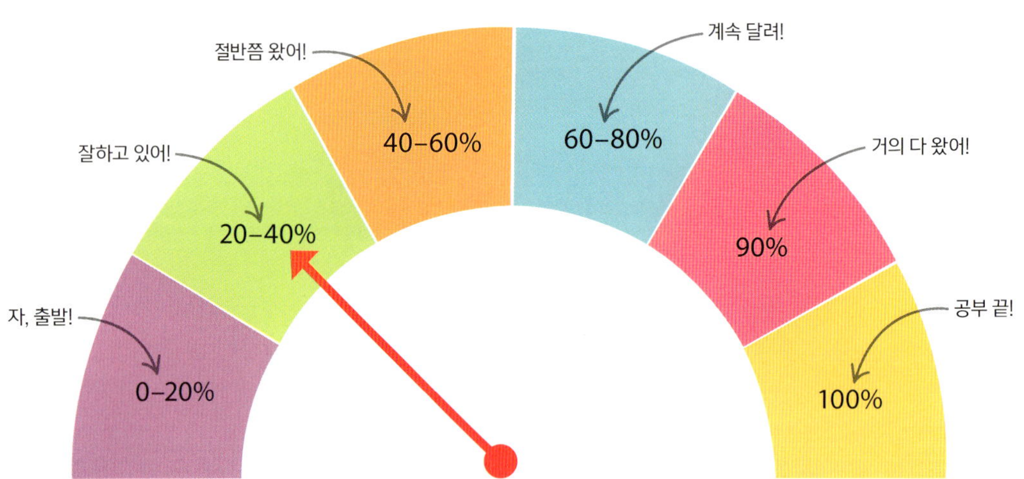

실생활에서 사례 찾기

배운 내용을 테스트하는 한 가지 방법은 그 지식을 실생활에 적용하는 것입니다. 일상적인 물건이나 과정을 이용해 어떤 이론을 설명할 수도 있고, 배운 내용 적용하기를 연습할 수도 있습니다. 예를 들어 이륙하는 비행기의 각도나 버스의 속도를 계산할 수 있습니다. 복습 시간표를 짤 때 배운 내용을 창의적으로 적용해보는 테스트 시간을 추가로 넣어야 하는 경우도 있습니다.

> "내일을 준비하는 최고의 방법은 오늘 최선을 다하는 것이다."
>
> 잭슨 브라운(H. Jackson Brown, 1940~), 작가

알고 있는지 확인하기

여러분은 지금까지 공부한 자료를 얼마나 잘 이용하고 적용하는지를 스스로 테스트해서 발전 정도를 확인할 수 있습니다. 내용을 잘 기억하고 있는지 테스트하는 것은 자신이 적용한 복습 기술이 얼마나 성공적이었는지 점검하는 소중한 기회가 됩니다. 그뿐 아니라 제대로 모르는 주제에 대해서는 복습 시간을 더 늘릴 수 있습니다.

다음은 자신이 얼마나 알고 있는지 테스트하는 방법들이다. 아래 목록에서 선택하거나 자신만의 방법을 더해도 좋지만, 최선의 시험 준비를 위해서는 다양한 방법을 시도해야 한다는 것을 명심하라.

기출 시험지를 공부하세요.

그림, 마인드맵, 도표, 그래프를 그리고, 이것들을 이용해 요점을 설명하세요.

다양한 주제에 관해 연습 논술 답안을 써보세요.

배운 내용을 다른 사람 또는 가상의 인물에게 가르쳐보세요.

외워서 주제를 말하거나 요약하세요.

배운 내용을 연습하기 위해, 퀴즈와 설문지 또는 과제를 만들어보세요.

시험 문제를 예상하고 문제에 답하세요.

질문과 대답 형식의 복습 카드를 이용하세요.

서로 테스트하기

그룹으로 모여 복습하는 것은 재미있습니다. 친구를 테스트하면서 정해진 공부 시간에 잠깐 쉴 수도 있습니다. 서로 테스트하면서 모르는 부분이 있는지 확인할 수도 있습니다. 또한 주제를 가장 잘 이해하고 기억하는 방법에 관한 조언과 비법을 공유할 수 있습니다. 테스트를 더 재미있게 하려면, '선생님–학생' 역할극을 하거나 '지식 테스트' 퀴즈 놀이로 바꾸어 보세요. 복습 앱이나 질문–대답 형식의 플래시 카드를 사용해도 좋습니다.

테스트를 여럿이 함께하는 퀴즈 형식으로 진행해 보자. 퀴즈는 정답을 정확하게 대답하면서 정보를 빨리 떠올리는 것을 연습하는 데 좋다.

6

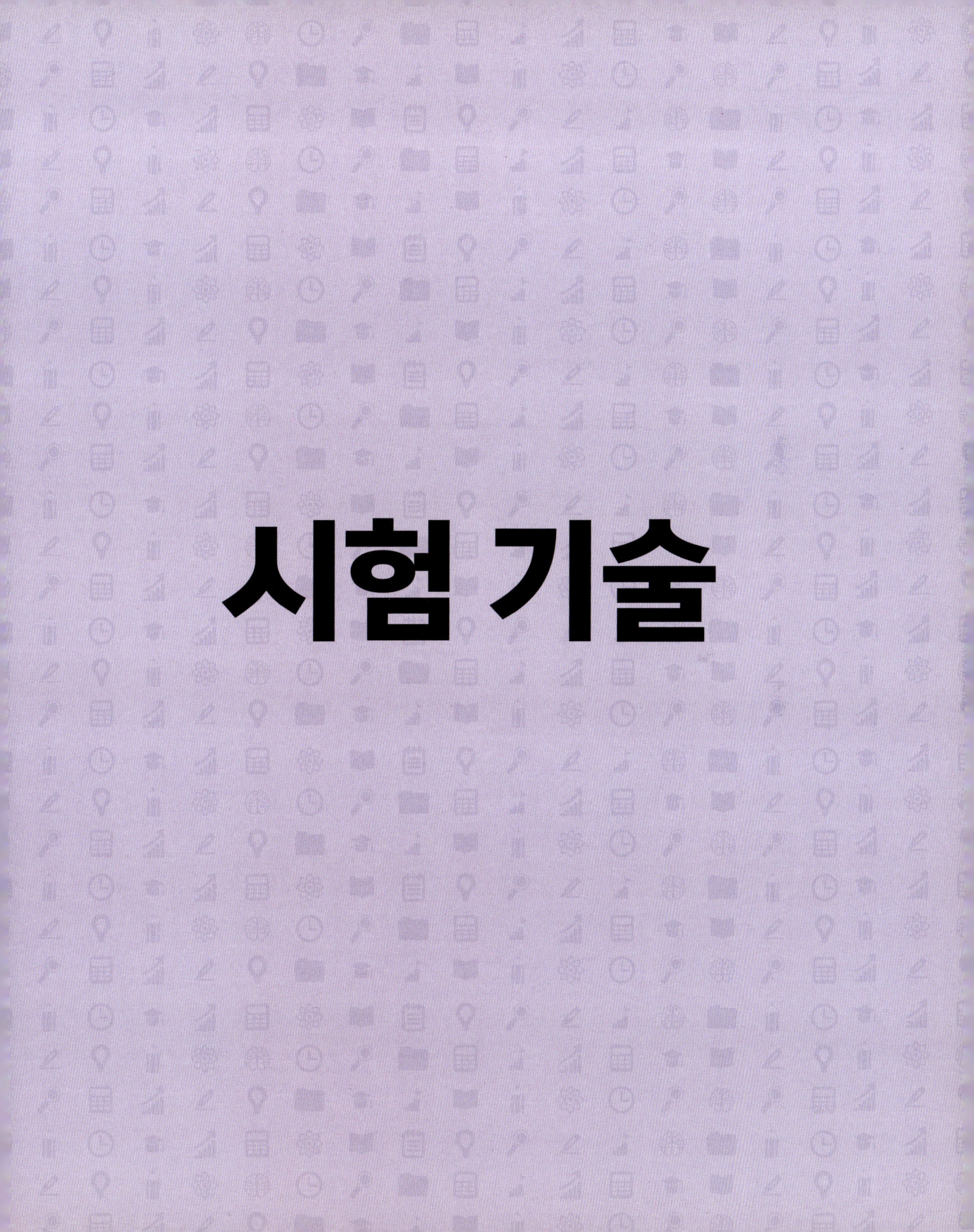

시험 기술

시험은 무엇일까?

시험은 정해진 시간 안에 학생들이 학습 내용을 얼마나 알고 있고 이해하고 있는지 테스트하는 것입니다.

시험은 객관식 문제, 서술형 문제, 실기 시험 등 종류와 형식이 다양합니다. 시험 시간도 보통 30분에서 3시간까지 다양합니다.

주요 문제 유형

시험이 치러지는 방식은 과목이 무엇인지, 수업 방식이 어땠는지, 공부한 자료가 무엇이었는지에 따라 다릅니다. 학생들의 나이와 학습 단계에 따라 달라지기도 합니다. 초등학생에게는 단답형 문제를 많이 묻고, 고등학생에게는 논술 문제를 많이 묻습니다. 주요 문제 유형은 다음 세 가지입니다.

여기도 함께 보세요	
◀ 18–19	효과적으로 공부하기
◀ 76–77	암기 기술 끌어올리기
◀ 128–131	복습 시작하기
◀ 136–141	복습 시간표
◀ 162–163	시험 문제 예상하기
필기 시험	172–175 ▶
객관식 시험	176–177 ▶
말하기 시험	178–179 ▶
기타 시험	180–183 ▶
시험 날 유용한 힌트와 조언	184–187 ▶

선생님들은 시험 문제를 다양한 방식으로 출제합니다.

 **단답형 문제**

 **객관식 문제**

 **논술 문제**

△ **짧은 답**

단답형 문제는 보통 배운 내용, 인물, 주요 날짜나 이론을 알고 있는지 물어보며 짧게 대답하길 요구한다.

△ **올바른 선택**

객관식 문제는 나열된 선택 항목 중에서 올바른 답을 고르라고 요구한다.

△ **논술 답안**

논술 문제는 짧게 사실에 관해 쓰는 것이 아니라 어떤 것을 분석하라고 요구한다.

시험 준비하기

시험을 잘 보는 비결은 잘 준비하는 것입니다. 출제자가 어떤 유형으로 문제를 낼지 파악하고, 시험을 잘 보는 데 필요한 지식과 기술을 배워야 합니다. 정보를 확실히 기억하고 시험 볼 때 빨리 떠올리려면 복습이 매우 중요합니다.

▽ **일 년 내내 복습하라**

수업 진도에 맞게 조금씩 학습량을 나눠 꾸준히 복습하는 방법이 시험 전에 몰아서 공부하는 방법보다 효과적이다.

기출 시험지

기출 시험지를 살펴보면 그 과목의 시험 유형이 어떤지를 알 수 있습니다. 몇 문항까지 있는지, 시험지가 여러 부문으로 나뉘어 있는지, 반드시 답을 써야 하는 문제가 있는지, 문제가 어떤 표현으로 제시되었는지, 몇 점짜리 문제들인지 살펴보는 것이 좋습니다. 기출 시험지를 이용해 문항별로 풀이 시간을 정해 질문에 답하는 연습을 할 수 있고, 어떤 문제가 나올지 예상할 수도 있습니다. 또한 질문 유형을 확인해 효과적으로 복습할 수도 있습니다.

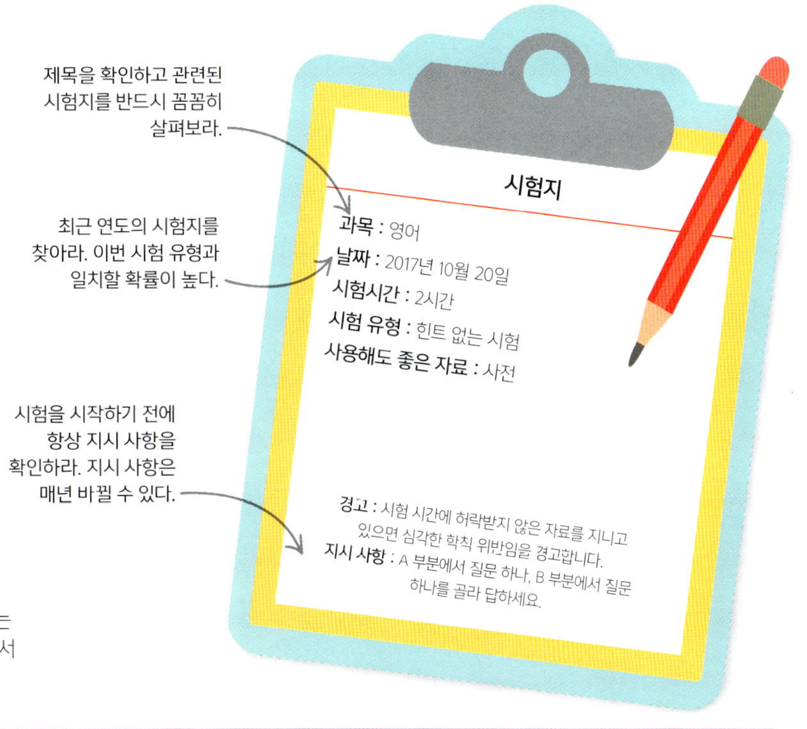

▷ **시험지**

기출 시험지를 보고 질문이 사실을 묻는 것인지, 분석하라는 것인지, 아니면 둘 다인지를 연구하라. 지시 사항을 따르면서 어떻게 답을 쓸지 판단하고, 끝까지 풀어보라.

이렇게 실천하세요!

시간 관리

시험이 시작되기 몇 주 전부터 학습 자료를 충분히 복습해야 합니다. 전년도 시험지를 정해진 시간 안에 풀어보면 배운 정보를 제대로 썼는지, 점수가 높은 문제에 답을 썼는지를 확인할 수 있고, 정해진 시간 안에 얼마나 쓸 수 있는지도 미리 알 수 있어 도움이 됩니다.

시간표 만들기

최대한 빨리 시험 준비를 하는 것이 중요합니다. 복습 시간표는 다음과 같이 짜면 좋습니다. 시험 날짜와 과목, 시험별로 필요한 복습 시간을 쓰고, 복습 시간을 교과 과정에서 다룬 주제별로 나누어 시간을 할당하세요. 선생님과 학교에서 함께하는 복습 시간도 기록하고, 주간 복습 계획도 포함시키세요.

▽ **일정표 따르기**

시간표는 무엇을 언제 해야 하는지 집중할 수 있게 해주므로 시간표를 계획대로 지키려 노력해야 한다.

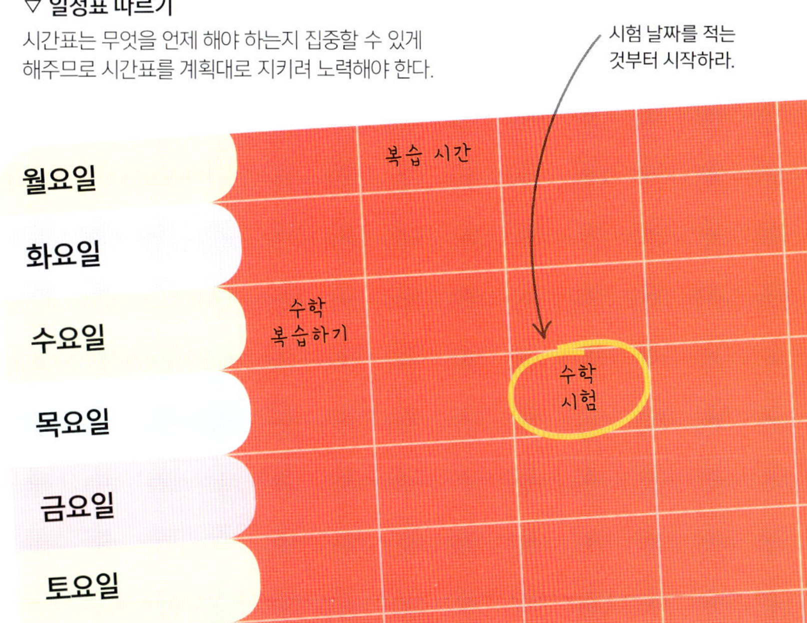

필기 시험

가장 흔한 시험 형태는 필기 시험으로, 대부분 손으로 답을 작성합니다.

필기 시험은 크게 두 가지로 이루어져 있습니다. 특정한 내용을 알고 있는지 묻는 단답형 시험이거나 더 자세히 답하면서 분석해야 하는 논술형 문제인데, 논술형 문제가 더 역사가 깊습니다.

여기도 함께 보세요	
◀ 88–89	글쓰기 기술 끌어올리기
◀ 90–91	질문 쪼개기
◀ 92–93	질문에 대답하기
◀ 94–95	논리 세우기
◀ 96–97	과제 검토하기
◀ 148–149	읽기
시험 날 유용한 힌트와 조언	184–187 ▶

힌트 없는 시험

필기 시험에서는 '힌트 없는' 시험을 가장 많이 치릅니다. '힌트 없는' 시험이란 어떤 문제가 나올지 미리 학생들에게 알려 주지 않는 시험입니다. 그래서 시험을 준비하려면 그동안 모은 자료와 교과과정에서 배웠던 주제를 모두 복습하는 것이 좋습니다. 다른 시험과 마찬가지로 힌트 없는 시험도 수업 시간에 배운 주제에 관해서만 문제가 나옵니다.

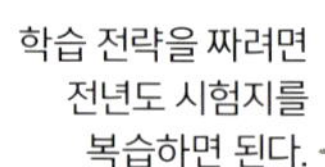

학습 전략을 짜려면 전년도 시험지를 복습하면 된다.

▷ **시험 예상하기**
전년도 시험지는 올해 어떤 유형의 문제가 나올지 예측할 수 있으므로 매우 소중한 자료다.

힌트 있는 시험

'힌트 있는' 필기 시험도 있습니다. 선생님이 미리 질문 목록을 나눠 줘서 학생들에게 준비할 시간을 주는 시험입니다. 이런 경우라면, 시험 전에 질문의 답을 모두 찾아서 공부해야 합니다. 시험장에는 답을 적은 종이나 공책을 들고 갈 수 없으므로 여러 번 읽어서 답을 외워야 합니다.

답을 녹음해서 언제 어디에서든 들으며 외우는 학생들도 있다.

▷ **암기하는 법**
답을 녹음해서 듣는 방식 이외에도 다양한 암기 방법을 시도해보고, 자신에게 가장 효과적인 방법을 선택하라.

도 움 말

시험은 기회다

시험은 학생들을 골탕 먹이려고 만든 것이 아닙니다. 여러분이 교과과정에서 무엇을 배웠는지 선생님에게 보여주는 기회입니다. 그러므로 주요 사실, 견해, 주장과 사건의 중요성, 이론, 과정 등을 이해했다는 것을 선생님에게 보여줘야 합니다.

모든 시험엔 시간제한이 있습니다. 집중력을 잃지 않고, 가장 적절한 답을 쓰는 것이 중요합니다.

믿지 않을지도 모르지만, 선생님들은 여러분이 시험을 잘 보기를 바랍니다.

질문에 답하기

학생들이 가장 많이 하는 실수는 올바른 정보를 사용해 대답하지 않는다는 것입니다. 질문에 대한 답을 써야지, 쓰고 싶은 대로 쓰면 안 됩니다. 주제와 관련된 모든 것을 쓰기 시작하면, 틀림없이 시간이 부족할 것입니다. 논술 문제에 자주 나오는 문항인 '분석하시오', '대조하시오', '논하시오', '왜' 등이 중요한 핵심어이므로 질문이 원하는 대로 답을 써야 합니다.

답을 쓸 때 급하게 서두르면 안 된다. 어떻게 쓸지 충분히 생각한 후 필요한 요점만 써야 한다.

무엇을 묻는지 분명하게 이해할 때까지 계속 문제를 읽어야 한다. 선생님이 바로 앞에 있다고 상상하는 방법도 좋다. '선생님은 내가 어떻게 답을 쓰길 바라실까?'

◁ **쓰는 법**
주제에 관해 아는 대로 모두 쓰라고 하는 문제는 없다. 따라서 문제가 정확하게 무엇을 묻고 있는지 생각해야 한다.

계획을 세워라

시험 문제를 신중하게 읽은 후에는 선택한 문제에 어떻게 답할지 개략적으로 계획을 써 놓아야 합니다. 생략해야 할 부분에는 가위표를 칠 수도 있고, 최종 답이 아니라는 것을 표시하려면 연필로 써도 됩니다. 어떤 선생님들은 여러분이 써 놓은 계획과 답을 비교하면서 빼먹은 부분은 없는지 확인하기도 하고, 급하게 쓰느라 놓친 부분이 있다면 부분 점수를 주기도 합니다.

주요 아이디어와 사건은 형광펜으로 강조해야 한다.

계획에 핵심어를 포함하는 것이 좋다.

▷ **계획의 체계**
답을 어떻게 쓸지 계획할 때는 문장 형식으로 써도 된다. 도입, 분석, 결론을 자세히 쓰거나, 그냥 점을 찍고 요점을 연속으로 나열해도 된다.

논술 답 작성하는 방법

논술 문제의 답을 쓸 때는 먼저 머리말을 짧게 쓴 다음, 내용을 자세히 분석하고, 마지막엔 결론으로 마무리 짓는 것이 좋습니다. 다시 말해서 모범적인 논술의 틀을 따르면서 질문이 무엇을 묻고 있는지 이해했다는 것을 보여주어야 합니다. 또한 횡설수설하지 말고 글이 '물 흐르듯' 앞 문장에서 다음 문장으로 논리적으로 이어져야 합니다. 시험 시간은 제한되어 있으므로 최대한 빨리 요점을 이해하고, 또박또박 답을 써야 합니다.

또박또박 쓰기

손으로 쓴 답지는 알아보기 쉬워야 합니다. 그래야 선생님이 채점하기 쉽습니다. 맞춤법에 맞게 쓰고 바르게 띄어쓰기를 하는 것도 중요하므로, 시험이 끝나갈 무렵에는 반드시 답지를 교정해야 합니다.

머리말은 간략하게

논술 문제 답의 머리말은 간략하게 써야 합니다. 머리말은 여러분이 어떤 생각을 어떻게 풀어서 답을 쓸지 알려주는 수단이므로 매우 중요합니다.

본론에서는

머리말을 적절하게 잘 쓰고 난 후 가장 중요한 부분은 본론입니다. 본론에서는 문제를 분석해야 하는데, 정반대의 생각이나 이론을 대조하면서 주제를 제대로 이해했음을 보여줘야 합니다.

> 20세기에 벌어진 두 번의 세계대전은 세계 정치에 어떤 영향을 미쳤는가?
>
> 제1, 2차 세계대전은 세계 정치에 엄청난 영향을 미쳤습니다. 재앙과도 같은 두 전쟁으로 수천 명이 죽었고, 많은 제국이 붕괴했으며, 두 개의 초강대국이 새롭게 등장했습니다.
>
> … 제1차 세계대전의 기원은 유럽 대륙 내부의 불안정성이 점점 커졌기 때문이며, 특히 독일이 성장하고 '동방문제'(Eastern Question)……. 전쟁은 유럽 나라들을 경제적으로 몰락하게 했고, 정치적으로 불안하게 했으며, 경제 대공황으로 알려진 경기 침체 때문에 상황은 더 나빠졌습니다. …
>
> … 1945년 말, 세계는 45년 전과 구분이 안 될 정도로 파괴되었습니다. 오스트리아-헝가리, 터키, 러시아 제국이 붕괴했습니다. 중국은 내전에 빠졌고, 그 결과 1949년에 공산주의 국가로 바뀌었습니다. 가장 극적인 변화는 세계를 지배하는 대륙이었던 유럽의 몰락입니다. 20세기 후반은 서로에게 도전하는 두 초강대국 미국과 소련이 등장했고, 냉전이 시작됐습니다.

질은 양보다 훨씬 더 중요합니다. 어떻게 썼는지가 얼마나 썼는지보다 점수를 더 많이 좌우할 것입니다.

마무리하기

논술 문제의 답은 항상 결론을 포함해야 합니다. 길 필요는 없지만, 새로운 내용을 쓰면 안 되고, 지금껏 펼쳤던 주장을 요약해야 합니다. 결론이 좋을수록 시험 점수도 좋습니다.

단답형 문제

단답형 문제는 보통 여러분이 주요 용어와 어구, 이름, 날짜, 사실, 이론, 개념과 공식을 알고 있는지 알아보기 위해 출제합니다. 단답형 문제는 분석할 필요가 없고, 논술 문제보다 답을 간결하게 써야 합니다. 불필요한 정보를 덧붙이느라 시간을 낭비하지 말고, 빨리 다음 문제로 넘어가는 게 좋습니다.

▽ **글의 틀**

단답형 문제의 답은 길게 쓸 필요가 없지만, 그래도 적당한 틀은 갖춰야 합니다. 아래는 단답형 문제의 답을 어떻게 써야 하는지 보여주는 예입니다.

제목은 짧고 요점을 담아야 한다.
반드시 질문을 다시 쓸 필요는 없다.

냉전 시대가 발생한 이유

답을 쓰기 시작할 때는 질문을 이해했는지 보여줘야 한다.

제2차 세계대전이 시작될 때, 유럽은 세계 정세의 중심이었습니다. 그러나 제2차 세계대전이 끝날 땐 두 초강대국 미국과 소련이 그 자리를 차지했습니다.

다양한 주장을 알고 있다는 것을 증명해야 한다.

어떤 사람들은 냉전의 뿌리가 1917년 일어난 볼셰비키 혁명까지 거슬러 올라가고, 서유럽의 가치관에 반대하는 공산주의자들이 권력을 잡았기 때문이라고 주장하기도 합니다. 하지만 제2차 세계대전 후 발생한 사건들은 미국을 비난하는 사람들에게 빌미를 제공했습니다.

주장을 뒷받침하는 예를 써라.

러시아를 비난하는 사람들이 내세운 사건들은 다음과 같습니다. : 스탈린이 완충국들을 세우고, 바르샤바 조약을 만들었다. 미국을 비난하는 사람들이 내세운 사건들은 다음과 같습니다. : 미국이 트루먼독트린으로 소련을 견제했고, 1947년 마셜 플랜으로 유럽에 경제적 원조를 제공했으며, 1949년 북대서양조약기구(NATO)를 설립했다.

반대편 주장을 뒷받침하는 예를 들며 관심을 끌어라.

질문에 대답하기

시험은 항상 시간제한이 있으므로 답을 쓸 때는 명확히 쓰고, 질문이 요구하는 정보보다 더 많이 쓰지는 마세요.
답에 써야 할 단어의 수는 정해진 시험 시간에 얼마나 많이 쓸 수 있는지에 따라, 또 그 문제가 몇 점짜리 문제인지에 따라 다릅니다.
글씨 쓰는 속도가 느린 학생은 더 적은 단어로 더 많은 요점을 담을 수 있도록 노력해야 합니다.

단답형 질문은 보통 인용구를 쓸 필요가 없습니다. 하지만 쓰는 것이 적절하다고 생각한다면 참고만 할 수 있게 되도록 짧게 쓰세요.

점수로 인정된다면, 시간이 부족할 땐 핵심 요점만 간략히 쓰세요. 요점만 쓴 답도 인정하는 선생님이 있습니다.

객관식 시험

논술이나 단답형 시험과 같은 필기 시험을 대체하기 위해 객관식 시험을 많이 봅니다.

객관식 시험은 질문에 여러 가지 답을 주고, 그중에서 옳은 답을 찾도록 하는 방식입니다.

여기도 함께 보세요

◀ 170–171　　　　　　　시험은 무엇일까?
◀ 172–175　　　　　　　　　필기 시험
기타 시험　　　　　　　180–183 ▶
시험날 유용한 힌트와 조언　184–187 ▶
6장 참고 자료　　　　　　242–243 ▶

객관식 시험 잘 보는 법

어떤 시험에서든, 답을 써야 하는 질문이 몇 개인지 알려면 지시 사항을 잘 읽어야 합니다. 답을 쓰기 전에 각 질문이 무엇을 묻고 있는지 확실히 이해해야 합니다. 먼저 정답을 아는 문제부터 답을 쓴 다음, 어려운 문제로 다시 돌아가세요. 틀린 답을 쓰면 점수가 깎이지는 않는지 확인해야 합니다. 문제를 다 푼 다음에는 답을 항상 확인하세요.

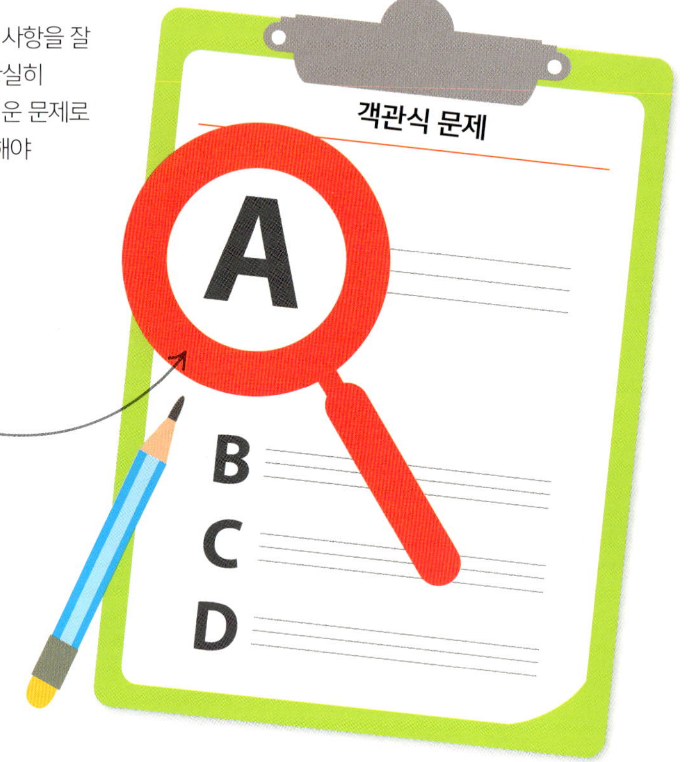

객관식 문제는 요즘 컴퓨터로 채점하는 경우가 많으므로 답을 분명히 표시했는지 확인해야 한다.

▷ **쉬운 시험이 아니다!**
객관식 시험이 쉬운 시험이라고 생각하는 학생들이 많다. 그러나 객관식 시험을 잘 보려면 복습을 많이 해야 한다.

셜록 홈스는 어떻게 할까?

객관식 문제를 풀 때는, 제거하는 방법을 쓰면서 탐정처럼 생각해야 합니다. 정답을 잘 모를 경우에는 틀렸다는 확신이 드는 선택을 제외하면 됩니다. 모두 제외하고 하나가 남았다면 그것이 정답일지도 모릅니다!
그래도 답을 모르겠다면, 어림짐작해야 합니다. 가끔 이 방법이 통할 때가 있습니다. 어림짐작하는 기술은 가장 그럴듯한 답을 고르는 것입니다. 어쨌든 답을 쓰지 않으면 점수를 받지 못하므로, 어림짐작으로 답을 썼다고 손해 보지는 않습니다. 하지만 틀린 답을 썼을 때 감점되는 경우가 있으니, 어림짐작으로 답을 쓰기 전에 꼭 확인하세요.

객관식 시험에서, 가끔 선택지가 모두 옳은 문제도 있습니다. 그럴 경우에는 선택할 항목에서 '위에서 말한 것 전부'를 골라야 합니다.

자세한 내용에 집중하기

객관식 문제는 분석하기보다는 자세한 내용에 초점을 맞춰야
하므로 일찍 복습하는 것이 중요합니다. 매일 몇 가지 질문에
대한 답을 조금씩 공부하면서 시험에 관련된 정보를 쌓아가는
것이 좋습니다. 요점이나 사실을 처음부터 공부하면 기억에
오래 남습니다. 시험 직전에 벼락치기로 복습하는 것은 좋지
않습니다.

▽ **객관식 문제의 초점**
객관식 문제 유형은 시험 과목에 따라 상당히 다르다. 역사 문제는
날짜나 사건이 중요하고, 과학 문제는 이론이나 용어가 중요하다.

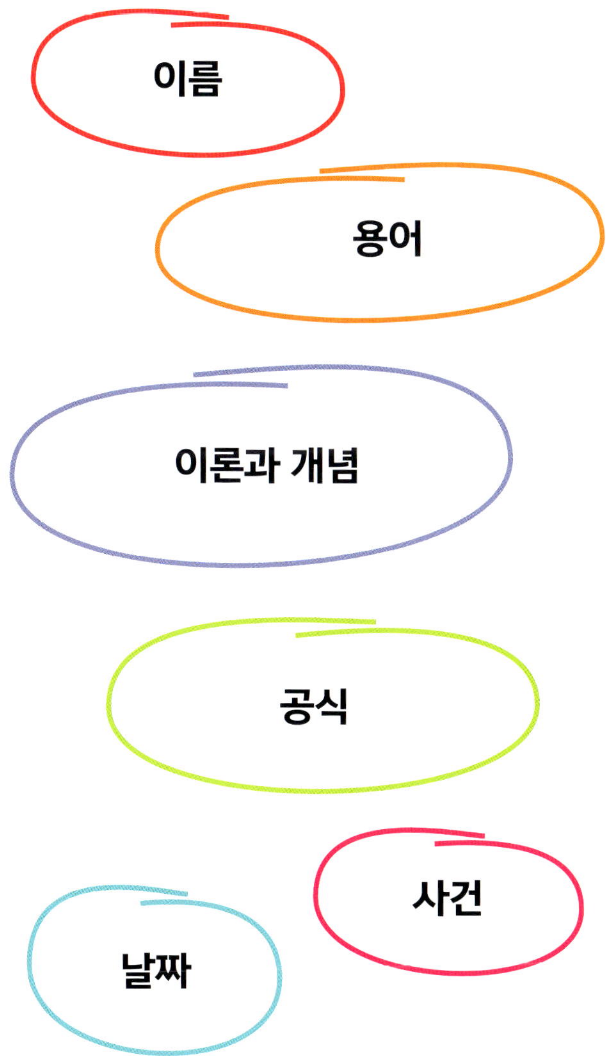

온라인 시험

최근 기술이 발전한 덕분에 온라인 시험이 인기를 끌고 있습니다.
학교와 취직 시험에서도 온라인 시험을 보는 경우가 많아졌습니다.
온라인 시험의 유형은 과목에 따라 다르므로, 어떻게 시험을 봐야
하는지 미리 알아야 합니다. 미리 연습할 수 있다면 연습해두세요.
집에서 시험을 볼 수 있다면, 컴퓨터가 기술적으로 문제가 없는지,
필요한 브라우저가 있는지, 인터넷 연결 속도는 적당한지
확인하세요.

시험을 보기 전에
확인해야 할 사항이 많다.

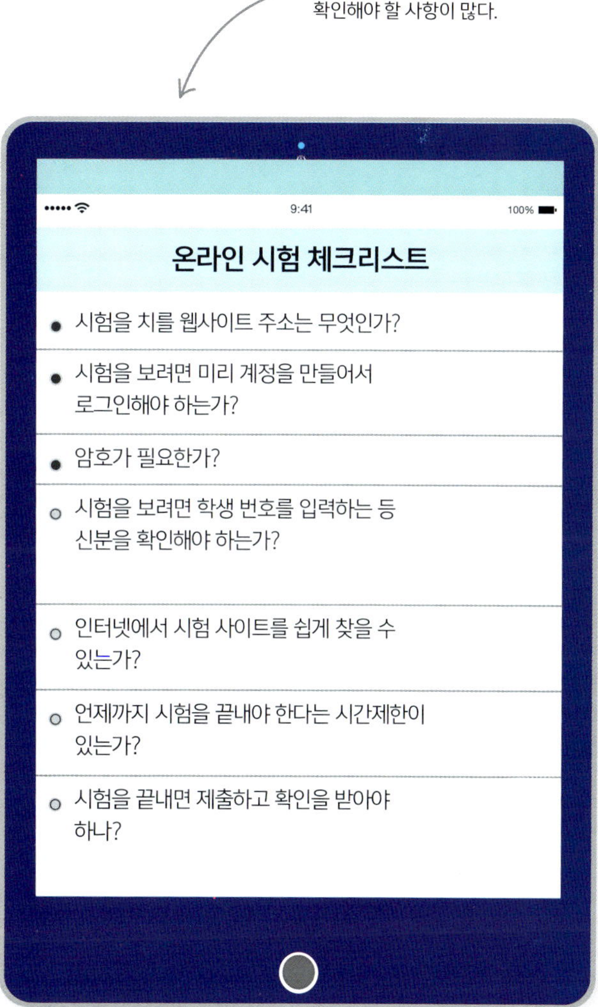

△ **온라인 시험 체크리스트**
어떤 시험에서는 기록한 답을 바꾸지 못하게 하거나, 시험을
한 번만 보도록 제한한다. 그러므로 어떻게 해야 하는지 반드시
미리 알고 있어야 한다.

말하기 시험

배운 것을 시험하는 시험은 필기 시험 이외에 말하기 시험도 있습니다.

말하기 시험에서는 주제를 알고 이해하는지와 더불어 여러분의 언어 전달 능력과 발표 기술도 함께 테스트합니다.

여기도 함께 보세요	
◀ 68–69	적극적인 듣기 기술
◀ 98–99	발표 기술 끌어올리기
◀ 100–101	반복 학습
◀ 170–171	시험은 무엇일까?
◀ 172–175	필기 시험
시험날 유용한 힌트와 조언	184–187 ▶

무엇을 포함할까?

말하기 시험은 보통 학생들이 질문에 대답하면, 선생님이 그 답을 듣고 점수를 매기는 방식입니다. 말하기 시험은 혼자서 보거나, 다른 친구들과 함께, 또는 친구들 앞에서 치르기도 합니다. 간혹 발표 시험으로 치르기도 하는데, 발표 시험은 채점 방식이 약간 다를 수도 있습니다. 시험 내용에 대해 선생님에게 직접 듣거나, 시험 게시판 등을 확인해서 미리 어떤 주제에 관해 말하기 시험을 보는지 알고 있어야 합니다. 그래야 예상 질문을 만들어 대답하는 것을 연습할 수 있습니다.

◁ **그룹**
교실에 있는 모든 사람을 바라보면서, 자신이 즐겁고 재미있게 발표하고 있다는 점을 느끼게 하라.

△ **일대일**
말하는 동안 산만해지거나 몸을 움직이지 말고, 집중하는 것이 중요하다.

△ **발표**
발표하는 동안 메모한 종이를 봐도 되지만, 그대로 읽으면 안 된다.

> 발표나 시험이 아니라 아는 사람과 이야기를 나눈다고 생각하면 말하기 시험을 보다 수월하게 볼 수 있다.

> 바른 자세로 서서 반 친구들과 눈을 맞추려 노력하라.

도 움 말

말하기 시험 잘 보기

말하기 시험을 보기 전에, 그 과목에 대해 철저히 복습하세요. 복습을 하면 시험 볼 주제를 더 잘 이해할 수 있으므로 자신감이 생깁니다. 시험 볼 때는 중얼거리거나 음의 높낮이가 없이 일정한 톤으로 말해서는 안 됩니다. 천장에 설치된 프로젝터나 컴퓨터를 사용할 생각이라면, 시험이 시작되기 전에 장비가 제대로 작동하는지 확인해야 합니다.

말하기 시험이 끝나면 '감사합니다'라고 꼭 인사하세요.

듣는 방법

말하기 시험을 볼 때는 무엇을 말하는지를 채점하지만, 무엇을 들었는지도
채점한다는 사실을 기억하세요. 질문을 잘 듣고, 선생님이 무엇을 묻고 있는지
이해해야 합니다. 무엇을 묻는 질문인지 잘 모르겠다면 대충 짐작해서 틀린 답을
말하지 말고, 주저하지 말고 질문을 다시 한 번 들려 달라거나 이해하기 쉽게
질문해 달라고 부탁하세요. 똑똑한 대답만큼 똑똑한 듣기도 중요합니다.

▽ **외국어 시험**
말하기 시험은 학생들의 언어 능력을
시험하기 위해 주로 외국어 수업 시간에
치른다.

대답하는 법

생각이 자연스럽게 연결되도록 질문에 논리적으로 대답해야 합니다. 답이 맞는지 자신이
없더라도 아는 대로 말하려 노력하세요. 무슨 말을 하는지 선생님이 이해할 수 있도록 차분하고
침착하게 말하세요. '아니요'보다는 '예'라고 더 많이 대답하려 노력하면 누구나 긍정적인
태도를 유지할 수 있습니다. 침묵을 두려워하지 마세요. 성급하게 대답하려 하지 말고, 천천히
질문을 생각해봐도 괜찮습니다. 충분히 생각해야 가장 좋은 답을 말할 수 있습니다. 다른
시험과 마찬가지로, 질문에 모두 답하려면 시계를 보면서 시간을 관리하세요.

▽ **멈춰 생각하라**
말하기 시험을 볼 땐, 잠시 멈춰서 물을 한 잔
마시며 생각을 정리하는 것이 좋다. 이렇게
잠깐 숨을 돌릴 때 다음 네 가지 질문을
떠올리면 집중하는 데 도움이 된다.

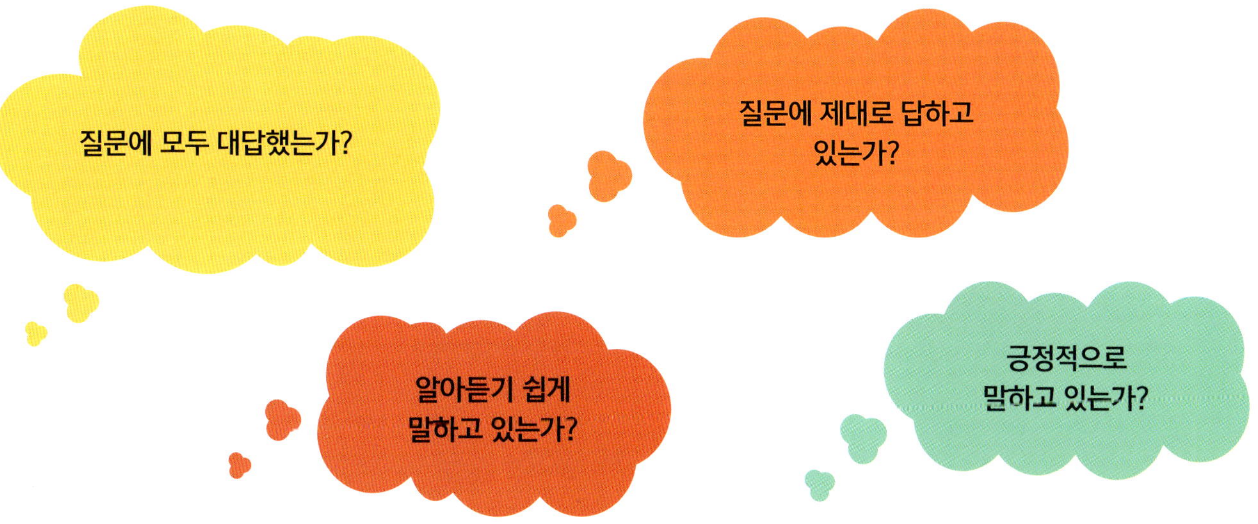

기타 시험

기타 시험 유형에는 책을 펴고 시험을 볼 수 있는 오픈 북 시험, 'OX 시험', '빈칸 채우기' 시험이 있습니다.

답을 길게 쓸 필요가 없는 시험도 많고, 도표와 공식을 사용해 답을 쓰라고 요구하는 시험도 있습니다. 무엇을 묻고 있는지 이해하는 것이 중요합니다.

옳은 것 찾기

'OX' 문제를 풀 때는, 주의를 기울여야 할 단서들이 많습니다. 보통 OX 문제는 서술하는 문장 형식입니다. 문장에서 'O'나 'X'인 내용이 하나만 있는 것은 아닙니다. 한 문제 안에 옳은 부분과 틀린 부분이 모두 들어 있을지도 모르므로 답을 고를 때는 신중해야 합니다. 어떻게 질문이 쓰였는지를 이해하면 시험을 잘 볼 수 있습니다. 다음은 'OX' 문제의 네 가지 예입니다.

<table>
<tr><td>여기도 함께 보세요</td><td></td></tr>
<tr><td>◀ 88–89</td><td>글쓰기 기술 끌어올리기</td></tr>
<tr><td>◀ 90–91</td><td>질문 쪼개기</td></tr>
<tr><td>◀ 92–93</td><td>질문에 대답하기</td></tr>
<tr><td>◀ 94–95</td><td>논리 세우기</td></tr>
<tr><td>◀ 96–97</td><td>과제 검토하기</td></tr>
<tr><td>시험 날 유용한 힌트와 조언</td><td>184–187 ▶</td></tr>
</table>

도 움 말

확신이 서지 않을 때

'OX' 문제에서 답을 잘 모르거나 자신이 없으면, 감으로 찍어야 합니다. 정답은 O 아니면 X이므로, 정답을 맞혀 점수를 받을 확률은 50%입니다. 답을 아예 쓰지 않으면 점수를 받을 확률도 전혀 없습니다.

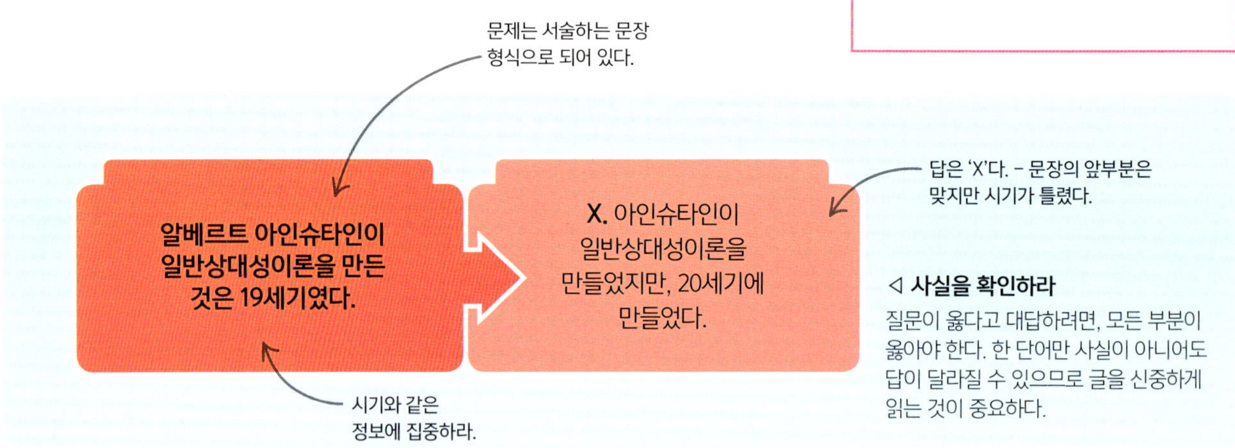

◁ **사실을 확인하라**

질문이 옳다고 대답하려면, 모든 부분이 옳아야 한다. 한 단어만 사실이 아니어도 답이 달라질 수 있으므로 글을 신중하게 읽는 것이 중요하다.

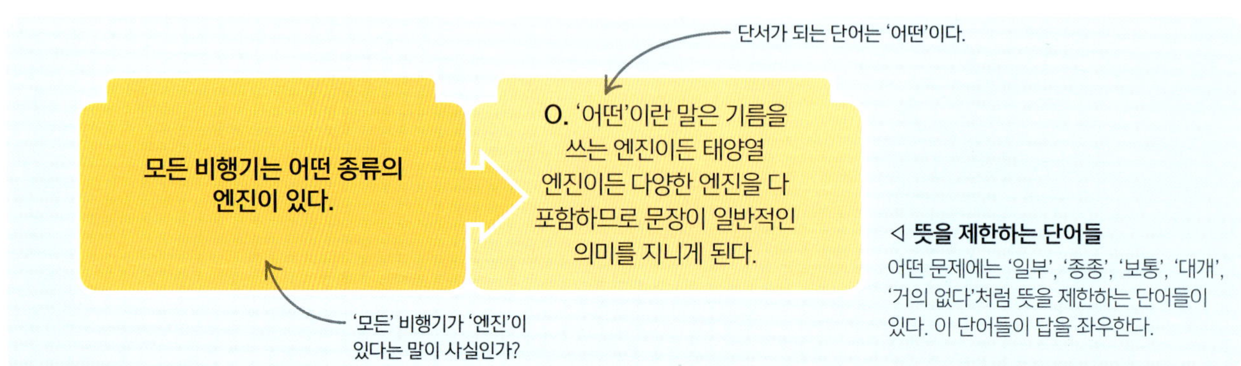

◁ **뜻을 제한하는 단어들**

어떤 문제에는 '일부', '종종', '보통', '대개', '거의 없다'처럼 뜻을 제한하는 단어들이 있다. 이 단어들이 답을 좌우한다.

모든 사람의 눈은 파랗다. → X. 분명히 사실이 아니다.

눈이 파랗지 않은 사람도 있다는 사실이 분명하므로 '모든'이란 단어 때문에 틀린 문장이 된다.

이 문장을 보면 이렇게 생각해야 한다. '모든' 사람의 눈이 파란가?

◁ **단정 짓는 단어**

어떤 문제에는 '절대', '전혀', '항상', '완전히', '모든'이나 '~만'처럼 '단정 짓는' 단어가 있다. 이런 표현은 문제에서 말하는 사실에 예외가 없다는 뜻이다.

이중부정으로 표현한 문장

런던이 영국의 수도가 아니라는 것은 사실이 아니다. → O. 런던은 영국의 수도가 맞다.

'아니다'라는 단어를 두 개 모두 없애면, 문장이 사실인 것이 분명하다.

부정적인 문장은 사실일 수도 있고 거짓일 수도 있다.

◁ **부정적인 말을 조심하라!**

이중 부정은 사실을 구별하기 힘들게 만드는 흔한 함정이다. 신중하게 읽고 문장이 정말로 옳은지 확인하라.

'빈칸 채우기' 시험

보통 빈칸 채우기 시험에서는 문장, 이론, 수학 문제에서 빠져 있는 단어나 사실, 숫자 등을 채워 넣으라고 합니다. 단답형 시험도 대개 빈칸 채우기 시험에 포함됩니다. 답을 아는 문제부터 푼 다음, 보다 어려운 문제를 푸세요.

1. 아인슈타인의 특수 상대성 이론은 E=_____ c^2 → E = <u>m</u> c^2

2. 중국의 수도는 _____이다. → <u>베이징</u>

3. 26 × ____ = 104 → 26 x <u>4</u> = 104

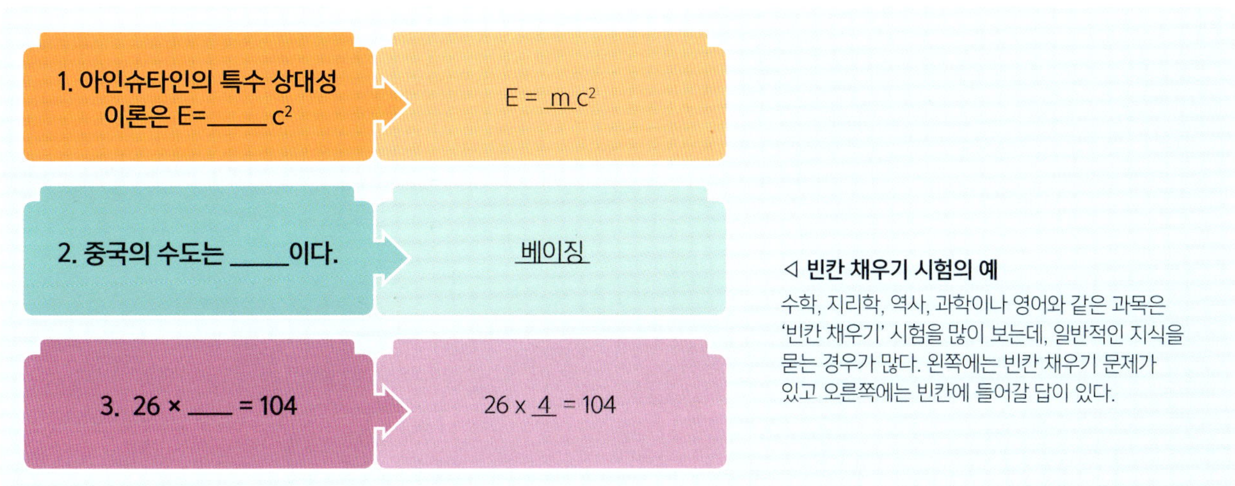

◁ **빈칸 채우기 시험의 예**

수학, 지리학, 역사, 과학이나 영어와 같은 과목은 '빈칸 채우기' 시험을 많이 보는데, 일반적인 지식을 묻는 경우가 많다. 왼쪽에는 빈칸 채우기 문제가 있고 오른쪽에는 빈칸에 들어갈 답이 있다.

오픈 북 시험

오픈 북 시험을 볼 때는 시험장에 문서, 수업 시간에 받은 프린트, 신문기사 등을 가지고 갈 수 있습니다. 시험 볼 때 허용되는 자료는 오픈 북 시험의 종류에 따라 다릅니다. 예를 들어 법률 시험이라면, 특정한 법률 사건에 관한 자세한 자료들을 허용해주기도 합니다. 오픈 북 시험은 정보를 외우는 능력을 시험하는 것이 아니라, 받은 자료에서 정보를 검색하고 분석하며, 그 정보를 분명하고 논리적으로 설명하는 능력을 시험하는 것입니다.

오픈 북 시험도 책을 보지 못하는 다른 시험과 마찬가지로 철저히 준비해야 합니다.

각자 경험에 따라 목록을 맞춤형으로 만들 수 있다.

오픈 북 시험을 잘 보는 비결

- 준비하라 : 시험장에 들고 가도 되는 자료들을 모두 확실히 준비하세요. 시험 직전에야 허겁지겁 챙기지 마세요.

- 익숙해져라 : 미리 자료들을 충분히 익혀 두세요.

- 정리하라 : 정보를 정리하고 책 없이 보는 보통 시험만큼 정확하게 복습하세요.

- 최근 자료를 확보하라 : 주제 분야의 최신 자료를 확보하세요. 주제에 관해 최근 자료를 알고 있으면 점수를 더 받을 수도 있습니다.

- 베끼지 마라 : 답을 책에서 찾아 그대로 베끼지 마세요. 내용을 이해했고 나름대로 해석했다는 것을 보여주세요.

- 꼬리표를 붙여라 : 시험 시간을 낭비하지 않고 정보를 빨리 찾을 수 있게 모든 자료에 꼬리표를 붙이세요. 자료에 표시해도 되는지 선생님에게 미리 물어본 뒤, 허용된다면 색깔 펜이나 포스트잇으로 페이지를 표시하세요.

- 중요한 인용구에 형광펜을 칠하라 : 인용구에 형광펜을 칠하고, 짧고 적당하게 줄여 쓰세요. 너무 많이 인용하지 말고 적절히 인용했는지 확인하세요.

- 요약하라 : 마인드맵이나 다른 방법으로 자료를 요약해서 정보를 빨리 찾을 수 있는 방법이 유용합니다.

- 요점을 형광펜으로 강조하라 : 법률 시험이라면, 사건과 판결을 강조하세요. 수학이나 과학 시험이라면, 주요 이론과 공식을 형광펜으로 칠하세요.

△ **신중히 계획하라**
오픈 북 시험에서는, 미리 계획을 세워 자료들을 충분히 이해해두면 많은 도움이 된다.

공식이나 도표

수학과 과학 시험에서는 공식이 필요한 경우가 많습니다. 따라서 반드시 공식을 적어 놓고, 선생님에게 필요한 공식을 알고 있다는 것을 알려야 합니다. 또한 적절한 방식으로 자세히 연구했다는 것을 드러내야 합니다. 관련된 그림이나 도표를 그려 잘 알고 있음을 보여 주는 것도 좋습니다. 그림이나 도표는 고칠 수도 있으므로 항상 연필로 그리고, 마무리할 때 그 위에 펜으로 다시 그리세요. 도표나 그림은 너무 작게 그리면 안 되고, 항상 꼬리표를 붙여야 합니다.

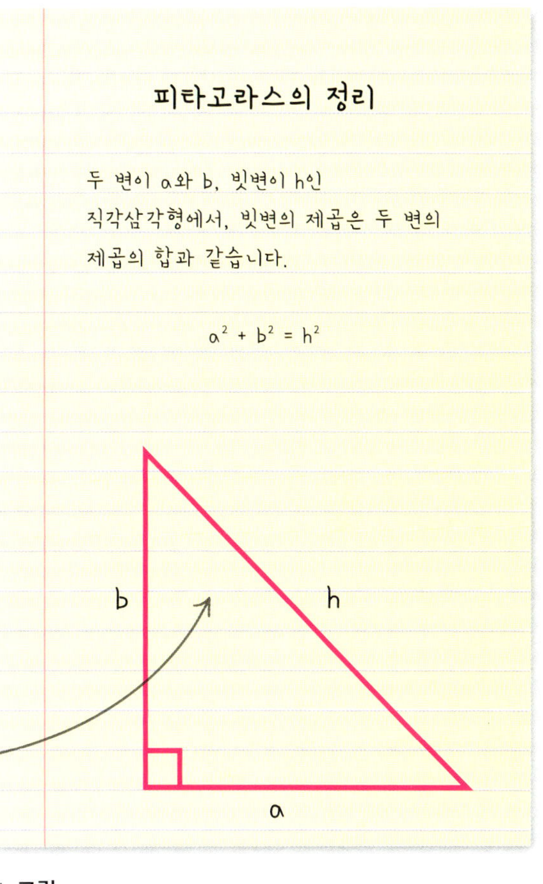

△ 그림

그림을 분명하게 그려서 선생님에게 전달하려는 요점을 적절하게 설명했는지 확인해야 한다. 도구를 써도 좋다면 왼쪽에 보이는 도구들을 사용하라.

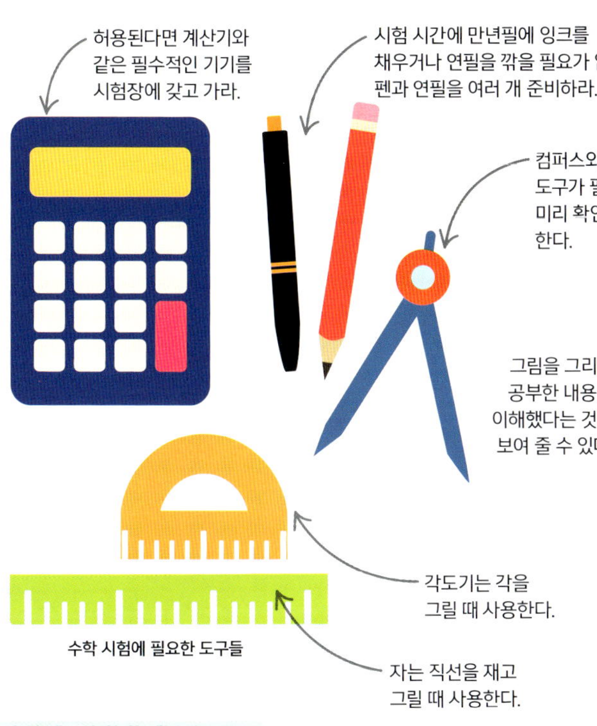

이렇게 실천하세요!

실기 시험을 잘 보려면

과학 실기 시험을 치르는 경우에는 어떤 장비와 재료를 사용할지 파악한 다음, 준비할 재료가 있다면 미리 잘 챙겨서 시험장에 갖고 가야 합니다. 작업장이나 테이블을 옮기면서 특정한 실험을 할 때도 있습니다. 실험마다 엄격한 시간제한이 있으므로, 시계를 항상 잘 봐야 합니다. 급하게 서두르지 말고 단계적으로 차근차근히 해나가야 합니다.

시험 날 유용한 힌트와 조언

시험 당일 시험을 잘 보기 위해 여러분이 할 수 있는 일이 많습니다.

시험장에 제시간에 도착하는 것이 가장 중요합니다. 그러나 집중력을 높이고 걱정을 줄이는 다양한 방법을 아는 것도 중요합니다.

어디서, 언제?

시험 전날엔 정리한 내용을 다시 읽고, 기출 시험지를 풀어보고, 시험에 나올지도 모르는 문제 유형을 생각해보아야 합니다. 그런 후엔 시험 당일에 시험을 잘 치를 수 있도록 간단한 것들을 확인하세요. 먼저, 시험을 보기 위해 알아야 할 기본적인 정보를 체크리스트로 만들어보세요.

여기도 함께 보세요	
◀ 32–33	스트레스 다루기
◀ 34–35	건강 유지하기
건강 관리	200–203 ▶

이렇게 실천하세요!

규칙적으로 운동하기

몸을 활발히 움직이면 정신도 활발한 상태를 유지할 수 있습니다. 연구 논문들은 시험을 보기 전에 빨리 걷기, 달리기, 자전거 타기나 탁구 등의 운동을 20분 정도 하면 뇌가 가장 활발한 상태를 유지할 수 있다고 합니다. 운동은 혈액이 몸 구석구석을 돌게 해주고 적어도 두 시간 이상 뇌 활동을 촉진합니다. 그러므로 자신에게 적당한 운동을 찾아서 공부하기 전에 규칙적으로 하세요.

운동은 스트레스 수치를 낮춰 줍니다.

계산기나 사전을 사용할 수 있는 시험도 있다.

시험날 체크리스트

☑ 정확한 시험 날짜와 시간을 다시 확인하라.

☑ 시험 장소가 어딘지 알아보고 어떻게 갈지도 생각하라.

☑ 여유 있게 시험장에 도착하도록 계획하라.

☐ 필요한 신분증을 확실히 챙겨라.

☐ 시험장에 들고 갈 수 있는 것과 없는 것을 확인하라.

☐ 글씨를 써야 하는 시험이라면, 펜이나 연필을 충분히 준비했는지 확인하라.

△시험날 체크리스트

시험은 엄격한 시간표대로 진행된다. 늦으면 시험장에 들어갈 수 없을지도 모른다. 들어간다고 해도 시간이 부족해서 좋은 점수를 받기 힘들 것이다. 위에 나온 체크리스트를 사용해서 철저히 준비하라.

수면

밤에 잘 자는 것도 중요합니다. 밤을 새워 가며 마지막 복습을 하면 막상 시험 볼 때는 너무 피곤해서 실력 발휘를 못하므로 효과가 없습니다. 시험 전날 밤에는 긴장을 풀고 쉬다가 적당한 시간에 잠자리에 들어야 합니다. 피곤하면 종종 사소한 실수를 하거나, 시험장에 늦게 도착할 수도 있습니다.

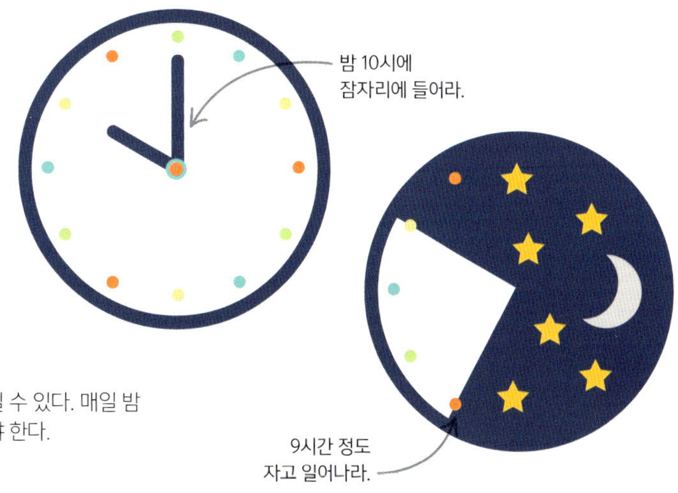

▷ **푹 자기**
잠을 잘 자면 점수가 크게 달라질 수 있다. 매일 밤 적어도 9시간은 자려고 노력해야 한다.

시험 전에 몸에 좋은 음식 섭취

시험을 보는 동안 두뇌 활동을 활발히 하려면 몸에 좋은 음식을 먹어야 합니다. 초콜릿과 에너지 음료처럼 당분이 많은 음식은 피하세요. 당분이 많은 음식은 에너지를 한두 시간 정도 만들어 내지만, 그 후엔 효과가 빨리 사라져서 쉽게 피곤해질 수 있습니다. 파스타, 달걀, 생선, 바나나처럼 에너지를 천천히 방출하는 음식을 먹는 것이 좋습니다.

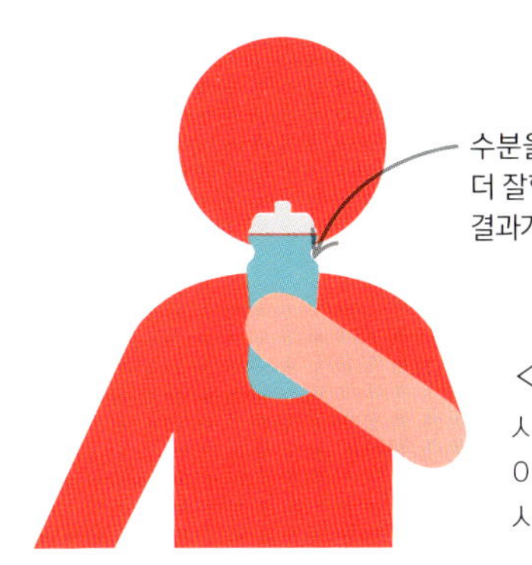

◁ **물을 마셔라**
시험을 볼 때 긴장해서 땀을 흘리는 사람이 많다. 이런 사람은 탈수 증상이 생길 수 있으니 시험장에 갈 때 물을 가지고 가야 한다.

시험이 시작되면

시험지를 받으면 심호흡을 크게 하고 생각을 정리하세요. 선생님은 학생들이 시험을 망치길 바라면서 문제를 출제하지는 않는다는 것을 기억하고 긍정적으로 생각하세요. 시험은 여러분이 배운 것을 보여 줄 기회입니다.

해야 할 일	하지 말아야 할 일
시험지를 전체적으로 훑어보고 지시 사항을 신중히 따르세요.	감독관이 시험지를 읽으라고 지시할 때까지 시험지를 보지 마세요.
문제를 모두 보고 어떤 문제부터 대답해야 할지 생각하세요.	거의 모르거나 전혀 모르는 문제에는 시간을 많이 끌지 마세요.
문제에 답을 쓸 때 얼마나 걸릴지 시간을 계산하세요.	한 문제에 빠져 고민하지 마세요.
'공부'했다는 것을 증명하세요. 공부한 단계를 차례대로 보여주세요.	선생님이 요구하는 답보다 더 많이 쓰지 마세요.
신중히 생각하고 답을 가장 잘 쓸 수 있는 문제부터 푸세요.	답안을 급하게 쓰지 마세요. 질문이 무엇을 묻고 있는지 생각하세요.
답안지에 계획을 자세히 쓰세요.	당황하지 마세요. 침착해지려고 노력하세요.

▷ **할 일과 하지 말아야 할 일**
오른쪽 목록은 시험이 시작되고 시험지를 받는 처음 몇 분간 느끼는 스트레스를 극복하게 해주는 방법들이다.

쉬운 문제부터 풀기

별다른 지시가 없으면, 가장 쉬운 문제부터 풀어야 합니다. 쉬운 문제는 푸는 데 시간이 덜 걸리므로 원래 계획한 시간을 앞당길 수 있어서, 어려운 문제를 푸는 데 시간을 더 많이 쓸 수 있습니다. 또한 쉬운 문제들을 잘 풀고 나면 자신감이 생겨 아직 풀지 못한 문제에 대한 걱정이 줄어듭니다.

가장 어려운 문제가 아니라
가장 쉬운 문제부터 푸세요.

가장 쉬운 문제부터
찾아서 먼저 답을
써야 한다.

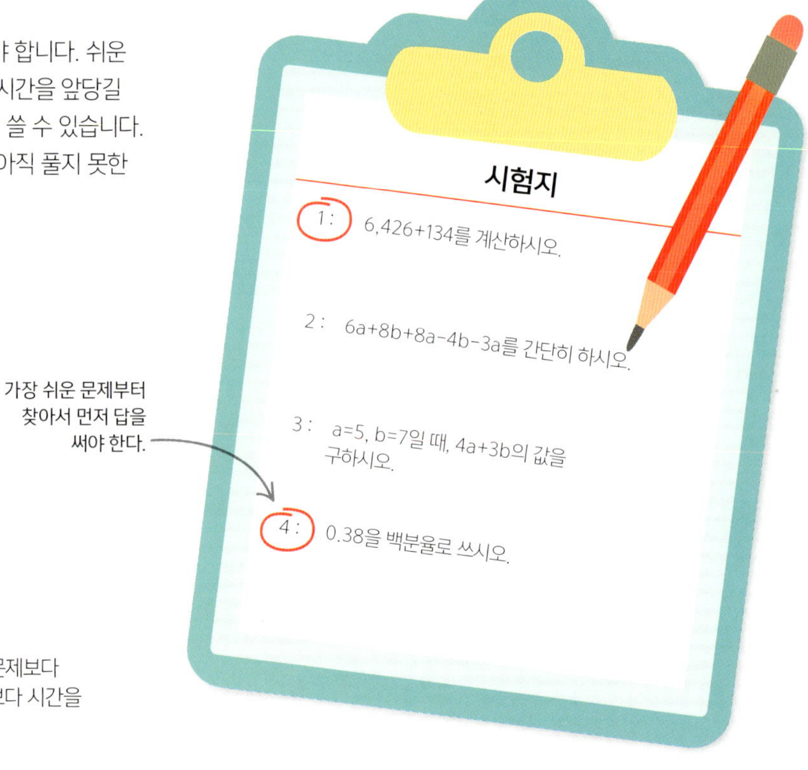

▷ **평가 계획표를 보라**
어떤 문제의 점수가 다른 문제보다 높다면, 점수가 낮은 문제보다 시간을 더 많이 써야 한다.

평가 계획표 보기

요즘은 문제당 배점이 다른 시험이 많습니다. 어떤 문제가 5점이라면, 선생님이 찾는 요점이 다섯 가지가 있다는 뜻일지도 모릅니다. 어떤 문제가 30점이라면, 선생님은 학생들이 5점짜리 문제보다 답을 훨씬 더 길게 쓰기를 바랄 것입니다. 또한 답의 앞부분에서 높은 점수를 받을 확률이 높다는 연구 결과도 있으니, 답을 어떻게 끝내느냐보다 어떻게 시작하느냐에 중점을 두고 답을 적으세요.

도움말

풀이 과정을 보여라

수학이나 과학의 경우, 답에 이르기까지의 과정을 보이는 것도 중요합니다. 답이 틀렸더라도, 푸는 방법을 이해하고 있다는 것을 보여 주면 부분 점수를 받을 수도 있습니다.

문제	점수	문제풀이에 필요한 시간
A부문	25점	30분
B부문	25점	30분
C부문	50점	60분
총합	100점	120분

◁ **문제마다 걸릴 시간을 계산하라**
학생들은 대부분 지시를 정확히 따르지 않아서, 질문에 답하지 못해서, 시간이 부족해서 점수를 잃는다. 왼쪽 표를 보면, C부문이 점수의 절반을 차지하므로 시험 시간의 절반을 C부문을 풀 때 써야 한다.

시간이 부족하면

시간이 부족하면, 가장 점수를 많이 받을 수 있는 문제부터 집중해서 푸세요. 만일 두 문제가 남았는데 한 문제를 풀 시간밖에 남지 않았다면, 남은 시간을 반으로 나눠서 각 문제의 요점만 간단히 쓰세요. 물론 선생님이 요점을 답안으로 인정해 줄 경우에만 해당됩니다. 이렇게 하면 시간이 부족하더라도 점수를 최대한 많이 받을 수 있을 것입니다.

▷ **시간 관리**
시계를 계속 보면서 남은 문제를 풀 시간이 얼마나 남았는지 계산하라.

시험장에 끝까지 앉아 있기

시험을 일찍 끝냈더라도 즉시 일어나서 나가면 안 됩니다. 남은 시간은 점수를 올릴 기회입니다. 쓴 답을 다시 읽으면서 부족한 부분이 있으면 덧붙여 쓰고, 실수를 찾아서 제대로 고치세요. 답을 다시 읽으면 처음엔 너무 어려워서 절반밖에 못 썼던 답도 제대로 쓸 수 있게 되는 경우가 많습니다.

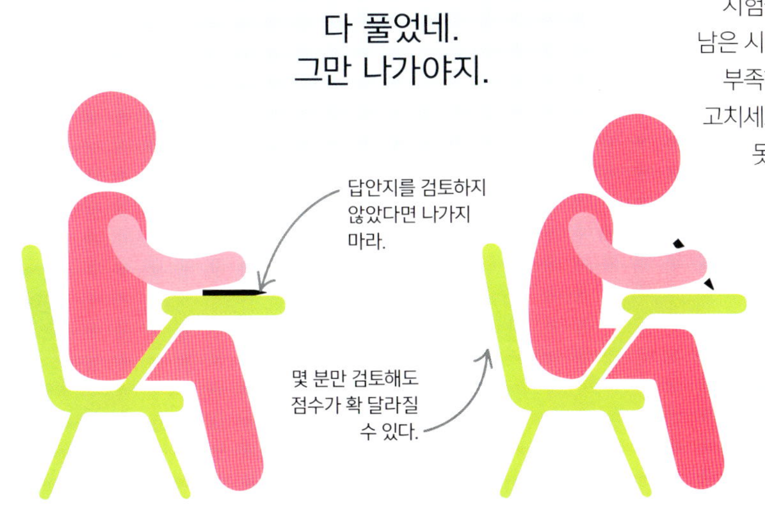

다 풀었네. 남은 시간 동안 답을 확인해야지.

긍정적으로 생각하기

시험을 볼 때 긴장하는 것은 당연합니다. 시험을 볼 때는 누구나 긴장합니다. 긍정적으로 생각하고, 집중하려 노력하세요. 시험을 볼 때마다 조금씩 경험이 쌓여 갈 것입니다.

최선을 다했어. 시험 결과에서 배울 점이 있을 거야.

▷ **쉬어라**
시험이 끝나면, 잠깐 쉬어야 한다. 그럴 만한 자격이 있다!

결과 발표 날

여러분이 시험에 쏟았던 모든 준비와 노력은 시험 결과 발표 날
보상을 받게 될 것입니다.

여기도 함께 보세요	
◀ 24–25	학습 의욕 다지기
◀ 52–53	자기 발전 계획하기
◀ 184–187	시험 날 유용한 힌트와 조언
도움 요청하기	210–211 ▶

그동안 기울인 노력에 따라 결과 발표 날까지 기분이 신날 수도, 스트레스를 받을 수도
있습니다. 어떤 결과를 받든, 결과를 받은 후에 어떻게 할지 미리 생각하고 마음의
준비를 단단히 해야 합니다.

시험 결과 확인하기

학생들은 항상 시험을 얼마나 잘 봤는지 알고 싶어 합니다.
기관마다 결과를 발표하는 방식이 다르므로, 어떻게
발표하는지 미리 알아두세요. 이메일을 보내거나, 인터넷
사이트에 발표하는 곳도 있고, 우편으로 보내주는 곳도
있습니다. 애태우며 기다리는 일이 없도록 어떻게 결과를
받아볼 수 있는지 미리 확인하세요.

▷ **어디서 확인할까?**

어떻게 점수를 확인하는지 알아야 한다. 예를 들어 결과가
온라인에 발표된다면, 어떤 웹사이트에 접속해야 하는지,
접속하려면 사용자 이름과 암호가 필요한지 알아야 한다.

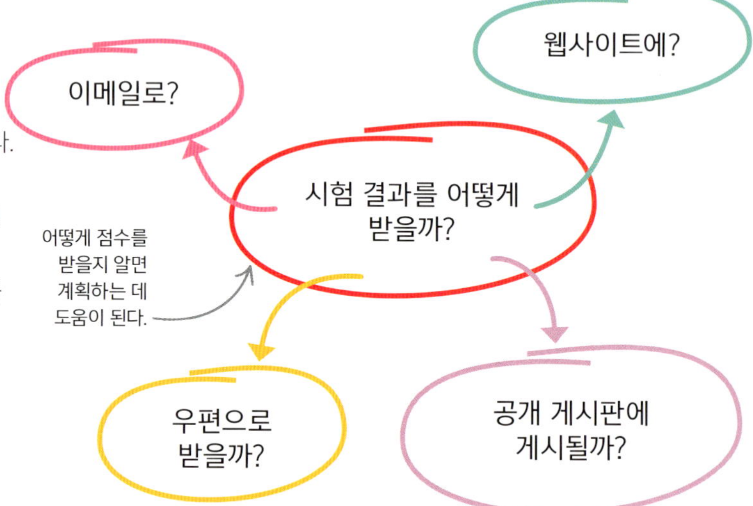

언제 점수를 받나?

시험 결과를 언제 알 수 있는지도 중요합니다. 학교에서
정해진 날짜까지 시험 결과를 가져오라고 요구할 수도
있습니다. 가족과 친구들도 여러분이 시험을 잘 봤는지
알고 싶을 것입니다.

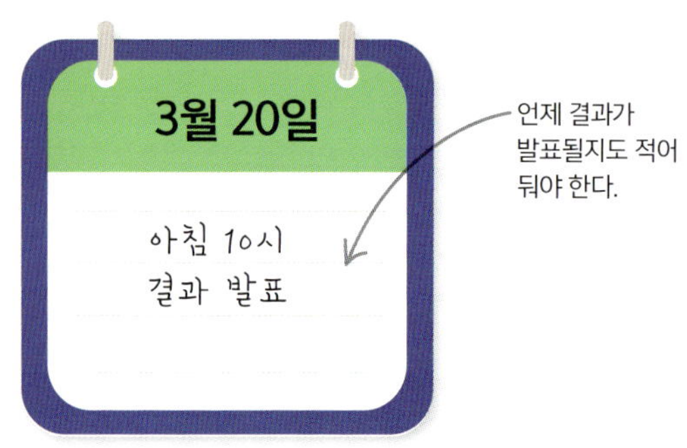

△ **날짜 표시하기**

수첩이나 달력에 결과 발표 날을 적어 놓자. 가끔 날짜가
바뀌기도 하므로 최근에 나온 정보를 확인해야 한다.

반성하기

점수를 받으면, 시험지를 다시 보면서 어떤 부분을 잘했고, 어떤 부분은
더 잘할 수 있었는지 분석하세요. 선생님과 함께 문제에 대해 검토하는
것도 좋습니다. 이렇게 반성하면 다음 시험 때 더 잘할 수 있습니다.

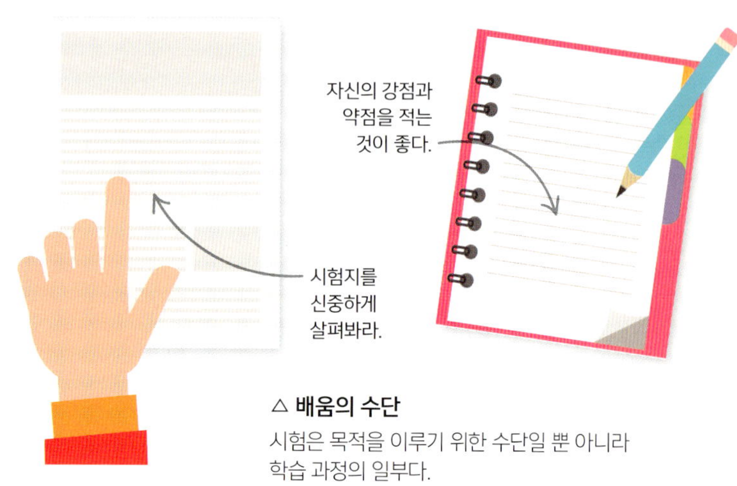

△ **배움의 수단**

시험은 목적을 이루기 위한 수단일 뿐 아니라
학습 과정의 일부다.

배우고 발전하기

기대했던 점수를 받지 못했더라도 너무 실망하지 마세요. 긍정적으로 생각하면서 무엇이 잘못됐는지 찾으려 노력하고, 그 경험에서 배워야 합니다. 점수를 올리기 위한 다양한 방법이 있습니다. 시험에 떨어졌을 땐, 재시험을 봐야 하는지 알아야 합니다. 재시험을 봐야 한다면, 언제 어디서 보는지도 알아보세요. 시험을 주관한 기관과 선생님들이 어떻게 해야 할지 도움말을 줄 것입니다. 또한 전부 재시험을 보는지, 일부만 재시험을 보는지도 파악하세요. 재시험을 볼 때, 응시료를 추가로 받는 곳도 있습니다.

다시 채점해 달라고 부탁하려면 미리 알아야 할 것들의 목록을 만들어야 한다.

▷ **조언 구하기**
재시험을 볼 방법에 관해 조언을 받을 수 있는지 알아봐야 한다. 예를 들어 전체 과목을 재수강하지 않고 보충 수업을 들을 수도 있다.

증명서

시험 결과와 함께 증명서를 받기도 합니다. 증명서는 안전한 장소에 잘 보관해야 합니다. 다시 발급하려면 비용이 들 수도 있고, 시험을 주관한 기관이 없어질 경우에 대비하기 위함입니다. 직장이나 대학이 시험을 치른 몇 년 후에 증명서를 보여 달라고 요구할지도 모릅니다. 증명서가 발급되지 않는다면, 시험 결과를 공식적으로 증명할 수 있는 방법을 파악해 내용을 확실히 기록해두어야 합니다.

증명서는 학생들의 성과를 인정하는 공식적인 기록이므로 안전하게 보관해야 한다.

▷ **공식적인 기록**
증명서는 보통 자격증의 수준, 시험 본 과목, 학생이 받은 점수가 인쇄돼 있다.

누구에게 말해야 할까?

시험 결과는 특별한 학교나 대학교에 입학할 자격이 있는지, 원하는 직장을 얻을 수 있는지를 비롯해 많은 일을 결정합니다. 그러므로 누구에게 결과를 물어야 하고, 어떻게 해야 하는지 알아야 합니다. 예를 들어 입학 부서나 기관, 또는 고용주에게 전화나 이메일로 연락하면 됩니다.

시험에서는 최선을 다하기만 하면 됩니다. 그리고 결과를 기쁘게 받아들이세요!

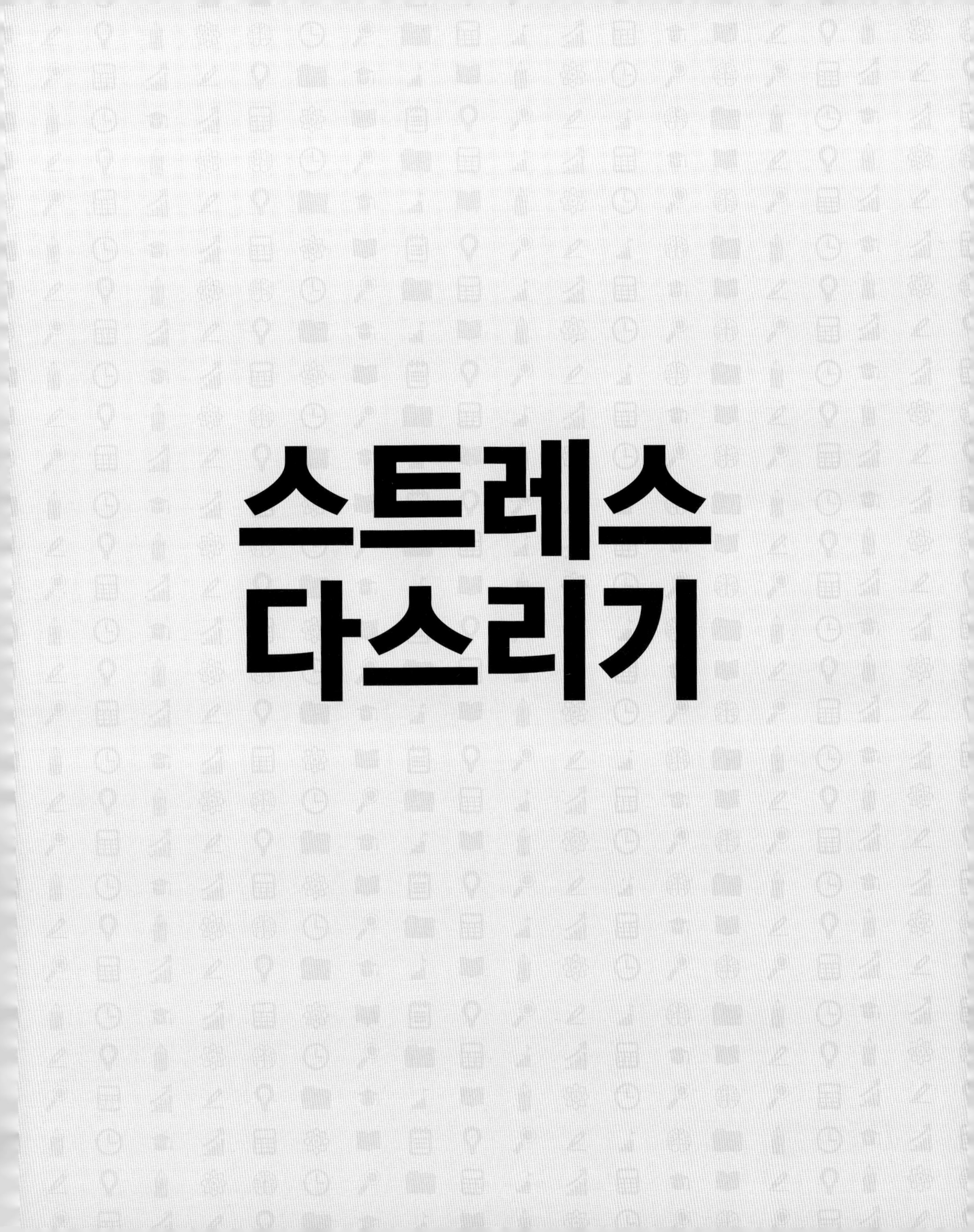
스트레스
다스리기

시험 스트레스란?

공부하면서 압박감을 느끼면 시험 스트레스가 생깁니다. 여러분은 시험 스트레스를 알아차리고 다스리는 법을 배워야 합니다.

대부분의 학생들은 좋은 점수를 받아야 한다는 압박감 때문에, 시험 시간에 많은 스트레스를 느낍니다. 그러나 짧게 폭발하는 스트레스는 활력과 자극을 주기도 하므로 도움이 될 수 있습니다.

여기도 함께 보세요	
◀ 16–17	뇌는 어떻게 일할까?
◀ 32–33	스트레스 다루기
◀ 42–43	시간 관리하기
◀ 98–99	발표 기술 끌어올리기
◀ 132–135	복습할 때 흔히 생기는 문제
시험 스트레스 다스리기	196–199 ▶
건강 관리	200–203 ▶
머리 식히기	204–205 ▶

스트레스 신호와 증상

스트레스와 관련된 신호와 증상은 다양합니다. 숨이 차는 것과 같은 신호는 다른 사람도 알아차릴 수 있지만 두통과 같은 증상은 자신만 느낄 수 있습니다. 따라서 자신의 몸에 생기는 변화를 알아차리고, 스트레스가 왜 생기는지, 어떻게 막을 수 있는지 이해하는 것이 중요합니다.

▽ **흔한 신호**

다음은 스트레스를 받을 때 흔히 느끼는 신호와 증상이다. 잘 관찰하고 스트레스를 줄이는 것이 중요하다.

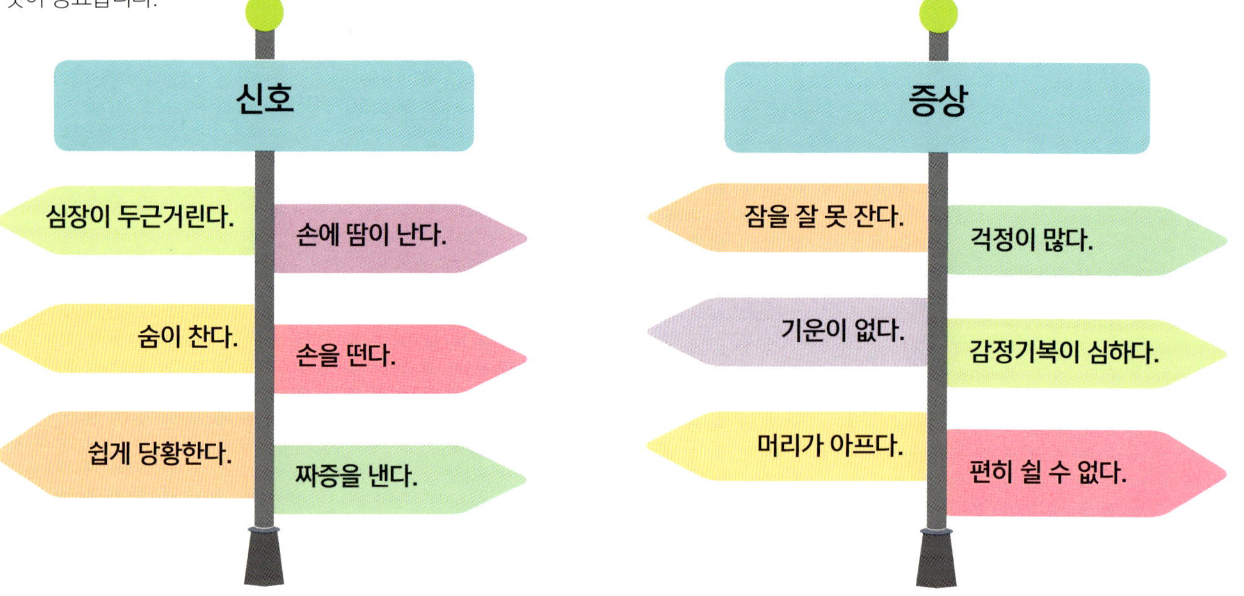

휴식하기

압박감이 너무 심하게 느껴지면, 공부를 멈추고 몇 시간, 또는 하루나 이틀 정도 푹 쉬어야 합니다. 기분 전환을 하면서 시험을 잠시 잊을 수 있게 재미있게 노는 것이 가장 좋습니다. 일단 스트레스 수치가 낮아지면, 재충전된 기분이 들어서 공부를 더 잘할 수 있습니다. 푹 쉬고 나면 빠르고 효과적으로 공부할 수 있으므로 잃어버린 시간을 금세 만회할 수 있습니다.

▷ **스트레스를 줄여라**

학생이라면 누구나 스트레스를 경험한다. 오른쪽 체크리스트는 스트레스를 극복하도록 도와줄 것이다.

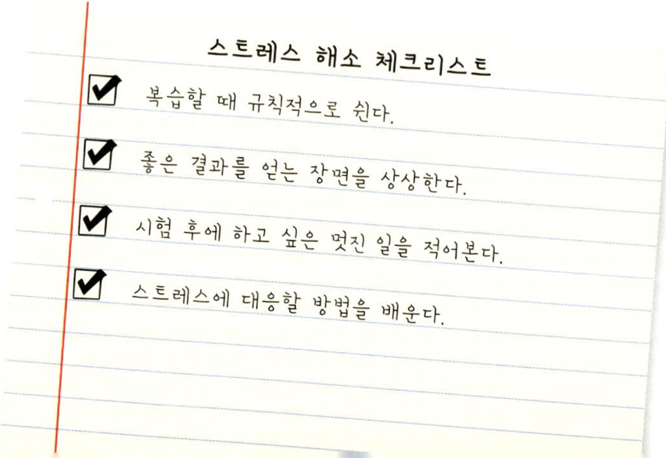

학생들이 많이 하는 걱정

시험에 관한 부정적인 느낌에 집중한다면, 스트레스를 더 받을 수 있습니다. 이를 테면 떨어질까봐 두려워하거나, 결과에 내해 염려하고, 불안감을 느끼며, 시험 볼 때 자세한 내용이 기억나지 않을까봐 걱정하는 것 등입니다. 이런 걱정을 많은 학생들이 공통으로 느끼고 있습니다. 걱정하는 것이 정상이란 사실을 깨닫고, 그런 걱정들로 인해 스트레스를 받지 않는 것이 중요합니다. 만약 남달리 이런 걱정들을 곱씹고 있다면 공부에 방해가 됩니다.

▽ **현실 바로 보기**

자신의 걱정이 정말로 타당한지, 과장하고 있는 것은 아닌지, 부정적인 사고방식으로 스스로를 괴롭히고 있지는 않은지에 대해 생각해 보아야 한다. 관점을 바꿈으로써 부정적인 생각을 떨쳐버릴 수 있다.

걱정	현실 바로 보기	새로운 마음가짐
시험에 떨어질까 봐 두렵다.	정말로 내가 떨어질 거 같은가? 전에 본 시험에서는 항상 통과하거나 거의 통과했는데, 이번 시험이라고 왜 다르겠는가?	복습을 많이 하고 있고, 시험 준비도 잘하고 있으므로 예전처럼 이번에도 통과할 것으로 생각한다.
압박감을 너무 많이 느낀다.	공부를 너무 많이 하고 있지는 않은가? 규칙적으로 쉬고 있는 기? 목표가 너무 높은가? A 학점이 아니라 B 학점을 목표로 공부하면 압박감을 덜 느끼지 않을까?	나는 내가 할 수 있는 최선을 다하고 있다. 규칙적으로 쉴 것이고, 재미있게 놀면서 압박감을 떨쳐버릴 시간도 계획표에 넣을 것이다. 어쨌든 시험은 곧 끝난다.
공부할 시간이 부족하다.	시간 관리를 잘하고 있는가? 복습 계획은 세웠는가? 빼먹은 주제가 있는가? 반 친구들에게 같이 공부해도 되느냐고 물어보면 어떨까? 같이 공부하면 다른 주제를 복습해서 서로에게 가르쳐 주면서 시간을 절약하고, 복습 카드와 같은 복습 자료를 공유할 수 있다.	나는 모든 일을 잘 처리하기 위해, 먼저 해야 할 우선순위 목록과 복습 시간표를 만들고 있다. 복습 자료는 새로운 것이 아니고, 학년 초에 이미 공부한 것이다. 이미 알고 있는 것을 떠올리기만 하면 된다.
시험 볼 때 잘 기억나지 않을까 봐 걱정된다.	이런 일이 전에도 있었나? 사소한 내용 몇 가지를 잊어버렸다고 정말로 시험에 떨어질까? 아니다! 생각을 떠올릴 방법들이 있을까? 정말로 일일이 내용을 기억해야 할까? 아니다!	나는 이미 많이 알고 있다. 자세한 내용 몇 가지가 외우기 힘들 뿐이다. 잘 생각나지 않는 내용을 기억법을 사용해 외울 것이다.

좋은 스트레스와 나쁜 스트레스

스트레스라고 하면 다들 부정적인 경험을 떠올리지만, 긍정적인 효과도 있습니다. 적당한 압박감은 학습 의욕을 끌어올리고 공부를 하도록 자극합니다. 또한 어려운 일에 도전하게 하고 집중력과 에너지를 높여 줍니다. 팀 스포츠가 좋은 스트레스의 예입니다. 단기간 스트레스나 압박감이 폭발하는 것을 느끼면 열심히 공부하게 됩니다. 그러나 균형을 잘 잡아야 합니다. 편하지도 불안하지도 않은 마음으로 공부할 수 있는 상태를 찾아야 합니다.

▷ **행동하게 하는 좋은 스트레스**

중요한 게임이나 시합을 할 때는 스트레스 수치가 올라가서, 경기 능력을 향상시킬 수 있는 특별한 에너지가 생긴다.

좋은 스트레스를 받으면 더 빠르게 달리고 더 빨리 반응할 수 있다.

평온함 vs. 스트레스

시험은 스트레스를 줍니다. 잘 봐야 한다는 압박감을 느끼고, 외운 것을 기억해야 하고, 어떤 문제가 나올지 모르는 데다, 공부할 것은 너무 많은데 시간은 충분치 않아서입니다. 따라서 정신적·육체적으로 불안함을 느낄 수 있습니다. 스트레스가 두뇌와 다른 신체 부위에 모두 영향을 주기 때문입니다. 신체 기관은 몸이 평온할 때와 스트레스를 받을 때 다르게 기능합니다.

> "스트레스에 대항할 가장 훌륭한 무기는 한 가지 생각에 더 집중하는 것이다."
>
> 윌리엄 제임스(William James, 1842~1910), 철학자, 심리학자

▷ 신경계

우리 몸의 신경계는 엄청나게 많은 기능을 자동으로 조절한다. 교감신경계와 부교감신경계가 함께 일하는데, 전자는 스트레스에 맞설 수 있도록 몸을 준비시키고, 후자는 몸을 평온하게 만드는 일을 한다.

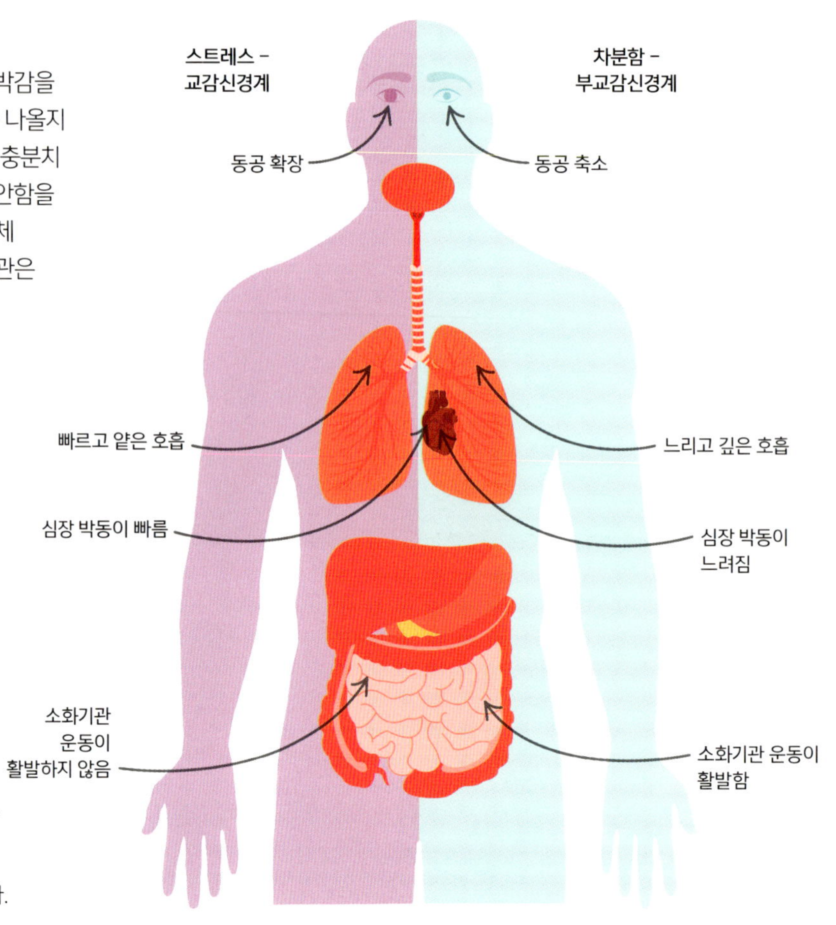

우리는 왜 스트레스를 받을까?

인간은 선사시대 조상으로부터 스트레스 반응을 물려받았습니다. 초기 인류는 살아남기 위해 스트레스 반응이 꼭 필요했습니다. 그들은 동물을 사냥하고 나무 열매를 따 먹으며 자연의 일부로 살았습니다. 그러다 이가 날카로운 굶주린 호랑이와 같은 위험한 동물을 만나면, 맞서 싸우거나 또는 도망가기 위해 에너지를 재빨리 끌어올려야 했습니다. 그들은 집중해야 했고, 빨리 행동해야만 했습니다.

▽ 싸움 또는 도피 반응

단기간의 스트레스는 싸우거나 도망쳐야 하는 상황에 대처하는 데 도움이 된다. 이렇게 짧게 폭발하는 스트레스는 학생들이 공부를 하도록 북돋워준다.

다른 요인들

한 가지 면에서만 스트레스를 받는다면 극복하기가 쉽습니다. 그리고 좋은 스트레스와 나쁜 스트레스의 균형을 유지하기도 쉽습니다. 그러나 가끔 추가로 스트레스를 받는 사건, 예를 들면 아픈 데다 시험 스트레스까지 겹치면 스트레스의 균형을 잡지 못하고 불안감에 빠질 수 있습니다. 이런 일이 생기면, 반드시 도움을 요청하세요. 친한 친구, 가족이 많은 도움을 줄 수 있습니다.

◁ **균형 맞추기**
재미있는 활동을 생각하면 긍정적인 마음가짐을 유지할 수 있다. 문제점보다는 만족스럽고 성취감을 느끼는 것을 마음속에 그려야 한다.

시험 불안감

시험 보기 전이나 시험 중에 시험 불안감으로 힘들어하는 학생들이 있습니다. 이를 테면 시험 전날 잠을 못 자거나, 지나치게 걱정하고, 부정적인 생각을 합니다. 또한 떨어질까봐 두려워하기도 하고, 시험 볼 때 머릿속이 하얘져서 공부했던 것이 기억나지 않기도 합니다. 불안해지고 싶어서 불안한 학생은 없으니, 그냥 걱정을 그만하라고 말하는 것은 별 효과가 없습니다. 시험 불안감으로 힘들어하는 학생을 도우려면 이해하고 응원해 줘야 합니다. 불안한 마음 상태는 시험 보는 데 나쁜 영향을 끼치므로, 시험 불안감을 극복하기 위해 다양한 전략을 시도해야 합니다.

이 전략을 1년 내내 연습해야 한다.

▷ **극복 전략**
어떤 문제든 스스로 인식하는 것이 대처 방법의 첫걸음이다. 자기 생각을 잘 관찰하고 긍정적으로 유지해야 한다. 시험 보기 훨씬 전부터 긴장을 푸는 기술을 자주 연습해서, 필요할 때 확실히 사용할 수 있어야 한다.

시험 스트레스 다스리기

시험 스트레스 다스리는 법을 배우기 바랍니다. 스트레스를 일으키는 원인이 무엇인지 알아내서 부정적인 악순환을 멈춰야 합니다.

압박감과 불안감을 덜어줄 수 있는 전략은 다양합니다. 여러 가지 방법을 함께 사용하면 스트레스를 잘 관리할 수 있습니다.

여기도 함께 보세요

◀ 32–33	스트레스 다루기
◀ 34–35	건강 유지하기
◀ 132–135	복습할 때 흔히 생기는 문제
◀ 184–187	시험 날 유용한 힌트와 조언
긴장 풀기, 상상하기, 긍정적 사고	206–209 ▶
도움 요청하기	210–211 ▶
7장 참고 자료	244–247 ▶

스트레스 수치

처음 스트레스 신호가 보일 때 바로 알아차리고 무엇이 스트레스를 일으키는지 알아내는 것이 좋습니다. 여러분은 대부분 스트레스를 어느 한계점까지만 처리할 수 있습니다. 따라서 언제 스트레스를 많이 받는지 잘 관찰하고, 스트레스 강도가 너무 강해지기 전에 낮추려고 노력해야 합니다. 상황이 더 나빠지지는 않는지 파악하려면 스트레스 수치를 자주 측정하는 것이 좋습니다. 예를 들어 0~10까지의 등급이 있다고 가정해보세요. 이 등급에서 0은 평온하며 편안한 상태, 10은 매우 스트레스를 받고 불안한 상태를 의미합니다.

▷ 스트레스 수치 측정하기

오른쪽 그림에 보이는 것처럼 감정을 숫자로 표시해서 스트레스 등급을 매길 수 있다. 수치가 너무 높으면, 곧바로 잠깐 쉬면서 스트레스 수치가 내려가길 기다렸다가 다시 공부를 시작해야 한다. 학생들 대부분의 '스트레스 수치' 는 6~8이다.

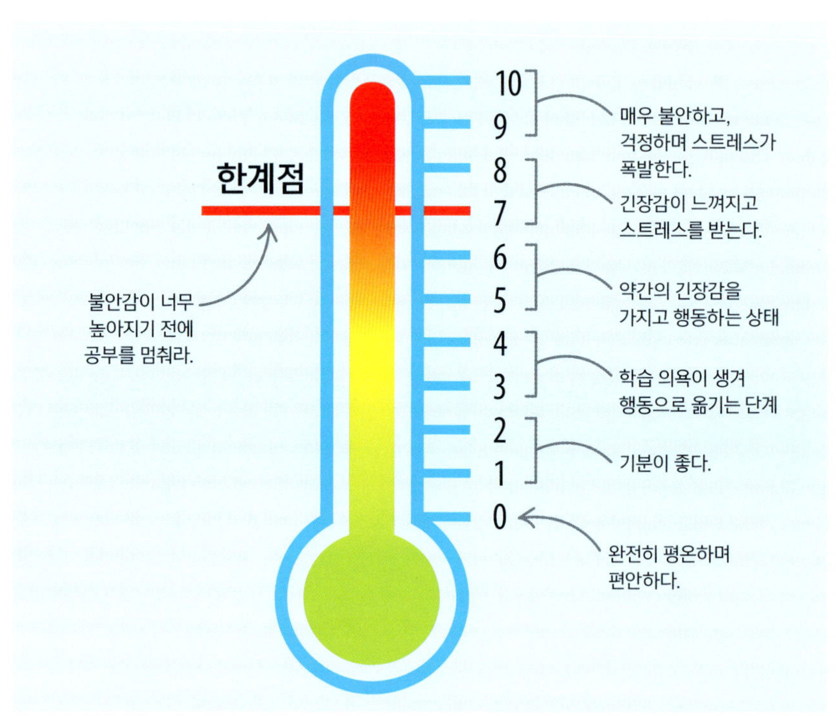

스트레스 기록하기

주기적으로 스트레스 수치를 측정하게끔 알려주는 도구를 만드세요. 예를 들어 복습 계획표나 스마트폰에 메모해두어도 좋고, 친구들이나 가족들에게 부탁해 알려 달라고 할 수도 있습니다.

아침에 한 번, 오후에 한 번처럼 적어도 하루에 두 번은 스트레스 수치를 측정하세요. 스트레스를 기록하는 수첩을 정해 스트레스 수치를 지속적으로 기록하세요. 그리고 기록에 메모를 남기세요. 수치가 낮게 나왔다면 스트레스를 낮추는 데 사용된 전략을 쓰고, 높게 나왔다면 무엇이 스트레스를 일으켰는지 되돌아보고 그 이유를 쓰세요. 스트레스 수첩을 쓰면 불안감을 일으키는 것이 무엇인지 파악할 수 있고, 스스로 스트레스 수치를 감당할 수 있을 정도로 유지할 수 있습니다.

> "스트레스가 여러분을 관리하기 전에 여러분이 스트레스를 관리하세요!"
> 미국 뉴햄프셔대학 건강관리센터

악순환 멈추기

시험에 떨어질지도 모른다는 두려움과 같은 부정적인 생각이 계속 떠올라 스트레스가 생기기도 합니다. 자신의 마음 상태에 주의를 기울이면, 부정적인 이미지나 시나리오가 언제 떠오르는지 알아차리고, 꼬리를 물고 이어지는 부정적인 생각을 멈추는 방법을 터득할 수 있습니다. 그렇게 하면 지나친 스트레스에 시달리지 않을 수 있습니다.

△ **긍정적인 메시지**

긍정적인 태도를 유지하고, 스스로에게 '나는 할 수 있어'라고 계속 말하면서 학습 의욕을 올려보자. 생각을 잘 관리하기 위해, 눈에 띄는 곳에 긍정적인 메시지를 붙여 둬도 좋다. 스마트폰이나 노트북 대기 화면에 메시지를 띄우거나, 책상 근처의 잘 보이는 곳에 붙여두면 효과적이다.

수영하기

운동은 공부를 잠시 잊을 수 있는 매우 좋은 방법입니다. 스트레스를 너무 많이 받을 때는 산책을 하거나 좋아하는 운동을 해 보세요. 운동을 하면 계속되는 나쁜 생각의 흐름을 끊을 수 있고, 집중력도 높일 수 있습니다. 특히 수영은 기분을 상쾌하게 하고 침착하게 해 줍니다. 영법과 호흡에 집중하면 스트레스가 줄어듭니다.

시간 관리하기

시간 관리를 잘 못해서 스트레스가 생기기도 합니다. 해야 할 일을 모두 기억하려면 에너지가 많이 필요합니다. 그러니 먼저 할 일 목록부터 만드세요. 할 일을 적어 놓으면 외울 필요가 없으므로 뇌 용량을 더 늘릴 수 있습니다. 계획을 세우면 해야 할 일이 태산이라며 지레 겁먹을 필요가 없으므로 스트레스 관리에 도움이 됩니다. 오히려 일정표에서 그 주에 해야 할 다양한 일들과 함께, 이미 성취한 것들을 보면서 마음의 안정을 느낄 수 있습니다.

▷ **구체적으로 써라**

각 항목을 처리할 수 있는 일들로 쪼개 할 일을 구체적으로 나누면, 시간이 얼마나 걸릴지 계산해서 시간표를 짜기 쉽다.

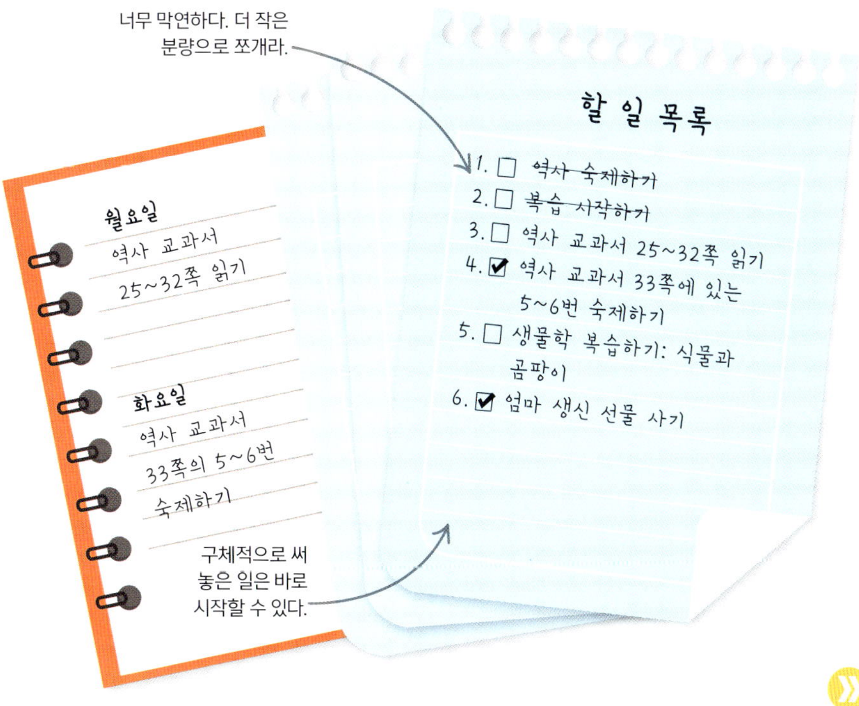

호흡하면서 긴장 풀기

계속 스트레스를 받으면 종종 숨을 깊이 쉬지 못하거나 폐활량이 낮아집니다. 폐활량이 낮으면 몸이 평소보다 이산화탄소를 더 많이 없애야 하므로 혈액과 신체 기능에 악영향을 끼쳐 불안감이 증가합니다. 호흡 조절법을 배우는 것은 이산화탄소와 산소 수치를 유지하는 효과적인 방법입니다. 또한 불안감을 줄이고 차분해지는 가장 쉬운 방법이며, 집중력과 에너지를 올리는 데도 도움이 됩니다. 긴장감을 느낄 때는 '복식호흡'을 해서 배까지 숨을 깊이 들이마시고 천천히 내뱉으세요.

> "잠깐 멈춰서, 숨을 쉬면서 호흡에 집중하라. 지금 나는 괜찮다고 계속 생각하라."
>
> 리오 바바우타(Leo Babauta, 1973~), 유명 블로그 젠 해비츠(Zenhabits.net) 설립자, 작가

◁ **깊이 호흡하기**

공부를 하려면 집중력과 노력이 필요하고, 뇌가 많은 일을 해야 한다. 뇌가 잘 작동하려면 산소가 충분히 공급되어야 한다. 따라서 깊이 호흡하는 것이 공부의 성공을 좌우할 만큼 매우 중요하다. 깊이 호흡하는 기술을 매일 연습하면, 자연스럽게 심호흡할 수 있을 것이다.

7/11 호흡법

이 호흡법은 불안감이 심할 때 매우 효과적입니다. 시험 시간처럼 스트레스를 받는 순간에 공황 발작을 일으키는 것을 막을 수 있습니다. 일곱까지 세면서 숨을 들이마시고, 열하나까지 세면서 숨을 내뱉는 방법입니다. 너무 숨이 차고 힘들면, 다섯까지 세면서 들이마시고, 일곱이나 여덟까지 세면서 내뱉어보세요. 들이마실 때보다 더 길게 내쉬면, 스트레스에 반응하는 교감신경계가 긴장을 풀고 침착하게 하는 부교감 신경계로 바뀌는 데 도움이 됩니다. (194쪽 참조)

▽ **몸에 집중하라**

호흡에 집중한다는 것은 그 시간에 다른 것은 아무것도 생각하지 않는다는 의미다. 그 결과 차분해질 수 있고, 몸을 더 잘 조절할 수 있다.

1. 1~7까지 세면서 숨을 들이마시세요. 배가 볼록해지질 정도가 되어야 합니다.

2. 1~11까지 세면서 숨을 내뱉으세요. 배가 다시 푹 들어가는 것이 보여야 합니다.

3. 이 과정을 몇 분 동안 반복하세요.

민간요법

감정자유기법(Emotional Freedom Technique, EFT)과 같은
민간요법은 스트레스를 덜어주는 데 효과적입니다.
불안한 감정을 큰소리로 표현하면서, 손가락
한두 개로 특정한 신체 부위를 두드려 보세요.
말로 표현되면 감정은 매우 빠르게 변합니다. 몸을
두드리는 것은 스트레스 뒤에 숨은 에너지를 풀어주고,
차분해지도록 도와줍니다. 이 기법을 사용하면 스트레스와
불안감 같은 부정적인 감정을 털어낼 수 있습니다.
안전하고 배우기 쉬운 방법이며, 혼자서 해도 되고,
가족이나 친구와 함께해도 좋습니다. 더 자세한 정보가
궁금하면 247쪽을 보세요.

▷ 두드리기

부정적인 감정을 표현하면서, 몸의 각 부위를
1번부터 8번까지 정확한 순서로 몇 초 동안 두드려야
한다. 실행하는 내내 감정에 집중해야 한다.

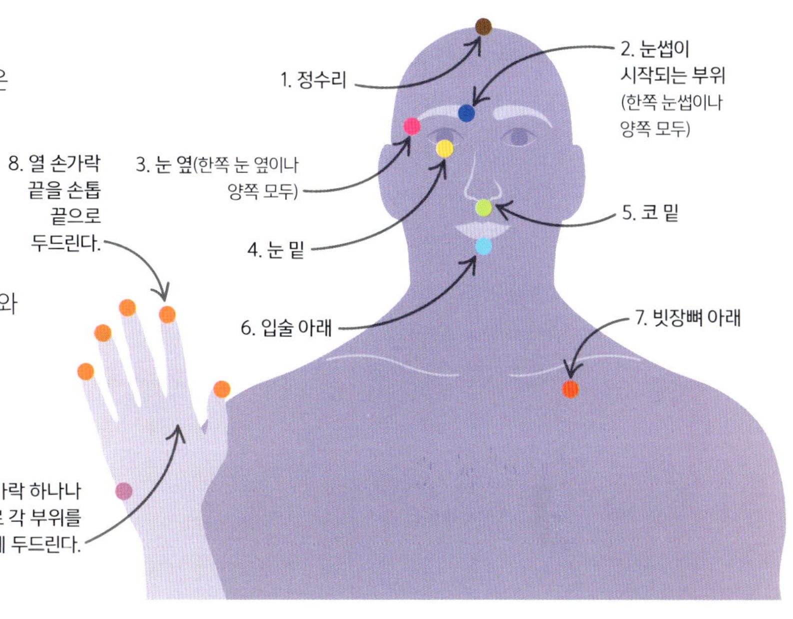

내면 여행 떠나기

긴장을 푸는 다른 방법으로는 상상력을 동원해서 '내면 여행'을 떠나는 방법이 있습니다. 침착해지고 행복해지는 안전한
장소를 마음속에 상상해보세요. 이전에 다녀왔던 휴가 장소를 떠올려도 좋고, 자신만의 장면을 만들어내도 좋고,
잡지에서 봤던 사진을 떠올려도 됩니다. 상상의 세계에서 여러분은 매일 해야 하는
공부를 잊어버릴 수 있고, 재미있게 놀 수 있습니다.

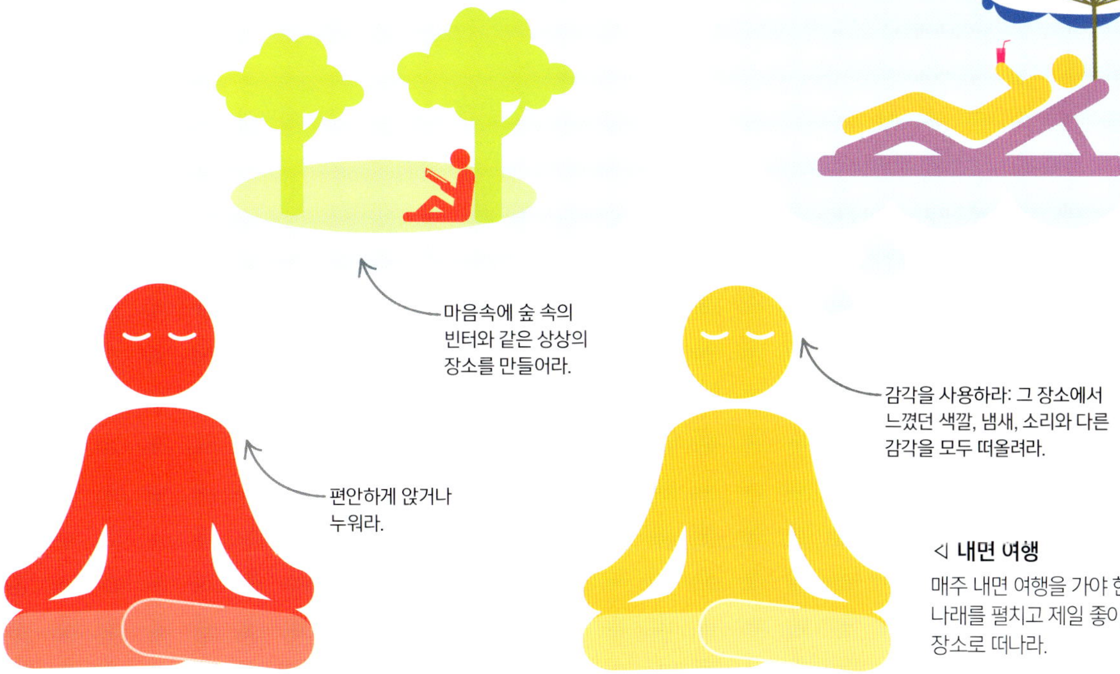

매주 내면 여행을 가야 한다. 상상의
나래를 펼치고 제일 좋아하는 휴식
장소로 떠나라.

건강한 학습

건강은 학습과 복습에 큰 영향을 미칩니다.

잘 쉬고 잘 먹어서 몸이 건강하면, 기분이 좋고 활력이 넘치고 체력이 튼튼해서 공부를 더 잘할 수 있습니다.

여기도 함께 보세요	
◀ 36–37	학습 공간
◀ 38–39	정리하기
◀ 46–47	올바른 사고방식
◀ 136–141	복습 시간표
◀ 196–199	시험 스트레스 다스리기
7장 참고 자료	244–247 ▶

잘 먹기

영양분은 몸이 필요한 에너지를 제공합니다. 올바른 때에 올바른 음식을 먹어야 하루 종일 꾸준히 에너지를 유지할 수 있습니다. 현미, 통밀 식품과 같은 복합 탄수화물, 생선과 같은 단백질뿐 아니라, 신선한 과일과 채소가 들어 있어야 건강하고 균형 잡힌 식단입니다. 스트레스를 받을 때는, 특히 잘 먹는 것이 중요합니다.

▷ 건강한 선택

건강한 음식을 선택하기 힘들면, 다양한 음식이 주는 에너지의 양을 생각해야 한다. 건강한 식사나 간식은 머리를 더 맑게 하고, 당분이 많거나 고지방 식품은 에너지를 떨어뜨린다.

푹 자기

잠을 푹 자는 것은 잘 먹는 것만큼 중요합니다. 밤에는 신체 조직이 재생되고 장기에 활력이 생겨 에너지를 회복하기 때문입니다. 게다가 뇌는 낮에 받은 모든 정보와 감정을 처리하므로 자는 동안 배운 것이 기억에 저장되고, 스트레스 수치가 낮아집니다.

▽ 9시간은 자라!

학생들은 매일 밤 적어도 9시간은 자야 한다. 푹 자고 나면 기분이 상쾌해지고, 활력이 넘치며, 학습 의욕도 올라간다.

잠들기 전에 긴장을 풀 시간을 따로 정하세요.

잠들기 전에는 정신을 산만하게 하는 TV 프로그램을 보지 말고, 비디오 게임을 하지 마세요. TV와 비디오 게임은 긴장과 스트레스를 오히려 증가시킬 수 있습니다.

적어도 잠들기 한 시간 전에는 공부를 멈추세요.

책을 읽거나, 음악을 듣거나, 호흡 운동을 하면서 긴장을 푸세요.

운동하기

운동은 스트레스와 긴장감을 줄이는 데 도움이 됩니다.
가벼운 요가를 하거나 산책을 하는 것도 좋습니다. 운동은
체력을 길러주고, 심장과 폐의 효율을 올려주므로
중요합니다. 또한 엔도르핀이라는 호르몬의 분비를
증가시키는데, 엔도르핀은 몸이 긴장을 풀게 하고, 기분을
좋게 해줍니다. 게다가 운동을 하면서 공부나 여러 가지 일에
대한 걱정을 잊을 수 있으므로
좋은 휴식이 됩니다.

▽ **건강한 학습의 요소**
규칙적인 운동은 건강 관리의
세 요소 중 하나다. 몸의
균형을 유지하려면, 잘 먹고
잠을 충분히 자야 한다.

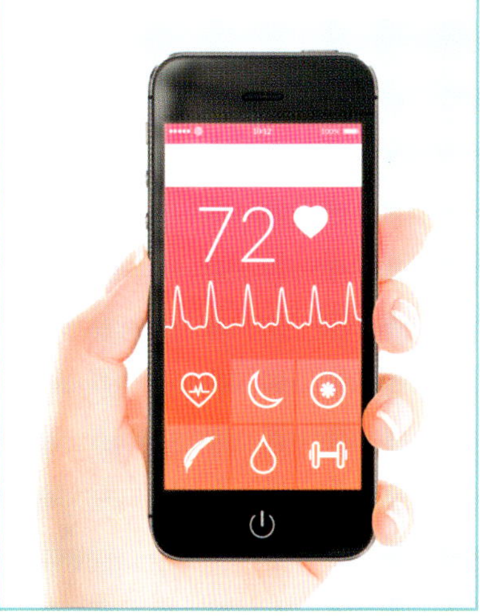

건강 관련 앱 사용하기

건강에 관한 정보를 기록하도록 만들어진 다
양한 앱들이 있습니다. 이 앱들은 스마트폰으
로 내려받을 수 있습니다. 매일 무엇을 먹었는
지, 몇 시간이나 잤는지, 운동은 얼마나 했는
지 입력하고 건강 상태를 확인할 수 있습니
다. 사용자에게 문자나 알림을 보내 건강 상
태를 어떻게 개선할지 조언해주는 앱도 있습
니다.

편안하게 공부하기

건강하게 학습하려면 학습 공간을 변화시켜야 할지도 모릅니다. 가장 이상적인 학습
공간은 창문을 통해 신선한 바람이 들어오고, 쾌적하며 조용하고 잘 정리된 방입니다. 그런
방에서 책상 앞 의자에 편안하게 앉아야 합니다. 의자에 등을 기대고 허리를 꼿꼿이 편
채로 앉아야 하며, 모니터 화면과 눈높이가 맞도록 화면을 조절하세요.

▽ **올바른 자세**
공부할 때 자신의 자세가 어떤지 살펴보자.
척추, 어깨, 목, 팔에 부담을 주지 않고, 오래
앉아 있어도 근육이 당기거나 아프지 않아야
올바른 자세라 할 수 있다.

》 다양한 학습 방법 시도하기

학습 방법을 다양하게 바꾸면 쉽게 지루해지지 않고, 학습 의욕을 잃지 않으면서 더 재미있게 집중해서 공부할 수 있습니다. 자신에게 맞는 학습 방법이 여러가지일 수도 있으니, 다양한 학습 방법을 시도해보세요. 새로운 복습 방법을 시도하는 것을 두려워하지 마세요.

▽ **시도해 보아야 할 학습 방법들**
다음과 같은 방법도 공부할 때 사용하면 좋다.
더 자세히 알아보려면 5장을 읽어보기 바란다.

스토리보드

배워야 할 사건들로, 기억에 남을 만한 이야기와 시를 만들고, 관련된 인물들을 상상하세요. 역사와 문학 공부를 할 때 좋습니다.

흐름도와 도표

항목들 사이의 연관성을 묘사하고 과정을 보여주는 도표, 그림, 흐름도와 같은 시각 자료를 만드세요. 생물학을 공부할 때 유용합니다.

머리글자로 이루어진 말 만들기

특정한 순서로 외워야 하는 용어나 항목은 각 핵심어의 앞 글자를 따서 단어나 문장을 만들어보세요. 특히 과학 과목을 공부할 때 도움이 됩니다.

선택적 강조

주어진 교재에서 정보를 공부해야 한다면, 주제를 찾아서 다양한 색깔의 형광펜으로 표시하세요. 자기 책이 아닐 경우에는 복사해서 사용하세요.

스터디 그룹

반 친구들과 스터디 그룹을 만들어 학습 시간을 정하세요. 노트를 비교하고, 암기할 자료를 함께 만들고, 서로 알고 있는지 테스트하세요.

복습 카드

복습 카드를 만들어 앞면에는 질문을 적고, 뒷면에는 답을 쓰세요. 이 카드를 사용해 배운 내용을 알고 있는지 테스트하세요.

보고 듣기

온라인에서 팟캐스트, 동영상, 문서를 찾으세요. 영상과 소리를 모두 사용하면 기억에 더 오래 남습니다.

마음 상태 관찰하기

긍정적인 태도를 유지하는 것이 중요합니다. 마음
상태를 잘 관찰하고 부정적인 생각에 휩싸이지는
않는지 확인해보세요. 부정적인 생각은 학습 의욕과
에너지, 기억에 큰 영향을 줍니다.
'나는 할 수 있어!'라는 마음가짐이 기분을 좋게 하고,
계속 앞으로 나아가게 합니다. 성취감을 느낄 수
있도록 정기적으로 작은 학습 목표들을
만드는 것도 좋습니다.

▷ 다시 도전하라!

실수나 실패를 했을 때 '나는 여전히 배우는 중이다.'라고
생각하고 다시 도전하리. 연습하면 완벽해진다는 것을,
또한 처음부터 제대로 할 수는 없다는 것을 기억하라.

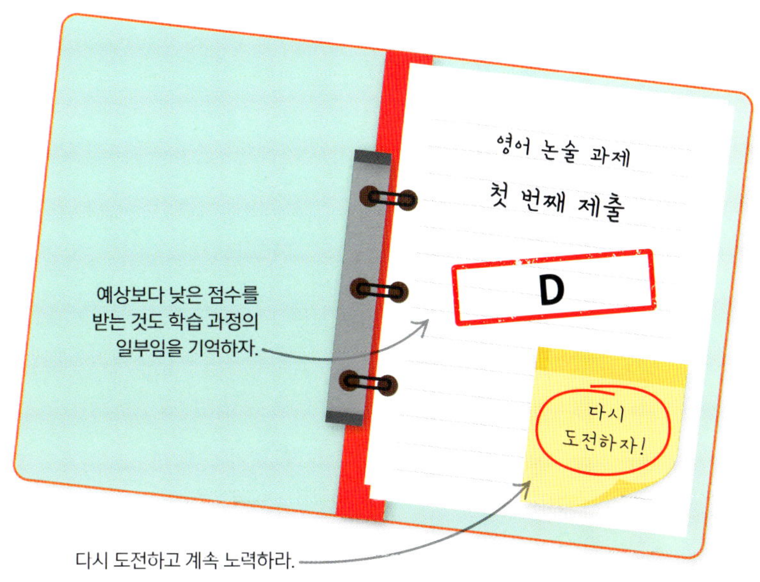

예상보다 낮은 점수를
받는 것도 학습 과정의
일부임을 기억하자.

다시 도전하고 계속 노력하라.

쉬는 시간에 할 일들

집중력과 학습 의욕을 유지하려면 공부할 때,
반드시 규칙적으로 쉬어야 합니다. 45분 정도
공부했다면, 적어도 15분은 쉬어야 합니다. 두
시간 동안 공부했다면 더 오래 쉬어야겠죠.
(204쪽 참조) 쉬는 시간에는 긴장을 풀고,
집중력이 필요한 활동은 하지 않는 것이
좋습니다. 쉬는 시간을 두는 이유는 학습과
관련된 생각을 모두 잊어버리고, 에너지를
충전하는 데 있습니다. 자리에서 일어나
돌아다니면서 혈액을 순환시키거나, 잠시
누워서 쉬는 것이 가장 좋습니다.

 음악을 들으세요.

 애완동물과 놀아주세요.

 기타를 치세요.

 호흡 운동을 하세요.

 친구나 가족과 잡담을 나누세요.

이런 활동들을 공부가 끝나면
받을 보상으로 활용해, 공부하는
동안 학습 의욕을 올릴 수도 있다.

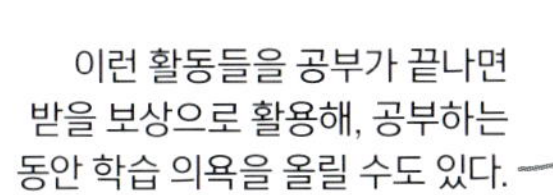 잡지를 읽으세요.

 좋아하는 음악에 맞춰 춤을 추세요.

▷ 쉬는 시간에 할 활동

쉬는 시간에 하고 싶은 활동을 적은 목록은 학습
의욕을 끌어올리는 요소가 된다. 각 활동을 스티커로
만들어서 시간표나 일정표에 붙여도 좋다.

 건강에 좋은 간식을 드세요.

머리 식히기

'머리 식히기'는 취미와 같은 활동을 복습과 결합한 휴식이나 활동을 말합니다.

여기도 함께 보세요	
◀ 18–19	효과적으로 공부하기
◀ 32–33	스트레스 다루기
◀ 132–135	복습할 때 흔히 생기는 문제
◀ 136–139	복습 시간표
긴장 풀기, 상상하기, 긍정적 사고	206–209 ▶

학생들은 에너지를 충전하고, 공부하느라 힘든 뇌에 휴식을 주는 '머리 식히기'를 해야 합니다. 머리 식히기는 공부와 삶의 균형을 잡아 주는 재미있는 방법입니다.

머리를 식히면서 기분전환을 하고 에너지 충전하기

자동차가 계속해서 전속력으로 달릴 수는 없습니다. 중간에 멈춰 서 연료를 넣어야 합니다. 학생들도 마찬가지입니다. 공부는 힘든 일이므로 잠시 쉬면서 에너지를 충전해야 합니다. 머리가 멍해지거나, 기운이 달리거나, 불안감이 드는 것은 공부를 너무 열심히 했기 때문입니다. 집중력을 유지하기 위해 학습 시간 사이에 잠시 쉬는 것도 필요하지만, 공부와 관련 없는 활동을 하면서 조금 더 길게 쉬는 것도 반드시 필요합니다. 많은 학생이 정해 놓은 학습량을 끝내면 스스로에게 내리는 상으로 자신이 좋아하는 활동을 합니다.

▽ **휴식하기**

머리를 식히는 활동은 당일치기 여행, 스포츠 경기, 음악 듣기, 빵 만들기 등 다양하다. 오후에 취미 활동을 하거나 친구들을 만나고 나면 기분이 상쾌해지고 활력이 넘칠 것이다.

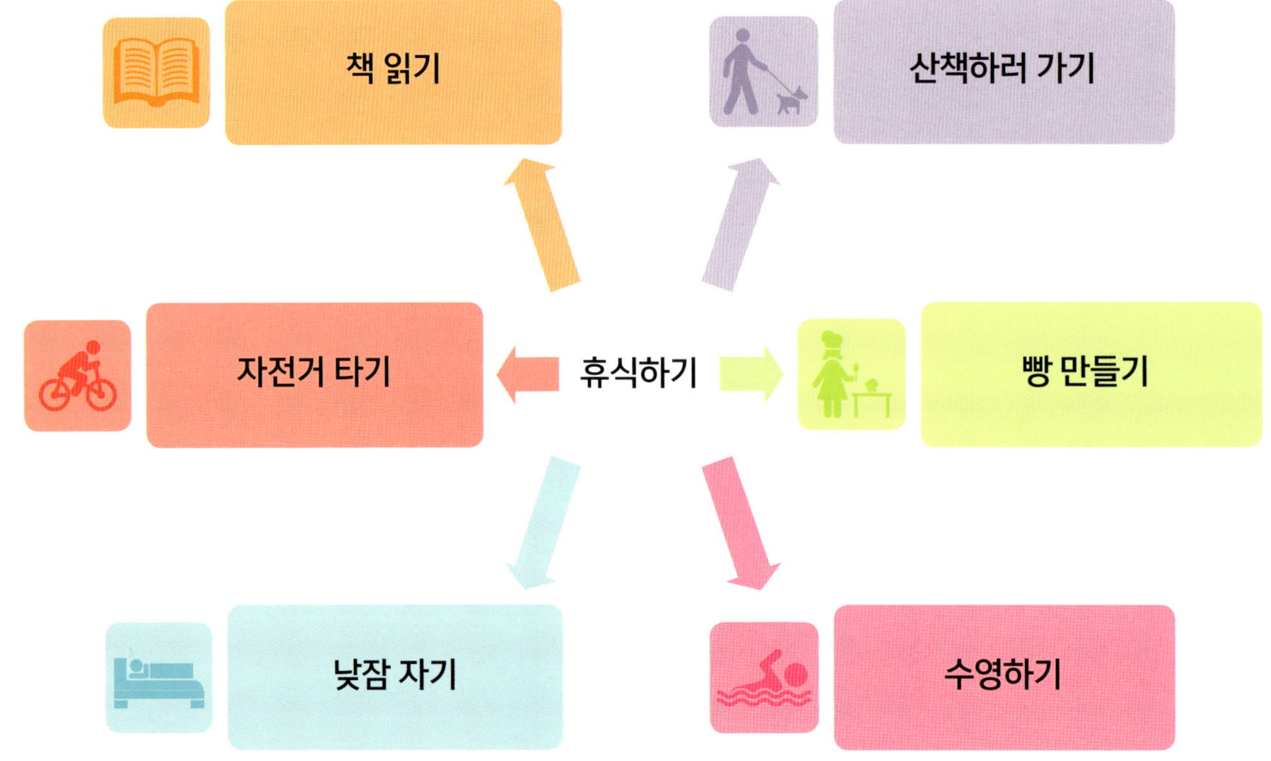

실생활에 적용하기

가끔 밖에 나가서 돌아다니는 것은 배운 내용을 연결하는 데 도움이 됩니다. 유명한 장소나 기념물, 박물관을 방문하면 역사 시간에 배운 것을 보다 확실하게 기억할 수 있습니다. 공원이나 숲, 동물원에 가면 생물학 주제와 관련된 사례를 찾아서 확인해볼 수 있습니다. 손으로 전시품을 만져 보고 실험해볼 수 있는 과학박물관도 많습니다. 집 안에서나 시골의 야외에서도 자신만의 사례나 실생활에 적용되는 사례를 발견할 수 있습니다.

▷ 사례 찾기

실생활에 적용되는 사례를 찾을 때는 창의력을 발휘하라. 그러면 공부가 더 재밌어지고, 자료를 더 잘 이해하고 보다 확실하게 기억할 수 있다.

이렇게 실천하세요!

혼자서 실험하기

레몬 배터리처럼 간단한 실험을 직접 해 보는 것은 학교에서 배운 주제를 재미있게 연구해보는 훌륭한 방법입니다. 실험을 하기 전에 안전한지부터 확인해야 합니다. 부모님이나 선생님과 상의한 다음, 허락을 받아서 실험하는 것이 좋습니다.

> "학습은 경험이다. 경험하지 않는 것은 모두 정보일 뿐이다."
> 알베르트 아인슈타인(Albert Einstein, 1879~1955), 물리학자

기억을 되살리는 방법으로 취미 이용하기

취미 또한 학습 자료를 공부하는 데 이용할 수 있습니다. 시험공부를 위해 특정한 것들을 외워야 할 때, 다양한 환경이 기억을 살려주는 효과적인 도구가 될 수 있습니다. 일상적으로 하는 취미나 취미에 관련된 사람들을 머릿속에서 외워야 할 항목들과 연결하면 됩니다. 예를 들어 음악에 관심이 있는 학생은 외워야 할 것들을 특정한 멜로디로 만들어 기억할 수 있습니다.

▷ 기억을 떠올리는 방법

배운 정보와 취미를 연결할 수 있는 시나리오를 상상해서, 그 활동을 하면서 자세한 내용을 외우려 노력하라. 오른쪽 그림에서는 축구 선수들의 이름이 여러 가지 산(酸)과 연결되어 있다.

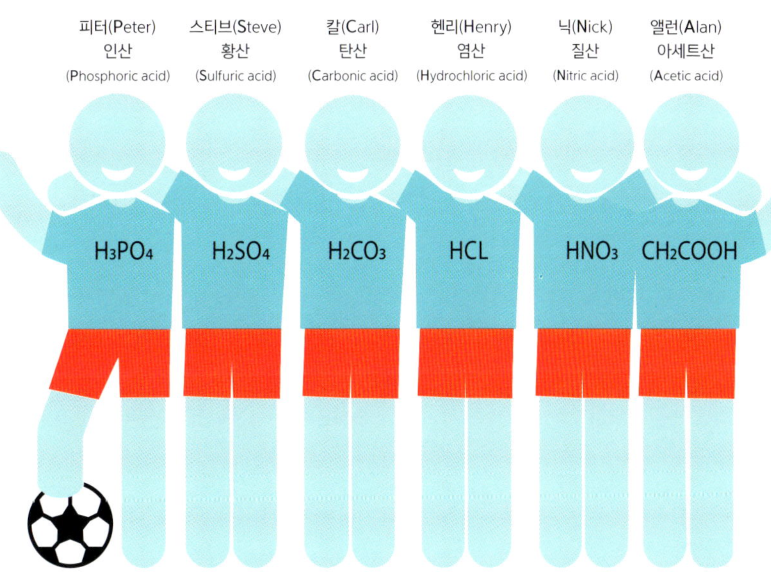

긴장 풀기, 상상하기, 긍정적 사고

여기도 함께 보세요
◀ 32–33 　　스트레스 다루기
◀ 34–35 　　건강 유지하기
◀ 196–199 　　시험 스트레스 다스리기
7장 참고 자료 　　244–247 ▶

긴장을 푸는 법을 배우고, 긍정적으로 생각하는 법을 훈련하면 불안감을 극복할 수 있습니다.

공부와 휴식의 균형을 잘 잡아야 합니다. 긍정적인 생각에 집중하고 목표를 머릿속에 그리면 불안감이 줄어들고 학습 의욕이 생깁니다.

불안감을 자극제로 활용하기

가끔 불안감을 느끼는 것은, 특히 시험과 복습 공부량을 걱정할 때 불안한 것은 당연합니다. 여러분은 그런 걱정을, 행동으로 옮기게 하는 자극제로 활용할 수도 있습니다. 다시 말해 어떤 일을 하거나 운동을 시작할 수 있습니다.

도움말

흥분과 불안감

'흥분'은 불안감을 표현하는 보다 긍정적인 단어입니다. 관점을 바꾸어 불안감을 긍정적인 느낌을 주는 '흥분'으로 받아들이면, 불안한 느낌도 즐거운 경험으로 바꿀 수 있습니다. 가슴이 두근거리거나 조마조마한 기분이 '느껴지면', 몸이 행동할 준비가 되었다는 의미입니다.

△ **불안한가?**
불안감이 느껴지면, 어떻게 처리해야 하는지 이리저리 궁리하며 아이디어를 떠올려야 한다.

△ **처음에는**
불안해하는 에너지를 날려 버릴 활동들을 목록으로 만든 뒤 그중 하나를 골라라.

△ **목표에 도달하라**
행동을 취한 다음, 다음번에 활용하기 편하도록 행동 목록을 만들어라.

긴장 풀기의 중요성

스트레스에 대처할 또 다른 방법은 긴장을 푸는 데 집중하는 것입니다. 공부를 잘하려면 많은 노력이 필요합니다. 여러분은 긴장을 풀 시간을 따로 정해서, 학습 의욕을 회복해야 합니다. 긴장을 풀고 휴식을 하면 장점이 많습니다. 혈압이 낮아지고, 면역 체계가 튼튼해지며, 기억력과 기분이 좋아집니다. 또한 학습 의욕이 올라가고, 잠을 푹 잘 수 있습니다. 규칙적인 휴식은 몸과 마음을 모두 건강하게 해줍니다.

▽ **어떻게 긴장을 풀까?**
긴장을 푸는 방법은 사람마다 다르다. 자신에게 효과적인 방법을 찾고, 다양한 방법을 조합해서 사용한다. 다음에서 제시하는 방법들을 실천해보기 바란다.

- 낮잠을 자요.
- 편안한 음악을 들으세요.
- 목욕하세요.
- 공상하세요.
- 요가를 하세요.
- 호흡에 집중하세요.
- 명상하세요.
- 마음 챙김* 훈련을 하세요.

* 현재 순간을 있는 그대로 받아들이고 깨닫는 명상법–옮긴이

꿈 게시판

뇌는 매우 강력한 도구입니다. 모든 위대한 발명은
발명가들의 머릿속 상상에서 시작되었습니다.
상상하기는 여러분의 생각과 느낌에 큰 영향을 줄
수 있습니다. 긍정적으로 목표를 생각하면 기분이
좋아지고, 더 잘하고 싶은 의욕이 샘솟습니다.
따라서 목표를 달성하기 더 쉬워질 것입니다.
상상하기를 실천하는 한 가지 방법은 중요한 목표와
꿈을 써 놓은 '꿈 게시판'을 만들어 스스로 무엇을
향해 노력해야 하는지 잊지 않도록 하는 것입니다.

▽ **꿈 게시판은 무엇인가?**
꿈 게시판은 학습 의욕을 올릴 수 있는 긍정적인
이미지, 말, 사진이나 어구들의 모음이다. 게시판은
자기가 이루려고 하는 결과를 잘 보여준다.

꿈 추구하기

월트 디즈니(Walt Disney)는 세계적으로 유
명한 영화와 만화, 놀이공원을 만들기 전에
여러 번 파산했습니다. 그러나 그가 결코 포
기하지 않았던 꿈이 있었습니다. 그가 남긴
명언 중에 "꿈꿀 수 있다면, 할 수 있습니다."
라는 말이 있습니다. 그의 성공 신화는 긍정
적인 마음가짐으로 계속 꿈을 좇으면 언젠가
는 이룰 수 있다는 훌륭한 예입니다.

목표를 쓰세요.	목표와 관련된 시각 자료를 붙이세요.	긍정적이고 의욕을 높여주는 말을 덧붙이세요.	꿈 게시판을 방에 붙여 놓으세요.

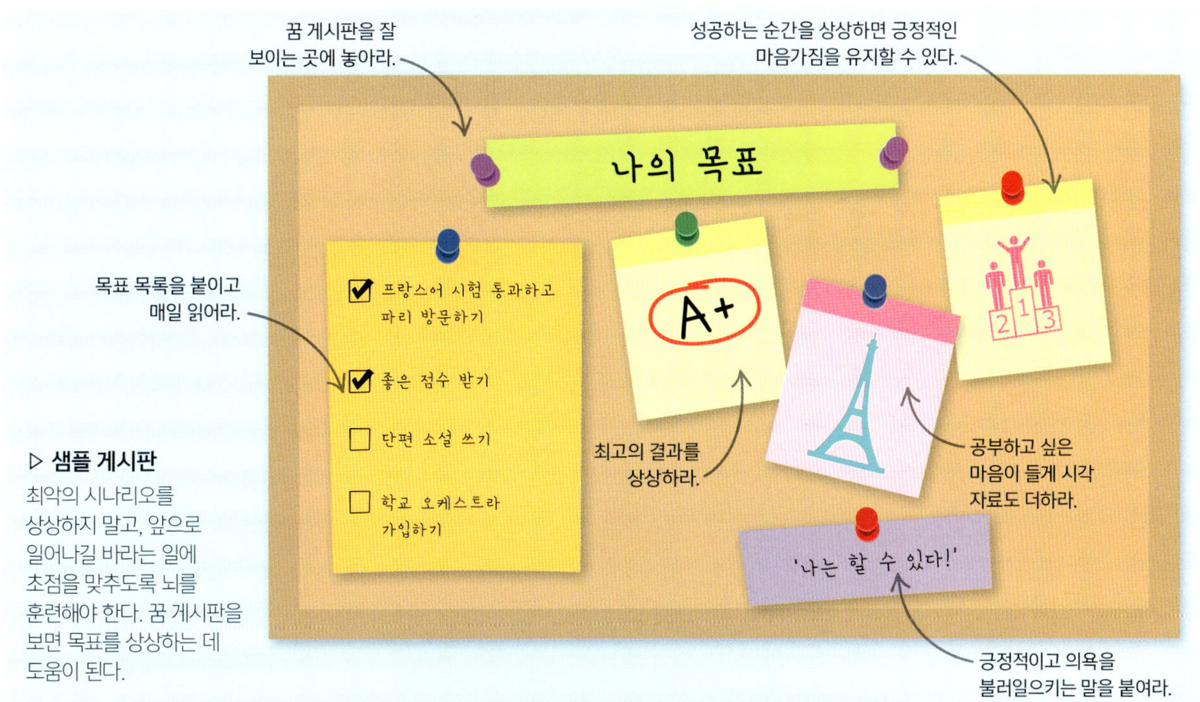

▷ **샘플 게시판**
최악의 시나리오를
상상하지 말고, 앞으로
일어나길 바라는 일에
초점을 맞추도록 뇌를
훈련해야 한다. 꿈 게시판을
보면 목표를 상상하는 데
도움이 된다.

상상하기

상상하기 과정은 공상과 매우 비슷하지만, 상상하는 동안에는 구체적인 목표나 결과에 초점을 맞추고 그것이 이미 이루어진 것처럼 생각한다는 점에서 차이가 납니다. 상상하기는 대개 앉아서 눈을 감고 긴장을 풀면서 시작합니다. 목표가 이미 이루어졌다고 상상하면서 성공의 즐거움을 만끽하세요. 상상하기는 긍정적인 사고방식을 갖는 데 도움이 되므로 자주 웃고, 창의력을 끌어올릴 수 있으며, 긴장을 풀 수 있습니다.

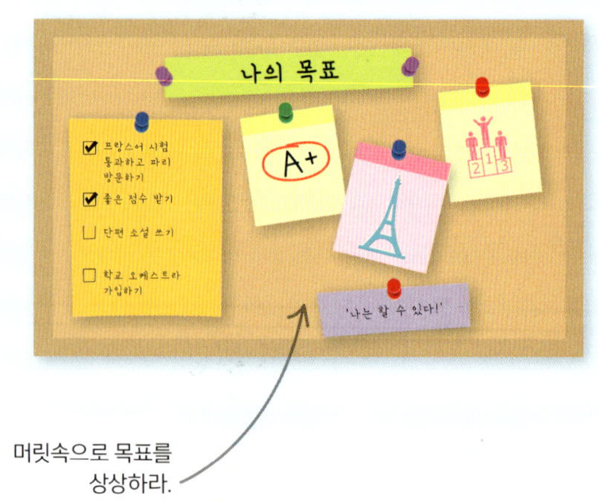

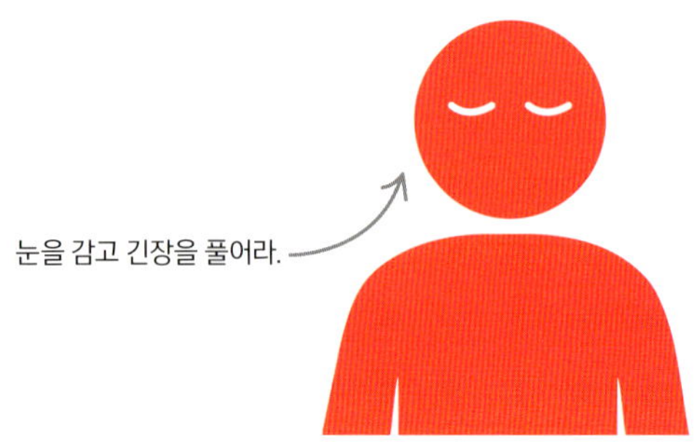

◁ **상상하는 법**
성공에 대해 생각하면서 긍정적인 기대를 해야 한다. 목표가 여러 개라면 꿈 게시판을 사용해 적어 놓고, 한 번에 하나씩 떠올려라.

 목표에 관한 생각을 분명히 정리하려면, 꿈 게시판을 활용하거나 상상력을 발휘하세요.

 목표가 가까운 미래에 이루어질 것이라고 상상하세요.

 그 결과 무슨 일이 생길지 떠올려보세요.

 목표가 실현되면 어떤 기분이 들지 상상해보세요.

 무슨 옷을 입을지와 같은 사소한 것들을 더 떠올리세요.

 목표를 이루면 친구들, 가족들과 선생님이 뭐라고 말할지 상상해보세요.

 목표마다 약 5~10분 동안, 적어도 하루에 두 번씩 상상하세요.

 아침에 눈을 뜨자마자, 그리고 저녁에 잠자기 전에 상상하기를 해보세요.

머릿속 영화

머릿속 영화는 상상하기를 한 단계 더 발전시킨 것으로, 목표를 이룬 결과를 '내면 영화'로 만들어 재생하는 방식입니다. 상상하기에서처럼 머릿속 영화도 목표가 이루어지면 다른 사람들이 어떻게 반응할지를 상상하는 것입니다. 예를 들어 부모님이 어깨를 두드려 주거나, "축하해!"라고 말하는 장면을 영화처럼 떠올려 보세요. 트로피를 들고 있거나, A라고 쓰인 성적표를 들고 있을 수도 있고, 상을 받거나, 목표를 이루어 축하를 받고 있을지도 모릅니다. 이처럼 머릿속 영화는 날마다 꼭 '봐야' 하는 시각적인 장면을 머릿속에서 펼쳐 보이는 슬라이드 쇼입니다.

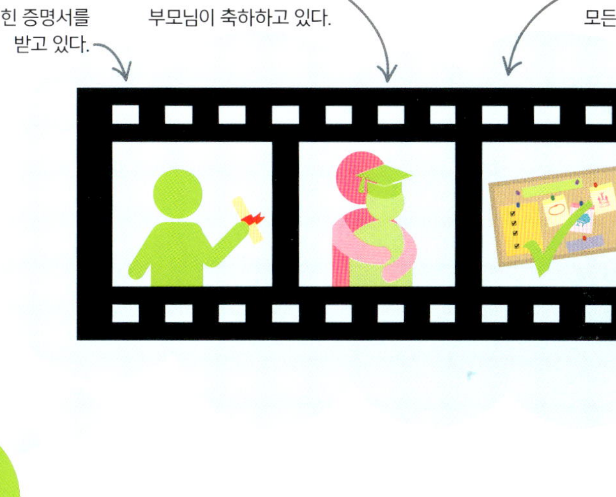

뛰어난 점수가 적힌 증명서를 받고 있다.

목표를 이룬 것에 대해 부모님이 축하하고 있다.

꿈 게시판에 기록한 모든 목표가 실현됐다.

눈을 감고 머릿속 영화를 '재생'하라.

◁ **날마다 연습하라**
몇 분씩 여유 시간이 생길 때마다 긴장을 풀면서 성공하는 머릿속 영화를 다시 볼 수 있다. 더 많이 볼수록, 기분이 더 좋아질 것이다.

> "생각하고 믿을 수 있는 것은 무엇이든 이룰 수 있다."
> 클레멘트 스톤(W Clement Stone, 1902~2002), 사업가, 작가

힘을 주는 곡들로 목록 만들기

음악은 종류에 따라, 학습 의욕을 올려 주거나 긴장 풀기를 도와주는 강력한 도구가 됩니다. 사람들에겐 저마다 들으면 기운이 솟고, 미소가 절로 지어지며, 행복했던 순간이 떠오르는 '기분 좋아지는' 노래들이 있습니다. 여러분도 응원이 필요하거나 머리를 식히고 싶을 때 들을 다양한 곡들로 목록을 만들어 보세요. 가사가 긍정적이고 힘을 주는 노래를 고르는 게 좋습니다.

자기가 가장 좋아하는 노래를 듣는 것은 긴장과 스트레스를 푸는 뛰어난 방법이다.

◁ **의욕을 돋워주는 음악**
음악을 들으면 긴장이 풀리고, 기분이 좋아지며, 정신적 에너지와 학습 의욕이 올라간다.

이 렇 게　실 천 하 세 요 !

'행복해지는' 음악

영화 <슈퍼배드2>(2013)의 주제가인 퍼렐 윌리엄스(Pharrel Williams)의 '해피(Happy)'는 20개국이 넘는 나라에서 1위를 기록한 히트곡입니다. '해피'는 2014년에 전 세계에서 가장 성공을 거둔 노래였습니다. 사람들이 길거리에서 신나게 춤을 추는 장면이 나오는 뮤직 비디오를 보고 신나는 가사와 음악을 들으면, 긍정적인 에너지가 느껴지고 기분이 좋아집니다.

도움 요청하기

가끔 상황이 너무 감당하기 버거워서 스트레스를 다스릴 수 없을 때는 다른 사람에게 도움을 요청해야 합니다.

정말로 스트레스를 많이 받는다고 느끼면 스트레스 해소 전략을 시도해보고, 가까운 친구와 가족들에게 고민을 털어놔야 합니다. 그래도 충분한 도움이 되지 않는다면 전문가의 도움을 받아야 합니다.

여기도 함께 보세요	
◀ 32–33	스트레스 다루기
◀ 40–41	집중하기
◀ 164–165	그룹으로 모여 복습하기
◀ 188–189	결과 발표 날
◀ 192–195	시험 스트레스란?
◀ 196–197	시험 스트레스 다스리기
7장 참고 자료	244–247 ▶

스트레스 수준 측정하고 대처 전략 활용하기

자신의 스트레스 수치를 알아차리고, 그것을 주기적으로 측정해야 합니다. 예를 들어 가상의 등급을 만들어 1~10 까지로 생각해 볼 수 있습니다. (196쪽 참조) 이렇게 등급을 매기면 언제 도움이 필요한지 알 수 있습니다. 스트레스를 조절하기 위해 쓸 수 있는 스트레스 대처 전략에는 규칙적으로 휴식하기, 호흡 기법, EFT 두드리기, 스트레스 공(주무르거나 꼭 쥐면 스트레스 해소에 도움이 된다는 공-옮긴이) 주무르기 등이 있습니다. 그런 방법이 통하지 않는다면, 친한 친구나 가족에게 걱정을 털어놓으면서 도움과 안내를 받으세요. 감정을 표현하고 나면 훨씬 홀가분해질 것입니다.

▷ 단체 포옹하기

다른 사람과 포옹하며 신체적으로 접촉하면 스트레스가 줄어들고 마음이 편안해지는 사람들도 있다. 가족이나 친구들과 단체로 포옹하면 마음을 진정시킬 수 있다.

이렇게 실천하세요!

걱정 상자 만들기

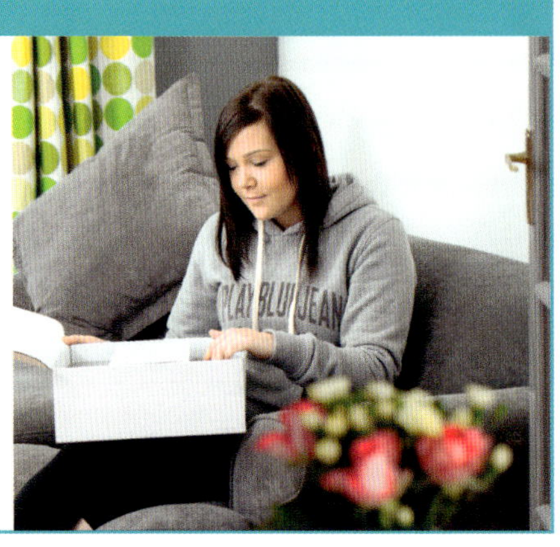

걱정 상자를 만드세요. 고민이 있을 때마다 종이에 써서 그 상자에 넣으세요. 일단 걱정을 글로 쓰면 더는 생각할 필요가 없습니다. 그러고는 가끔 상자에서 종이를 꺼내, 걱정 하나 하나를 꼼꼼히 뜯어보고, 현실을 확인하세요. (193쪽 참조) 믿을 만한 친구나 가족과 함께 고민을 나누면서 자신의 관점을 바꿔 보는 것도 좋습니다.

> "걱정하는 일의 85%는 실제로 일어나지 않는다."
> 로버트 리치 박사(Dr. Robert Leachy), 심리학 교수, 작가

도움받기

가끔은 외부의 도움을 구해야 할 때가 있습니다. 스트레스 대처 전략과 가족이나 친구의 도움이 효과가 없을 때는 담임 선생님이나 상담 선생님에게 도움을 요청하세요. 196쪽에 언급한 스트레스 등급 그림은 스트레스를 가늠할 유용한 도구입니다. 2주가 넘도록, 또는 시험이 끝난 후에도 불안 수치가 7이나 그 이상이라면, 전문 상담가나 심리치료사와 상담해야 합니다.

스트레스를 많이 받는 날을 기록한다.

◁ **용기 있는 행동**
불안감이 2주 이상 계속되면 도움을 요청하라. 도움을 받는 것은 부끄러운 일이 아니다. 더 발전하기 위해 필요한 일을 할 용기와 힘이 있다는 것을 보여주는 행동이다.

누구에게 말해야 할까?

선생님은 여러분을 기꺼이 도와주고 힘이 되고자 합니다. 해결 방법을 제안하고, 스터디 그룹을 추천하거나, 상담 선생님에게 상담을 의뢰하기도 합니다. 많은 학교에는 특별히 훈련된 선생님이 있어서, 스트레스 대처법을 알려 줍니다. 개인적으로 상담 선생님이나 심리치료사를 찾아봐도 됩니다. 상담 선생님은 한쪽 편을 들지 않는 중립적 입장으로 문제를 바라보고 여러분이 생각하지 못했던 다른 관점을 알려주기도 합니다. 상담 선생님이 여러분을 어떻게 생각할지 걱정하지 말고 편하게 이야기하면 됩니다.

▷ **필요한 행동**
상담 선생님, 심리치료사, 민간요법 치료사와 같은 전문가들은 학생들이 다양한 방법으로 스트레스와 불안감을 극복하도록 도울 수 있다.

도 움 말
건강한 식단

몸에 좋지 않은 식단은 불안감과 우울증까지 일으킬 수 있습니다. 식사를 거르면 혈당 수치가 낮아져서, 기운이 없고 두뇌 활동이 느려집니다. 반대로 에너지 음료, 사탕, 과자 등은 설탕이 많이 들어 있어서 혈당 수치를 높여 초조하고 불안하게 만들 수 있습니다.
혈당을 안정적으로 유지하려면 달걀과 같은 단백질과 채소와 같은 복합 탄수화물이 들어 있는 건강한 식사를 규칙적으로 해야 합니다. 또한 물을 많이 마셔서 수분을 충분히 공급해야 합니다.

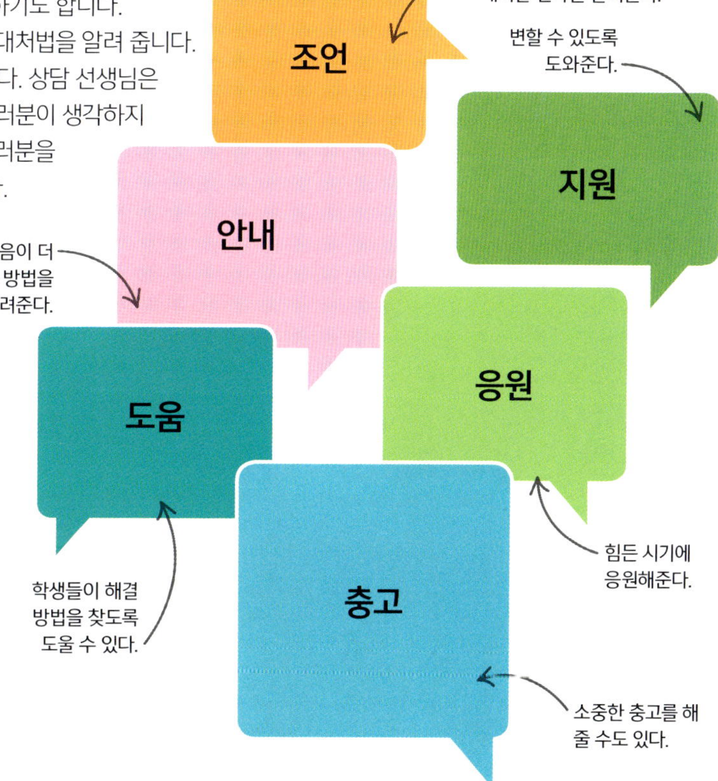

조언을 해주거나 고민에 대처할 전략을 알려준다.

변할 수 있도록 도와준다.

마음이 더 편안해지는 방법을 찾아 알려준다.

힘든 시기에 응원해준다.

학생들이 해결 방법을 찾도록 도울 수 있다.

소중한 충고를 해 줄 수도 있다.

8

참고 자료

이 장은 장별 요약, 체크리스트, 양식, 퀴즈와 도표를 포함해 다양한 자료들을 담고 있습니다. 이 장에 있는 모든 자료는 복사해서 사용할 수 있으며, 여러분의 학습 기술을 끌어올려 줄 것입니다. 그리고 여러분이 가장 중요한 조언들을 잘 기억할 수 있도록, 실용적이면서도 사용하기 쉽게 만들었습니다. 이 책에 직접 기록하지 말고, 필요한 페이지를 복사해서 쓰면 여러 번 사용할 수 있습니다. 자료를 사용할 때마다, 자신의 학습 기술이 시간이 지나면서 어떻게 발전하고 있는지 확인해야 합니다. 이 장에 있는 양식과 도표를 채우거나 퀴즈를 풀어보세요. 체크리스트는 공부방에서 눈에 잘 띄는 곳에 붙이거나, 자주 사용하는 서류철의 맨 앞부분에 정리해둬도 좋습니다.

어떻게 배워야 할까? – 요약

★ 공부 기술은 학습 과정을 더 효과적으로 만들고, 시간을 절약시켜 주며, 공부를 더 즐겁게 느끼도록 해주므로 중요합니다.

★ 공부를 도와준다는 의미는 학생들을 더 효과적인 학습 방법과 긍정적인 태도로 이끌고, 배우는 내용에 몰두하게 해주며, 학생이 하는 공부 방식의 장단점을 알려주는 것입니다.

★ 학습 방법은 시간이 지나면서 바꿀 수 있으므로, 학습 도우미와 학생은 새로운 아이디어를 받아들일 줄 알아야 합니다.

★ 공부 도우미는 장단점을 알려줄 때 '샌드위치'식 접근법을 사용하는 것이 좋습니다. 칭찬으로 말문을 연 다음, 구체적으로 고쳐야 할 점을 알려준 후, 용기를 북돋우는 말로 마무리하면 됩니다.

★ 저마다 공부하는 방식이 다르므로 학생들은 하루 중 가장 많이, 그리고 가장 능률적으로 공부할 수 있는 시간을 정해야 합니다.

★ 정보를 다양한 각도에서 바라보고 전체적으로 이해해야만, 그리고 정보가 기억나서 새로운 아이디어를 만들 때 사용될 수 있어야만 효과적인 학습이라 할 수 있습니다.

★ 뇌는 두 부분, 즉 좌뇌와 우뇌로 이루어져 있습니다. 좌뇌와 우뇌는 정보를 다른 방식으로 처리합니다. 좌뇌는 논리적이고, 우뇌는 창의적입니다. 논리와 창의력을 모두 활용해서 양쪽 뇌를 모두 사용하는 법을 배우면 기억력이 더 좋아집니다.

★ 학습 스타일을 보면 자신이 공부할 때 어떤 면에서 강한지 알 수 있습니다. 각자 다양한 학습 스타일을 결합하여 사용하고, 그 활용 정도도 다릅니다. 220~221쪽을 보면 자신이 어떤 학습 스타일에 가까운지 알 수 있습니다.

공부 준비하기와 목표 세우기 – 요약

★ 단기 목표와 장기 목표를 세우고, 그 목표들을 이루었을 때 상을 줘서 학습 의욕을 끌어올릴 수 있습니다.

★ 적극적 학습을 하면 배운 자료를 더 쉽게 이해하고 기억할 수 있습니다.

★ 학습에 대해 책임감을 느끼고 공부를 효과적으로 관리해야 합니다. 먼저 자신의 장점과 약점을 분석하고, 실수한 부분에서도 배워야 합니다.

★ 자기주도학습은 여러분이 노력을 기울여 발달시킬 수 있는 중요한 기술입니다. 답을 외우는 데 그쳐서는 안 됩니다. 질문을 하고, 혼자서 생각하고, 자기 의견을 펼칠 줄 알아야 합니다.

★ 압박감과 스트레스를 다루는 법을 배워야 합니다. 실현하고 이룰 수 있는 것에 초점을 맞추고, 긍정적인 사고방식을 유지해야 하며, 재미있게 공부해야 합니다. 몸과 마음을 돌보는 것도 도움이 됩니다. 규칙적으로 운동하고 휴식하고, 잠도 충분히 자면서, 건강에 좋은 음식을 먹어야 합니다.

★ 학습 환경이 좋으면 공부에 큰 도움이 됩니다. 공부방은 공부하기 적합한 환경을 갖춰야 하며, 도서관과 같은, 집 밖의 학습 공간을 언제 사용해야 할지도 알아야 합니다.

★ 공부를 준비하는 기술도 개발해야 합니다. 미리 계획하기, 학습 자료 정리하기, 우선순위 정하기, 빨리 시작하여 제대로 공부하기 등이 그러한 기술입니다.

★ 집중력을 유지하는 비결은 어지럽혀진 물건들과 산만하게 하는 방해 요소를 치우고, 규칙적으로 쉬면서, 할 일을 '적당하게 나누며', 한 번에 여러 가지 일을 하지 않는 것입니다.

★ 완벽주의는 불필요한 압박감을 주므로 공부에 도움이 되지 않습니다.

★ 올바른 사고방식은 학습을 유연하고 긍정적으로 받아들이고 실패를 극복하는 법을 배워서 새로운 상황에도 적응할 수 있는 마음가짐을 말합니다.

★ 시간 관리를 잘하는 것도 중요한 기술인데, 효과적인 학습 일정을 짜는 것도 포합됩니다.

★ 학습 과정과 단계를 되돌아보는 것은 자기 발전에 유익합니다. 성공의 가능성을 높이려면 자신이 관심 있는 것을 생각해보고 그에 맞춰 목표를 세우세요.

정보 찾아 정리하기 – 요약

★ 지역 도서관을 최대한 잘 활용하려면 이용 가능한 시설을 파악하고, 서가와 주제가 어떤 체계로 정리되어 있는지 확인해야 하며, 전자 자료를 어떻게 이용하는지도 알아야 합니다.

★ 적극적 읽기 전략을 사용하고, 읽는 속도를 다양하게 변화시킴으로써 읽기 기술을 향상할 수 있습니다. 자신이 읽고 있는 책의 정보가 믿을 만한지 확인하기 위해서는 사실과 의견을 구별하고, 출처를 확인하며, 다른 책에 나온 동일한 주제를 비교해보아야 합니다.

★ 어떤 주제를 더 자세히 조사하려면 호기심을 발휘해야 합니다. 교실 밖에서 주요 주제와 관련된 실생활의 예를 찾아보는 것도 좋습니다.

★ 적극적 듣기 기술을 사용하면 수업 시간을 최대한 잘 활용할 수 있습니다. 수업 준비를 철저히 하고, 집중해서 듣고, 노트 필기를 할 땐 시간을 절약할 수 있게 약어를 사용하세요.

★ 그룹으로 모여 공부하면 서로 역할을 분담하는 법을 배우고, 헌신하고 타협하는 법도 익힐 수 있습니다. 또한 서로 존중하는 마음을 주고받는 법을 배울 수도 있습니다.

★ 노트 필기를 할 때는 주요 용어와 어구에 집중해야 하고, 표절을 피하려면 아이디어와 자료를 자신만의 표현으로 바꿔 써야 합니다. 참조한 자료에 대해서도 출처를 자세히 표시해야 합니다.

★ 적절한 방식으로 공부할 수 있도록 다양한 사고 기술을 개발해야 합니다. 시각화하기, 브레인스토밍, 비판적 사고, 창의적 사고, 논리적 사고를 연습하세요.

★ 반성적 사고는 얼마나 발전했는지 확인하고, 학습법을 끌어올리는 데 효과적입니다.

★ 논술 과제를 할 때는 문제를 주제, 동사, 초점과 한계로 쪼개야 합니다. 그런 다음, 글을 쓰기 전에 답안의 전체 틀을 신중히 계획합니다.

★ 글의 목적을 분명히 생각한 후 단어를 현명하게 사용해 글을 쓰고, 제출하기 전에 과제를 편집하고 교정하면 더욱 좋은 글이 됩니다.

★ 발표 기술을 끌어올리려면 잘 준비해서 자료의 틀을 잘 만든 다음, 관중들 앞에서 발표하기 전에 큰 소리로 여러 번 연습해야 합니다.

★ 컴퓨터 기술을 익히면 학습 성과를 높일 수 있습니다.

온라인 학습 – 요약

★ 컴퓨터, 노트북, 태블릿 PC, 스마트폰은 집에서뿐만 아니라 여행 중에도 온라인 학습을 위해 사용할 수 있습니다.

★ 이동식 전자 기기는 파손되지 않도록 보호용 가방이나 케이스에 넣어 다니는 것이 중요합니다.

★ 정보는 항상 별도의 장치인 USB나 온라인 클라우드 저장소를 이용해 따로 저장해야 합니다. USB는 잃어버리지 않게 안전한 장소에 보관하세요.

★ 특정한 작업을 위해 필요한 소프트웨어가 있는지 확인해야 합니다. 소프트웨어는 살 수도 있고, 온라인에서 무료로 내려받을 수도 있습니다.

★ 모든 무선 네트워크가 안전하지는 않다는 것을 명심하세요. 따라서 온라인에서는 개인 정보를 공유해서는 안 됩니다.

★ 중요한 웹사이트는 나중에 쉽게 다시 방문할 수 있도록 즐겨찾기를 해두세요.

★ 나중에 다시 참고하려면 웹사이트에서 필요한 사항을 자세히 기록하세요. 논술 과제를 쓸 때, 특정한 참조 스타일을 따라 하려면 전자 참조 도구를 사용하면 됩니다.

★ 온라인 자료를 옮겨 쓸 때는 다른 사람의 자료를 그대로 복사해서 붙이지 말고, 자신만의 표현으로 바꿔 써야 합니다.

★ 표절을 피하려면, 글을 쓸 때 인용을 표시하고 다른 말로 바꿔 쓰는 법을 익혀야 합니다.

★ 전자 자료를 효과적으로 정리하는 체계를 만드세요.

★ 인터넷에서는 안전에 신경 써야 합니다. 바이러스 방지 프로그램과 컴퓨터 파괴 방지 프로그램을 설치하고, 잘 모르는 첨부 문서는 열지 마세요. 개인 이메일과 기타 온라인 자료를 보호하려면 암호를 복잡하게 설정하세요.

★ 온라인 공개 강좌와 가상 학습 공간, 온라인 대학 등 여러분이 찾을 수 있는 온라인 학습 자료와 강좌가 다양하게 있습니다.

5 복습 기술 – 요약

★ 시간이 지나면서 지식과 자료가 차곡차곡 쌓일 수 있도록 주마다, 달마다 주기적으로 복습하고 1년 내내 복습 자료를 준비하세요.

★ 사실과 주요 용어를 그냥 외우지 말고, 서로 관련짓거나 이해하는 데 초점을 맞추세요.

★ 창의력을 이용해서 공부를 시작하고, 학습 의욕을 유지하기 위해 공부 후에 스스로에게 상을 주세요. 그렇게 하면 미루는 습관도 없어지고 쉽게 산만해지지도 않습니다.

★ 신중하게 우선순위를 정해 전체 내용을 복습할 계획하면 시간을 잘 관리할 수 있습니다.

★ 효과적인 복습 시간표 만드는 법을 배우고, 규칙적인 휴식 시간도 꼭 정해둬야 합니다.

★ 외우기 쉬운 복습 카드를 만들어 가지고 다니면서, 계속 움직이는 중에도 짧은 공부 시간들을 가지는 것이 좋습니다.

★ 외운 정보를 잘 기억하려면, 적극적인 학습 전략을 적용해보세요.

★ 읽기 속도를 높이고 글을 더 잘 이해하려면, 다양한 읽기 전략을 시도해보세요.

★ 다양한 기술과 형식을 실험해보면, 노트 필기 기술을 끌어올릴 수 있습니다.

★ 모든 복습 자료로 마인드맵과 흐름도를 만들어 더 창의적으로 복습하세요.

★ 아크로스틱 기억법이나 장소 기억법과 같은 고급 암기법을 사용해 복잡한 용어나 과정을 더 쉽게 외우세요.

★ 학습 의욕을 올리고 더 오래 기억하려면, 외울 내용으로 이야기, 머리글자로 이루어진 단어, 운문, 시각 자료, 소리, 동영상 등을 만들고, 이것들을 결합해서 학습 도구를 다양하게 바꿔야 합니다.

★ 평가 계획을 확인하고, 시험 문제를 예상해보고, 시험과 같은 조건으로 연습해서 시험에 잘 대비해야 합니다.

★ 복습 그룹을 만들어, 알고 있는 것을 서로 확인하고 테스트하세요.

★ 다양한 방식으로 시험을 봅니다. 시험에는 연구 과제, 논술 과제, 실기 시험, 말하기 시험, 단답형 시험과 객관식 시험이 있습니다.

★ 필기 시험은 예상 문제를 알려주는 '힌트가 있는' 시험과 '힌트가 없는' 시험이 있습니다.

★ 'OX' 시험은 객관식 시험과 비슷합니다. 정답을 찾으려면 논리적으로 생각해야 합니다.

★ 객관식 시험은 이름, 날짜, 용어, 공식과 이론처럼 자세한 내용을 자주 묻습니다.

★ 말하기 시험에서는 질문을 주의 깊게 잘 듣고, 잘 못 들었으면 선생님에게 다시 물어서 질문을 분명히 이해해야 합니다.

★ 1년 내내 꾸준히 복습하면서 시험을 준비하세요. 그렇게 하면 복습 기간에 스트레스를 덜 받습니다.

★ 기출 문제지를 보면 시험의 틀과 나올 만한 문제 유형을 알 수 있습니다.

★ 시험을 잘 보려면 시험 전날 푹 자고, 시험 시간과 장소를 다시 확인하세요.

★ 항상 지시 사항을 신중하게 읽으면서 시험을 시작하세요.

★ 질문마다 몇 점짜리인지를 보고, 답을 얼마나 길게 써야 할지 판단하세요. 답을 쓰기 전에 문항별 배점을 확인하세요.

★ 쉬운 문제부터 풀면서 시작하세요. 얼마나 많은 요점이 포함되어 있는지 암시해주는 평가 계획표를 보세요. 그리고 시험을 보는 동안 시간을 계속 확인하세요.

★ 모든 시험에서 성공의 비결은 복잡한 질문에 답하기 전에 간단히 계획을 짜는 것입니다. 또한 답을 쓰기 전에 문제를 확실히 이해해야 합니다.

★ 논술 문제의 답은 계획을 좀 더 자세히 세운 뒤에 써야 하며, 보통 특정한 형식을 따라야 합니다.

★ 언제, 어떻게 결과가 발표되는지 확인하고, 점수를 받고 나면 스스로 고쳐야 할 점은 없는지 되돌아보세요.

스트레스 다스리기 – 요약

★ 육체적 · 정신적 증상을 확인해서 자신의 스트레스 수준을 알고 있어야 합니다.

★ 모든 스트레스가 나쁜 것은 아닙니다. 약간의 스트레스는 학습 의욕을 올려 공부를 하게 만드는 긍정적인 효과가 있습니다.

★ 스트레스에 몸이 어떻게 반응하는지 이해하고, 다양한 극복 전략을 배우세요.

★ 스트레스 등급 그림을 이용해 자신의 스트레스 수치를 측정하고, 심해지기 전에 대처하세요.

★ 공부할 때는 규칙적으로 쉬어야 합니다. 특히 스트레스 증상을 느낄 때는 휴식이 더 중요합니다.

★ 규칙적으로 긴장을 푸는 방법을 연습하면 몸을 진정시키는 훈련을 할 수 있습니다.

★ 호흡법, 신체 부위를 두드리는 민간요법, '내면 여행'과 같은 스트레스 해소법을 배우세요.

★ 건강 관리를 하려면 잘 먹고, 푹 자고, 규칙적으로 운동해야 한다는 것을 기억하세요.

★ 공부를 긍정적으로 생각하세요.

★ 에너지를 충전하고 창의력을 올리려면 가끔 '머리 식히기'를 해야 합니다.

★ 구체적인 목표를 세우고, 그것을 바탕으로 꿈 게시판을 만든 다음, 꿈을 이루는 모습을 상상하세요.

★ 혼자서 스트레스를 극복할 수 없을 때는 선생님이나 부모님, 또는 친구에게 털어놓으세요. 이 방법도 효과가 없다면 전문가의 도움이나 상담을 받아야 합니다.

1장 참고 자료

학습 유형 파악하기

여러분이 어떤 유형의 학습자인지 알아보려면 다음 퀴즈를 풀어보세요. 자기에게 맞지 않는다는 확신이 들더라도 다양한 학습자 유형을 모두 읽어보세요. 질문에 대해 너무 깊이 고민하지 말고, 처음 떠오르는 생각대로 대답하면 됩니다.

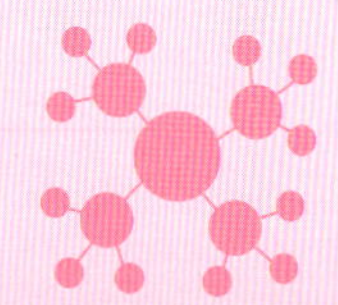

시각적 학습자

1. 색깔과 그림을 이용한 마인드맵을 사용하는 것을 좋아합니까?
2. 과정이 어떻게 연결되어 있는지 보기 위해 도표를 그려 공부합니까?
3. 방향감각이 있고, 지도로 길을 잘 찾습니까?
4. 머릿속으로 목표와 계획을 쉽게 그려 볼 수 있습니까?
5. 그림을 그리거나 낙서하는 것을 좋아합니까?

논리적 학습자

1. 수학 패턴과 관련성을 쉽게 알아차리는 편입니까?
2. 수학과 과학을 잘하나요?
3. 문제를 논리적인 방식으로 해결합니까?
4. 할 일 목록을 만들고, 항목들을 순서대로 정리하는 것을 좋아합니까?
5. 스도쿠나 체스처럼 머리를 쓰는 게임을 좋아합니까?

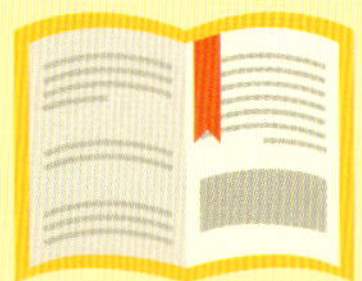

언어적 학습자

1. 말이나 글로 생각을 표현하기가 쉽습니까?
2. 읽기를 좋아해서 온갖 종류의 읽을거리를 읽습니까?
3. 단어 게임이나 십자 퍼즐, 말장난을 좋아합니까?
4. 어휘력이 풍부하고 새로 배운 단어를 즐겨 사용합니까?
5. 무엇이든 사람들에게 설명하는 것을 잘합니까?

청각적 학습자

1. 노래를 잘하거나 악기 연주를 잘합니까? 아니면 둘 다 잘합니까?
2. 노래나 광고 음악을 잘 외웁니까?
3. 영화나 TV 등의 배경음악을 듣고, 어떤 음악인지 알아차릴 수 있나요?
4. 암호와 같은 것들을 외울 때, 운율이나 리듬을 사용해서 외우나요?
5. 조용한 것을 싫어하고, 공부할 때도 배경 음악이 있는 것을 더 좋아합니까?

운동 감각적 학습자

1. 운동과 신체 활동을 좋아합니까?

2. 손재주가 좋거나, 공예와 모형 만들기를 즐기나요?

3. 뭐든지 고치는 것을 좋아하고, 어떻게 작동하는지 보려면 일단 분해부터 해야 직성이 풀립니까?

4. 오랫동안 가만히 앉아 있는 것이 어렵습니까?

5. 운동하거나 신체 활동을 해야 공부가 머릿속에 잘 들어옵니까?

사회적 학습자

1. 대부분 시간을 다른 사람들과 보냅니까?

2. 스포츠와 게임처럼 남들과 함께하는 활동을 좋아합니까?

3. 문제를 다른 사람들과 함께 해결하고 같이 고민하는 것을 좋아합니까?

4. 주변에서 자기에게 도움을 청하러 옵니까?

5. 사람들과 의사소통을 잘합니까?

결과

학습 유형별 질문 중 세 개 이상에 대해 '예'라고 대답했다면, 그 학습 유형에 속할 확률이 높습니다. 사회적 학습자 점수가 낮다면, 그룹으로 공부하기보다는 혼자서 공부하는 방식이 더 적합할 것입니다. 대부분의 사람들은 이 결과를 통해 학습 유형을 다양하게 섞어서 쓰는 것이 자신에게 적합한 방법임을 알게 될 것입니다. 또 어떤 공부를 하느냐에 따라 좋아하는 학습 스타일이 달라질 수도 있습니다. 시간이 지나면 좋아하는 학습 스타일이 변하기도 합니다. 따라서 다양한 학습 스타일을 시험해보고, 어떤 일을 할 때 어떤 방법이 가장 효과적인지 살펴보세요.

2장 참고 자료

시간 관리

아래의 문장을 읽고 '자주 그렇다', '거의 그렇지 않다', '전혀 그렇지 않다' 중 하나로 답하세요. 그런 다음, 문장별로 해당하는 내용을 읽어보세요. 각 문장에 대한 여러분의 답을 자세히 평가하고, 현재 학습법을 어떻게 개선할지 살펴보세요. 더 자세한 도움말을 보기 위해서는 이 책의 어떤 부분을 찾아봐야 하는지 표시되어 있습니다.

1. 해야 할 일을 적어 두지 않고 모두 기억하려 한다.

2. 할 일과 끝내야 할 날짜를 함께 적어둔다.

3. 할 일 목록을 볼 때, 가끔 부담감과 압박감을 느낀다.

4. 어디서부터 시작해야 할지 모르겠다.

5. 자료를 빨리 찾을 수 있게 정리한다.

6. 할 일을 종종 미룬다. 그러고는 스트레스를 받는다.

7. 가끔 미루는 습관이 있고, 공부를 시작하기 전에 다른 일을 하면서 시간을 낭비한다.

8. 공부를 계획대로 해나가기 위해 주간 일정표를 만든다.

1 일정이 바쁠 때는 해야 할 중요한 공부를 잊어버리기 쉽습니다. 따라서 할 일 목록을 만들어 정리하는 것이 가장 좋습니다.

2 공부 준비를 잘하고 있습니다. '거의 그렇지 않다'와 '전혀 그렇지 않다'라고 답한 사람은 이 방법을 사용해보세요.

3 '자주 그렇다'로 답한 학생은 방법을 바꿔야 합니다. 해야 할 일에 우선순위를 매기거나, 며칠에 걸쳐 해야 할 일은 각각의 일마다 끝내야 할 날짜를 정하세요.

4 '자주 그렇다'로 답한 사람은 우선순위를 정하는 법을 배워야 합니다. 할 일을 중요한 순서대로 번호를 매기고, 가장 중요한 일부터 시작하세요.

5 정리를 잘하면 시간이 절약됩니다. '거의 그렇지 않다'와 '전혀 그렇지 않다'로 답한 학생은 38쪽과 130쪽을 다시 읽고, 학습 자료를 어떻게 정리해야 하는지 배우세요.

6 학습 의욕을 끌어올리려면, 계획표를 세우고 할 일을 끝낸 후 받을 보상도 같이 정하세요. 계획표 관리에 관해서는 50~51쪽을 읽으세요.

7 효과적으로 계획하고 쉬운 것부터 시작하면, '공부 모드'에 들어갈 수 있습니다. 도움말이 더 필요하면 42~43쪽과 134~135쪽을 참조하세요.

8 시간표는 시간 관리에 매우 효과적입니다. 237쪽에 있는 양식을 복사해서 시간 관리를 시작하고, 시간표를 수첩에도 붙여 두세요.

시간 배정

아래 계획표에 24시간 동안의 활동을 기록하면 시간을 어떻게 쓰고 있는지 알 수 있습니다. 그런 다음, 표를 분석하면서 자신이 시간을 어떻게 관리하고 있는지 반성해 보세요. 그러면 인터넷 사용 시간을 줄이거나 어떤 일들은 하나로 묶는 등 계획표를 바꾸고 개선할 아이디어가 생각날지도 모릅니다. 이렇게 하나씩 바꿔 나가다 보면 여기에 그치지 않고 다른 것들도 매일 조금씩 고쳐나갈 수 있습니다.
최적의 시간표를 만들면 시간을 가장 효과적으로 사용하는 방법을 알 수 있고, 공부에 필요한 시간을 끼워 넣을 수 있습니다(48~49쪽 참조).

계획표를 채워 넣으면서 다음을 생각하라
- 몇 시간을 자야 할까?
- 몇 시에 먹을까?
- 학교 가는 데 얼마나 걸릴까?
- 친구들과 얼마 동안 놀아야 할까?
- 언제 숙제를 할까?

복사할 수 있는 자료: 일일 계획표 원그래프

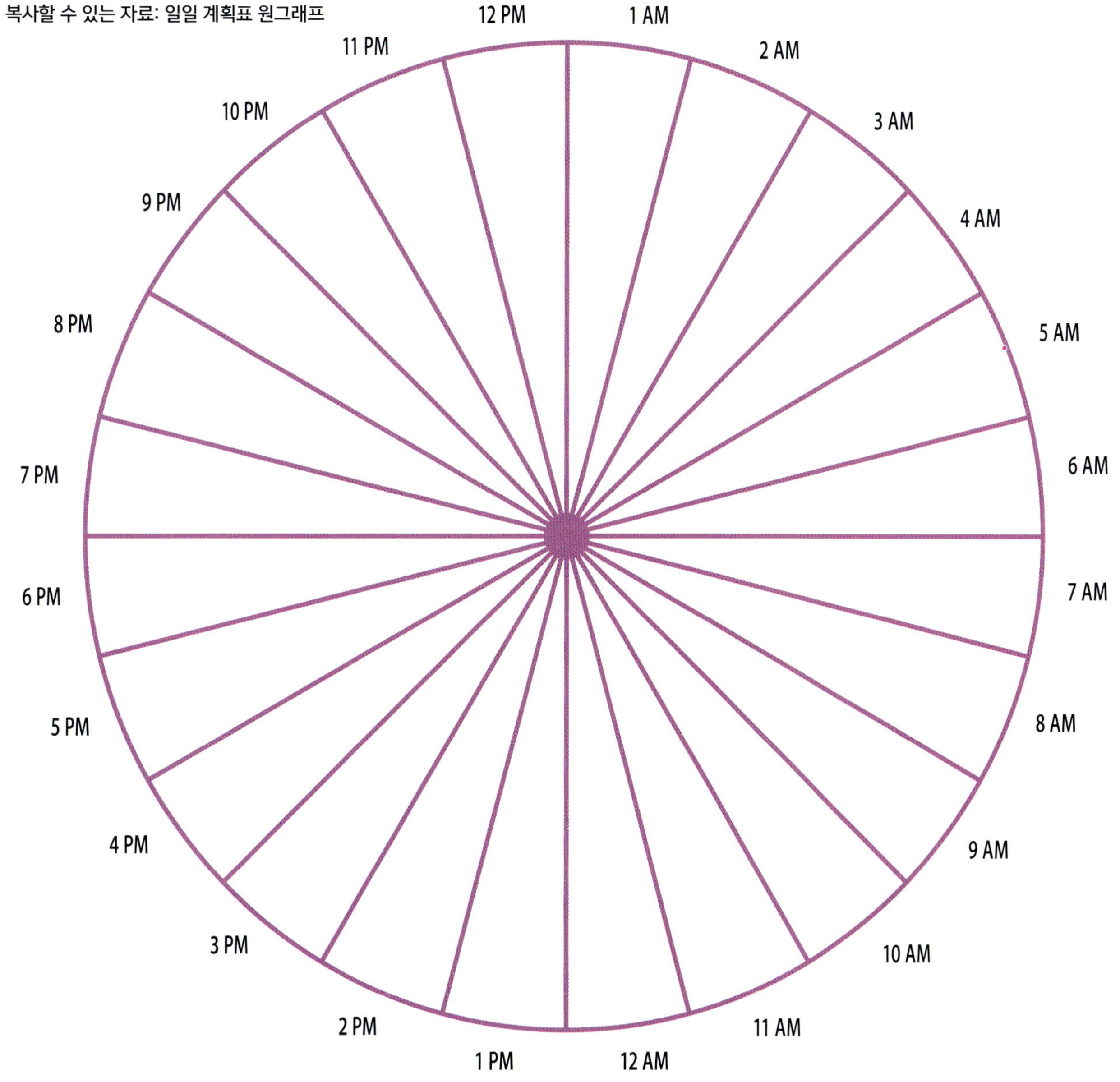

》 스마트(SMART) 모델

목표를 세우는 것은 미리 계획하고 공부를 잘 해나가기 위해 꼭 필요한
단계입니다. 구체적인 목표가 있고, 목표를 이뤄야 할 이유가 있는 학생은
성과를 거둘 확률이 높습니다. 먼저 목표와 관련된 아이디어를 다양하게
떠올려 보세요. 그런 다음, 목표를 아래 있는 스마트 모델에 맞게 더
구체적으로 만들고 수정해보세요.

▽ 목표 세우기

스마트(SMART)는 구체적이고(Specific), 측정할 수 있고
(Measurable), 이룰 수 있고(Achievable), 적절하고(Relevant),
시간제한이 있는(Timely) 목표를 세워야 한다는 의미로 단어들의
머리글자를 따서 만든 단어다. 모든 목표를 스마트 기준에
적합하게 세워야 한다.

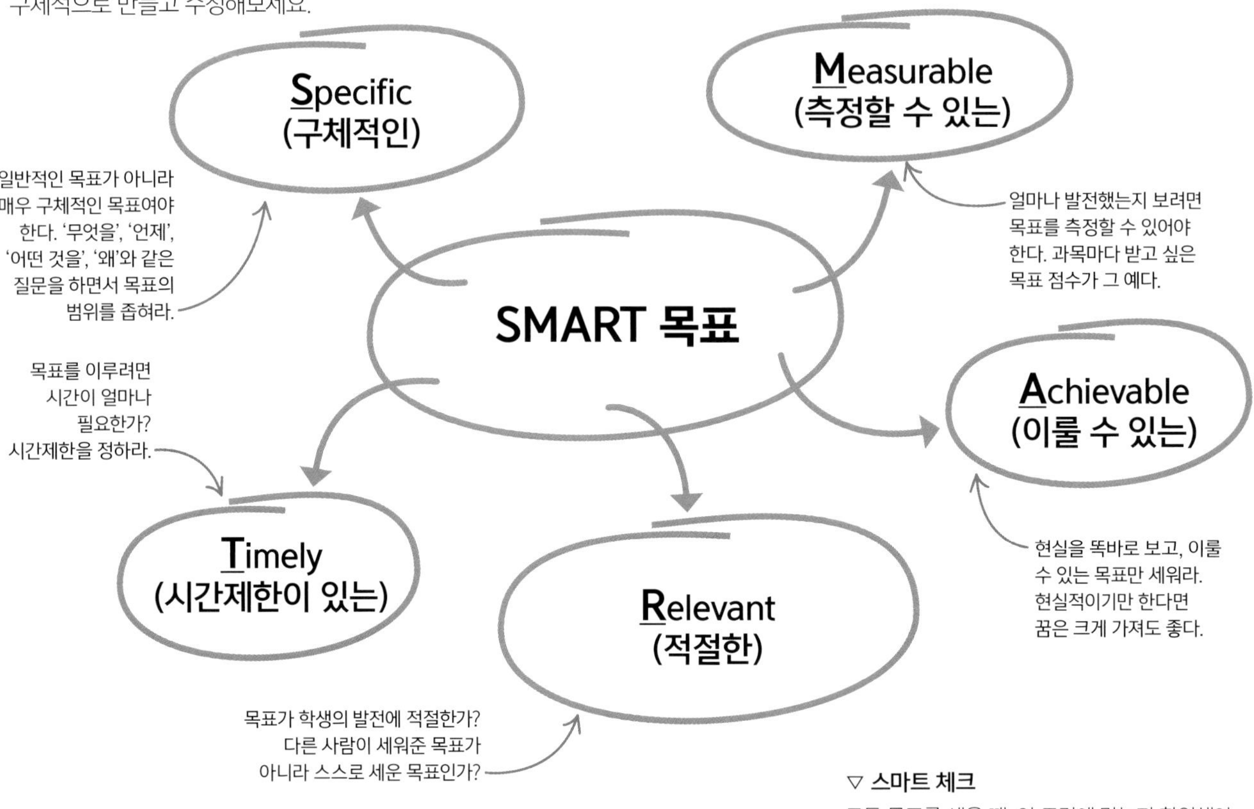

▽ 스마트 체크

모든 목표를 세울 때, 이 조건에 맞는지 확인해야
하며, 맞지 않을 땐 목표를 수정해야 한다.

복사할 수 있는 자료: 스마트 체크

목표	구체적인가?	측정할 수 있는가?	이룰 수 있는가?	적절한가?	시간제한이 있는가?

단기 및 장기 목표 계획표

스마트 목표 목록을 만든 후에는, 성취하는 데 얼마나 시간이 걸릴지에 따라 단기 목표와 장기 목표로 나눌 수 있습니다. 각 목표를 이루기 위한 단계와 학습 의욕을 유지하면 좋은 점을 표에 적고, 규칙적으로 학습 진도가 얼마나 나갔는지 점검하는 것이 좋습니다. 목표를 공부할 때 눈에 잘 띄도록 게시판에 붙여 놓으세요.

▽ **다양한 목표들**

이번 주나 이번 달에 이룰 수 있는 목표는 단기 목표 계획표에 넣고, 한 학기나 한 학년이 걸리는 목표는 장기 목표 계획표에 쓰면 된다.

복사할 수 있는 자료: 가까운 미래 목표

가까운 미래 목표	이루기 위한 단계	공부하는 이유와 공부하면 좋은 점	진도 체크	시간제한이나 마감

복사할 수 있는 자료: 먼 미래 목표

먼 미래 목표	이루기 위한 단계	공부하는 이유와 공부하면 좋은 점	진도 체크	시간제한이나 마감

3장 참고 자료

과제 쓰기 계획

논술 과제와 같은 중요한 과제는 하루 만에 뚝딱 끝낼 수 없습니다. 미리 계획하고, 읽기 자료를 신중히 골라야 하며, 글의 틀을 짜야 합니다. 그리고 충분한 시간을 가지고 본문을 쓰고, 편집하고, 교정해야 합니다. 먼저 과제를 감당할 수 있는 단계로 잘게 쪼개세요. 그다음, 단계별로 시간이 얼마나 걸릴지 예상해보고, 각 단계를 언제 끝낼지 결정하세요. 마감 시간부터 거슬러 올라가며 계획을 짜는 것이 좋습니다.

▽ **행동 계획 세우기**

과제를 제출해야 하는 최종 마감일보다 며칠 이른 날을 가상의 마감일로 정하고, 과제를 완성하기 위한 행동 계획을 세우는 것이 가장 좋다.

복사할 수 있는 자료: 과제 쓰기 계획표

과제 종류: _____________ 내 마감 기한: _____________ 최종 마감 기한: _____________

무엇을 해야 할까? 무엇을 하는 단계인가?	시간이 얼마나 걸릴까?	언제 시작할까?	이 단계는 언제까지 끝내야 하는가?

논술 과제 쓰기 계획

다음 표는 논술 쓰기 계획을 단계별로 작성한 사례입니다. 먼저
단계별로 시간이 얼마나 걸릴지 짐작해서 칸을 채우면 됩니다. 시간이
얼마나 걸릴지는 과제의 종류, 길이, 난이도와 학생의 나이에 따라
다릅니다. 마감 며칠 전에 허겁지겁 과제를 하지 않으려면 여유 있게
일정을 잡아야 합니다. 가끔 선생님이 사진과 같은 추가 자료를
덧붙이라고 요구해서, 해야 할 단계가 더 늘어나는 경우도 있습니다.

▽ **단계별로 계획하라**

논술 과제를 위한 단계별 전략을 사용할 수 있다.
다음에 제시된 샘플을 복사해서 칸을 채우거나,
자신만의 계획을 세울 때 가이드로 활용하면 된다.

복사할 수 있는 자료: 논술 과제 쓰기 계획표

무엇을 해야 할까? 무엇을 하는 단계인가?	시간이 얼마나 걸릴까?	언제 시작할까?	이 단계는 언제까지 끝내야 하는가?
관련된 자료 찾기			
자료 읽고 필기하기			
논술 개요 짜기			
자료 다시 읽기			
개요를 조정하고 참고문헌 목록 만들기			
머리말 원고 쓰기			
본론의 앞부분 원고 쓰기			
본론 뒷부분 원고 쓰기			
결론 쓰기			
본론 편집하고 교정하기			
머리말과 결론 편집하고 교정하기			
마지막으로 수정하고 편집하기			

》 편집 체크리스트

논술 쓰기와 같은 과제를 제출하기 전에는 편집하고 교정해야 합니다. 최종 점검이
점수를 크게 좌우할 수 있습니다. 급하게 과제를 마치다 보면 가끔 매우 중요한
편집과 교정 단계를 잊어버리거나 놓치기 쉽습니다. 따라서 과제를 편집하고 교정할
시간을 항상 일정표에 포함시켜둬야 합니다.

▽ **과제를 제출하기 전에**

다음은 과제를 제출하기 전 마지막 점검을 하면서
사용할 수 있는 목록이다. 선생님이나 학교로부터
받은 지침을 바탕으로 스스로 중요한 항목을
넣어도 좋고, 이전 과제에서 지적받은 유용한
항목을 넣어도 된다.

복사할 수 있는 자료: 편집 체크리스트

체크리스트 – 최종 편집

☐ 과제가 주어진 지침을 모두 잘 따르고 있는가? 과제에 제목과 이름, 선생님
성함이 다 표시되어 있는가?

☐ 맞춤법이 틀린 부분이 없게 모두 교정했는가?

☐ 문법과 문장 부호 사용이 올바른가? 주어와 술어의 호응이 잘 되는가?

☐ 모든 문장을 완전하게 썼는가?

☐ 글의 흐름이 논리적인가? 과제의 질문에 올바르게 대답하고 있는가?

☐ 각 단락의 첫 문장인 소주제문은 그 단락이 말하는 내용을 잘 전달하고
있는가?

☐ 내용이 분명하고 이해하기 쉬운가? 글이 일리가 있는가?

☐ 필요한 경우엔 예를 들어가며, 모든 요점을 잘 설명하고 있는가?

☐ 다른 출처에서 가져온 아이디어는 모두 참고 문헌으로 표시했는가?

☐ 전체적으로 보기 좋게 작성되었는가? 눈에 잘 들어오게 공간을 여유 있게
활용했는가?

적극적 학습 기술

공부에 몰두하려면 적극적 학습 기술을 사용하면 됩니다. 주의를 기울이고, 질문하고, 내용을 관련지으면서 자기 공부에 책임감을 느끼면 더 적극적으로 배울 수 있습니다. 사람마다 효과적인 방법이 다르므로 다양한 방법을 시도해보고 자신에게 가장 잘 맞는 방법을 찾아야 합니다. 전략을 다양하게 바꾸면 더 흥미롭게 공부할 수 있습니다.

▽ **혼합 학습법**

공부할 때는 적극적 학습 전략을 다양하게 바꿔도 좋다. 아래 목록에서 몇 가지 학습법을 제안하고 있지만, 자신만의 아이디어나 자기가 좋아하는 방법을 덧붙여도 된다.

복사할 수 있는 자료: 적극적 학습 전략

체크리스트 - 적극적 학습 전략

- ☐ 아이디어와 정보를 연결하면서 주제에 관해 마인드맵을 만드세요. 그림, 도표, 그래프 등의 시각 자료를 활용해 아이디어를 표현하세요.
- ☐ 자기 생각과 아이디어를 다른 사람과 토론하거나, 배운 내용을 친구나 가상의 청중에게 가르쳐 보세요.
- ☐ 정보를 다양한 종류로 분류하세요. 종류별로 색깔을 다르게 쓰면서 중요 정보를 형광펜으로 표시하세요.
- ☐ 중요한 내용을 질문-대답 형식으로 다시 쓰세요.
- ☐ 주요 내용을 복습 카드나 별도의 종이에 쓴 다음, 들고 다니면서 다시 정리할 수 있는지 확인하세요.
- ☐ 어떤 주제에 관해 책이나 기사 내용에 반대하는 의견을 제시해보세요. 정보에 찬성하고 반대하는 양쪽의 주장을 생각해보세요.
- ☐ 배운 정보를 다른 것들과 연결해보세요. '고정관념을 깨고' 재미있게 해 보세요. 현실에 적용할 수 있는 예를 최대한 찾아보세요.
- ☐ 정보를 자기만의 표현으로 쓰세요. 그러면 몰두해서 공부할 수 있고, 완전히 자료를 이해했는지 확인할 수도 있습니다.
- ☐ 한 구절을 100단어로 요약해보세요. 그다음엔 10단어로 줄여보세요.
- ☐ 다양한 정보가 어떻게 연결되어 있는지 찾아보세요. 뇌는 연관짓는 것을 좋아하므로 관련성을 찾으면 배운 내용을 더 오래 기억할 수 있습니다.

발표 기술

발표는 자기가 알고 있는 것을 공유하고, 말로 정보를 설명하는 기회입니다.
발표는 신중한 준비와 연습이 필요합니다. PPP(준비하기, 계획하기, 연습하기)
학습법은 여러분이 발표를 얼마나 잘 준비하고 있는지를 파악하는 데 도움이
됩니다.

▽ PPP 학습법

준비하고, 계획하고, 연습하면 주제에 관해
자신감이 쌓여 발표를 잘할 수 있습니다.

연습하면 완벽해집니다.

잘 준비하세요!
(**P**repare)

신중하게 계획하세요!
(**P**lan)

발표하기 전에 여러 번
연습하세요.
(**P**ractise)

철저히 준비하기

발표 주제에 관해 읽고 배우면 잘 준비할 수
있습니다. 사람들 앞에서 자신 있게 발표하려면
주제를 이해하고 있어야 하므로 먼저 그 주제를
자세히 공부해야 합니다. 발표 준비를 할 땐
주요 메시지뿐 아니라 관중들도 생각해야
합니다. 자료를 선택할 때도 내용과 관중
모두를 고려해야 합니다. 또한 사용할 정보의
출처도 반드시 적어 둬야 합니다.

신중히 계획하기

발표도 논술 과제를 계획하듯 글의 틀을 잡고, 부분별로 시간을 제한해서 계획할 수
있습니다. 이렇게 계획을 세우면 얼마나 많은 정보를 넣어야 할지 결정할 수 있고,
정해진 시간 안에 확실히 발표를 끝낼 수 있습니다.

▽ 샘플 계획

다음 표는 15분짜리 발표에 대한 샘플
계획이다. 머리말과 결론은 보통 전체
시간의 약 10%를 차지한다.

글의 틀	부분	시간
머리말		1분 30초
본론(세 부분)		총 8분(3부)
	1부: 3분	
	2부: 3분	
	3부: 2분	
결론		1분 30초
질문(적절한 질문일 경우)		3~5분

복사할 수 있는 자료: 발표 계획표

총시간: ___________ 분		
글의 틀	**부분**	**시간**

연습하라

연습하면 완벽해집니다. 관중 앞에서 발표하기 전에 여러 번 연습하세요. 연습하면 자신감도 생깁니다. 연습하면서 정해진 시간 안에 다 전달할 수 있는지도 확인해야 합니다. 연습 단계에서는 수정할 수 있으므로 시간 안에 발표를 마칠 수 없다면 내용을 약간 수정하세요. 거울 앞이나 친구들, 가족들 앞에서 연습하면서 관중을 사로잡고 참여시킬 수 있는지 확인하세요. 또한 모의 관중들이 질문하도록 유도할 수 있어야 합니다. 더 많이 연습할수록 발표를 더 잘할 수 있습니다.

> 좋은 발표는 시간을 들여 준비하고,
> 계획하고, 연습한 결과입니다.

▷ 긴장감 극복하기

발표하는 동안 긴장감을 극복하려면 시작하기 전에 심호흡을 여러 번 해보자. 프로젝터나 시각 자료를 사용하면, 관중들의 관심이 발표자에게서 자료로 옮겨 가므로 도움이 된다.

복사할 수 있는 자료: 발표 체크리스트

체크리스트 - 발표요령

- ☐ 인용문이나 질문처럼 인상 깊은 말로 발표를 시작하세요.

- ☐ 글의 틀이 논리적인지 확인하세요.

- ☐ 머리말에서 전체적인 발표의 틀을 요약해서 말하세요.

- ☐ 시각 자료를 적절히 활용하세요.

- ☐ 관중들과 눈을 맞추거나, 적어도 '얼굴을 마주 보세요.'

- ☐ 어조를 다양하게 변화시키는 연습을 하세요.

- ☐ 잠깐 멈추거나 반문하면서 음의 높이와 속도를 조절하세요.

- ☐ '다음 요점으로 넘어갑시다.'처럼 단락이 끝나고 시작되는 것을 알려주는 표현들을 쓰세요.

- ☐ 메모를 그대로 읽지 마세요! 메모 대신 핵심어가 적힌 낱말 카드를 사용하세요.

4장 참고 자료

온라인 학습에 유용한 웹사이트와 앱

온라인 학습이 점점 더 인기를 끌고 있고, 중요한 학습 수단으로 활용되고 있습니다. 이용할 수 있는 웹사이트와 앱이 너무 많아서 어디서 어떻게 공부해야 할지 당황할 수 있습니다. 아래 표에 여러분이 이용할 수 있는 가장 유용하고 믿을 만한 사이트를 정리했습니다.

모든 주제

이름	웹사이트
BBC 바이트사이즈(BBC bitesize) – 모든 연령대를 위한 학습 및 복습 자료가 수많은 주제에 관해 다양하게 있음.	www.bbc.co.uk/education
인터넷 디텍티브(Internet Detective) – 온라인 자료를 조사할 때 학생들이 비판적 사고 기술을 키울 수 있도록 실용적인 충고를 해 주는 온라인 학습 지도 사이트	www.llas.ac.uk/resources/mb/2595
칸 아카데미(The Khan Academy) – 수학, 과학, 컴퓨터 프로그래밍, 역사, 미술사, 경제학 등을 다루는 인기 있는 사이트	www.khanacademy.org
위키피디아(Wikipedia) – 누구나 정보와 글을 올릴 수 있는 온라인 백과사전	www.wikipedia.org

소프트웨어

이름	웹사이트
어메이즈(Emaze) – 프레젠테이션 소프트웨어	www.emaze.com
오픈 오피스 소프트웨어(Open Office Software) – 마이크로소프트 오피스 패키지와 비슷한 기능이 있는 무료 온라인 소프트웨어	www.openoffice.org
프레지(Prezi) – 프레젠테이션 소프트웨어	https://prezi.com
슬라이드독(SlideDog) – 프레젠테이션 소프트웨어	http://slidedog.com

창의적인 학습 도구

이름	웹사이트
마이스터디라이프(MyStudylife) – 수업, 할 일, 시험 등의 계획을 짤 수 있음.	www.mystudylife.com
패들렛(Padlet) – 링크, 문서, 그림, 동영상과 기타 파일을 공유하고 수집할 수 있는 온라인 멀티미디어 게시판	https://padlet.com
워들(Wordle) – 워드 클라우드*를 만들 때 유용함.	www.wordle.net
분더리스트(Wunderlist) – 할 일 목록을 만들고, 제때 알려주는 기능이 있음.	www.wunderlist.com

인기 있는 검색 엔진

이름	웹사이트
네이버(Naver)	www.naver.com
다음(Daum)	www.daum.net
빙(Bing)	www.bing.com
구글(Google)	www.google.com
야후(Yahoo)	www.yahoo.com

온라인 공개 수업(MOOC)

이름	웹사이트
코세라(Coursera)	www.coursera.org
에드엑스(edX)	www.edx.org
무크(MOOC)	www.mooc.com

블로깅

이름	웹사이트
블로거(Blogger)	www.blogger.com
트위터(Twitter)	https://twitter.com
타이프패드(Typepad)	www.typepad.com
워드프레스(Wordpress)	https://wordpress.com

클라우드 저장소

이름	웹사이트
애플 아이클라우드(Apple iCloud)	www.icloud.com
드롭박스(Dropbox)	www.dropbox.com
구글 드라이브(Google Drive)	www.google.com/drive
마이크로소프트 원드라이브(Microsoft One Drive)	https://onedrive.live.com

* word cloud, 문서에 사용된 단어의 빈도를 계산해서 시각적으로 표현하는 기법–옮긴이

마인드맵과 브레인스토밍 앱

이름	웹사이트
버블(Bubble.us) – 다른 학생들과 마인드맵을 만들고 공유할 수 있음.	https://bubbl.us
아이브레인스톰(iBrainstorm) – 브레인스토밍 앱	www.ibrainstormapp.com
마인드마이스터(Mindmeister)와 텍스트2 마인드맵(Text2Mindmap) – 마인드맵 앱	www.mindmeister.com www.text2mindmap.com

팟캐스트

이름	웹사이트
애플(Apple)	www.apple.com/kr/itunes/podcasts
BBC 팟캐스트(BBC padcasts)	www.bbc.co.uk/podcasts
팟캐스트(Podcasts)	www.podcast.com
테드 라디오 아워(TED Radio Hour)	www.npr.org/podcasts/510298/ ted-radio-hour
팟빵	www.podbbang.com

비디오 팟캐스트

이름	웹사이트
TED 강연(TED Talks)	www.ted.com
아이튠즈(iTunes)	www.apple.com/kr/itunes/podcasts
유튜브(YouTube)	www.youtube.com
비미오(Vimeo)	https://vimeo.com

과학 관련 웹사이트

이름	웹사이트
저널(Journals)	www.sciencemag.org/journals
사이언스데일리(ScienceDaily)	www.sciencedaily.com
사이언스(Science)	www.sciencemag.org

복습 앱

이름	웹사이트
퀴즐렛(Quizlet) – 플래시 카드를 만들고 복습 게임을 할 수 있다.	https://quizlet.com
스터디블루(Studyblue) – 플래시 카드를 만들고 복습 게임을 할 수 있다.	www.studyblue.com

▷ 온라인에서 집중하기

온라인에서 이용할 수 있는 자료가 너무 많아서 어쩔 줄 모르거나, 공부와 관련 없는 사이트 때문에 산만해질 수 있다. 인터넷에서 공부하는 동안 오른쪽 체크리스트를 따르면 계속 집중할 수 있다.

소셜 북마킹

이름	웹사이트
딜리셔스(Delicious)	https://delicious.com
디이고(Diigo)	www.diigo.com
레딧(Reddit)	www.reddit.com
핀터레스트(Pinterest)	www.pinterest.com
스쿠핏(Scoopit)	www.scoop.it
트위터(Twitter)	https://twitter.com

온라인 책과 잡지

이름	웹사이트
구글스칼라(Google Scholar) – 학술 잡지	https://scholar.google.co.uk
세계 공공 도서관(World Public Library) – 책과 기타 자료	http://worldlibrary.net

복사할 수 있는 자료: 온라인 학습

체크리스트 – 온라인 학습

☐ 찾아야 할 구체적인 주제와 그 주제에 포함돼야 할 주요 내용을 목록으로 만드세요.

☐ 자료를 먼저 쭉 훑어보고, 유용한지 아닌지를 판단하세요.

☐ 인터넷에서 학습 자료를 찾을 때는 산만해지거나 다른 곳에 한눈팔지 않도록, 시간제한을 해야 합니다.

☐ 비판적으로 생각하세요: 논란의 소지가 많거나 학교에서 배운 내용과 상반되는 자료는 무시하세요.

☐ 좋은 자료를 반 친구들과 나누고, 친구들의 자료도 보여 달라고 부탁하세요. 시간을 절약할 수 있습니다.

5장 참고 자료

우선순위 목록

어떤 주제를 먼저 복습할지 우선순위를 정하는 것은
계획하기의 일부이며, 복습 시간표를 짜기 전에 해야 할
일입니다. 먼저 복습할 주제의 목록을 과목마다 따로
만들어야 합니다. 어떤 주제를 다룰지 정하려면 학습 자료
서류철과 교과서를 훑어봐야 합니다. 오른쪽에 있는
표처럼 자신이 그 주제를 얼마나 알고 있는지에 따라,
주제마다 우선순위 번호를 붙이면 됩니다. 표에 나온 대로
숫자와 의미를 사용해 번호를 매겨도 되고, 자기 나름대로
우선순위 번호와 의미를 만들어도 좋습니다.

▷ 우선순위 번호

우선순위 목록은 무엇을 복습해야 할지 파악하는
좋은 방법이다. 우선순위 번호가 4번과 5번인 주제는
다른 것보다 먼저, 더 많이 공부해야 한다.

복습 시간표 만드는 방법

주제별로 복습 시간이 얼마나 필요한지 정할 때도
우선순위 번호를 사용할 수 있습니다. 학습량을
잘게 쪼개는 것이 복습에 효과적이므로 복잡한
주제나 자기가 약한 부분은 복습을 짧게 여러 번
하는 것이 좋습니다. 짧게 여러 번 복습하면,
시작할 때마다 자료를 거듭 살펴보게 되면서
지속적으로 지식을 쌓아갈 수 있습니다. 이 방법이
한 번에 너무 많은 정보를 공부하는 방법보다
효과적입니다.

◁ 복습 시간 횟수

이 표는 우선순위 단계별로 필요한 복습 시간 횟수다.
이 횟수는 학습 자료의 양과 난이도에 따라 바꿔야
한다. 필요하다면 학습 시간을 더 넣어도 좋다.

복사할 수 있는 자료: 우선순위 목록

과목:		
복습할 주요 주제	**우선순위 등급**	**복습 시간 횟수**

복사할 수 있는 자료: 우선순위 목록

과목:		
복습할 주요 주제	**우선순위 등급**	**복습 시간 횟수**

주간 복습 시간표

주간 복습 시간표는 여러분이 시간을 효과적으로 사용하고, 침착함을 유지하며, 공부를 잘 해나가도록 도와줍니다. 주간 복습 시간표를 만드는 방법은 많습니다. 많은 학생이 오른쪽 페이지에 있는 시간표 양식을 즐겨 사용하는데, 이 시간표는 게시판이나 책상 근처 벽에 붙여 둘 수 있습니다. 하루를 오전, 오후, 저녁 시간으로 나눠도 좋고, 오전 8시~오후 8시처럼 시간 단위로 나눠도 좋습니다. 시간표는 여유가 있고, 바꿀 수 있으며, 실천하기 쉬워야 합니다.

▽ **무엇을 포함해야 하는가**

이 체크리스트는 복습 시간표에 무엇을 포함해야 하는지 알려 준다. 한 주가 끝나고 새로운 시간표를 만들기 전에, 시간표에 있던 계획을 얼마나 실천했는지 반성해야 한다. 그런 다음 고쳐야 할 부분을 바꾸면 된다.

복사할 수 있는 자료: 주간 시간표 체크리스트

주간 시간표 체크리스트

☐ 복습 시간은 과목별로 다른 색깔을 사용해 분류해야 합니다.

☐ 집중력을 유지하기 위해 휴식 시간을 자주 넣어야 합니다.

☐ 주제마다 복습 시간을 몇 번으로 짜야 하는지 우선순위 목록을 확인하세요.

☐ 갑작스러운 사정이 생겼을 때나, 정해진 복습 시간에 해야 할 공부를 끝내지 못했을 때를 대비해 자유 시간을 군데군데 넣어야 합니다.

☐ 정리 시간을 넣으세요. 이미 공부한 주제를 복습하고 자료가 잘 기억나는지 확인한 후 다음 공부로 넘어가세요.

☐ 스트레스를 덜 받고 에너지가 다 빠져나가지 않게 하려면 취미와 사회생활을 하고 친구들을 만날 시간도 충분히 계획해야 합니다.

☐ 학습 의욕을 유지하고 바라던 것을 얻으려면, 복습 시간표를 지켜 계획한 공부를 끝냈을 때 자신에게 상을 주세요.

복사할 수 있는 자료: 주간 시간표

요일	오전	오후	저녁
월요일			
화요일			
수요일			
목요일			
금요일			

월간 복습 시간표

월간 복습 시간표는 과제 기한, 연구 과제, 시험 날짜 등을 전체적으로 계획할 수 있는 좋은 도구입니다. 월간 시간표에는 목표, 과제 마감일, 시험 날짜, 수학여행, 휴가 계획, 생일, 기타 기억해야 할 중요한 행사들이 다 들어 있습니다. 따라서 계획대로 공부할 수 있고, 중요한 날짜들을 한눈에 볼 수 있습니다. 239쪽에 있는 양식을 사용해서 시간표를 만들어 잘 보이는 곳에 붙이거나, 벽걸이 달력에 중요한 날짜를 표시하고 메모해도 됩니다. 월간 시간표의 내용은 주간 시간표에도 반영됩니다(237쪽 참조).

복사할 수 있는 자료: 월간 시간표 체크리스트

> "계획 없는 목표는 한낱 꿈에 불과하다."
> 앙투안 드 생텍쥐페리(Antoine de Saint-Exupéry, 1900~44), 비행사, 작가

◁ **무엇을 넣어야 할지**

이 체크리스트는 월간 시간표에 무엇을 넣어야 할지 정하는 데 도움을 준다. 중요한 정도와 행사 종류에 따라 다른 색깔을 사용할 수 있다.

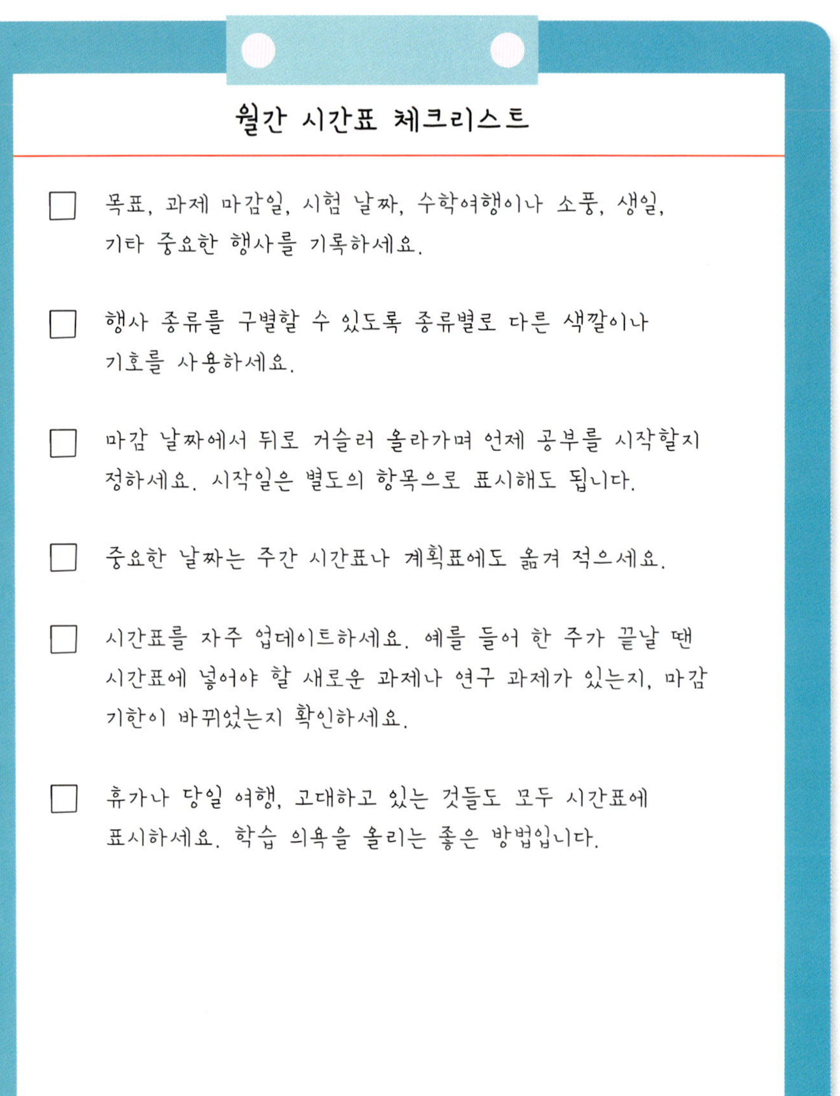

복사할 수 있는 자료: 월간 시간표

	1주	2주	3주	4주
월요일				
화요일				
수요일				
목요일				
금요일				
토요일				
일요일				

≫ 복습 카드

복습 카드는 만들기 쉽습니다. 색인 카드를 한 묶음 산 다음, 아래 양식을
복사하거나 컴퓨터 소프트웨어를 이용하여 자기만의 카드 양식을 만들면 됩니다.
과목마다 복습 카드를 만들어야 하고, 주제별 · 소주제별로 나누어야 합니다. 카드
한 장에는 세부적인 내용이 너무 많지 않게 간단한 정보만 담으세요. 정보를
개별적인 사실로 쪼개고, 가능하면 시각 자료도 넣는 것이 좋습니다. 자주 빨리
복습하려면 카드를 들고 다니면서 공부하세요. 더 자세히 알고 싶으면 144~147
쪽을 참고하세요.

▽ **질문-대답 스타일**

시험 준비를 할 때 유용하다. 앞면에는 정보를 질문
형태로 쓰고, 뒷면에는 답을 쓰면 된다. 이런 형식이
특정한 주제에는 맞지 않다면, 자기만의 방식으로
카드를 만들어도 좋다. 다만 최대한 그림, 색깔, 도표,
그래프 등을 포함하고 창의적으로 만들어야 한다.

가운데 점선을
따라 접어라.

복사할 수 있는 자료: 접을 수 있는 플래시 카드 양식

과목: ______________________　　카드 번호: ______

질문

대답

과목: ______________________　　카드 번호: ______

질문

대답

요약 카드

요약 카드는 복습 카드와 비슷하지만, 더 자세한 정보를 담고 있습니다. 질문 한두 개와 대답이 있는 복습 카드와 달리, 요약 카드는 주제의 가장 중요한 요점들을 포함합니다. 따라서 요약 카드는 약간 더 큰 카드를 써야 합니다. 1년 내내 요약 카드를 만들어야 하는데, 특히 어렵거나 복잡한 정보는 요약 카드를 만드는 것이 좋습니다. 요약 카드는 복습 시간에 활용할 수 있습니다. 어떤 주제에 관한 모든 정보를 상세하게 외웠는지 확인하는 데 유용합니다.

▽ **카드 한 장에 들어가는 핵심 세부 사항들**

아래 보이는 양식처럼 '요약 카드'는 '복습 카드'와 구별하기 위해 더 큰 카드를 사용해야 한다. 카드가 커야 도표나 다른 시각 자료를 넣고, 관련된 세부 사항들이 서로 어떻게 관련돼 있는지 보여줄 수 있다.

복사할 수 있는 자료: 요약 카드 양식

요약 주제: ＿＿＿＿＿＿＿＿＿＿＿＿＿＿＿＿＿　　카드 번호: ＿＿＿＿＿

-
-
-
-
-
-
-
-
-
-

6장 참고 자료

시험 체크리스트

시험 기간에는 스트레스를 받을 수 있습니다. 스트레스를 받으면 중요한 할 일을 놓치기 쉽습니다. 시험 때까지 몇 주 동안 복습하는 것 이외에도, 시험 당일에 모든 것이 잘되게 하기 위해 준비할 수 있는 다양한 방법들이 있습니다.

▽ **시험 전에**
시험을 완벽히 준비하려면, 이 체크리스트를 이용해 자신이 최대한 잘 준비했는지 확인해야 한다.

복사할 수 있는 자료: 시험 전 체크 리스트

체크리스트 – 시험 전

- ☐ 정확한 시험 시간과 날짜를 파악하세요.

- ☐ 급하게 서두르지 않도록 시험 장소를 알아보고, 출발하기 전에 어떻게 가야 할지 계획하세요.

- ☐ 필요한 신분증을 확실히 챙기세요.

- ☐ 시험장에 들고 갈 수 있는 것과 없는 것을 확인하세요.

- ☐ 글을 써야 하는 시험이라면, 펜이나 연필이 충분한지 확인하세요.

- ☐ 시험 전날 물병, 입을 옷, 신분증, 펜 등 필요한 물품을 모두 챙기세요.

- ☐ 전날 밤에는 푹 쉬어야 합니다. 물을 많이 마시고 에너지를 보충하기 위해 잘 드세요.

- ☐ 시험장 밖에 가방을 둬야 할지도 모르니 귀중품은 집에 두고 가세요.

- ☐ 시험 당일에는 특별히 일찍 일어나고, 늦지 않도록 일찍 출발하세요.

- ☐ 불안감을 줄이려면 긴장 풀기 기법을 연습하세요.

시험 연습하기와 시험 보기

시험을 보기 전에, 실제와 똑같은 상황에서 모의고사를 보는 것이 좋습니다. 선생님은 무엇이 필요한지 조언해주고, 학생은 궁금한 점을 물어볼 수 있습니다. 시험을 보고 있는데 불안감 때문에 힘들다면, 206~209쪽에 있는 긴장 풀기 기법을 시도해보세요.

▽ **시험 보는 동안에**
아래 체크리스트는 시험을 보면서 해야 할 일과, 하면 안 되는 일들의 목록이다.

복사할 수 있는 자료: 해야 할 일과 하지 말아야 할 일 체크 리스트

체크리스트- 해야 할 일과 하지 말아야 할 일

- ☐ 지시 사항을 신중히 읽고 그대로 답을 썼는지 확인하세요.

- ☐ 답을 쓰기 전에 문제를 모두 보고, 어떤 문제부터 풀어 나갈지 생각하세요.

- ☐ 평가 계획을 잘 보고 써야 할 요점의 개수와 각 문항의 답을 쓰는 데 필요한 시간을 예상해서 시간 계획을 짜세요.

- ☐ 알고 있는 문제부터 답을 쓰세요. 어려운 문제는 건너뛰었다가 나중에 푸세요.

- ☐ 사고 과정을 단계별로 증명하면서 '공부'했다는 것을 보여 주세요.

- ☐ 어려운 질문에는 답을 어떻게 쓸지 계획부터 세우세요. 미리 계획하고 쓰면 더 분명하고, 짜임새 있는 답을 쓸 수 있습니다.

- ☐ 감독관이 시험지를 읽으라고 지시할 때까지 시험지를 보지 마세요.

- ☐ 한 문제에 빠져 고민하지 말고, 시계를 잘 보세요.

- ☐ 선생님이 요구하는 답보다 더 길게 쓰지 마세요. 많이 썼다고 점수를 더 주지는 않습니다.

- ☐ 시험장을 일찍 나가지 마세요. 시험이 끝날 때쯤 시간이 남았다면, 답을 다시 전체적으로 훑어보면서 맞춤법이나 문법적으로 잘못된 부분을 고치고, 모든 세부 내용을 다시 확인하세요.

7장 참고 자료

스트레스 수치 측정하기

불안감의 정도를 측정하려면 스트레스 수치를 사용할 수 있습니다. 0~10까지 가상의 등급을 만들어 숫자마다 의미를 부여하면 됩니다. 이것은 특정한 시기에 얼마나 많이 스트레스를 받고 불안한지를 측정하는 유용한 도구입니다. 이 수치를 보면 스트레스를 줄이려는 노력이 언제 필요한지 알 수 있습니다. 오른쪽 그림처럼 숫자 옆에 설명된 대로 스트레스를 측정해도 좋고, 자기만의 기준과 의미를 만들어도 좋습니다. 스트레스를 얼마나 느끼는지는 사람마다 다르기 때문입니다. 스트레스 수치를 매길 때는 '한계점'을 정해서, 상황이 걷잡을 수 없게 흘러가기 전에 점점 커지는 스트레스를 조절할 수 있어야 합니다. '한계점'을 정하는 것은 건강을 유지하고, 정신적으로 에너지가 다 없어지거나 공황장애에 빠지는 것을 피하게 해 주므로 매우 중요합니다.

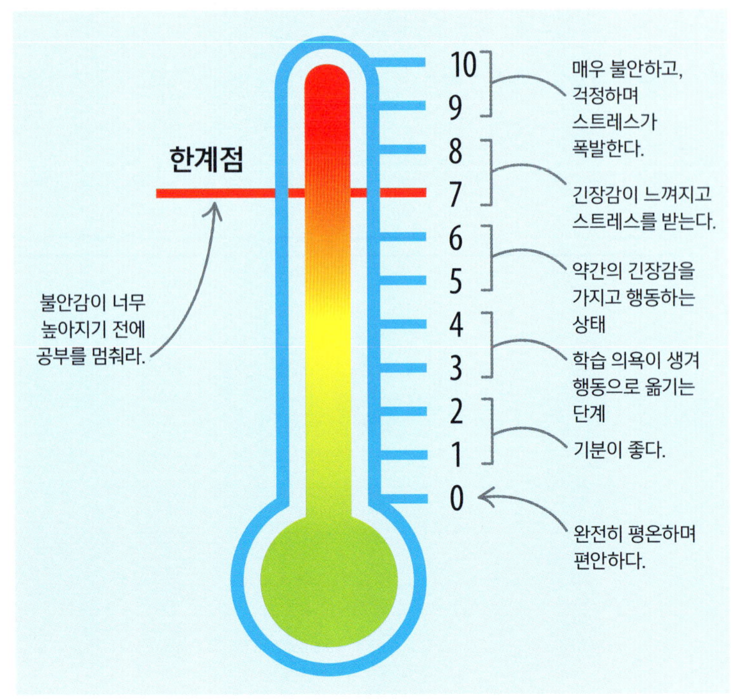

복사할 수 있는 자료: 긴장 푸는 법

체크리스트 - 긴장 푸는 법

☐ 낮잠 자기	☐ 긴장이 풀리는 음악 듣기
☐ 호흡에 집중하기	☐ 공상하기
☐ 요가하기	☐ 목욕하기
☐ 명상하기	☐ 마음 챙김 연습하기
☐	☐
☐	☐
☐	☐

◁ **목록 만들기**

이 자료를 복사해서 스트레스를 줄이는 아이디어를 목록으로 편리하게 만들 수 있다. 빈칸엔 자신만의 아이디어나 자기가 좋아하는 방식을 채워 넣으면 된다.

스스로 평가하기: 나는 공부와 휴식의 균형을 잘 지키고 있는가?

다음의 연습은 공부와 휴식의 균형을 잘 지키고 있는지 스스로 확인하는 데 유용한 방법입니다.
다음의 설명이 자신에게 해당하면 '예'라고 답하고, 자신에게 해당하지 않으면 '아니오'라고 답하면
됩니다. 그런 다음, '예'라고 쓴 답을 세어보고, 아래 평가를 읽어보세요.

1. 나는 공부 시간 사이에 규칙적으로 쉰다.　　예/아니오

2. 나는 잘해 나가고 있다고 느낀다.　　예/아니오

3. 언제 스트레스 받는지 알고 있고, 그럴 때 해소하려 노력한다.　　예/아니오

4. 나를 응원해 주는 친구들이 있다.　　예/아니오

5. 매주 즐기는 취미가 있다.　　예/아니오

6. 어떻게 긴장을 풀어야 하는지 안다.　　예/아니오

7. 내 한계를 안다.　　예/아니오

8. 매일 밤 잠을 충분히 잔다.　　예/아니오

9. 시험과 공부에 관해 대체로 긍정적으로 생각한다.　　예/아니오

10. 몸과 뇌를 건강하게 유지하기 위해 먹는 것을 조심한다.　　예/아니오

'예'가 0~3개일 때:

공부와 휴식의 균형을 잡지 못하는 상태입니다.
7장을 읽어보고 균형을 더 잘 유지하는 방법을 찾아
'아니오'를 '예'로 바꿔야 합니다. 공부와 휴식의
균형을 잘 잡고 건강한 학생은 스트레스를 잘
다스리고, 시험에서 좋은 결과를 얻을 수 있습니다.

'예'가 4~6개일 때:

일반적으로 균형을 잡고 있지만, 여전히
스트레스가 쌓일 가능성이 있습니다. 자신에게
효과적인 시간표를 정해 놓고 지켜야 합니다.
'아니오' 질문을 다시 보고, 앞으로 '예'로 바꿀 수
있는지 확인해야 합니다.

'예'가 7~10개일 때:

7~10개가 '예'라면, 공부와 휴식의 균형을 잘
잡고 있는 상태입니다. 지금껏 스트레스를 잘
다스리고 있다는 뜻이기도 합니다. 이 상태를
유지하면서 계속 잘하고 있는지 확인할 수
있도록 이 퀴즈를 정기적으로 풀어보세요.

스트레스와 불안을 줄이는 방법

공부는 종종 스트레스와 불안감을 일으킵니다. 심호흡은 불안감과 긴장감을 줄이는 데 도움이 됩니다. 체내의 산소량을 높이는 것도 집중력을 올리는 데 좋습니다.

▽ **호흡 기법**
다음은 스트레스를 줄이기 위해 만든 간단한 심호흡법이다. 따라 해보자.

1. 손을 가슴과 배에 올리세요.

2. 천천히 숨을 들이마시고, 호흡에 더 집중하세요.

3. 숨을 들이마실 때는 가슴과 배가 올라가는 것이 보여야 합니다.

4. 들이마시면서 여섯까지 세세요.

5. 잠깐 숨을 참은 후, 여섯을 세면서 내뱉으세요.

6. 1~5번의 단계를 몇 분간 반복하세요. 긴장이 풀리는 것을 느낄 수 있어야 합니다.

내면 여행 떠나기

긴장을 푸는 흔한 방법으로는 명상과 비슷한 내면 여행 떠나기가 있습니다. 반드시 혼자 연습해야 하고, 방해를 받지 않아야 합니다.

▽ **단계별 안내**
아래 단계를 읽고 여기서 제안한 대로 내면 여행을 떠나 보자.

1. 편안하게 앉거나 누우세요.

2. 눈을 감고 1~2분간 호흡에 집중하세요.

3. 10부터 1까지 거꾸로 세면서 계단을 내려가는 모습을 상상하세요.

4. 계단 아래에 문이 '보이면', 문을 열고 여러분이 가장 좋아하는 장소로 걸어 들어가세요.

5. 안전한 장소를 찾고, 머릿속에서 자세한 풍경을 떠올리며 완전한 장면을 만드세요.

6. 감각을 이용해 그곳의 색깔, 냄새, 소리, 그리고 다른 감각들을 느껴 보세요.

7. 떠날 준비가 되면, 다시 문으로 나오는 장면을 상상하세요.

8. 1부터 10까지 세면서 계단을 올라가세요.

9. 눈을 뜨세요.

스트레스 해소를 위한
EFT 두드리기 기법

감정자유기법(EFT), 즉 두드리기 기법은 두려움과 불안감과 같은 부정적인 감정을 덜어주는 데 매우 효과적이라고 알려져 있습니다. 이 기법은 안전하고 배우기 쉽습니다. 그러나 보다 복잡한 고민은, 자격을 갖춘 EFT 치료사의 도움을 받는 것이 좋습니다.

▽ 두드리는 방법 – EFT 규칙

아래 단계는 두드리기를 위한 EFT 규칙이다. 효과적으로 두드리는 방법을 배우기 위해서, 이 단계들을 꼼꼼히 읽어야 한다.

1 문제나 감정 상태를 확인하고 스트레스 수치를 1~10까지의 숫자로 매겨 보세요.
(1= 낮은 수치, 5= 중간 수치, 10=최대 수치)

2 몸에 온 신경을 집중해서, 나쁜 감정이 어디에 있는지 상상해보고, 그것을 묘사해보세요. 스트레스에 색깔이나 모양, 형태를 입힐 수 있나요? 크기는 얼마나 큰가요? 예를 들어 이렇게 묘사해보세요. "커다랗고 시커먼 걱정 매듭이 내 배 속에 있다."

3 감정을 받아들이세요. 부정적인 감정을 부인하거나 무시하면 상황이 나빠지기만 하므로 이 과정은 매우 중요합니다. 나쁜 감정을 '여러분'의 일부로 받아들인 후에야 그것을 좋은 감정으로 바꿀 수 있고, 놓아 버릴 수도 있습니다.

4 다른 손으로 반대 손날(a)을 두드리면서 말하세요. '내가 (2단계에서 묘사한 감정)을 느끼고 있지만 내 일부로 인정하고, 난 괜찮다.' 그런 다음 다른 부위로 넘어가세요.

5 감정에 집중하면서, 위 그림에 나온 부위들을 손가락 한두 개로 가볍게 두드리세요. 그런 다음 2단계에 나온 설명처럼 묘사해 보세요.

6 정수리(b)부터 시작하세요. 각 부위를 몇 초간 두드린 후 다음 부위로 넘어가세요. 각 부위를 두드릴 때마다 감정을 설명하거나 더 간단히 줄여서 말하고, 이 과정을 몇 번 반복하세요.

7 두드리는 동안 몸에 일어난 변화를 느껴 보세요. 가끔 감정이 다른 신체 부위로 옮겨 가거나, 색깔이나 크기가 바뀌는 것처럼 느껴지기도 합니다. 만약 그렇게 느껴진다면, 여러분이 앞서 말했던 문장을, "작은 회색 매듭이 내 가슴에 있다."와 같이 바꿔보세요.

8 실제로 뭐라고 말하는지는 중요치 않습니다. 말보다는 진실한 감정에 집중하고 두드리는 동안 그 감정을 받아들이는 것이 중요합니다.

9 적어도 10분 동안은 두드리는 과정을 반복하세요.

10 두드리는 과정을 몇 회 반복한 후에, 스트레스 수치를 1~10의 범위로 다시 측정해보세요. 시간이 있다면, 숫자가 더 줄어들거나 0으로 될 때까지 계속 누드리세요.

용어 사전

EFT 두드리기
부정적인 감정을 말로 표현하면서 특정한 신체 부위를 두드려, 스트레스와 불안감을 줄이는 방법.

USB
전자 파일을 저장할 수 있는 작은 휴대용 장치. USB 포트에 꽂아서 컴퓨터에 연결해 자료를 이용할 수 있다.

가까운 미래의 목표
짧은 기간 안에 성취할 수 있는 목표나 바라던 결과.

가정
어떤 것에 관해 확인되지 않은 아이디어. 가정에서부터 연구를 시작한다.

각주
참고 자료나 설명과 같은 추가적인 정보. 보통 글에 나오는 단어 옆에 번호를 매기고, 설명은 페이지 맨 아래에 놓아, 읽는 사람이 아래에서 추가 정보를 찾아볼 수 있다.

감독관
시험을 감독하는 사람. 지시 사항을 읽어주고, 학생들이 부정행위를 하지 않도록 감시한다.

강의
선생님이 말하면서 가르치면, 학생들이 듣고 필기하는 수업 방식. 개별 지도 선생님이 개별적으로 또는 소수의 인원을 지도하는 시간.

객관식 문제
선택할 수 있는 답이 함께 나와 있는 문제. 목록에서 올바른 답을 선택하면 된다.

객관적
다른 사람의 판단이나 개인적인 의견에 영향을 받지 않는다.
('주관적'과 반대)

공동작업
과제나 연구 과제를 같이 하면서 서로 도우며 공부하는 것.

과제
학생들이 배운 내용을 알고 있는지 테스트하는 방법. 글쓰기 과제나 연구 과제, 발표 과제 등이 있다.

교대로 말하기
한 그룹에 있는 여러 사람이 대화나 회화를 계속하기 위해 차례대로 말하는 방식.

교정
글의 내용과 정확성을 확인하고, 맞춤법이나 띄어쓰기 등의 실수를 바로 잡는 것.

긍정적 사고
삶이나 특정한 상황에 대해 긍정적이고 호의적으로 생각하는 태도.

기기
특정한 환경이나 구체적인 목적을 위해 사용되는 도구나 기계, 또는 장치.

기억법
정보를 쉽게 떠올리기 위해 사용되는 전략과 요령을 비롯한 암기 기술.

긴장 풀기
행복한 기억과 같은 즐거운 것에 초점을 맞추거나 호흡에 집중하면서 걱정과 고민을 날려 버리는 행동.

꿈 게시판
학습 의욕을 올릴 목적으로 시각 자료와 문장이 한눈에 보이게 모아 놓은 것.

노트 만들기/ 노트 필기
글의 핵심 내용을 자기만의 표현으로 쓰는 과정.

논리
어떤 원칙에 따라 정보를 측정하고, 판단하고, 추론하는 특정한 방식.

논술
평가 수단. 머리말, 본론, 결론으로 짜인 글. 종종 질문에 대한 생각을 답으로 자세히 쓰거나, 어떤 주장이 옳은지 그른지를 평가할 때도 쓰임.

다른 말로 바꿔 표현하기
다른 사람이 한 말이나 원작자를 밝히면서, 자기 나름대로 표현하는 것.

단기 기억
정보가 처리되거나 기억될 때까지 매우 짧은 시간 동안 정보를 기억하거나 저장하는 능력.

대인 관계 기술
다른 사람과 관계를 맺고, 효과적으로 의사소통하며, 이야기를 잘 경청하는 기술. 마음을 열고, 공정하게 대하며, 응원해주는 자세.

도전
쉽지 않아서 노력이 더 필요한 일. 예를 들어 학생들이 더 노력을 쏟아야 하는 어려운 일이나 시기를 말함.

동기부여
목표를 이루기 위해 공부를 시작할 이유를 찾거나, 원하는 결과를 얻기 위해 어떤 방식으로 행동하는 것.

동료
반 친구. 능력이나 나이가 똑같은 학생.

따옴표
다른 사람이 한 말을 그대로 옮길 때 쓰는 문장 부호. 인용 부호라고도 한다.

마음 상태
어떤 사람이 특정한 때에 어떻게 느끼는지를 보여준다.

마인드맵
도표를 사용해 생각을 노트에 정리하는 것. 핵심어부터 시작해서 관련된 정보를 선과 원으로 연결 짓고, 단어와 시각 자료를 덧붙인다.

말하기 시험
정보를 발표하는 능력과 질문에 대해 말로 답하는 능력을 테스트하는 시험.

머리글자를 따서 만든 단어
단어들의 머리글자만 따서 새롭게 만든 단어나 용어. 예를 들어 '최대한 빨리(as soon as possible)'는 'asap'라고 쓴다.

머리 식히기

일이나 활동을 하다가 휴식보다 좀 더 오래 쉬는 것.

먼 미래의 목표

완성하거나 이루기 위해 연속적인 단계를 밟거나 노력을 계속 기울여야 하는 목표나 결과.

모의 시험

다가오는 실제 시험과 형식이 똑같은 연습 시험.

목표

정해진 기간 안에 이루고 싶은 행동이나 일, 또는 추구하는 결과.

문장 부호

글을 쓸 때, 생각을 구분 짓기 위해 사용하는 반점이나 온점 등의 부호.

미루는 습관

활동이나 일을 나중으로 미루는 것. 종종 방해 요소들에 정신이 팔려 할 일을 미루게 됨.

바이러스 방지 프로그램

컴퓨터나 전자 장치를 스캔해서 해로운 디지털 바이러스로부터 보호해 주는 소프트웨어

반성

특정한 경험을 생각하면서 무엇을 잘했고 무엇을 고쳐야 하는지 돌아보는 것.

발표

말로 하는 과제. 시각 자료를 사용할 때도 있고, 사용하지 않을 때도 있다. 관중들과 정보를 공유하는 것을

목표로 한다.

방해 요소

일이나 공부를 할 때 끼어들어 정해진 일에 집중하지 못하게 방해하는 것들.

백업

중요한 전자 파일을 복사해서 다른 장치나 클라우드 저장 시스템에 저장하는 것.

복습

이미 공부한 자료를 다시 보면서 얼마나 많이 기억하는지 확인하는 것.

복습 카드

작은 단위의 학습 자료가 들어 있는 복습 카드 묶음. 복습과 시험 준비를 위해 사용한다.

분류

학습 자료나 전자 자료를 필요할 때 쉽게 찾을 수 있게 특정한 방식으로 저장하고 정리하는 것.

불안감

스트레스와 긴장감과 비슷한 느낌으로, 사람마다 다르게 경험할 수 있다. 할 일이 너무 많아서 압박감을 느끼거나, 잘 못할까봐 두려워할 때 생긴다.

브레인스토밍

특정한 주제를 생각하면서 머릿속에 떠오르는 생각을 마구 쏟아 내는 것. 혼자서도 그룹으로도 할 수 있다.

블로그

생각을 쓰는 일기처럼 종종 사용되는 온라인 페이지.

비판

다른 사람의 연구, 행동, 자료 등을 평가해서 어떤 점을 고쳐야 하는지 충고해 주는 것. 비판은 주관적일 수 있으며, 항상 옳은 것은 아니다.

비판적 사고

글이나 주장을 다른 사람들의 글과 비교해서 타당성을 평가하고, 분석하고, 질문하는 것. 올바른 판단을 하기 위해서는 모순된 부분이나 결함뿐 아니라 글의 장점도 알아볼 수 있어야 한다.

상담가

감정적으로나 심리적으로 압박감을 느끼는 사람들을 돕도록 특별히 훈련받은 치료사.

시각화하기

보통 눈을 감고 특정한 장면이나 결과를 상상하는 것.

색깔별 분류

정보의 종류나 범위별로 다른 색깔을 사용하는 것. 글에서 중요한 부분을 다른 색깔로 강조하는 것.

성과

목표와 비슷함. 특정한 일이나 기간, 행동의 최종 결과.

성적

선생님이 각 등급의 질과 수준을 분명히 정해서 학생들의 과제나 시험에 매기는 점수나 평가.

성취

무엇인가를 성공적으로 이루는 행위.

수동적 학습

책에서 글을 그대로 베끼는 것처럼 관심을 거의 두지 않고 습관처럼 하는 공부.

수치 측정

특정한 상황이나 기분, 결과를 1부터 10까지처럼 숫자를 사용해 측정하는 것.

수평적 사고

고정관념에서 벗어나서 창의적인 방법을 찾고, 해결책을 찾기 위해 다른 각도로 문제를 바라보는 것.

스터디 그룹

같이 모여 서로 도와가며 공부하는 학생들의 그룹. 가끔은 선생님이 참여하기도 한다.

스토리보드

학습 자료를 더 잘 떠올리고 기억하기 위해 사용하는 연속적인 그림.

스트레스

시간이 부족하거나, 특정한 일을 잘하지 못할까봐 두렵거나, 할 일이 너무 많을 때 느끼는 압박감이나 걱정. 스트레스는 신체적·정신적으로 신호를 보내 증상을 드러내기도 한다.

시각적 학습자

그림이나 색깔, 다른 시각 자료를 사용해서 학습하는 방식을 더 좋아하는 학생.

시간 계획

일정한 시간 동안 목표를 이루거나 발전하기 위해 어떤 단계를 밟아야 하는지 보여주는 행동 계획. 종종

수평선을 그어 표로 만들기도 한다.

시간 관리
정해진 시간 안에 많은 일을 처리하는 방법.

시험공부
학교에서 배운 자료와 주제를 공부하는 것. 보통 시험을 준비할 때 하는 복습.

시험
평가 수단. 학생들이 얼마나 알고 있는지를 테스트할 목적으로 보통 필기 시험의 형태로 치른다.

실패
어떤 것이 예상보다 더 악화되어 발전하지 못하고 오히려 한 발 뒤로 물러나는 것.

아크로스틱 기억법
연속되는 주요 용어들의 첫 글자를 따서 문장을 만들어 기억하는 법.

암기력
정보를 배우고 외우는 능력.

암호화
암호를 사용해서 정보를 다른 형태로 바꾸는 것.

압박
특정한 성과나 최종 결과가 나와야 한다는 내적 욕심과 외부의 요구. 압박은 걱정과 스트레스, 시간적 압박감을 일으킨다.

앱
스마트폰이나 태블릿을 사용할 수

있게 만들어진 애플리케이션이나 프로그램.

약어
긴 말을 노트 필기를 위해 짧게 줄인 형태.

엔도르핀
몸 안에서 만들어지는 화학물질로 사람들에게 생리적으로 영향을 준다. 예를 들어 고통이나 스트레스를 줄여 준다.

오디오 녹음
다른 사람이나 자신의 말을 녹음하거나, 녹음기에 대고 말하는 것.

오픈 북 시험
시험과 같은 조건에서 치러지지만, 책이나 사전을 찾아볼 수 있는 시험.

온라인 공개 강좌(MOOC)
보통 무료로 많은 사람이 온라인에서 이용할 수 있는 학습 자료나 강좌.

온라인 학습 플랫폼
학교 홈페이지 참조.

와이파이
장치가 인터넷으로 연결될 수 있는 특정한 지역 안에서의 무선 네트워크.

완벽주의
무엇인가를 꼼꼼하고 완벽하게 해서 평균 이상으로 잘하려는 욕심. 또는 매우 높은 수준으로 잘하려는 욕심.

요약 카드
메모를 채워 넣을 수 있는 작은 카드 묶음. 복습하기 위해 자주 사용하며,

발표할 때 핵심어를 써서 말할 내용을 기억나게 하는 도구로도 쓴다.

요지
글이나 주장, 연설문에서 말하는 핵심 아이디어.

용어
구체적인 주제에 사용되는 단어나 어구.

우선순위
어떤 것을 더 중요하게 만드는 행위. 일이 중요한 정도를 순위를 매겨 결정한다.

우울증
에너지가 없고, 몸이 처지며, 부정적인 생각이 들고, 답답하고, 불행하고, 희망이 없는 상태. 상담가나 의사의 도움을 받아야 한다.

운동 감각적 학습자
신체적으로 몸을 움직이거나 실험을 하면서 배우는 방법을 좋아하는 학습자.

위키
사람들이 직접 작성할 수 있는 온라인 페이지. 온라인에서 그룹으로 모여 공동 연구를 할 때 사용된다.

이동식 장치
스마트폰이나 태블릿 같은 휴대용 전자 장치.

인용/인용구
다른 사람이 한 말이나 쓴 글을 그대로 옮겨 놓은 자료에서 따온 문장이나 발췌문. 발췌문에는 보통

따옴표를 쓴다.

일정표
언제 무엇을 해야 하는지, 수업과 같은 일과는 언제 있는지를 보여주는 계획이나 시간표.

읽기 전략
읽을 때 속도를 올리고, 정보를 더 빨리 찾거나 글을 더 잘 이해하기 위해 적용하는 구체적인 기술.

자기반성
자신의 성과나 행동을 반성하는 것.

자기주도학습
자신의 행동과 학습에 책임을 느끼고, 스스로 생각하는 능력(남에게 의존하는 학습과 반대).

자기 평가
자기가 얼마나 알고 있는지, 자신의 행동이나 성과를 스스로 테스트하고 평가하는 것.

자료
책이나 학술지처럼 공부에 사용되는 재료.

장기 기억
뇌에서 정보를 오랫동안, 가끔은 평생 저장하도록 처리하는 과정.

장소 기억법
머릿속에서 정보와 익숙한 장소를 연결 짓는 암기법. 장소를 순서대로 기억하면서 정보를 떠올릴 수 있다.

적극적 학습
학습 과정에 적극적으로 몰두해서

자기 공부에 책임감을 느끼는 것.
(수동적 학습의 반대)

조사
정해진 주제에 관해 구체적인 정보를
찾는 것. 자료를 찾고 새로운 것을
배우는 것.

주관적
개인적인 의견이나 판단에 영향을
받는 것('객관적'과 반대).

준비 기술
미리 계획해서 제시간에 공부나 일을
해내는 능력. 자료를 효과적으로
저장하고 찾을 수 있다.

즐겨찾기
컴퓨터에 저장된 웹사이트에 바로
연결되는 방법. 또는 필요할 때 쉽게
이용할 수 있게 만든 온라인 플랫폼.

지명하다
후보자로 어떤 사람을 선택하거나
추천하는 것.

지시 사항
특정한 일을 어떻게 끝내야 하는지
알려 주는 명령이나 설명.

참고 문헌 표시
아이디어를 어디서 따왔는지 책과
같은 출처를 자세히 적어 놓는 것.

초안
더 고쳐야 하는 미완성 과제. 처음 쓴
원고.

컴퓨터 기술
컴퓨터, 노트북이나 다른 전자 기기로

다양한 일을 하는 능력.

컴퓨터 파괴 소프트웨어
특정한 정보를 차단하거나, 속도를
늦추거나, 사용할 수 없게 만들어서
컴퓨터를 감염시키고 방해하는
소프트웨어.

퀴즈
질문에 대답하면서 알고 있는 것을
테스트하는 재미있는 방식. 보통 두
명 이상의 사람이 정답을 맞히려고
경쟁한다.

클라우드 저장소
모든 종류의 파일을 저장해서
어디에서든 접속할 수 있는 온라인
공간.

탈수
물을 충분히 마시지 않아서 몸의 수분
수치가 낮은 상태.

태도
사람들이 행동하고, 느끼거나
생각하는 방식. 또는 정신적 마음가짐.

태블릿
스마트폰보다 약간 크고 터치
스크린이 있는 전자 기기.

트위터
마이크로 블로깅을 위한 소셜
네트워크 사이트.

특정 정보 찾아내기
글에서 특정한 단어, 어구나 숫자를
빨리 찾아내는 읽기 전략.

팀 과제
연구 과제 등을 친구들과 팀을 이뤄
하는 것.

팟캐스트
언제든지 내려받아서 들을 수 있는
온라인 오디오 녹음 자료.

편집
다 쓴 과제를 확인하고 수정해서
정해진 기준에 따라 마지막으로
다듬는 것.

평가 계획
선생님들이 학생들의 공부를 평가하고
점수를 매기기 위해 사용하는 기준.

평가
어떤 것을 다른 각도에서 바라보고
분석해서 판단하고, 가치를 매기는 것.

평생 학습
학교에 다닐 때나 졸업한 후에도
지식과 기술을 배우고 발전시키려고
평생 동안 계속 배우는 것.

표절
정보를 어디서 가져왔는지 말하지
않고 남의 생각을 그대로 베끼는 것.

피드백
과제 내용 중 어떤 점을 잘했고, 어떤
부분은 고쳐야 하는지 요약한 과제
평가나 응답.

학교 홈페이지
학교나 대학교가 사용하는 온라인
플랫폼. 인터넷으로 접속할 수 있다면,
어떤 장치로도 이용할 수 있는 다양한
학습 자료가 들어 있다.

학습 계획
학생이나 학급이 성취하고 싶은
목표에 관해 준비한 계획. 일정표와
계획표처럼 목표를 성취할 수단도
포함된다.

학습 기술
학습 과정을 향상하고 더 효과적으로
만드는 유용한 학습 습관.

학습 스타일
재능이나 장점과 비슷한 의미로,
자신이 더 좋아하는 학습 방법.

학습 일기
학생들이 자신의 학습 방법을
돌아보고, 무엇을, 어떻게 했는지
평가하는 반성적 일기.

흐름도
학습 과정처럼 복잡한 정보를
시각적으로 보여 주고, 항목이나
아이디어끼리 어떻게 관련되어 있는지
보여주는 도표.

찾아보기

'OX' 문제 180~181

ㄱ

가치 판단 83
감정자유기법(EFT) 199, 247
강의듣기 기술 68~69
　강의 준비 68
　노트 필기 68~69
걱정 33, 193, 210
　긴장 풀기 206~207, 244. 스트레스
　참조.
　다스리기 198~199, 202~203, 219,
　244~247
건강
　건강관리 17, 34~35
　공부와 건강 200~203
　시험 준비와 건강 185
검색 엔진 110~111
결과 188~189
계획표와 계획 38, 39, 43
공부
공부에 대한 태도 46~47
　건강한 학습 200~203
　공부에 대한 압박감 32~33

멀티미디어 자료 161
스스로 학습 30~31
온라인 학습 120~125, 216, 232~233
학습 일정표 48~51
학습 공간 17, 36~37, 62, 63, 201
효과적으로 공부하기 16~17
휴식의 필요성 100, 192, 203
힌트와 조언 202
공부에 몰입하다 41
공부 준비하기 38~39, 42~43
공부 친구 14~15, 45, 47, 167
　친구와 노트 공유하기 151
　복습 파트너/복습 그룹 참조
공식과 도표, 기기 183
교육 방법 14~15
글쓰기
　글쓰기 기술 끌어올리기 88~89
　자유 글쓰기 87
긍정적 태도와 부정적 태도 25, 203
기억 19, 77
　기억 보조 수단 158~159, 205
　기억과 뇌 154~155
　기억과 기술 160~161
　기억과 취미 205
기억법 77, 156~157

긴장 풀기 35, 195, 198~199, 244
　상상과 긴장 풀기 206~107
　음악과 긴장 풀기 195, 209
꿈 게시판 207

ㄴ

내면 여행 199, 246
노트색깔별 분류 75
　노트 만들기 68~69, 74~75, 114~115,
　150~151
　노트 정리 38, 115
　노트 필기 스타일 150~151
　포스트잇 메모 159
논술 과제
　논리 세우기 94~95
　논술 과제 계획 13, 42~43, 50~51, 227
　논술 시험 174
　논술 자료 관리 226~227
　질문 분석하기 13, 90~91
　질문에 대답하기 92~93
　편집과 교정 96~97, 174, 228
　표절 116~117
뇌
　뇌와 기억 154~155

좌뇌와 우뇌 18~19

뇌의 능력 76~77

ㄷ

도서관컴퓨터 시설 57

도서관 이용 56~57, 215

온라인 도서관 14, 108

동영상 수업 160

듀이 십진분류법 56

ㅁ

마감 기한 45

마감을 위한 시간표 49

마음 챙김 206

마인드맵 92, 152~153

말하기

사람들 앞에서 말하기 참조

명상 206~207

목표

목표 설정 24, 28~29, 36~39, 48~49, 214, 217, 224~225

스마트(SMART) 목표 224

현실적 목표 13, 17, 44

ㅂ

반성적 사고 84~85

발표 기술 98~99, 230~231

보상과 학습 의욕 올리기 25, 31, 140~141

복습 기술

계획 짜기 128~129

복습 카드 144~145, 146~147, 240~241

복습 카드와 디지털을 이용한 복습 147

비디오로 복습 160

적극적 학습 전략 142~143,229

주제에 우선순위 매기기 136~137

질문과 대답 형식 146

흔히 생기는 문제 132~135

복습

디지털을 이용한 복습 방법 161

복습에 대한 태도 46

시간표 136~141, 171, 236~239

우선순위 목록 136~137, 234~235

복습 파트너와 복습 그룹 144, 164~167

공부 친구 참조

블로그와 블로깅 109

비판적 사고 80~81

'사고' 참조

ㅅ

사고력 78~87

사고반성적 사고 도구 84~85

긍정적 사고 206~207

창의적 사고, 비판적 사고 참조

사고방식 바로잡기 46~47

사람들 앞에서 말하기 99

사실

논술에서 사실 쓰기 94

사실의 인용 61, 116~117

사실과 의견 60

타당성 확인 60

사회생활과 공부 20, 32, 37

상담가 33, 211

상상하기 206~209

소셜 미디어 118~119

소프트웨어와 학습 도구 107

수면

규칙적 수면의 중요성 35, 200

시험 준비와 수면 185

스마트폰

디지털 복습 카드 147

스마트폰 알림 50

스마트폰 앱 14, 201, 232~233

스마트폰과 부속품 106~107

스마트폰을 위한 앱 14, 201

스코틀랜드의 로버트 1세 24

스트레스 13, 32~33, 41

도움 요청하기 210~211, 244~245,

스트레스 다스리기 195, 198~199, 203, 210, 219, 244~247

스트레스 수치 244

스트레스 종류 193

시험 스트레스 192~199

신호와 증상 192, 195

시간 분배 41

시간

시간 계획 36, 39, 48~49, 197, 222~223

시간 낭비하지 않기 42~43

시험장에서의 시간 171, 187

시간표

논술 과제와 시간표 51

복습 시간표 136~141, 171, 236~239

색깔별로 분류된 마감 기한 49

선생님에게 도움 청하기 33, 66, 165

시력, 정기 검진의 필요성 59

시험 170~187, 218

'OX' 문제 180~181

객관식 문제 176~177

도표 183

말하기 시험 178~179

모의고사 162

'빈칸 채우기' 181

스트레스와 시험 192~197

시험 날 유용한 힌트와 조언 184~187, 243

시험 준비 162~163, 170~171, 242

시험을 잘 보기 위한 조언 174~175

실기 시험 183

실패에서 배우기 189

오픈 북 시험 182

온라인 시험 177

전년도 시험지 167, 171

질문에 대답하기 92~93, 172~175, 180, 185~187

평가 계획 186

필기 시험 172~175

시험 체크리스트 242

온라인 자료 108~109, 114~115, 121, 232~233

시험 평가 계획 163

식단

건강과 식단 17, 34

불안감과 식단 200, 211

시험 준비와 식단 185

ㅇ

아이디어 떠올리기 78, 87, 153, 206

아이작 뉴턴과 긴장 풀기 35

알렉산더 플레밍과 페니실린 79

압박감 32~33, 37

어수선한 책상 38

엔도르핀 201

연구 과제 72~73, 86

계획과 체계 73

표절 116~117

연습과 연습의 중요성 100~101

오디오 녹음 160, 172

온라인 공개강좌 124

온라인 교과서 121

온라인 시험 177

온라인 안전 122~123

온라인 안전 122~123

온라인 자료노트 만들기 114~115

교과서 121

유용한 앱 232~233

온라인 학습 120~125, 216

교과서 121

와이파이 기술 107

완벽주의, 완벽주의에서 발생하는 문제 44~45

요가 206

내면 여행 참조

운동시험 준비, 불안감과 운동 184, 197

운동의 중요성 34, 74~75

월트 디즈니 207

웹사이트즐겨찾기 11

웹사이트 출처 표시 115

학습 도구 232~233

웹캠 119

유튜브 119

응원해주는 사람들 66~67

의견과 사실 60

인용구 116~117

필기 시험에서의 인용문 175

인터넷 자료 사이트 108~113

온라인 시험 177

온라인 앱 232~233

일정표 48~51

읽기 148~149

읽기 기술 끌어올리기 58~59

읽기 속도 59, 149

큰 소리로 읽기 96

읽기 목록 57

ㅈ

자격증 189

자기 발전관심과 자기 발전 53

자기 발전을 위한 계획 52~53

자료 정리 체계 37

자신감 쌓기 28

저작권과 표절 75, 116~117

적성과 학습 220~221

정보, 정보의 평가 60~61, 215

제임스 조이스와 글쓰기 기술 89

조사자료 확인하기 61

도서관 이용 56~57

인터넷 사용 110~113

주장과 토론 83

즐겨찾기 112~113, 114

직업 선택 52~53

질문에 대답하기 92~93

집중력과 집중력의 중요성 40

ㅊ

창의력과 창의력의 방해요소 87

창의적 사고 86~87

'사고' 참조

책과 도서관 57

책임감과 책임감 느끼기 28~29

ㅋ

카페인과 카페인의 위험 34

칸 아카데미 125

컴퓨터

　개인용 컴퓨터와 휴대용 컴퓨터
　106~107

　공부에 도움이 되는 소프트웨어 107

　도서관에서 컴퓨터 사용 57

　컴퓨터 파괴 소프트웨어로부터
　보호하기 122~123

　컴퓨터와 논술 과제 쓰기 102~103

ㅌ

태그 달기 112, 113

트위터 109

팀 과제 70~71

　논쟁과 반대 의견 71

ㅍ

평가와 자기 평가 166~167

포르피리우스와 마인드맵 153

포스트잇 메모 159

표절과 저작권 75, 116~117

ㅎ

학습과 관심 220~221

학습 기술과 학습의 필요성 12~13

학습 의욕 올리기 15, 24~25, 206~107

학습 의욕과 보상 25, 31, 140~141

학습자, 적성과 관심 220~221

학습

　공부 기술과 학습 12~13

　멀티미디어 자료 161

　수동적 학습 26, 142

　실패에서 배우기 189

　온라인 강좌 124~125, 216

　인터넷 학습 14

　적극적 학습 전략 16~17, 26~29, 31,
　229

　집중한 학습 16~17

　평생 학습 47

　학생들에게 학습 도움 주기 14~15

　학습 방법 63~65, 212~213

　학습 스타일 20~21, 64~65, 221

　학습 종류 202, 220~221.

　학습 진도 확인 166~167

학습의 즐거움과 이익 62~65

한 번에 여러 가지 일하기 40

할 일 목록 39, 43

　읽기 목록 참조

형광펜으로 강조하기 149

호흡법 198~199, 246

휴식 100, 192, 203

　휴식 시간 활동 204~205

흐름도와 암기법 156~157

감사의 글

저희 DK사는 많은 분에게 감사 인사를 전하고 싶습니다. 편집을 도와준 스칼릿 오하라 (Scarlet O'Hara), 비키 리처즈(Vicky Richards), 리처드 워커(Richard Walker)에게 감사드리고, 디자인을 도와준 앤졸리 사챠(Anjali Sachar), 야샤시비 차우드해리 (Yhashashvi Choudhary)에게도 감사드립니다. 교정을 도와준 사이먼 홀랜드(Simon Holland)와 색인을 도와준 존 노블(John Noble)에게도 감사의 말씀을 올립니다.

사진을 책에 실을 수 있게 너그럽게 허락해 준 아래 분들에게도 고맙다는 인사를 드립니다.

17 쪽 가운데 아래 그림. Dreamstime.com: Michal Popiel. 26쪽 가운데 아래 그림. Dreamstime.com: Igor Mojzes. 33쪽 가운데 아래 그림. Dreamstime.com: Monkey Business Images. 35쪽 가운데 왼쪽 그림. Corbis: Heritage Images. 39쪽 가운데 오른쪽 아래 그림. Corbis: Zero Creatives. 41쪽 가운데 왼쪽 그림. Dreamstime.com: Andrey Popov. 47쪽 가운데 오른쪽 아래 그림. 123RF.com: coburn77. 50쪽 아래 그림. Dreamstime.com: Andrey Popov. 53쪽 가운데 오른쪽 아래 그림. Alamy Images: Image navi – Sozaijiten. 59쪽 오른쪽 아래 그림. 123RF.com: Tyler Olson. 61쪽 가운데 아래 그림. Alamy Images: Cofiant Images. 62쪽 가운데 아래 그림. Getty Images: Thomas Barwick. 64쪽 가운데 아래 그림. Corbis: Radius Images. 66쪽 가운데 오른쪽 아래 그림. Dreamstime.com: Photodeti. 69쪽 가운데 아래 그림. 123RF.com: Charlie Milsom. 77쪽 가운데 왼쪽 그림. Corbis: Norbert Schaefer. 87쪽 가운데 오른쪽 위 그림. Corbis: Heritage Images. 89쪽 가운데 아래 그림. Rex Shutterstock: Sipa Press. 92쪽 가운데 아래 그림. Getty Images: OJO_ Images. 94쪽 아래 오른쪽 그림. Getty Images: CBS Photo Archive. 97쪽 가운데 아래 그림. Dreamstime.com: Viacheslav Iacobchuk. 99쪽 가운데 오른쪽 그림. Corbis: Image Source. 101쪽 오른쪽 아래 그림. Getty Images: Bloomberg. 107쪽 가운데 아래 그림. Dreamstime.com: Ijansempoi. 109쪽 가운데 아래 그림. Getty Images: Steven Rosenbaum. 111쪽 왼쪽 아래 그림. Getty Images: Stephen F. Somerstein. 135쪽 오른쪽 위 그림. Dreamstime.com: Dmitriy Shironosov. 144쪽 가운데 아래 그림. Alamy Images: Marmaduke St. John. 151쪽 왼쪽 아래 그림. Dreamstime.com: Monkey Business Images. 153쪽 가운데 아래 그림. Alamy Images: AF Fotografie. 156쪽 왼쪽 아래 그림. Dreamstime.com: Glowonconcept. 159쪽 오른쪽 아래 그림. Dreamstime.com: Susan Leggett. 162쪽 가운데 아래 그림. Dreamstime.com: Liphin Ho. 166쪽 가운데 아래 그림. Dreamstime.com: Magnus Skjølberg. 183쪽 가운데 아래 그림. Dreamstime.com: Monkey Business Images. 184쪽 왼쪽 아래 그림. Dreamstime.com: Aleksandr Markin. 195쪽 가운데 오른쪽 위 그림. 123RF.com: arekmalang. 197쪽 가운데 오른쪽 그림. Dreamstime.com: Aleksandr Markin. 201쪽 가운데 오른쪽 그림. Dreamstime.com: Aleksey Boldin. 205쪽 가운데 그림. Getty Images: TEK IMAGE. 207쪽 가운데 위 그림. Getty Images: Alfred Eisenstaedt. 209쪽 오른쪽 아래 그림. Dreamstime.com: Turkbug. 211쪽 가운데 아래 그림. Alamy Images: Richard Newton.

다른 이미지는 모두 DK(Dorling Kindersley)사에 저작권이 있습니다. 더 자세한 정보를 알고 싶으면 **www.dkimages.com**으로 문의하세요.

옮긴이 **허선영**
전남대 경영대학을 졸업한 후 학원에서 영어를 가르치고 있다. 평소 글쓰기를 좋아해 한글과 영어를 함께 공부할 수 있는 번역의 매력에 빠져 글밥 아카데미 출판번역을 수료했다. 학생들을 가르치면서 더 쉽고 효과적으로 공부할 방법을 알려주고 싶어 학습법에 관심이 많았다. 중고등학생이 읽어도 잘 이해되도록 쉽고 정확하게 번역하는 것이 목표다. 역서로는 전자책 『각성』이 있다.